Die Regionen Polens, Ungarns und der Tschechischen Republik vor dem EU-Beitritt

Schriften zur Wirtschaftstheorie und Wirtschaftspolitik

Herausgegeben von
Rolf Hasse, Jörn Kruse, Wolf Schäfer, Thomas Straubhaar
und Klaus W. Zimmermann

Band 24

PETER LANG
Frankfurt am Main · Berlin · Bern · Bruxelles · New York · Oxford · Wien

Peggy Dreyhaupt-von Speicher

Die Regionen Polens, Ungarns und der Tschechischen Republik vor dem EU-Beitritt

Interregionale Disparitäten, Bestimmungsfaktoren und Lösungsansätze

PETER LANG
Europäischer Verlag der Wissenschaften

Die Deutsche Bibliothek - CIP-Einheitsaufnahme

Dreyhaupt-von Speicher, Peggy:

Die Regionen Polens, Ungarns und der Tschechischen Republik vor dem EU-Beitritt : interregionale Disparitäten, Bestimmungsfaktoren und Lösungsansätze / Peggy Dreyhaupt-von Speicher. - Frankfurt am Main ; Berlin ; Bern ; Bruxelles ; New York ; Oxford ; Wien : Lang, 2002
(Schriften zur Wirtschaftstheorie und Wirtschaftspolitik ; Bd. 24)
Zugl.: Hamburg, Univ. der Bundeswehr, Diss., 2001
ISBN 3-631-39691-0

D 705
ISSN 1433-1519
ISBN 3-631-39691-0

www.peterlang.de

Für
meine Großeltern
Johanna und Eberhard,
in Dankbarkeit

Vorwort der Autorin

Die vorliegende Arbeit entstand von November 1997 bis Oktober 2001 am Graduiertenkolleg „Integrationsforschung" des Europa-Kollegs Hamburg. Das Promotionsvorhaben wurde im Rahmen des Forschungsprojektes „Osterweiterung der EU: Strategien der wirtschaftlichen und rechtlichen Annäherung an den Binnenmarkt" von der Deutschen Forschungsgemeinschaft gefördert.

Ein ganz besonderer Dank gilt meinem Erstgutachter, Herrn Professor Dr. Thomas Straubhaar, Präsident des HWWA Hamburg, für die sehr gute Betreuung, die immer konstruktive Kritik und nicht zuletzt für die Motivation, auch unorthodoxen Gedankengängen zu folgen. Durch seinen Rat gewann vor allem der empirisch quantitative Teil der Dissertation maßgeblich an Qualität.

Danken möchte ich auch in besonderem Maße meinem Zweitgutachter, Herrn Professor John F. Bachtler, Director of the European Policies Research Centre Glasgow (EPRC), der mir im November und Dezember 1999 einen Forschungsaufenthalt an seinem Institut ermöglichte. In diesem Zusammenhang richtet sich mein Dank ebenfalls an alle Kollegen des EPRC, allen voran an Professor Dr. Douglas Yuill, Director of the EPRC, an Jacqui Vance, die mir als Koordinatorin bei allen organisatorischen Fragen zur Seite stand, und an Ruth Downes. Insbesondere die Gespräche mit ihr sowie ihr großes Entgegenkommen bei der Bereitstellung aktueller Literatur waren für meine Dissertation sehr wertvoll.

Mit praktischen Problemen der europäischen Regionalpolitik im Hinblick auf die Osterweiterung der EU wurde ich während meines Praktikums von März bis Juni 2000 bei der Europäischen Kommission, Generaldirektion Regionalpolitik und Kohäsion, konfrontiert. Zuallererst geht hier mein Dank an Jeroen Jutte, der mich als Mentor vom ersten Tag an in die Arbeit der Abteilung integrierte und mir auf diese Weise einen fundierten Einblick in die aktuellen regionalpolitischen Fragestellungen ermöglichte. Mein Dank richtet sich ebenso an alle Kollegen der Abteilung A4 mitsamt ihres Abteilungsleiters Bernard Lange für die offene und freundliche Aufnahme.

Auch den Kollegiaten und Professoren vom Graduiertenkolleg „Integrationsforschung" gebührt mein großer Dank für die interessanten Diskussionen sowie die Hilfestellungen bei allen kleinen und großen Problemen des Promotionsprojekts. Drei meiner Kollegen halfen mir beim erfolgreichen Abschluß meiner Dissertation in besonderem Maße. Marek Mora öffnete für mich dank seiner tschechischen Muttersprache die sonst für Ausländer nahezu „verschlossenen Türen" des Statistischen Amts der Tschechischen Republik. Ebenso trug meine Freundin und Kollegin Gosia Stankiewicz mit so manchem Gang zum polnischen Statistischen Amt in ihrer Heimatstadt Warschau zur erfolgreichen Datensuche bei. Nicht zuletzt danke ich Gosia ganz besonders auch für ihre unermüdliche Hilfe bei der Erstellung der Landkarten. Meine Kollegin Deike Fuchs, die in den Hamburger Jahren ebenfalls zu einer engen Freundin und Vertrauten geworden ist, sage ich insbesondere danke für die moralische Unterstützung während langer Telefongespräche, für die kleinen und großen Ratschläge und natürlich für das kritische Lesen meines Manuskripts.

Mein größter Dank richtet sich an die Menschen, die mir mit ihrer Liebe und Freundschaft, ihrem Vertrauen und ihrem Glauben an mich in den vergangenen Jahren die Kraft gaben, diese Arbeit erfolgreich abzuschließen – meine Familie und meine Freunde.

Allen voran danke ich aus tiefstem Herzen meinem Mann C-D: Danke für Deine Liebe, Deine aufbauenden Worte, die immerwährende Geduld und natürlich auch für die unentgeltlichen Überstunden und die Wochenendarbeit, welche durch das kritische Lesen des Manuskripts entstanden, dem so manche Seite zum Opfer fiel.

Meine Eltern Brigitte und Paul Dreyhaupt gaben mir in den all den Jahren Sicherheit, Geborgenheit und einen Zufluchtsort. Sie „stützten den Dollar“, brachten mich mit ihrem unvergleichlichen Humor immer wieder zum Lachen, sorgten sich um mich und schickten manches Care-Paket. Doch für eines danke ich ihnen am meisten: Sie gaben mir die Freiheit und ihre Unterstützung zugleich, selbständig meinen Weg in einer Welt zu finden, die ihnen und mir bis 1989 völlig fremd war.

Erwähnt werden muß natürlich auch mein Sohn Laurin, der sich vorbildlich an seinen errechneten Geburtstermin hielt und somit die mündlichen Doktorprüfungen im Oktober 2001 nicht durch einen Frühstart ins Leben gefährdete.

Zuallerletzt sage ich den beiden Menschen danke, die mir seit 32 Jahren mit all ihrer Kraft, ihrer großen Liebe und ihrem unerschütterlichen Glauben an mich zur Seite stehen – meinen Großeltern Johanna und Eberhard Gröbe. Ihnen widme ich diese Arbeit – in großer Dankbarkeit.

Hamburg, Juni 2002 Peggy Dreyhaupt-von Speicher

Inhalt

Abkürzungen

BIP.............. Bruttoinlandsprodukt
EAGFL....... Europäischer Ausgleich- und Garantiefonds für die Landwirtschaft
ECU............ European Currency Unit
EU............... Europäische Union
i.d.R. .... in der Regel
ILO .... International Labour Organisation
ISPA .... Instrument for Structural Policies for Pre-accession
KKP............ Kaufkraftparität
NUTS .... Nomenclature des Unité Territoriales Statistiques
o.Jg. .... ohne Jahrgang
o.V.............. ohne Verfasser
PHARE....... Pologne, Hongrie: Assistance à la Restructuration Économique
RGW........... Rat für gegenseitige Wirtschaftshilfe
SAPARD .... Support for Pre-accession Measures for Agriculture and Rural Development

Abbildungen

Karten

Tabellen

1. Einleitung

Die politischen Umwälzungen im Europa des Jahres 1989 vollzogen sich als historisch beispiellose Entwicklung. Sie ermöglichten den vormaligen Ostblockstaaten nicht nur eine Demokratisierung ihrer gesellschaftlichen Systeme. Vielmehr stellten sie diese vor die komplexe Aufgabe, sowohl schnell als auch gezielt transformatorische Prozesse zur Modernisierung und Konsolidierung ihrer weitestgehend maroden Wirtschaften einzuläuten. Die Auswirkungen dieser innerhalb kürzester Zeit durchgeführten Umgestaltungsprozesse waren beträchtlich. Sie äußerten sich bis etwa 1992 vor allem in signifikant sinkenden Outputzahlen und rapide steigenden Inflationsraten. In den Folgejahren stellten sich zwar makroökonomische Stabilisierungserfolge ein. Diese schlugen jedoch voll auf den Arbeitsmarkt durch: Massiver Beschäftigungsrückgang, steigende Arbeitslosigkeit und dazu noch ein Bevölkerungsrückgang aufgrund sinkender Geburtenraten und Abwanderungsbewegungen waren bis Mitte der neunziger Jahre charakteristisch für die Umbruchökonomien. Mittlerweile, nach einer Dekade der Transformation, haben die meisten der mittel- und osteuropäischen Volkswirtschaften das Tal der ökonomischen Krise längst durchschritten, wobei die heutigen EU-Beitrittskandidaten der ersten Runde die insgesamt größten Restrukturierungsfortschritte erzielt haben. Zu diesem Erfolgskreis gehören neben den drei Visegràdstaaten Polen, Ungarn und der Tschechischen Republik auch Slowenien und Estland[1]. Angespornt durch die Beitrittsvorbereitungen gelang es den fünf Kandidatenländern, ein jährliches Bruttoinlandswachstum von durchschnittlich 3% zu realisieren und dies insbesondere durch rückläufige Arbeitslosenquoten, einen wachsenden privaten Beschäftigungsanteil und eine zunehmende Tertiärisierung der Wirtschaftsstrukturen zu flankieren. Natürlich profitierten sie von internationalen Finanzhilfen, aber zunehmend auch von massiven Direktinvestitionszuflüssen aus dem Westen. Gerade die privaten Kapitalzuflüsse zeugen vom verbesserten Country-Risk-Rating als Interpretation der geglückten politischen und ökonomischen Systemtransformation. Unter allen vormaligen Ostblockländern nehmen Polen, Ungarn und die Tschechische Republik die Spitzenposition ein: Mehr als 70% des gesamten osteuropäischen Direktinvestitionsvolumens flossen in diese drei Volkswirtschaften. Dabei steht Ungarn mit 17 Mrd. US-$ an erster Stelle, gefolgt von Polen mit knapp 16 Mrd. US-$ und Tschechien mit 8 Mrd. US-$ (jeweils Stand 1997)[2].

---

1 Die Visegràdgruppe besteht aus insgesamt vier Staaten. Neben den drei genannten Ländern gehört auch die Slowakische Republik dazu, die allerdings erst in einer zweiten Erweiterungsrunde gemeinsam mit Bulgarien, Lettland, Litauen und Rumänien in die EU aufgenommen werden soll.

2 Vgl. o.V. (1998a), S. 11; o.V. (1998b), S. 10.

Problemstellung

Die im nationalen Durchschnitt überaus positiven Transformationsbilanzen dieser Länder ergeben auf regionaler Ebene ein wesentlich differenzierteres Bild, welches die jahrzehntelang unter einer sozialistischen Vereinheitlichungspolitik versteckten interregionalen Entwicklungsunterschiede schonungslos offenlegt. Die räumliche Sichtweise identifiziert die eigentlichen Wachstums- und Transformationslokomotiven genauso wie die Stiefkinder der wirtschaftlichen Umgestaltungsprozesse. Geprägt durch historisch begründete Wirtschafts- und Siedlungsstrukturen und insbesondere beeinflußt durch eine Politik der sozialistischen Industrialisierung zwischen 1945 und 1989 wiegen die Altlasten im Gepäck der mittel- und osteuropäischen Regionen heute unterschiedlich schwer. Sowohl die regionalen Pro-Kopf-Einkommen-Niveaus als auch die regionalen Arbeitslosenquoten spiegelten bereits in einer frühen Transformationsphase diese strukturell bedingten Polarisierungseffekte wider. Einem sich selbst verstärkendem Prozeß gleichend ignoriert ausländisches Kapital die Schwächlinge der Transformation bis heute nahezu vollkommen und fließt bevorzugt in die Wachstumshochburgen, was diesen zu einer noch besseren Performance gerade im Hinblick auf die Stärkung des Privatsektors sowie die Beschleunigung des Strukturwandels verhilft. Diese sowohl aus den historischen Raumstrukturen als auch aus der Transformation erwachsenden interregionalen Entwicklungsdifferenzen formen die ökonomische Geographie der mittel- und osteuropäischen Länder neu und bilden gleichzeitig die Grundlage für langfristig entstehende räumliche Phänomene. So traten in den vergangenen Jahren deutliche Entwicklungsfallen zwischen den jeweiligen Hauptstädten der mittel- und osteuropäischen Länder sowie den übrigen Landesteilen zutage. Die hauptstädtischen Agglomerationszentren schreiten zunehmend erfolgreicher im Konvergenzprozeß voran und erreichen weitestgehend das durchschnittliche EU-15-Einkommensniveau oder liegen sogar darüber (z.B. Prag). Dabei profitieren sie maßgeblich von ausländischen Direktinvestitionen. Durchschnittlich fließen allein etwa zwei Drittel des gesamten nationalen Investitionsvolumens in die entsprechenden mittel- und osteuropäischen Hauptstädte, das übrige Drittel verteilt sich jeweils auf 94% der polnischen, 81% der ungarischen und 88% der tschechischen Bevölkerung. Dieses Zentrum-Peripherie-Gefälle wird durch eine wachsende Diskrepanz zwischen den westlichen und östlichen Landesteilen akzentuiert, welche in Polen und Ungarn im Hinblick auf die regionalen Pro-Kopf-Einkommen und Arbeitslosenquoten besonders starke Konturen annimmt. Der generell höhere Entwicklungsstand der westlichen Grenzregionen und die geographische Nähe vor allem zu deutschen und österreichischen Zentren (Entfernung Poznan-Berlin ca. 150 km, Szczecin-Berlin ca. 70 km, Györ-Wien ca. 100 km) sind z.B. mitverantwortlich für die im Vergleich zur östlichen Peripherie höhere Konzentration ausländischen Kapitals[3]. Darüber hinaus erschweren einseitig ausgerichtete Wirtschaftsstrukturen in vielen Regionen wirt-

---

[3] Vgl. Bürkner (1997), S. 101f.

schaftliches Wachstum. So leiden insbesondere die Altindustrieregionen, z.B. Oberschlesien, Nordböhmen, Nordmähren und Nordungarn, unter den Folgen ökonomischer und ökologischer Restrukturierung[4]. Auch maßgeblich auf den Agrarsektor spezialisierte Gebiete, insbesondere in Nordpolen, erfuhren frühzeitig eine explodierende Arbeitslosigkeit, die bis heute währt und in zunehmenden Maße zu Entleerungen der entsprechenden Siedlungsräume führt.

Trotz aller Evidenz interregionaler Entwicklungsunterschiede innerhalb der mittel- und osteuropäischen Länder fanden dieses Problem selbst sowie die Suche nach entsprechenden Lösungsansätzen wirtschaftspolitisch bislang wenig Beachtung. Dies liegt zum einen in der Priorisierung makroökonomischer Stabilisierungsaufgaben begründet, war andererseits aber auch von den politischen Verantwortlichen so gewollt. Hinzu kommt die mangelnde Datenverfügbarkeit für die relevanten Arbeitsmarkt- und Wirtschaftsindikatoren auf regionaler Ebene. Interregional vergleichbare Daten können erst seit Mitte der neunziger Jahre nach umfassenden Reformen der statistischen Systeme gewährleistet werden. Hiermit erklärt sich auch teilweise die stiefmütterliche Behandlung regionaler Probleme und Politiken in Osteuropa durch die Transformationsliteratur. Die wenigen Veröffentlichungen zu diesem Problemkomplex blieben bis in die zweite Hälfte der neunziger Jahre mit einigen Ausnahmen weitgehend deskriptiver Natur[5]. Erst mit dem Beginn der EU-Beitrittsverhandlungen im Frühjahr 1998 erlangten regionale Fragen in Polen, Ungarn, der Tschechischen Republik sowie in Slowenien und Estland quasi über Nacht oberste Priorität. Angespornt durch die erwarteten Zuwendungen aus den Europäischen Strukturfonds, insbesondere für die Ziel 1-Gebiet-Förderung von Regionen mit einem Pro-Kopf-Einkommen von weniger als 75% des EU-Mittelwertes, sowie durch die bereits heute fließenden Finanzmittel im Rahmen von sogenannten Heranführungsmaßnahmen wie PHARE, ISPA (Umwelt und Transportinfrastruktur) und SAPARD (Agrarsektor) wurden regionale Belange in den vergangenen beiden Jahren vielerorts zur Chefsache erklärt. Den Vorgaben der Europäischen Kommission folgend verabschiedeten die Parlamente der Kandidatenländer zahlreiche Gesetze zur Regionalpolitik, die auch die Reform der Territorialstrukturen und insbesondere auch Kompetenzübertragungen von der nationalen auf die regionale Ebene umfassen. Infolgedessen rücken interregionale Entwicklungsunterschiede, die so lange von politischer Seite als nebensächlich betrachtet wurden, zunehmend ins Interesse regionalökonomischer Forschung. Seither beschäftigen sich insbesondere polnische, ungarische und tschechische Regionalökonomen mit den entsprechenden Phänomenen in ihren Ländern.

---

4 Vgl. Kwiatkowski/Janusz/Steiner (1995), S. 274ff.; Dziembowska-Kowalska (1995/96), S. 142ff.; Polish Agency for Foreign Investment (1997), S. 8f.

5 Vgl. Jackman (1995), S. 122.

Während für das geographische Untersuchungsgebiet der Europäischen Union ein Vielzahl methodisch fundierter empirischer Studien[6] zu eben diesen regionalpolitisch relevanten Fragen in den letzten Jahren erschienen sind, bleiben die EU-Kandidatenländer Polen, Ungarn und Tschechische Republik aus regionalökonomischer Sicht ein noch weitgehend unerforschtes Terrain. Dabei steht die unzureichende quantitativ empirische Diskussion der evidenten interregionalen Entwicklungsunterschiede und derer Ursachen innerhalb Mittel- und Osteuropas durch die Regionalforschung in keinem Verhältnis zu den insbesondere von Seiten der Europäischen Union veranlaßten regionalpolitischen Handlungsempfehlungen in Verbindung mit den bereits fließenden Finanzmitteln im Rahmen der sogenannten Heranführungshilfe. Die in den vergangenen Jahren erschienenen Studien[7] zu regionalökonomischen Problemen Mittel- und Osteuropas fokussieren in der Regel auf ein einziges Land oder in Form von Case Studies teilweise sogar nur auf ausgewählte Regionen innerhalb der betrachteten Länder. Ihre Ausführungen beschränken sich zumeist auf eine verbal-deskriptive Präsentation der interregionalen Entwicklungsdifferenzen. Dabei weisen die Arbeiten zum Teil auch methodische Defizite auf, die sich insbesondere in der Wahl der statistischen Kennziffern und Methoden bei der Disparitätenbeschreibung und Regionenklassifizierung äußern. Zudem liefern sie keine empirischen Beweise für die hinsichtlich regionaler Entwicklungspotentiale getroffenen Prognosen und die daraus abgeleiteten regionalpolitischer Handlungsempfehlungen. Ganz offensichtlich fehlt es noch immer an länderübergreifenden Vergleichsstudien, die gleichzeitig eine quantitativ gestützte Dispäritätenaufnahme und Regionenklassifizierung sowie einen empirischen Nachweis strategischer Regionalentwicklungsfaktoren in Mittel- und Osteuropa bieten.

Zielsetzung

Gegenstand der vorliegenden Arbeit ist eine umfassende qualitative und quantitative Analyse interregionaler Disparitäten in den EU-Kandidatenländern Polen,

---

6 Vgl. hierzu beispielsweise Holtzmann, H.-D. (1997), Regionalpolitik der Europäischen Union – Eine Erfolgskontrolle in theoretischer und empirischer Sicht, Berlin; Krätzschmar, S. (1995), Theorie und Empirie der Regionalpolitik, Fuchsstadt; Wellenhofer, T. (1997), Der Beitrag der EG-Regionalpolitik zur Verringerung der Einkommensdisparitäten in der Europäischen Union – Eine empirische Analyse, Berlin; Arnold, H. (1995), Disparitäten in Europa: Die Regionalpolitik der Europäischen Union, Basel/Boston.

7 Vgl. hierzu beispielsweise Gorzelak, G. (1996), The Regional Dimension of Transformation in Central Europe, London; Gorzelak, G./Fazekas, K. (1995), Restructuring and the Labour Market in Regions Dominated by Heavy Industry in Central and Eastern Europe, Paris; Bachtler, J./Downes, R. (1998), Regional Development in the Transition Countries, Glasgow; Horvath, G. (1999), Regional and Cohesion Policy in Hungary, Munich; Musil, J./Kotacka, L./Rysavý, Z. (1997), Regional Effects of the Transformation Process in the Czech Republic after 1989, Opladen.

Ungarn und der Tschechischen Republik[8] unter Berücksichtigung planwirtschaftlicher und transformationsbedingter Entwicklungsspezifika. Insbesondere ist es Ziel dieser Arbeit, zum einen die spezifischen regionalökonomischen Probleme der betrachteten drei Länder in ihren Teilaspekten quantitativ offenzulegen, zum anderen basierend auf den Aussagen theoretischer Ansätze länderübergreifend einen empirischen Nachweis jener strategischer Entwicklungsfaktoren zu erbringen, die mögliche Ansatzpunkte für konkrete und langfristig tragfähige regionalpolitische Lösungen bieten. Damit leistet die Arbeit den maßgeblichen Beitrag zur Verknüpfung rein bestandsaufnehmender Analysen sowie eher regionalpolitisch ausgerichteter Untersuchungen und konzentriert sich mit den Untersuchungsländern Polen, Ungarn und der Tschechischen Republik, auf die eigentlichen Problemkandidaten der europäischen Erweiterung aus regionalpolitischer Sicht, zumal da die drei Länder zusammen knapp 60 Mio. der 63,5 Mio. künftigen Neu-EU-Bürger stellen[9]. Mit einer kritischen Würdigung existierender regionalpolitischer Konzepte im Lichte der empirischen Ergebnisse bietet die Arbeit aus einem effizienzorientierten Blickwinkel eine wesentliche Hilfestellung für politische Entscheidungsträger in den drei Ländern, unabhängig von den EU-Strukturfonds-Vorgaben die nationalen regionalpolitischen Spielräume auszugestalten.

Im einzelnen werden die folgenden Fragekomplexe untersucht:

1. Welches Niveau haben die interregionalen Einkommens- und Arbeitslosigkeitsdisparitäten in den drei betrachteten Ländern bis heute erreicht und inwiefern läßt sich dies auch quantitativ belegen? Wie ist die Disparitätenentwicklung insbesondere im Vergleich zu den südeuropäischen Kohäsionsländern zu beurteilen?

2. Welche Regionentypen lassen sich im Rahmen eines umfassenden Wohlfahrtsverständnisses länderübergreifend in Polen, Ungarn und der Tschechischen Republik empirisch ermitteln? Inwiefern verändert sich diese Klassifizierung im Zeitverlauf? Welche Ansatzpunkte ergeben sich hinsichtlich einer geographisch differenziert ausgerichteten Regionalpolitik?

3. Sind diejenigen strategischen Faktoren, auf denen regionalpolitische Handlungsempfehlungen für die mitteleuropäischen Länder aufbauen können, auch theoretisch belegt? Läßt sich der Einfluß dieser Entwicklungsfaktoren auf das regionale Pro-Kopf-Einkommen für das betrachtete Untersuchungsgebiet auch ökonometrisch nachweisen? Welche Ansatzpunkte ergeben sich damit hinsichtlich der inhaltlichen Ausgestaltung einer Regionalpolitik?

---

8 Da sowohl das gesamte Staatsgebiet Estlands als auch Sloweniens eine einzige Region im Sinne der NUTS 2-Klassifikation bilden, kann in diesen Ländern nicht von interregionalen Entwicklungsunterschieden gesprochen werden. Deshalb bleiben sie in der vorliegenden Arbeit unberücksichtigt. Zur NUTS-Klassifikation vgl. Kapitel 2.1, S. 13.

9 Estland und Slowenien zählen zusammen lediglich 3,5 Mio. Einwohner.

4. Auf welche Art und Weise werden die aus den beiden empirischen Untersuchungen abgeleiteten geographischen und inhaltlichen Ansatzpunkte von den untersuchten Ländern regionalpolitisch berücksichtigt? Inwiefern erfordern die empirischen Ergebnisse regionalpolitisches Umdenken und welche Handlungsalternativen werden angeboten?

Vorgehensweise

Unter dieser Zielsetzung gliedert sich die Arbeit in acht Hauptteile: Im Anschluß an dieses einführende Kapitel sollen zunächst Begriffsklärungen vorgenommen werden (Kapitel 2). In einem ersten Schritt erfolgen Definition und räumliche Abgrenzung des Untersuchungsgegenstands Region. Darauf aufbauend wird die Vielfalt interregionaler Disparitäten mit besonderem Augenmerk auf Einkommens- und Arbeitsmarktdisparitäten erläutert.

Das dritte Kapitel widmet sich einer aus regionaler Sicht durchgeführten Bestandsaufnahme der sozioökonomischen Realität in Polen, Ungarn und der Tschechischen Republik, wobei sowohl die historische Entwicklung der regionalen Territorialstrukturen dieser Länder im 20. Jahrhundert als auch die Entstehung der heutigen räumlichen Wirtschaftsstrukturen als Erbe der sozialistischen Industrialisierung berücksichtigt werden. Im Fokus des dritten Kapitels steht darüber hinaus eine umfassende Zeitreihenanalyse der interregionalen Entwicklungsunterschiede im Hinblick auf die regionalen Pro-Kopf-Einkommen und Arbeitslosenquoten auf der Grundlage ausgewählter statistischer Kennziffern (Standardabweichungen, Variationskoeffizienten und Gini-Koeffizienten). Dies erfolgt unter Berücksichtigung der Ende der neunziger Jahre in den Ländern durchgeführten territorialen Gebietsreformen. Damit liefert dieses Kapitel quantitative Aussagen hinsichtlich des Niveaus sowie der Entwicklungsrichtung interregionaler Disparitäten, auf deren Basis in einem ersten Schritt das Ausmaß regionaler Probleme in den drei betrachteten Visegràdländern, auch im Vergleich zu den südeuropäischen Kohäsionsländern Spanien, Portugal und Griechenland, ermittelt wird. Mit diesem Vorgehen unterscheidet sich die vorliegende Arbeit deutlich von anderen Studien, welche die regionale Entwicklung in den drei betrachteten Ländern zum Gegenstand haben. Denn erstmals werden hier nicht nur die Pro-Kopf-Einkommen-Disparitäten alternativ in ECU und KKP gemessen, um die Abhängigkeit der Ergebnisse von der Wahl des Einkommenskonzeptes zu untersuchen und somit Fehlinterpretationen auszuschließen, sondern es erfolgt auch eine Analyse der interregionalen Unterschiede vor dem Hintergrund der territorialen Veränderungen. Darüber hinaus wird die Disparitätenentwicklung mittels drei verschiedener statistischer Verfahren dargestellt, woraus sich wiederum der Einfluß des gewählten Meßverfahrens auf die Ergebnisse ableiten und methodisch bestimmte Fehlinterpretationen vermeiden lassen.

Da die quantitative Disparitätenanalyse für sich betrachtet noch keine Aussagen hinsichtlich länderübergreifend auftretender Problemtypen trifft, werden in einem zweiten Schritt mögliche Zielgruppen für regionalpolitisches Handeln herausgearbeitet, die jeweils durch ein annähernd gleiches Wohlfahrtsniveau geprägt sind. Hierzu wird im vierten Kapitel eine Regionenklassifizierung für alle drei Länder im Rahmen einer Clusteranalyse durchgeführt, wobei zur Bestimmung homogener Regionengruppen ein multidimensionales Indikatorensystem eingesetzt wird, welches eine umfassende Aussage über die Datenstruktur gestattet. Damit weist die Clusteranalyse gegenüber elementaren statistischen Verfahren, die lediglich ein- bzw. zweidimensionale Häufigkeitsverteilungen berücksichtigen, einen entscheidenden Vorteil auf. Aufgrund der integrierten Betrachtungsweise der Clusteranalyse werden die Interdependenzen zwischen den verschiedenen Indikatoren sichtbar. Das Verfahren der Clusteranalyse wird in der regionalökonomischen Literatur alternativ oder anstelle eines synthetischen Indexes verwendet, der insbesondere durch die Europäische Kommission als Kennziffer zur Messung des Entwicklungsstandes von Regionen favorisiert wird. Dieser weist jedoch gegenüber der Clusteranalyse sowohl methodische als auch interpretative Mängel auf[10]. Analog zum dritten Kapitel erfolgt auch hier die länderübergreifende Klassifizierung der Regionen unter Verwendung der alten Territorialstruktur auf Basis der 1996er Daten und der neuen Territorialstruktur auf Basis der 1999er Daten. In Verbindung mit den Ergebnissen des Kapitels 3 spannen die hier bestimmten Zielregionen das geographische Handlungsfeld einer potentiellen Regionalpolitik in den drei Visegrådländern auf und bieten somit aus räumlicher Sicht konkrete Ansatzpunkte für regionale Förderprojekte.

Im fünften Kapitel werden zwei Fragekomplexe diskutiert, welche sowohl den Verlauf als auch die Bestimmungsfaktoren regionaler Entwicklungsprozesse zum Inhalt haben. Aufbauend auf den Ergebnissen der Disparitäten- und Clusteranalyse ist die Möglichkeit zur Steuerung regionaler Entwicklungsprozesse anhand spezifischer Faktoren zu untersuchen. Hierzu werden zunächst diejenigen regionalpolitischen Stellgrößen ermittelt, welche aus dem Blickwinkel der bestehenden regionalökonomisch relevanten Theorien die größten Erklärungsbeiträge zu Wohlfahrtssteigerungen leisten und damit die größte Durchschlagkraft als Ergebnis politischen Handelns bieten. Dabei wird zwischen Ansätzen der neoklassischen Denkschule (z.B. neoklassische Außenhandels- und Wachstumstheorie), den neuen Außenhandels- und Wachstumstheorien (z.B. Modelle von Krugman

---

[10] Vgl. Holtzmann (1997), S. 207f. Die Nachteile des synthetischen Indexes als alternative Methode zur Clusteranalyse ergeben sich insbesondere aus der mehrfachen Standardisierung der berücksichtigten Variablen (z.B. Pro-Kopf-Einkommen, Arbeitslosenquote, Unterbeschäftigungsquote), um deren anfänglich unterschiedliche Dimensionen miteinander vergleichbar zu machen. Aufgrund dieser Standardisierungen ist die inhaltliche Aussagekraft des synthetischen Indexes letztlich nur auf einen relativen Vergleich der Entwicklungsstände einzelner Regionen beschränkt.

sowie von Barro, Romer und Lucas) und partialanalytischen Modellen (z.B. polarisationstheoretische Ansätze) unterschieden.

Die strategischen Faktoren, die gemäß der regionalökonomischen Theorien das wirtschaftliche Entwicklungsniveau einer Region maßgeblich beeinflussen, bieten die Grundlage für eine umfassende empirische Untersuchung, in deren Rahmen die theoretisch ermittelten Bestimmungsfaktoren regionaler Entwicklung durch geeignete Indikatoren quantifiziert und auf ihren praktischen Erklärungsnutzen hin für die drei Visegrȧdstaaten überprüft werden (Kapitel 6). Dieser empirische Nachweis ist um so entscheidender, als in Anbetracht wachsender interregionaler Entwicklungsdifferenzen sowie der Beitrittsanforderungen der Europäischen Union die Kandidatenländer Polen, Ungarn und die Tschechische Republik vor der Aufgabe stehen, geeignete regionalpolitische Konzepte zu entwickeln, die zügig und wirksam umgesetzt werden können und dabei langfristig tragfähige Lösungen darstellen. Die empirische Untersuchung erfolgt mittels des ökonometrischen Verfahrens der Regressionsanalyse, des am weitesten verbreiteten multivariaten Verfahrens, welche wiederum unter Berücksichtigung der alten sowie der neuen Territorialstruktur durchgeführt wird. Die theoretisch abgeleiteten strategischen Entwicklungsfaktoren werden in verschiedenen Regressionsmodellen zusammengefaßt und auf ihren Erklärungswert überprüft. Die Ergebnisse der Regressionsanalyse in Verbindung mit denen der Clusteranalyse bilden die Grundlage für die Ableitung regionalpolitischer Handlungsempfehlungen. Der ökonometrische Nachweis der strategischen Entwicklungsfaktoren für die drei untersuchten Länder erfolgt methodisch in Anlehnung an den Potentialfaktorenansatz von Biehl et al. (1975), der regionale Entwicklungshypothesen für die EU-Regionen mittels einer multiplen linearen Regressionsanalyse empirisch überprüft hat.

Angesichts möglicher Alternativwege zur EU-dominierten regionalpolitischen Ausrichtung der drei betrachteten Länder erfolgt in Kapitel 7 ein Vergleich zwischen den im Rahmen der Regressionsanalyse empirisch ermittelten strategischen Entwicklungsfaktoren und den politischen Prioritäten der gegenwärtigen regionalen Entwicklungsstrategien Polens, Ungarns und der Tschechischen Republik unter der Maßgabe, sowohl länderübergreifende Probleme als auch landesspezifische Besonderheiten offenzulegen. In Zusammenführung der Überlegungen sollen aus effizienzorientierter Sichtweise Handlungsalternativen im Hinblick auf die inhaltliche und geographische Prioritätenwahl abgeleitet werden. Des weiteren greift das siebte Kapitel die Funktionsfähigkeit der regionalen Selbstverwaltungen als einen weiteren regionalpolitisch relevanten Faktor auf, der für die Steuerung eines effizienten Mitteleinsatzes sowie für eine erfolgreiche Maßnahmenumsetzung insgesamt eine unabdingbare Voraussetzung darstellt.

Abschließend werden auf der Grundlage der vorliegenden Untersuchungsergebnisse die Konsequenzen des bevorstehenden EU-Beitritts der drei Visegrádstaaten sowohl aus Sicht der mitteleuropäischen Länder als auch aus dem Blickwinkel der Europäischen Union diskutiert. Dabei sollen neben ökonomischen und institutionellen Konsequenzen basierend auf den Erfahrungen der EU-Süderweiterung auch die Auswirkungen auf die entsprechenden regionalpolitischen Strategien der drei Länder angesprochen werden.

Abgrenzung zu anderen Studien

Die vorliegende Arbeit widmet sich dem aus regionalökonomischer Sicht neuen geographischen Untersuchungsraum Mittel- und Osteuropa. Dabei unterscheidet sie sich von anderen Studien sowohl inhaltlich als auch methodisch deutlich. Erstmals werden die spezifischen regionalökonomischen Probleme Polens, Ungarns und der Tschechischen Republik, deren Bestimmungsfaktoren sowie mögliche regionalpolitische Lösungsansätze in einer einzigen Arbeit untersucht. Das Spektrum der Arbeit beinhaltet dementsprechend eine umfassende quantitativ gestützte Messung der interregionalen Entwicklungsunterschiede, eine statistische länderübergreifende Ermittlung spezifischer Regionentypen (Clusteranalyse) sowie eine theoretisch fundierte empirische Analyse der entscheidenden strategischen Entwicklungsfaktoren (Regressionsanalyse). Da die Ergebnisse der empirischen Untersuchungen den gegenwärtigen regionalpolitischen Konzepten der drei Länder gegenübergestellt werden, bietet die Arbeit darüber hinaus die Möglichkeit, ihren wissenschaftlichen Erkenntnisgewinn in wirtschaftspolitische Konzepte einfließen zu lassen. In Unterscheidung zur vorliegenden Arbeit bleibt die inhaltliche Dimension der wenigen bisher zu diesem Thema veröffentlichten Studien[11] vergleichsweise begrenzt, da sie sich vielfach isoliert voneinander auf die Darstellung der interregionalen Entwicklungsdifferenzen oder die Suche nach möglichen regionalpolitischen Steuergrößen oder die politische Analyse regionaler Entwicklungskonzepte der mittel- und osteuropäischen Kandidatenländern beschränken. Des weiteren geht die vorliegende Arbeit mit den drei Untersuchungsländern Polen, Ungarn und Tschechische Republik auch in geographischer Hinsicht weiter als die bisherigen Studien, welche sich in aller Regel lediglich auf ein zu untersuchendes mittel- bzw. osteuropäisches Land oder teilweise im Rahmen sogenannter Case Studies auf ausgesuchte regionale Problemtypen konzentrieren (z.B. Altindustrieregionen, Landwirtschaftsregionen).

Dabei bleiben die bisher verfügbaren Studien auch methodisch hinter der vorliegenden Arbeit zurück, indem sie mehrheitlich auf empirisch abgesicherte Nachweise ihrer Aussagen hinsichtlich regionalökonomischer Entwicklungszusammenhänge zugunsten einer hauptsächlich verbal-deskriptiven Darstellung verzichten. Bereits die Beschreibung der existierenden interregionalen Entwick-

[11] Vgl. auch Kapitel 1, Fußnote 7.

lungsdifferenzen erfolgt in nahezu allen Arbeiten in methodischer Hinsicht unzureichend, indem sie sich in der Regel nur auf eine einzige statistische Kennziffer zur Disparitätenbeschreibung (z.B. Variationskoeffizient oder Standardabweichung) beschränken, die in den betrachteten Ländern erfolgten territorialen Strukturveränderungen und deren Konsequenzen für die interregionalen Differenzen nicht in Rechnung stellen, lediglich eines der beiden Einkommenskonzepte (ECU oder KKP) verwenden und darüber hinaus zeitlich punktuelle anstatt mehrfacher Betrachtungen der interregionalen Einkommens- und Arbeitslosigkeitsunterschiede vornehmen. Die vorliegende Arbeit erkennt diese Mängel und berücksichtigt deshalb die Abhängigkeit der Ergebnisse von der Wahl der statistischen Methode, des Einkommenskonzeptes sowie den veränderten territorialen Strukturen und bietet des weiteren eine Zeitreihenbetrachtung.

Wesentliche methodische Unterschiede gegenüber anderen Studien lassen sich außerdem darin erkennen, daß im Rahmen der vorliegenden Arbeit alle Teiluntersuchungen und -ergebnisse, d.h. von der Disparitätenmessung über die Regionenklassifizierung bis hin zur Ermittlung relevanter Einflußgrößen regionaler Entwicklung, sowohl theoretisch als auch empirisch durch die Zuhilfenahme ökonometrischer Verfahren fundiert sind. Mit der Clusteranalyse zur Regionenklassifizierung sowie der Regressionsanalyse zur Bestimmung strategischer Faktoren greift die Arbeit auf in der Regionalforschung bewährte und anerkannte multivariate Analysemethoden zurück. Im Laufe der neunziger Jahren wurde in verschiedenen Studien[12] der Versuch unternommen, die mittel- und osteuropäischen Regionen zu klassifizieren. Allerdings bleibt hier kritisch anzumerken, daß diese sich in der Regel nur auf ein einziges der drei Länder beschränken. Zudem konzentriert sich in diesen Studien das inhaltliche Hauptaugenmerk hauptsächlich auf interregionale Arbeitsmarktunterschiede. Die vorliegende Arbeit geht jedoch wesentlich weiter, indem nicht nur arbeitsmarktrelevante Indikatoren untersucht werden, sondern vielmehr auch Variablen, die Aufschluß über die regionale Infrastruktur, die Umweltsituation sowie die regionale Humankapitalausstattung geben. Mit der Anwendung eines solchen multidimensionalen Indikatorensystems kann die wirtschaftliche Situation der untersuchten Regionen Polens, Ungarns und der Tschechischen Republik gegenüber allen anderen Studien wesentlich umfassender abgebildet werden. Mit dem im Rahmen einer Regressionsanalyse erbrachten fundierten empirischen Nachweis relevanter Regionalentwicklungsfaktoren betritt die vorliegende Arbeit mit dem betrachteten geographischen Untersu-

[12] Vgl. hierzu insbesondere Scarpetta, S./Huber, P. (1995), Regional Economic Structures and Unemployment in Central and Eastern Europe: An Attempt to Identify Common Patterns, Paris; Lehmann, H./Kwiatkowski, E./Schaffer, M. E. (1991), Polish Regional U/V Ratios and the Regional Pre-Reform Employment Structure, London; Fazekas, K. (1994), Types of Micro-Regions Dispersion of Unemployment and Local Employment Development in Hungary, Budapest; Gorzelak, G. (1996), the Regional Dimension of Transformation in Central Europe, London.

chungsraum ein völlig neues Terrain, da hierzu vergleichbare Studien bislang nicht existieren.

Versucht die vorliegende Arbeit zwar erstmals die regionalökonomische Situation der betrachteten Länder Polen, Ungarn und Tschechische Republik sowohl aus dem theoretischen und quantitativ empirischen als auch aus dem politikanalytischen Blickwinkel innerhalb einer einzigen Studie zu untersuchen, so können jedoch nicht alle in diesem Zusammenhang relevanten Fragestellungen berücksichtigt werden. Insbesondere müssen gerade im Hinblick auf die EU-Kandidatenländer Fragen zum Einfluß der regionalen Institutionen auf regionale Entwicklungsprozesse, d.h. vor allem deren politische und finanzielle Kompetenzen, Gegenstand weiterführender wissenschaftlicher Studien sein. Ebenso entscheidend für die Entwicklung regionalpolitischer Konzepte in diesen Ländern dürfte die generelle wissenschaftliche Debatte zur Rolle der Regionen im Wettbewerb um mobile Produktionsfaktoren sein. Darüber hinaus müssen auch die potentiellen ökonomischen Konsequenzen der EU-gesteuerten Institutionalisierung und Regionalisierung in diesen Ländern quantitativ untersucht werden.

2. Regionen und interregionale Disparitäten – Begriffsbestimmungen

2.1 Zum Begriff der Region und zur räumlichen Abgrenzung von Regionen

Im allgemeinen Sinne charakterisiert der Begriff „Region" einen „geographisch bestimmbaren Raum, der als zusammengehörig angesehen wird[13]". Diese weit gefaßte Definition wird den vielfältigen Verwendungsarten des Begriffs „Region" jedoch nicht gerecht und bedarf somit einer Konkretisierung, wonach drei große Gruppen von Regionen anhand räumlichkeitsbezogener Merkmale unterschieden werden und gegebenenfalls in Abhängigkeit vom jeweiligen Untersuchungsgegenstand Verwendung finden können, nämlich homogene, funktionale oder administrative Regionen.

Homogene Regionen zeichnen sich durch jeweils gleichartige Strukturierungen in bezug auf ein Merkmal oder eine Mehrzahl von Merkmalen aus, wobei die Merkmale naturräumliche, wirtschafts- und siedlungsstrukturelle Verhältnisse widerspiegeln können. Homogene Regionen werden beispielsweise durch die Abgrenzung von wirtschaftsschwachen oder agrarwirtschaftlichen Gebieten oder Verdichtungsräumen gebildet[14]. Für die Untersuchung regionalökonomischer Prozesse bieten sich insbesondere nach ökonomischen Maßstäben gebildete Regionen an.

Funktionale oder *nodale* Regionen sind durch das funktionale Beziehungsgefüge zwischen einem Gebiet und seinem Zentrum, dem Nodalpunkt, charakterisiert. Die Grenzen einer funktionalen Region werden durch die Abschwächung bzw. das Verschwinden der zum Nodalpunkt bestehenden Beziehungen gebildet. So gehören z.B. Nahverkehrsregionen mit einem Ballungsgebiet als Zentrum zur Gruppe der funktionalen Regionen[15].

Bei der Bildung von Regionen ist darüber hinaus eine Kombination sowohl von *homogenen* Strukturen als auch von *funktionalen* Verflechtungen möglich. Bei diesem Abgrenzungstyp handelt es sich zumeist um administrative Regionen, z.B. Gebietskörperschaften[16]. Die Abgrenzung administrativer Regionen basiert weitgehend auf historischen und politischen, weniger jedoch auf wirtschaftlichen Entscheidungen. Darüber hinaus enthalten administrative Abgrenzungen immer auch eine Planungskomponente, da die von den jeweiligen Regierungsinstanzen für die betreffende Region vorgenommenen Maßnahmen auch Raumwirksamkeit

---

13 Akademie für Raumforschung und Landesplanung (1970), Spalte 2706.

14 Vgl. Richardson (1973), S. 6f.; Akademie für Raumforschung und Landesplanung (1970), Spalte 2708f.

15 Vgl. Akademie für Raumforschung und Landesplanung (1970), Spalte 2710ff.

16 Vgl. Richardson (1973), S. 7f.

besitzen[17]. Sogenannte Planungsregionen beruhen auf der Idee unterschiedlicher regionaler Entwicklungskonzepte in Abhängigkeit der prioritären wirtschaftspolitischen Ziele (z.B. Arbeitsmarktregionen)[18]. Die räumliche Abgrenzung administrativer Regionen unterliegt in aller Regel siedlungsstrukturellen Homogenitätskriterien, die beispielsweise auf eine interregionale Gleichverteilung der Bevölkerung abzielen können.

Da in den drei zu untersuchenden Ländern Polen, Ungarn und Tschechische Republik statistisches Datenmaterial nur für die administrativen Regionen zur Verfügung steht, d.h. für die polnischen Woiwodschaften, die ungarischen Regionen sowie die tschechischen kraj, und es sich hierbei letztendlich um die Zielgebiete für künftige regionalpolitische Maßnahmen durch die drei Länder bzw. die Europäische Union handelt, bildet die administrative Regionalstruktur die Grundlage für die anschließenden empirischen Untersuchungen. Die Analysen erfolgen auf der NUTS 2-Ebene und orientieren sich damit an der von der Europäischen Union verwendeten Klassifikation territorialer Einheiten „Nomenclature des Unités Territoriales Statistiques" (NUTS), welche fünf territoriale Ebenen unterscheidet. Dieses Klassifikationssystem findet maßgeblich durch das Europäische Statistische Amt (Eurostat), aber auch im Rahmen der Europäischen Regionalpolitik Anwendung. Die gesamten Territorien der drei Visegràdländer gelten dementsprechend als NUTS 1 - und damit oberste Ebene, gefolgt von der NUTS 2-Ebene der Regionen sowie von den kleineren Territorialeinheiten der Bezirke, Kreise und Gemeinden auf den NUTS 3- bis NUTS 5-Ebenen.

2.2 Zum Begriff der interregionalen Disparitäten

„Interregionale Disparitäten" stellen „Abweichungen von einer gedachten, je nach Fragestellung auf unterschiedliche räumliche Maßstabsebenen (*Regionenabgrenzung)* bezogenen Referenzverteilung von als relevant erachteten Merkmalen[19]" dar. Solche geographischen Unterschiede können sich auf quantitative und qualitative Aspekte der Lebens-, Arbeits- und Wohnverhältnisse in den Vergleichsregionen beziehen. Bei der Disparitätenmessung gelten insbesondere die als Indikatoren bezeichneten quantitativen Merkmale als relevant. Diese beziehen sich nicht nur auf ökonomische Größen, sondern berücksichtigen auch soziale, natürliche oder gesellschaftliche Tatbestände. Für die Untersuchung regionaler Wirtschaftsentwicklungen und die daraus abzuleitenden regionalpolitischen Handlungsempfehlungen sind im wesentlichen die im Hinblick auf die regionale Ein-

17 Vgl. Fürst/Klemmer/Zimmermann (1976), S. 1.
18 Vgl. Biehl (1986), S. 39-41.
19 Biehl/Ungar (1995), S. 185.

kommens- und Beschäftigungssituation auftretenden Disparitäten relevant[20], die auch von der Europäischen Kommission anhand von zwei Indikatoren untersucht werden, dem regionalen Pro-Kopf-Einkommen sowie der regionalen Arbeitslosenquote[21].

Im Fokus der anschließenden Untersuchungen (Kapitel 3) stehen insbesondere die Unterschiede hinsichtlich der regionalen Einkommens- sowie Arbeitsmarktsituationen innerhalb der drei betrachteten Länder, wobei die Interdependenzen zwischen der ökonomischen Entwicklung einer Region sowie ihren historischen und politischen Entwicklungsmustern berücksichtigt werden.

2.2.1 Interregionale Einkommensdisparitäten

Die Analyse von wirtschaftlichen Entwicklungsunterschieden zwischen Regionen bedarf eines geeigneten Indikators (oder einer Kombination aus Indikatoren), der diese Ungleichheiten in ihren wesentlichen Ausschnitten abbildet. Zudem muß der gewählte Indikator einen interregionalen Vergleich sowie die Darstellung von Disparitätenveränderungen im Zeitverlauf ermöglichen. Hierfür kommen sowohl die regionalen Bruttoinlandsprodukte zu Marktpreisen der Volkswirtschaftlichen Gesamtrechnungen und darauf aufbauend die entsprechenden regionalen Pro-Kopf-Einkommen in Betracht, die in den nachfolgenden Untersuchungen Verwendung finden[22].

Das „Bruttoinlandsprodukt zu Marktpreisen“ repräsentiert das Ergebnis der Produktionstätigkeit der gebietsansässigen produzierenden Einheiten innerhalb einer Periode. Aus regionaler Sicht spiegelt es die Summe aller Sachgüter und Dienstleistungen abzüglich der Vorleistungen wider, die über einen bestimmten Zeitraum von produzierenden Einheiten innerhalb der betrachteten Region erstellt wurden[23].

Das „regionale Pro-Kopf-Einkommen“ entspricht dem Quotienten aus dem Bruttoinlandsprodukt zu Marktpreisen und der Einwohnerzahl einer Region. Es dient als Indikator für die relative regionale Produktionstätigkeit oder die relative ökonomische Leistungskraft einer Region. Damit ist es sowohl zur Messung als auch zum Vergleich wirtschaftlicher Entwicklungsstände verschiedener Regionen geeignet.

---

[20] Vgl. Biehl/Ungar (1995), S. 186.

[21] Vgl. Holtzmann (1997), S. 164.

[22] Vgl. Wellenhofer (1997), S. 179f.; Schätzl (1993), S. 19.

[23] Vgl. Gabler Wirtschaftslexikon (1988), Spalte 1565ff.; Biehl/Ungar (1995), S. 186.

Die regionalen Pro-Kopf-Einkommen einer Volkswirtschaft sind in der entsprechenden Landeswährung ausgedrückt, so daß zur Sicherstellung der länderübergreifenden Datenvergleichbarkeit eine einheitliche Merkmalsausprägung gefunden werden muß. Hierzu werden von der Europäischen Union zwei Methoden zur Berechnung des Bruttoinlandsprodukts praktiziert: zum einen die Bewertung zu Marktpreisen oder Faktorkosten in Verbindung mit einem geeigneten Wechselkurs, zum anderen die Bewertung zu Kaufkraftparitäten.

Mittels der Bewertungsmethode zu Marktpreisen oder Faktorkosten in Verbindung mit einem geeigneten Wechselkurs wird die ökonomische Leistungskraft einer Region abgebildet. Die Berücksichtigung von Wechselkursen hat jedoch zur Folge, daß sich die regional ansässigen Unternehmen auch an internationalen Preisen orientieren müssen. Somit bestimmt nicht nur das erzielte Produktionsvolumen die Wirtschaftskraft einer Region, sondern auch die durch die internationalen Marktpreise abgebildete Wettbewerbsfähigkeit. Problematisch erweist sich dabei die Verwendung frei floatender Währungen als Vergleichsmaßstäbe (z.B. US-Dollar), da die Bildung der Wechselkurse nicht nur durch internationale Preisniveauunterschiede bestimmt wird, sondern auch durch Spekulationen, internationale Zinsunterschiede sowie die politische und wirtschaftliche Situation des betreffenden Landes[24]. Um diese Problematik auszugrenzen, wird seit 1979 (Gründung des Europäischen Währungssystems) der ECU bzw. seit dem 1.1.1999 auf der Grundlage festgeschriebener Wechselkurse der Euro[25] als einheitliche Merkmalsausprägung zum Vergleich der Pro-Kopf-Einkommen innerhalb der Europäischen Union verwendet.

Die Methode der Kaufkraftparitäten dient insbesondere der Abbildung von interregionalen Realeinkommens- bzw. Lebensstandardvergleichen. Die Kaufkraft des Geldes bestimmt den Tauschwert einer einzelnen Geldeinheit und entspricht dem reziproken Verhältnis zum jeweiligen Preisniveau eines Landes.

In den folgenden Untersuchungen[26] werden die regionalen Pro-Kopf-Einkommen Polens, Ungarns und der Tschechischen Republik sowohl in ECU bzw. in Euro als auch in Kaufkraftparitäten gemessen, wodurch nicht nur die länderübergreifende Vergleichbarkeit sichergestellt wird, sondern auch der Einfluß des entsprechenden Einkommenskonzepts auf das Niveau interregionaler Einkommensunterschiede berücksichtigt wird. Um mögliche Fehleinschätzungen in Form von tendenziellen

---

24 Vgl. Wellenhofer (1997), S. 183; Europäische Kommission (1981), S. 48, 198f. Darüber hinaus spiegelt sich die Währungsabwertung eines Landes nicht automatisch und unverzüglich in einem prozentual gleich hohen Rückgang der Produktionskapazität bzw. der realen Wohlfahrt seiner Einwohner wider.

25 Der Wechselkurs zwischen Euro und ECU beträgt 1 zu 1, d.h. ein Euro entspricht genau einem ECU.

26 Vgl. Kapitel 3, 4 und 6.

Über- oder Unterschätzungen der regionalen Pro-Kopf-Einkommen bei der Interpretation der nachfolgenden Untersuchungsergebnisse zu vermeiden, ist bei der Verwendung des regionalen Pro-Kopf-Einkommens grundsätzlich folgendes zu berücksichtigen:

• Im Bruttoinlandsprodukt zu Marktpreisen sind die an den Fiskus abzuführenden indirekten Steuern enthalten. Weist eine Region ein hohes indirektes Steueraufkommen auf, so kann dies eine Überzeichnung ihrer ökonomischen Leistungskraft zur Folge haben. Der gleiche Effekt kann auch auftreten, da das Bruttoinlandsprodukt zu Marktpreisen noch keine Subventionen berücksichtigt, die vor allem in Regionen mit stark subventionierten Sektoren relevant sind (z.B. Altindustrieregionen, Agrarregionen). Nicht im Bruttoinlandsprodukt zu Marktpreisen enthalten ist der durch die Produktion verursachte Werteverzehr (Abschreibungen), wodurch es wiederum zu einer Überzeichnung der ökonomischen Leistungskraft einer Region kommen kann[27].	**tendenzielle Überschätzung möglich**
• Für private und öffentliche Güter gelten unterschiedliche Bewertungsmaßstäbe: Private Güter werden zu Marktpreisen als Knappheitsmaße bewertet, öffentliche Güter demgegenüber zu ihren Kosten. Damit folgt z.B. aus einem erhöhten Beamtensold eine entsprechende Steigerung des Bruttoinlandsproduktes, ohne daß tatsächlich mehr produziert wurde.	**tendenzielle Überschätzung möglich**
• Die von wirtschaftlichen Aktivitäten ausgehenden externen Effekte (z.B. negative externe Effekte durch Umweltbelastung) finden keinen Eingang in die Volkswirtschaftlichen Gesamtrechnungen.	**tendenzielle Überschätzung möglich**
• Das Bruttoinlandsprodukt enthält nur jene wirtschaftlichen Aktivitäten, die legal über den Markt oder durch den Staat erfolgen. Illegale Aktivitäten wie Schwarzarbeit oder Mafia-Tätigkeiten bleiben bei der Ermittlung des Bruttoinlandsproduktes außen vor[28].	**tendenzielle Unterschätzung möglich**

27 Vgl. Wellenhofer (1997), S. 181.

28 Vgl. Wellenhofer (1997), S. 181f.

• Pendlerströme beeinflussen die Vergleichbarkeit der regionalen Pro-Kopf-Einkommen. So verursachen Einpendlerüberschüsse, daß die Produktionstätigkeit in diesen Regionen höher ist als es mit den in der Region lebenden Erwerbstätigen möglich wäre.	**tendenzielle Überschätzung möglich**
• Da das von Pendlern erwirtschaftete Bruttoinlandsprodukt statistisch innerhalb der Region des Unternehmenssitzes erfaßt wird, fällt das entsprechende Pro-Kopf-Einkommen in den Wohnregionen der Pendler niedriger aus.	**tendenzielle Unterschätzung möglich**
• Darüber hinaus wirkt sich unabhängig von der Erfassungsmethode die Bevölkerungsstruktur einer Region auf das regionale Pro-Kopf-Einkommen aus. So bedingen relativ hohe Anteile an Personen außerhalb des erwerbsfähigen Alters (Kinder, Schüler, Rentner) relativ niedrigere Pro-Kopf-Einkommen für die betreffende Region[29].	**tendenzielle Unterschätzung möglich**

2.2.2 Interregionale Arbeitsmarktdisparitäten

Interregionale Arbeitsmarktdisparitäten werden in der Regel anhand des Indikators „regionale Arbeitslosenquote" abgebildet. Die regionale Arbeitslosenquote ist definiert als die Anzahl der Arbeitslosen einer Region bezogen auf die Anzahl der Erwerbspersonen derselben Region, ausgedrückt in Prozent. Die Definitionen von Arbeitslosen können sich in verschiedenen Ländern, auch innerhalb der EU, unterscheiden. In der Regel orientieren sie sich an den Empfehlungen der Internationalen Arbeitsorganisation (ILO). Demnach ist eine Person als arbeitslos anzusehen, sofern sie ein Mindestalter von 15 Jahren erreicht hat, wenn sie zum Referenzzeitpunkt keiner Arbeit nachgeht, aber für den Arbeitsmarkt verfügbar ist, d.h. innerhalb der nächsten zwei Wochen eine Arbeit aufnehmen kann und in den zurückliegenden vier Wochen aktive Arbeitssuche betrieben hat[30]. Die Erwerbspersonen ergeben sich wiederum aus der Summe der Arbeitslosen und Erwerbstätigen der jeweiligen Region, wobei unter Erwerbstätigen alle Personen zu verstehen sind, die zum Referenzzeitpunkt einer Arbeit nachgehen.

---

29 Vgl. Eurostat (1998a), S. 10f.; Schätzl (1993), S. 21.

30 Vgl. Eurostat (1998b), S. 12.

Der Indikator Arbeitslosenquote wird in den sich anschließenden Analysen[31] zur Messung und zum Vergleich interregionaler Arbeitsmarktdisparitäten innerhalb der drei betrachteten Visegràdländer genutzt. Um auch hierbei Fehleinschätzungen bei der Auswertung der Untersuchungsergebnisse auszuschließen, ist folgendes generell festzuhalten:

• Vor dem Hintergrund unterschiedlicher Arbeitslosendefinitionen einzelner Länder müssen Einschränkungen hinsichtlich der Vergleichbarkeit der Arbeitslosenzahlen in Rechnung gestellt werden. Die regionalen Arbeitslosenquoten basieren nur auf den durch die regionalen Arbeitsämter registrierten Arbeitslosen.	**tendenzielle Unterschätzung möglich**
• In den mitteleuropäischen Transformationsländern ist es der Fall, daß Frauen seit Beginn der 90er Jahre aufgrund von zahlreichen Unternehmensschließungen nicht zwangsläufig in die Arbeitslosigkeit, sondern in massivem Umfang direkt von der Berufstätigkeit in das Hausfrauendasein wechseln und damit in den regionalen Arbeitslosenstatistiken nicht erfaßt werden.	**tendenzielle Unterschätzung möglich**
• Eine weitere schlecht erfaßte Gruppe bilden z.B. ehemalige Industrie- und Bauarbeiter in landwirtschaftlichen Gebieten, denen nach ihrer Entlassung die eigene Landwirtschaft als Auffangbecken dient.	**tendenzielle Unterschätzung möglich**
• Versteckte Arbeitslosigkeit, d.h. Überbeschäftigung in Betrieben als besonderes mittel- und osteuropäisches Arbeitsmarktproblem, wird in den regionalen Arbeitslosenquoten nach der oben genannten Definition nicht erfaßt.	**tendenzielle Unterschätzung möglich**
• Die Tätigkeit von amtlich registrierten Arbeitslosen im informellen Sektor wird in keiner Arbeitslosenstatistik erfaßt, gilt aber in den mitteleuropäischen Ländern als besonderes Phänomen.	**tendenzielle Überschätzung möglich**

[31] Vgl. Kapitel 3 und 4.

- Die Teilnahme von Frauen am Arbeitsmarkt wird durch landes- oder regionalspezifische Traditionen sowie das Vorhandensein sozialer Dienste (Kinderbetreuung) beeinflußt[32]. Die registrierte Frauenarbeitslosigkeit ist somit insbesondere zwischen ländlich geprägten Regionen mit eher konservativen Rollenbildern von Mann und Frau und städtischen Räumen, in denen sich tendenziell aufgeklärtere und modernere Lebensformen herausbilden, unterschiedlich zu bewerten.

tendenziell sowohl Über- als auch Unterschätzung möglich

[32] Vgl. Martin (1999), S. 14.

3. Analyse der Regionalstrukturen Polens, Ungarns und der Tschechischen Republik

Der politische, ökonomische und soziale Umbau in den ehemaligen Ostblockstaaten führte zu einer Renaissance historisch begründeter Entwicklungskorridore in der Mitte Europas. Die mitteleuropäischen Staaten Polen, Ungarn und die Tschechische Republik sind nicht mehr jene politisch und ökonomisch in den Warschauer Pakt sowie in den RGW eingebundenen Satellitenstaaten der Sowjetunion, sondern entwickeln sich zu autonomen Demokratien mit einer zunehmend marktwirtschaftlichen Ausrichtung, wobei dieser politische und ökonomische Transformationsprozeß bereits in großen Teilen und zudem auch erfolgreich abgeschlossen ist.

Diese Reformprozesse bewirken, daß sich die einstige Phalanx des RGW-Raumes an den Westgrenzen zu prosperierenden Gebieten entwickelt, wie z.B. Poznan, südliche Teile Böhmens nahe der deutschen Grenze und die ungarische Grenzregion Györ an der Trennlinie zu Österreich. Die ehemals hermetisch abgeriegelten Randgebiete, einst gekennzeichnet durch eine militärische Omnipräsenz der kommunistischen Regime, greifen heute auf innerhalb der letzten Dekade wieder erweckte Austauschbeziehungen vor allem zu Deutschland und Österreich zurück. Ebenso erleben geistig-kulturelle und wirtschaftliche Zentren der Vorkriegszeit, scheinbar unbeschadet durch Jahrzehnte planwirtschaftlichen Handelns, einen Aufstieg in die erste Liga europäischer Metropolen und somit endlich internationale Wahrnehmung, insbesondere die Hauptstädte Prag und Budapest mitsamt ihres Umlandes. Verbindungen zwischen Ost und West wie die Via Baltica[33] oder das Netzwerk der Hansestädte an Nord- und Ostsee erfahren eine weiterentwickelte Wiederbelebung.

Allerdings brachen auch politische und ökonomische Probleme auf, die lange unter dem Deckmantel einer diktatorischen Politik der Vereinheitlichung keimten und der politischen und ökonomischen Transformation der Visegrádstaaten eine räumliche Dimension verleihen. Zum einen formt der gesellschaftliche Wandel regionale Strukturen neu, zum anderen sind regionale Strukturen selbst ein bestimmendes Element des gesellschaftlichen Wandels. Da sich historisch begründete Regionalstrukturen im allgemeinen nur sehr langsam im Vergleich zu gesamtwirtschaftlichen und politischen Entwicklungen eines Landes verändern, erweisen sie sich zumeist als Barrieren der Transformationsprozesse, die zumeist auf kurzfristige Reformen und Erfolge abzielen. Allerdings mäßigt deren Beharrlichkeit den sozialen Wandel und trägt somit tendenziell zu langfristig beständige-

[33] Dies bezeichnet eine Fernstraßenverbindung, welche langfristig von Helsinki über Tallinn, Riga, Kaunas und Warschau nach Berlin führen soll. Vgl. Stadelbauer (1999), S. 23.

ren Entwicklungen bei[34]. Noch immer reagieren die Regionen der Visegràdländer sehr unterschiedlich auf die strukturellen Anpassungsprozesse der Vergangenheit und Gegenwart mit der Folge einer allgemein zunehmenden Zentrum-Peripherie-Diskrepanz sowie eines wachsenden West-Ost-Gefälles hinsichtlich der ökonomischen Prosperität. Florieren einerseits die Hauptstädte aller drei Länder mit verhältnismäßig niedrigen Arbeitslosenraten und einer überdurchschnittlich hohen Konzentration ausländischen Kapitals, so leiden beispielsweise alte Industriegebiete unter der ökonomischen und auch ökologischen Restrukturierung. Besondere Benachteiligung erfahren die östlichen Landesteile der Visegràdstaaten, welche in der Regel einer sich zunehmend verstärkenden Problemkombination gegenüberstehen, die durch Dominanz des Agrarsektors, Bevölkerungsabwanderungen und rückständige Infrastruktur gekennzeichnet sind[35].

Vor diesem Hintergrund beinhaltet das dritte Kapitel eine aus regionaler Sicht durchgeführte Bestandsaufnahme der sozio-ökonomischen Realität in Polen, Ungarn und der Tschechischen Republik. Abschnitt 3.1 stellt die historische Entwicklung der regionalen Territorialstrukturen dieser Länder im 20. Jahrhundert dar. In Abschnitt 3.2 wird die Entstehung der heutigen räumlichen Wirtschaftsstrukturen insbesondere als Erbe der sozialistischen Industrialisierung erläutert. Darauf aufbauend erfolgt eine Analyse der interregionalen Entwicklungsunterschiede im Hinblick auf die regionalen Pro-Kopf-Einkommen (Abschnitt 3.3) und die regionale Arbeitslosigkeit (Abschnitt 3.4). In beiden Abschnitten wird zunächst ein quantitativer Vergleich des jeweiligen statistischen Datenmaterials für die Regionen der drei Länder mit den entsprechenden Referenzwerten für die Gruppe der mittel- und osteuropäischen Beitrittskandidatenländer sowie des EU-Durchschnitts vorgenommen. Daran schließt jeweils eine detaillierte Analyse der interregionalen Einkommens- und Arbeitslosigkeitsdisparitäten auf der Grundlage ausgewählter statistischer Kennziffern für die Regionen der drei Visegràdländer an (Standardabweichungen, Variationskoeffizienten und Gini-Koeffizienten).

3.1 Entwicklung und Stand der Territorialstrukturen

Nach dem Zweiten Weltkrieg veränderten sozialistische Gebietsreformen in den mitteleuropäischen Ländern die regionalen Territorialstrukturen nachhaltig. Die Territorialverwaltungen wurden in die staatliche Administrationshierarchie integriert, damit zentralisiert und unter das politische Kontrollsystem der Staatspartei gestellt. Rechtliche und finanzielle Kompetenzen gingen von regionalen auf nationale Entscheidungsträger über. Diesem Machtentzug der Regionalverwaltungen und der gleichzeitigen Stärkung der zentralstaatlichen Ebene folgte eine Domi-

---

[34] Vgl. Illner (1997), S. 29.

[35] Vgl. Bachtler (1998), S. 3; Bachtler (1995), S. 197ff.

nanz der Sektoral- gegenüber der Regionalpolitik mit der Folge, daß die Regionalstrukturen bis 1989 in aller Regel ausschließlich den Interessen der ansässigen Industrien untergeordnet waren[36]. Dementsprechend fungierten die regionalen Verwaltungseinheiten im zentralwirtschaftlichen System als künstlich geschaffene Planungseinheiten, die mit den historisch gewachsenen Regionalstrukturen kaum mehr etwas zu tun hatten[37].

Polen

Die territoriale Gliederung Polens erfuhr im 20. Jahrhundert beträchtliche Veränderungen. Nach 123 Jahre währender Fremdherrschaft und Teilung des Landes unter den Großmächten Rußland, Österreich und Preußen erfolgte mit dem Ende des Ersten Weltkrieges die Wiederentstehung Polens als Nationalstaat. In den Folgejahren 1919 bis 1925 entstanden als zweite und unterste staatliche Administrationsebene insgesamt sechzehn Woiwodschaften. Der Zweite Weltkrieg in Verbindung mit der deutschen Besatzungspolitik zog ein erneutes Verschwinden der Republik Polen und somit auch der administrativen Regionalstrukturen von der politischen Landkarte nach sich.

Die auf der Potsdamer Konferenz im Jahr 1945 vereinbarte sogenannte Westverschiebung Polens führte kurzfristig nicht nur zu einer Bevölkerungsschrumpfung infolge der Aussiedlung der deutschen Bevölkerung aus ehemals deutschen Gebieten, sondern ebenso zu einer ethnisch völlig neu zusammengesetzten polnischen Bevölkerungsstruktur. Längerfristig zogen die polnischen Grenzverschiebungen darüber hinaus jahrelange Wanderungsbewegungen von Ost nach West nach sich. Insbesondere die entwurzelte polnische Bevölkerung aus denjenigen östlichen Landesteilen, die nach dem Zweiten Weltkrieg an die Sowjetunion gingen, wurde unter Berücksichtigung siedlungs- und beschäftigungspolitischer Ziele in die frei gewordenen ehemaligen deutschen Ostgebiete umgesiedelt[38].

In verwaltungstechnischer Hinsicht gliederte sich Polen im Jahr 1945 in elf Woiwodschaften (Regionen) und drei Kreise, die neben den Woiwodschaften bestanden. Nach einer 1950 durchgeführten Neugliederung erhöhte sich die Anzahl der Woiwodschaften (Regionen) auf nunmehr siebzehn und die der Kreise, verwaltungstechnisch jetzt unterhalb der Woiwodschaften, auf ca. 300. Die Verwaltungsstrukturreform von 1975 brachte eine weitere flächen- und bevölkerungsmäßige Verkleinerung der Woiwodschaften sowie eine Abschaffung der Kreise: Bis 1989 gliederte sich Polen als zweistufiges Verwaltungssystem in 49 Woiwodschaften

---

36 Vgl. Benzler (1994), S. 312f.

37 Vgl. Hallet (1997), S. 3.

38 Vgl. Benzler (1994), S. 311; Alexander (1991), S. 19ff.; Gorzelak (1996), S. 35f.; Klett (1993), S. 9; Kuklinski/Mync/Szul (1997), S. 171ff.

und unterhalb der Woiwodschaften in insgesamt 2.368 Gemeinden[39]. Darüber hinaus gewann das Prinzip der Branchenpolitik durch die entsprechende Gliederung der Ministerien auf zentralstaatlicher Ebene und die Schaffung örtlicher Exekutivorgane zur Durchsetzung industrieller Interessen zunehmend an Dominanz gegenüber regionalen Zielen[40]. Bis 1989 war jede Region, teilweise bodenschatzabhängig, teilweise staatlich bestimmt, durch jeweils einen Industriezweig geprägt, d.h. durch einen oder mehrere ansässige Großbetriebe, die sich durch enorme Fertigungstiefen sowie offizielle Netzwerke auszeichneten, die oftmals bis in obere Verwaltungsebenen reichten.

Karte 3.1: Territorialstruktur in Polen bis 1998

Quelle: Eigene Darstellung

39 Vgl. Gramatzki (1991), S. 289; Benzler (1994), S. 311. Die Gemeinden setzten sich wie folgt zusammen: 10% Städte, 24% Stadt- und 66% Landgemeinden.

40 Vgl. Lammich, S. (1982) (Bearb.): Die Staats- und Verwaltungsordnung der Volksrepublik Polen, Berlin.

Nach 1989 änderte sich die territoriale Organisation Polens in zwei Schritten grundlegend. Zunächst erfolgte noch im Jahr der politischen Wende die Einführung der territorialen Selbstverwaltung auf kommunaler Ebene. Zehn Jahre später, am 1.1.1999, tritt das „Gesetz zur territorialen Neugliederung" in Kraft, welches durch folgende Charakteristika gekennzeichnet ist: Die Anzahl der Woiwodschaften reduzierte sich von 49 auf sechzehn mit einer dualen Verwaltungsstruktur, das bedeutet, neben der direkt gewählten regionalen Selbstverwaltung unter dem Vorsitz eines Marschalls ist der Repräsentant der nationalen Verwaltung, der sogenannte Woiwode, für die Umsetzung nationaler Politiken sowie für die Einhaltung nationaler Standards auf regionaler Ebene zuständig. Auf der Ebene unterhalb der Woiwodschaften entstanden 372 Powiate bzw. Bezirke mit gewählten Räten neu. Auf der Ebene darunter bestehen insgesamt 2.489 Land- und Stadtgemeinden sowie Städte, die bereits seit 1989 Selbstverwaltungsstatus besitzen[41].

Karte 3.2: Territorialstruktur in Polen seit 1999

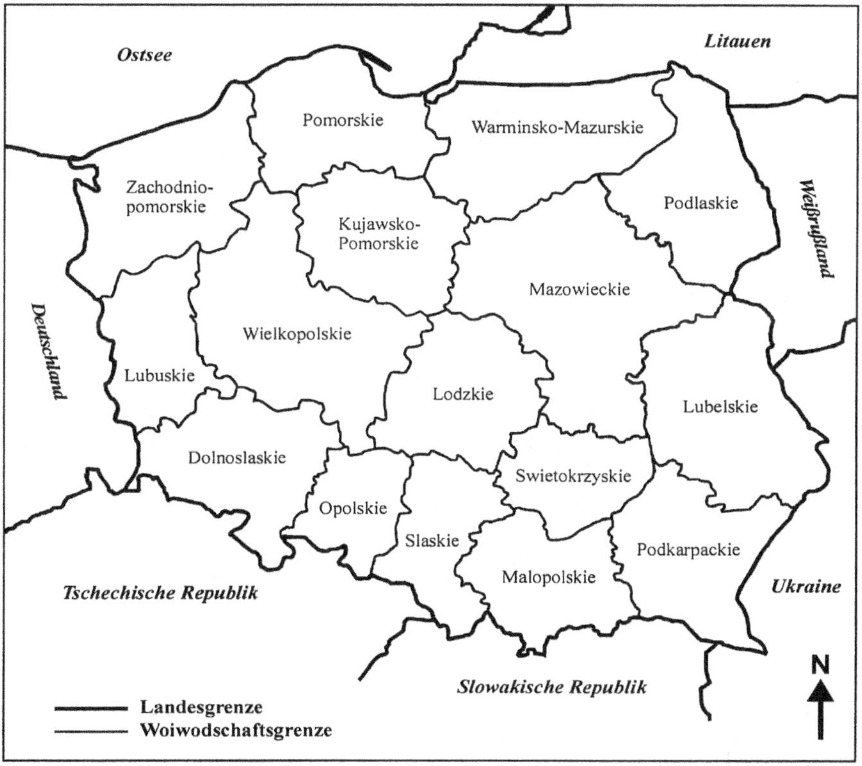

Quelle: Eigene Darstellung

[41] Vgl. Gorzelak (2000), S. 1; Czyz (1999), S. 33ff.

Damit erfolgte eine Anpassung an die von der Europäischen Union verwendeten Klassifikation territorialer Einheiten „Nomenclature des Unités Territoriales Statistiques“ (NUTS). Das gesamte Territorium Polens gilt künftig als NUTS 1-Gebiet, die sechzehn neu definierten Woiwodschaften bilden die NUTS 2-Ebene. Um vollständige Kompatibilität mit dem NUTS-Klassifikationssystem zu erreichen, muß Polen noch entsprechende NUTS 3- bis NUTS 5–Einheiten definieren.

Ungarn

Als ehemaliger Bestandteil der Habsburger Doppelmonarchie verlor Ungarn nach dem Ersten Weltkrieg zwei Drittel seines Vorkriegsterritoriums und somit einen beträchtlichen Teil seiner bis dahin 70 Komitate (regionale Verwaltungseinheiten). Mit den Friedensverträgen von 1918 wurden die bis heute gültigen Grenzen des Landes gezogen[42]. Nach der Erklärung Ungarns zur sozialistischen Volksrepublik im Jahre 1949 erfolgte eine Verwaltungsreform mit Reduzierung der Komitate auf den heutigen Stand von neunzehn Einheiten und die Hauptstadt Budapest, die verwaltungstechnisch als zwanzigstes Komitat behandelt wird. Zwischen der regionalen und der darunter angesiedelten lokalen Ebene bestehen keinerlei hierarchische Beziehungen. Seit Einführung des Gesetzes zur lokalen Verwaltungsreform im Jahr 1990 verfügen die Hauptstadt Budapest, ihre Stadtbezirke ebenso wie die sprunghaft gestiegene Zahl der über 3.000 Gemeinden[43] über unabhängige lokale Selbstverwaltungsorgane.

Karte 3.3: Territorialstruktur in Ungarn auf Basis der Komitate

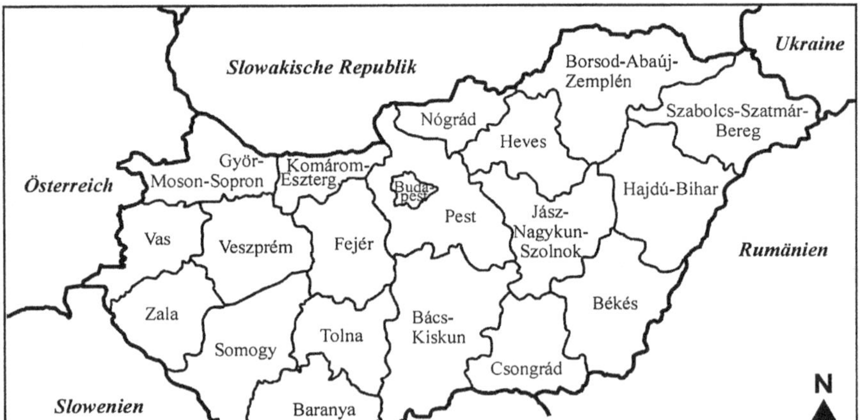

Quelle: Eigene Darstellung

42 Vgl. Ehrlich/Révész (1995), S. 22ff.

43 Die Gemeinden setzen sich wie folgt zusammen: 7% Stadt- und 93% Landgemeinden.

Das ungarische Territorium entspricht der NUTS 1-Ebene der EU-Klassifikation, die neunzehn Komitate sowie die Hauptstadt Budapest entsprechen der NUTS 3-Ebene. Das „Gesetz zur regionalen Entwicklung und physischen Planung“ von 1996 sieht für die Komitate die Möglichkeit vor, sich auf freiwilliger Basis zu größeren, der NUTS 2-Ebene entsprechenden Regionen zusammenzuschließen. Demgemäß wurden im Jahr 1998 sieben sogenannte „statistische Planungsregionen“ gebildet. Zu diesen zählen Mittelungarn, Mitteltransdanubien, Westtransdanubien, Südtransdanubien, Nordungarn, die Nordungarische sowie Südungarische Tiefebene. Zwar hebt eine Gesetzesergänzung von 1999 die Rolle der neu geschaffenen sieben Regionen gegenüber den Komitaten stärker hervor, eine endgültige Definition der regionalen NUTS 2-Ebene in Ungarn erfolgte jedoch bislang nicht[44].

Karte 3.4: Territorialstruktur in Ungarn auf Basis der statistischen Planungsregionen

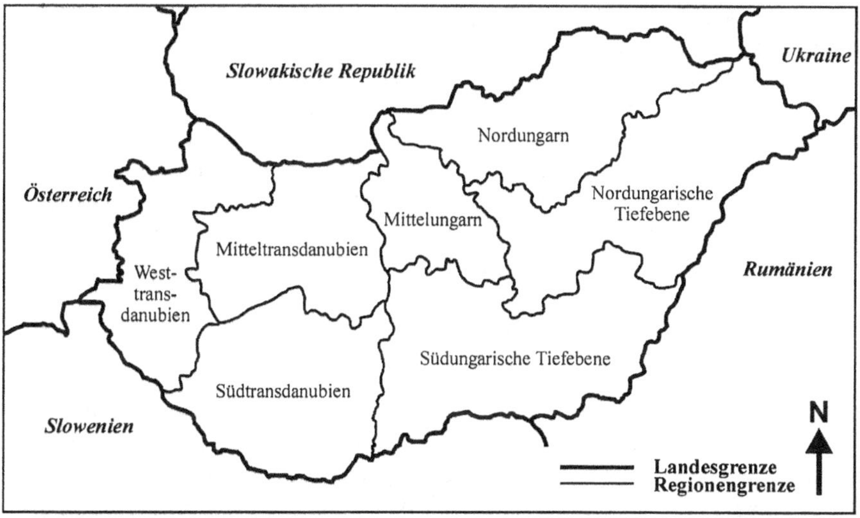

Quelle: Eigene Darstellung

Tschechoslowakische Republik (Tschechische und Slowakische Republik seit 1993)

Die Grenzen der Tschechoslowakischen Republik wurden erst nach dem Ersten Weltkrieg geformt. Im Jahre 1918 entstand auf den Trümmern der Habsburger Monarchie die Tschechoslowakische Republik, die sich in die kulturell und geographisch gewachsenen Großräume Böhmen, Mähren und Slowakei unterteilte.

44 Vgl. Bachtler/Downes (1998), S. 78; Horvath (1999), S. 105.

Nach dem Ende des Zweiten Weltkrieges wurde die Tschechoslowakei mit Ausnahme des relativ kleinen Gebietes der Karpato-Ukraine in ihren vor dem Krieg gültigen Grenzen wiederhergestellt. Mit der Machtübernahme der Kommunisten im Jahr 1948 erfuhr die historisch entwickelte Territorialstruktur gewaltige Verschiebungen. So verordneten die politischen Entscheidungsträger zunächst eine Zersplitterung des Landes in neunzehn territoriale Einheiten. Erst nach der Gebietsreform von 1960 entstand die bis 1989 existierende fünfstufige Administrationsstruktur mit einer Föderation aus Tschechischer und Slowakischer Republik, darunter die Regierungen der zwei Teilrepubliken, des weiteren zehn große kraj oder Verwaltungsregionen (Mittelböhmen, Westböhmen, Südböhmen, Nordböhmen, Ostböhmen, Nordmähren, Südmähren, Westslowakei, Mittelslowakei und Ostslowakei) plus die Hauptstädte Prag und Bratislava als zusätzliche Verwaltungseinheiten auf derselben Hierarchieebene, darunter 114 Bezirke (okres) und etwa 7.500 Gemeinden. Diese Organisation des administrativen Systems folgte dem sowjetischem Vorbild, indem jede der zehn kraj sowie Prag und Bratislava jeweils den Status einer einzelnen ökonomischen Einheit erhielten, die dabei auf einen einzigen Industriezweig ausgerichtet war. Hierdurch wurde die Entwicklung wirtschaftlicher Beziehungen zwischen den Regionen stark gehemmt. Vielmehr entstand ein Netzwerk zwischen den verschiedenen Industriekombinaten zur Durchsetzung ihrer Ziele und Einflüsse[45]. Aufgrund dieser Überlagerung der Territorialorganisation durch das staatlich implementierte und geschützte Sektorensystem wurde die Stellung der tschechoslowakischen Regionen zugunsten der zentralen Ebene bis 1989 nachhaltig geschwächt[46].

Mit einer Verwaltungsreform direkt nach der politischen Wende wurden die Regionen als eigenständige Administrationsebene vollständig abgeschafft und deren Kompetenzen weitgehend auf die nationale Ebene übertragen. Lediglich für statistische Zwecke wurde die Klassifikation nach Regionen weiterhin verwendet. Um die neu erworbenen Kompetenzen auch auf regionaler Ebene ausführen zu können, schuf jedes Ministerium sogenannte dezentrale Niederlassungen und schließlich sein eigenes interregionales Netzwerk ohne interministerielle Koordinationsmechanismen. Auch die nächst niedrigere Ebene der Bezirke verlor ihren Selbstverwaltungsstatus, hier verblieben nur die staatlichen Verwaltungsorgane. Fortan wurden parlamentarische Volksvertretungen nur noch auf staatlicher sowie lokaler Ebene gewählt. Die in den Folgejahren vielfach diskutierte Wiedereinführung der regionalen Selbstverwaltungen erreichte trotz der zunehmenden Koordinationsschwierigkeiten auf zentralstaatlicher Ebene keine politische Mehrheit. Die Gegner fürchteten zum einen eine zunehmende Bürokratisierung und zum anderen die Gefährdung des Transformationsprozesses durch politische Macht anderer als den Regierungsparteien in den Regionen. Darüber hinaus sollte auch die aufkeimende

[45] Vgl. OECD (1996), S. 19f.

[46] Vgl. Illner (1997), S. 33.

Forderung nach einer Föderalisierung der Tschechischen Republik in die Teilgebiete Böhmen und Mähren verhindert werden. So gehörten schließlich bei der Staatenteilung im Jahr 1993 von den ehemaligen zwölf regionalen Verwaltungseinheiten inklusive der beiden Hauptstädte Prag und Bratislava sowie den 114 Bezirken (okres) eine den acht Regionen und 77 Bezirken vergleichbare Fläche zur Tschechischen Republik.

Karte 3.5: Territorialstruktur in der Tschechischen Republik auf Basis der acht Regionen

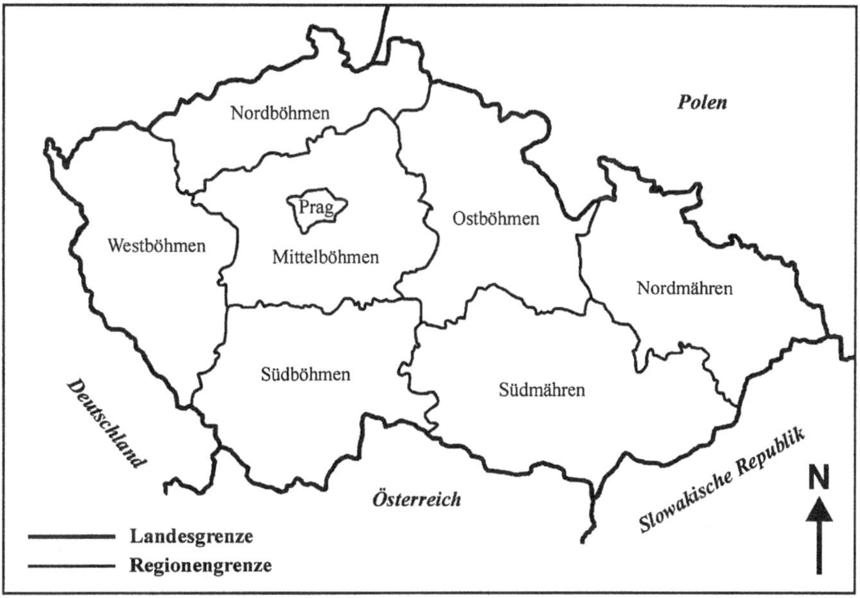

Quelle: Eigene Darstellung

Erst der durch die Wahlen 1996 eingeleitete politische Machtwechsel, die Mitte-Rechts-Koalition verlor dabei ihre Mehrheit im Parlament und regierte fortan mit einer Minderheit, ermöglichte die „Verfassungsverordnung zur Schaffung höherer territorialer Selbstverwaltungseinheiten“. Gemäß dieser Verordnung soll sich die Tschechische Republik, deren gesamtes Territorium der NUTS 1-Ebene entspricht, künftig in vierzehn selbstverwaltete Regionen (kraj) gliedern, die jedoch nicht der NUTS 2-, sondern nur der niedrigeren NUTS 3-Stufe der europäischen Klassifikation entsprechen. Aufgrund verspäteter Gesetzesentscheidungen haben diese Regionen, deren Implementierung für den 1.1.2000 vorgesehen war, noch keine Funktionsfähigkeit erlangt. Da die neu geschaffenen vierzehn Regionen im Hinblick auf ihre Einwohnerzahlen für die NUTS 2-Ebene durch Eurostat als zu klein befunden werden, mußten sie zusätzlich zu acht größeren Regionen zusammengefaßt werden. Diese unterscheiden sich allerdings hinsichtlich ihrer

Grenzen von den bis 1990 verwaltungstechnisch und bis heute auch noch für statistische Zwecke existierenden kraj und werden nur im Hinblick auf die Teilnahme an den Europäischen Strukturfonds, insbesondere dem Europäischen Fonds für Regionalentwicklung, für potentielle tschechische Ziel 1-Gebiete Bedeutung haben. Hierzu zählen die Regionen Prag, Mittelböhmen, Südwest, Nordwest, Südost, Nordost, Mittelmähren und Ostrava. Die 77 Bezirke bilden die NUTS 4- und die mehr als 6.000 Gemeinden die NUTS 5-Ebene[47].

Karte 3.6: Territorialstruktur der Tschechischen Republik auf Basis der vierzehn Regionen

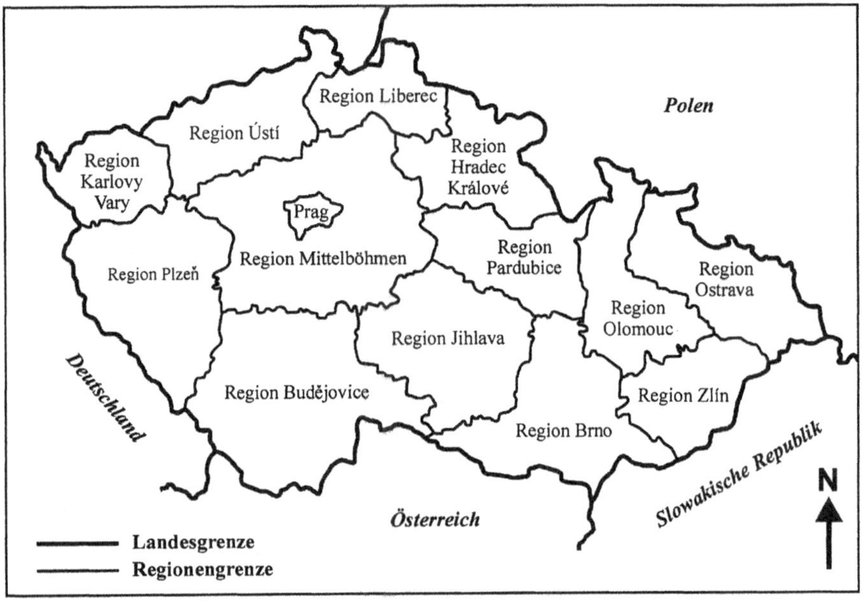

Quelle: Eigene Darstellung

3.2 Regionale Wirtschaftsstrukturen und sozialistische Industrialisierungspolitik bis 1989

Interregionale Entwicklungsunterschiede waren in Polen, Ungarn und in der Tschechischen Republik bereits vor dem Zweiten Weltkrieg festzustellen. Diese Differenzen zeigten sich insbesondere anhand der unterschiedlichen regionalen Industrialisierungsgrade. Bis 1945 wurden keine Versuche unternommen, die bestehenden Entwicklungsdisparitäten durch gezielte politische Maßnahmen auszugleichen. Demgegenüber begann nach dem Zweiten Weltkrieg in allen drei Län-

[47] Vgl. Blazek/Boeckhout (2000), S. 8ff.

dern eine Ära sozialistischer Raumpolitik mit dem Fokus auf die beschleunigte Industrialisierung rückständiger Gebiete. Diese staatlich gesteuerte Industrialisierungspolitik beeinflußte sowohl die regionalen Siedlungs- als auch Wirtschaftsstrukturen bis zur politischen Wende im Jahr 1989 nachhaltig.

Polen

Vor dem Ersten Weltkrieg gruppierten sich in Polen nennenswerte Industrieansiedlungen lediglich um Warschau (vor allem metallverarbeitende sowie Leichtindustrie), Lodz und Bialystok (jeweils hauptsächlich Textilindustrie). Mit Ostoberschlesien kam im Jahr 1921 eine beachtliche schwerindustrielle Produktionsbasis (Stahlindustrie) hinzu, jedoch bezogen im selben Jahr lediglich rund 7% der gesamten polnischen Bevölkerung ihren Lebensunterhalt durch Industriearbeit, zwei Drittel waren in der Landwirtschaft beschäftigt. Bis Ende des Zweiten Weltkriegs war Polen ein ausgeprägtes Agrarland, das lediglich über einen schmalen Industriekorridor von Warschau bis Oberschlesien verfügte[48].

Mit der Abtretung seiner industriell unterentwickelten Ostgebiete an die ehemalige Sowjetunion im Jahr 1945 und dem Zugewinn ausgebauter Bergbau- und Industrieareale in den ehemals deutschen Gebieten im neuen polnischen Westen entschärften sich die regionalen Strukturprobleme keineswegs, im Gegenteil, das regionale Ungleichgewicht Polens spitzte sich noch zu: Mit Ende der ersten Wiederaufbauphase im Jahr 1949 unternahm die polnische Wirtschaftspolitik den Versuch, bestehende regionale Differenzen im Rahmen der sogenannten „sozialistischen Industrialisierung“ zu beheben. Das ideologisch bestimmte „Prinzip des räumlichen Egalitarismus“ zielte sowohl auf eine räumlich gleichmäßige Verteilung der Produktivkräfte als auch auf die flächendeckende Entwicklung sämtlicher zurückliegender Regionen. Ein enormer Investitionsschub, insbesondere in der Schwer- und Rüstungsindustrie, kennzeichnete die erste Hälfte der fünfziger Jahre. Allerdings scheiterte diese Gleichverteilungsstrategie recht früh, der verstärkte Ausbau von Schwer- und Rüstungsindustrie erforderte seinen ressourcenmäßigen Tribut. Es mangelte an finanziellen Ressourcen ebenso wie an infrastrukturellen Voraussetzungen (insbesondere Straßen- und Energienetz) sowie an entsprechenden Fachkräften, um in allen zu erschließenden Regionen die geplanten Großbetriebe möglichst gleichzeitig zu implementieren.

Aus diesen Gründen wichen die politischen Entscheidungsträger ab Mitte der sechziger Jahre zunehmend vom Prinzip homogener Verteilung ab und beschränkten sich auf eine selektive Entwicklung besonders zurückgefallener Gebiete. Einen teilweisen räumlichen Ausgleich, jedoch auch eine starke regionale Abhängigkeit von einem einzelnen Industriezweig, brachte bis zu den siebziger

48 Vgl. von Delhaes (1991), S. 278ff.; Gorzelak (1996), S. 38; Szczepánski, (1997), S. 205f.

Jahren die Erschließung neuer Standorte des Kohle-, Schwefel- und Kupferabbaus. Bestrebungen, durch Zuzugsbeschränkungen oder steuerliche Anreize Umsiedlung von Betrieben und Produktivkräften zur Entlastung allzu verdichteter Industrieräume zu erreichen, schlugen weitestgehend fehl. Kennzeichnend für die sozialistische Raumwirtschaftspolitik bis 1989 waren sowohl ein allgemein stark vernachlässigter Dienstleistungssektor als auch landesweit mangelnde Infrastrukturinvestitionen außerhalb der Fokusgebiete. Zwar wurden die durch Kriegseinwirkungen und sowjetische Demontagen entstandenen Schäden an der Transportinfrastruktur im wesentlichen beseitigt und das Verkehrsnetz an die territorialen Veränderungen angepaßt. Doch hielt weder der Ausbau des polnischen Eisenbahnnetzes (mehr als die Hälfte nur eingleisige, insgesamt lediglich 45% elektrifizierte Strecken) noch der des Straßennetzes (von insgesamt 340.000 km nur knapp zwei Drittel mit fester Decke und davon lediglich 13% befestigte Haupt- oder Nationalstraßen) Schritt mit den Anforderungen der gesamtwirtschaftlichen Entwicklung[49]. Durch die forcierten Industrialisierungsbestrebungen wurden landwirtschaftliche Gebiete zunehmend ausgedünnt und deren Strukturschwäche damit noch verstärkt.

Die Bemühungen um regionalen Ausgleich im Rahmen der „sozialistischen Industrialisierung" endeten in Polen quasi paradoxerweise in einer Reproduzierung bereits bestehender räumlicher Strukturen. Wirtschaftliches Potential konzentrierte sich noch stärker als in der Vorkriegszeit in den traditionellen Industrieräumen mit der Folge, daß insbesondere im Süden Polens (Woiwodschaft Katowice) ökonomische und ökologische Belastungen extrem zunahmen[50]. So ist Polens räumliche Wirtschaftsstruktur durch ein Jahrhunderte währendes Fortbestehen regionaler Differenzen geprägt. Auch eine Raumwirtschaftspolitik unter planwirtschaftlichen Gesichtspunkten war hinsichtlich eines interregionalen Ausgleichs von Produktivkräften, Unternehmen sowie einer infrastrukturellen Erschließung nahezu ergebnislos. Dies wird mit der Persistenz eines die polnische Raumstruktur kennzeichnenden großen „L", das im Grunde von Beginn des Industriezeitalters bis in die neunziger Jahre des zwanzigsten Jahrhunderts Bestand hatte, eindrucksvoll belegt (vgl. Karte 3.7 auf Seite 53): Die vertikale Linie wirtschaftlicher Entwicklung beginnt in Gdansk, verläuft von dort weiter nach Südwesten durch Poznan nach Wroclaw, um dann nach Osten zu drehen. Die Horizontale des „L" führt durch Oberschlesien bis nach Krakow[51]. Darüber hinaus existieren Inseln industrieller Entwicklung wie Warschau, Sczcecin und Lodz sowie wesentlich kleinere industrielle Zentren im Ostteil Polens (Bialystok, Lublin und Rzeszów). Hiermit wird auch das klare Südwest-Nordost-Gefälle offensichtlich,

[49] Vgl. Gramatzki (1991), S. 288f.; Gorzelak (1996), S. 39; Klett (1993), S. 24ff.
[50] Vgl. Gramatzki (1991), S. 288, 304.
[51] Vgl. Gorzelak (1996), S. 41.

welches den Niveauunterschied der gesamten industriellen und urbanen Entwicklung innerhalb Polens charakterisiert.

Karte 3.7: Das polnische „L"

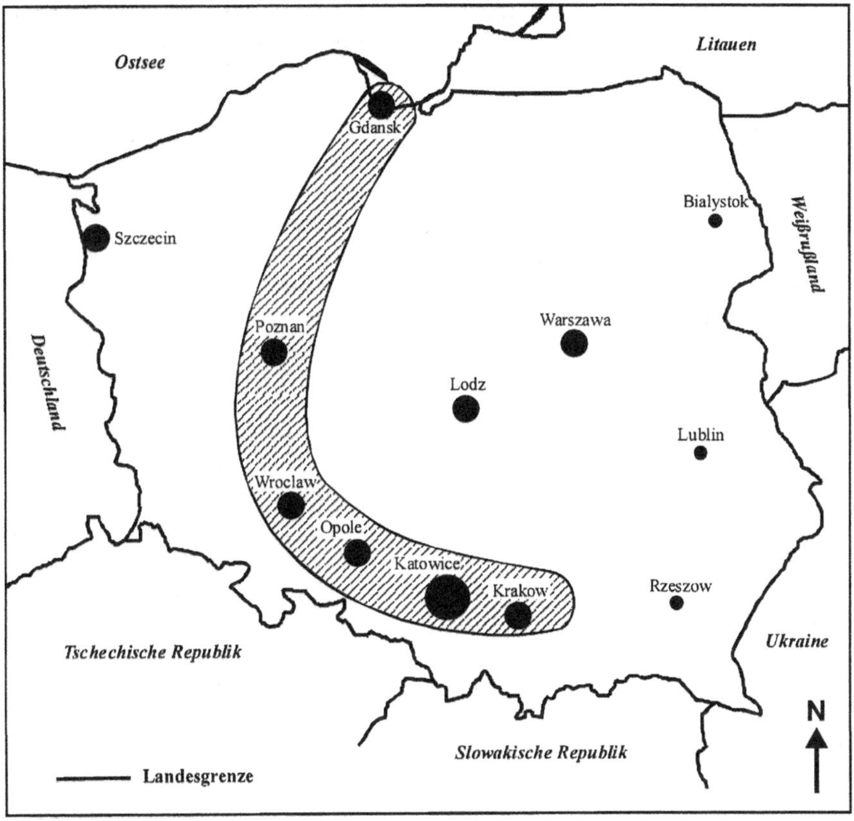

Quelle: Eigene Darstellung

Ungarn

Wie Polen war auch Ungarn bis Ende des Zweiten Weltkriegs ein ausgeprägtes Agrarland und erhielt erst nach der Einverleibung in den sowjetischen Machtbereich einen massiven Industrialisierungsschub durch ein ökonomisches System sowjetischen Typus. Im Jahr 1968 wandten sich die Ungarn von dieser Doktrin ab und begründeten das sogenannte „Neue Ökonomische Prinzip", eine deutlich dezentralisiertere und marktorientiertere Alternative zur strikten sozialistischen Planwirtschaft sowjetischen Musters. Staatseigentum auf Betriebsebene als wichtigste Eigentumsform blieb zwar erhalten, allerdings wurde auf zwingende Normen zugunsten von Wertindikatoren und auf Planvorgaben zugunsten von unternehmerischen Anreizen verzichtet.

Mitte der achtziger Jahre emanzipierte die ungarische Regierung ihre Staatsbetriebe von ministerieller sowie Parteikontrolle und ließ teilweise Privateigentum an Produktionsmitteln zu. Damit beschritt Ungarn behutsam den Weg in Richtung einer zunehmenden marktwirtschaftlichen Öffnung für Handel und Investitionen, die durch eine Verfassung mit demokratischen Grundzügen im westlichen Sinne gestützt wurde[52].

Der verstärkte Industrialisierungsprozeß der späten sechziger und der siebziger Jahre führte zu einer enormen Schrumpfung des Agrarsektors: Der Anteil der in der Landwirtschaft Tätigen, der 1960 noch mehr als ein Drittel der arbeitenden Bevölkerung betrug, sank bis 1989 auf nur noch 18%. Dies wurde vor allem durch starke Abwanderungsbewegungen aus ländlichen Gebieten (Südungarische Tiefebene, Transdanubien, teilweise auch aus Nordungarn) in die Industriestandorte verursacht[53].

Bis zur politischen Wende 1989 dominierte in regionalpolitischer Hinsicht die durch das Industrieministerium bestimmte Sektoralpolitik. Sie führte ebenso, wie in den anderen RGW-Staaten auch, zu einer extensiven Entfaltung der Schwerindustrie, vornehmlich in bereits existierenden urbanen Zentren wie Budapest oder Borsod in Nordungarn[54]. Knapp ein Drittel aller ungarischen Industriebeschäftigten war im Jahr 1989 an diesen beiden Standorten tätig. Zwar versuchte die sozialistische Wirtschaftspolitik regionalen Ungleichgewichten mit industrieller Dekonzentration zu begegnen (z.B. Einrichtung eines Quotensystems zur ausgleichenden Verteilung von Industriebetrieben im ganzen Land in den achtziger Jahren), grundlegende strukturelle Veränderungen wurden jedoch bis 1989 nicht erreicht[55].

So wurde die wirtschaftliche Struktur des Landes bis zur politischen Wende durch zwei Phänomene gekennzeichnet: Zum einen weist Ungarn eine stark monozentrische Struktur auf, mehr als 20% der Gesamtbevölkerung leben in der Hauptstadt, die als einzige Großstadt mehr als in anderen osteuropäischen Ländern polit-ökonomisches und intellektuelles Zentrum ist. Andererseits wird das Land von einer Entwicklungsgrenze zwischen dem fortschrittlicheren Westteil und den stark landwirtschaftlich geprägten Ostgebieten durchzogen, die etwa dem Donauverlauf entspricht. Insbesondere in der traditionell ruralen Großen Tiefebene, welche rund

---

52 Vgl. European Commission (1992), S. 3f.
53 Vgl. European Commission (1992), S. 42.
54 Vgl. OECD (1995), S. 134f.
55 Vgl. Szaló (1994), S. 82f.

die Hälfte des ungarischen Staatsgebietes umfaßt, versagte die sozialistische Industrialisierungspolitik völlig. Die am meisten unterentwickelten Räume sind die ungarischen Grenzgebiete zur Ukraine und zu Rumänien, die mit dem Friedensvertrag 1918 in der Regel ihre ursprünglichen urbanen Zentren an die genannten Grenzländer verloren. Darüber hinaus marginalisierte die Abschottung des sozialistischen Lagers jegliche wirtschaftliche Entwicklung in den Gebieten an der ungarisch-österreichischen Grenze im Westen des Landes[57].

Tschechoslowakische Republik (Tschechische und Slowakische Republik seit 1993)

Der tschechische Landesteil der ehemaligen Tschechoslowakischen Republik kann auf eine lange industriell-marktwirtschaftliche Tradition zurückblicken und wies bereits zu Beginn dieses Jahrhunderts ein fortgeschrittenes Industrialisierungsniveau auf. Der Ausbau Böhmens und Mährens zu industriellen Zentren des Habsburgerreiches legte den Grundstein für die wirtschaftliche Blütezeit der Tschechoslowakei zwischen den beiden Weltkriegen. 1935 gehörte die Tschechoslowakei zu den zehn wirtschaftlich stärksten Industriestaaten der Welt[58]. Der slowakische Landesteil war vor dem Zweiten Weltkrieg rein agrarwirtschaftlich geprägt und zeichnete sich durch einen vergleichsweise geringen Industrialisierungsgrad aus. 1930 bezogen knapp zwei Drittel der slowakischen Bevölkerung ihren Lebensunterhalt aus dem primären Sektor, demgegenüber zählte Böhmen im selben Jahr nur knapp 30% Landarbeiter. Zwar profitierten die Slowaken in der Föderationsphase zwischen den Weltkriegen vom industriellen Fortschritt Böhmens und Mährens, dennoch schritt in der ersten Hälfte des 20. Jahrhunderts die Urbanisierung mit der einhergehenden Herausbildung industrieller Zentren in ihrem Landesteil kaum voran[59].

Ähnlich wie in Polen und Ungarn praktizierte auch die sozialistische Regierung der Tschechoslowakischen Republik eine Politik der regionalen Gleichverteilung. Allerdings blieben die Differenzen ebenso wie in Polen und Ungarn weitestgehend unverändert und die sozialistische Raumwirtschaftspolitik verursachte sogar neue regionale Ungleichgewichte. So bestand die Teilung des heutigen tschechischen Gebiets in den stärker industrialisierten, urbaneren Norden sowie einen unterentwickelteren Süden auch während der sozialistischen Planwirtschaft fort. Genauso wenig veränderte sich die Stellung der Hauptstadt Prag als sozio-ökonomisches Zentrum. Lediglich in ökonomischer Hinsicht konnte die nordmährische Agglomeration um die Stadt Ostrava (vornehmlich Stahlindustrie) konkurrieren. Insgesamt fungierten die industriellen Zentren der Vorkriegszeit auch nach 1945 weiter als wirtschaftliche Entwicklungsmotoren. Dabei blieben die Hauptindu-

57 Vgl. Engyedi (1994), S. 240f.
58 Vgl. Klett/Riegert (1993), S. 16, 22.
59 Vgl. Krivy (1997), S. 45; Gajdos/Pasiak (1997), S. 61.

striestandorte Nordmähren und Nordwestböhmen weiterhin einseitig auf den Ausbau der Schwer-, Rüstungs- und Investitionsgüterindustrie ausgerichtet. Veraltete Infrastruktur, einseitige Privilegierung des schwerindustriellen Sektors und ein exzessiver Bergbau veränderten während der sozialistischen Industrialisierungsphase das ökologische Gleichgewicht dieser industriellen Agglomerationen und deren Umgebung nachhaltig. Strukturschwache Regionen Tschechiens wie West- und Südböhmen, Südwestmähren und das Böhmisch-Mährische Hochland erlangten auch während der sozialistischen Diktatur keinen Anschluß an die tschechischen Zentren, so daß die Wirtschaftsentwicklung z.B. der Regionen entlang der westdeutschen und österreichischen Grenze (West-, Südwest- und Südböhmen sowie Südmähren) über Jahrzehnte nahezu stagnierte. Die neu angesiedelte Bevölkerung aus anderen tschechischen Landesteilen ersetzte die ausgesiedelte sudetendeutsche Grenzbevölkerung vielerorts nur ungenügend, außerdem wurden zahlreiche grenzüberschreitende Verkehrsverbindungen in den Westen unterbrochen und jahrzehntelang nicht wieder aufgenommen. Darüber hinaus galten diese Grenzräume als militärisches Sperrgebiet, und insbesondere nach der Niederschlagung des Prager Frühlings im Jahr 1968 zielte die Politik der kommunistischen Machthaber darauf ab, wirtschaftliches Wachstum in diesem strategisch bedeutsamen Gebiet einzufrieren[60].

Neben den ökonomisch vernachlässigten Grenzregionen existierten auch im Innern des Landes periphere Gebiete, die hauptsächlich durch Agrarwirtschaft geprägt waren, dazu häufig eine ungünstige demographische Entwicklung mit einer zunehmend geringeren Bevölkerungsdichte und zudem alternden Bevölkerung, niedrigen Pro-Kopf-Einkommen sowie einer stagnierenden Infrastruktur aufwiesen. Die Kollektivierung der Landwirtschaft und die damit verbundene Liquidierung familieneigener Gehöfte wandelte nicht nur die Landnutzung in den Agrarregionen (häufig Monokulturen), sondern beeinflußte auch deren Siedlungssystem. Viele dörfliche Gemeinden verloren infolge der Zwangskollektivierung ihre Einwohner[61].

Zusammenfassung

Unter Berücksichtigung der sozialistischen Industrialisierungspolitik läßt sich die sozio-ökonomische Situation der drei Länder im Wendejahr 1989 folgendermaßen verdichten:

- Schaffung und Ausbau großer Industriekomplexe insbesondere der Schwerindustrie in bereits existierenden Ballungsräumen um die Großstädte mit Folgen vor allem für deren sozioökonomische Strukturen und Dienstleistungsfunktio-

60 Vgl. Musil/Kotacka/Rysavý (1997), S. 270ff.

61 Vgl. Illner (1997), S. 31f.

nen (z.B. Vermischung von Wohn- und Industriegebieten, zunehmende Umweltbelastung in dicht besiedelten Räumen, rudimentärer tertiärer Sektor)

- Neugründung von Industriezentren in rohstoffreichen Gebieten (z.B. Bergbau, Metallurgie, Energieerzeugung) mit der Konsequenz der wirtschaftlichen Monostrukturierung dieser Regionen und zunehmenden Umweltbelastung
- Beschleunigte Industrialisierung traditionell ländlicher Gebiete (auch hier durch die Ansiedlung von Bergbau- und Schwerindustrie), die gleichzeitig neue soziale Strukturen in diesen Gebieten schuf (z.B. Herausbildung einzelner Industriestandorte ohne gewachsene ökonomische Beziehungen inmitten eines rückständigen Hinterlandes)
- Großteils unterentwickelte Infrastruktur aufgrund der Ressourcenverschiebung zugunsten des Industriesektors
- Kollektivierung der Landwirtschaft und Gründung staatlicher Genossenschaften mit Auswirkungen auf die Siedlungsstrukturen dieser Regionen (z.B. zunehmende Entleerung und Bevölkerungsalterung in diesen Gebieten durch Abwanderung junger Arbeitskräfte)
- Abriegelung gegenüber westlichen Nachbarstaaten mit der Folge wirtschaftlicher Stagnation, mangelnder infrastruktureller Anbindungen sowie einer Ausdünnung der lokalen Bevölkerung in den Grenzräumen[62].

3.3 Interregionale Einkommensdisparitäten in Polen, Ungarn und der Tschechischen Republik

3.3.1 Nationale und regionale Pro-Kopf-Einkommen im europäischen Vergleich

Das regionale Pro-Kopf-Einkommen spiegelt den Wohlstand einer Region wider und wird in den folgenden Analysen in Kaufkraftparitäten dargestellt, wodurch die länderübergreifende Vergleichbarkeit der regionalen Pro-Kopf-Einkommen gewährleistet ist. Darüber hinaus können mittels des Kaufkraftparitätenkonzepts nominale Preiseffekte ausgeglichen werden, wodurch ein realer Einkommensvergleich ermöglicht wird. Dem internationalen Vergleich der Pro-Kopf-Einkommen der drei Länder liegen die aktuellsten Angaben des Europäischen Statistischen Amtes (Eurostat) für das Jahr 1997 zugrunde. Die regionalen Pro-Kopf-Einkommen wurden auf der NUTS 2-Ebene ermittelt, das bedeutet für Polen auf der Ebene der neuen sechzehn Woiwodschaften, für Ungarn auf der Ebene der sieben statistischen Planungsregionen sowie für die Tschechische Republik auf der Ebene der acht Regionen (kraj).

---

62 Vgl. Gorzelak (1996), S. 41; Gorzelak/Fazekas (1995), S. 316f.

Nationale Pro-Kopf-Einkommen im europäischen Vergleich

Im europäischen Vergleich der nationalen Pro-Kopf-Einkommen der drei Visegrádstaaten ergibt sich folgendes Bild (vgl. Abbildung 3.1 auf der nachfolgenden Seite): Das durchschnittliche Pro-Kopf-Einkommen der betrachteten zehn mittel- und osteuropäischen Beitrittskandidatenländern beträgt rund 7.800 KKP, das entspricht ungefähr 40% des durchschnittlichen EU-Pro-Kopf-Einkommens von 19.300 KKP. Innerhalb der Gruppe der mittel- und osteuropäischen Länder erreichen die drei Visegràdstaaten vordere Plätze: Sie liegen deutlich über dem Durchschnitt von 7.800 KKP (Tschechien und Ungarn) bzw. auf nahezu demselben Niveau (Polen). Im Hinblick auf den EU-Durchschnittswert ist der Rückstand Polens, Ungarns sowie der Tschechischen Republik allerdings noch beträchtlich: Tschechien erzielt knapp zwei Drittel, Ungarn annähernd die Hälfte und Polen gut ein Drittel des durchschnittlichen EU-Pro-Kopf-Einkommens.

Im Zeitraum zwischen 1991 und 1998 wiesen nahezu alle mittel- und osteuropäischen Beitrittskandidaten durchschnittlich negative Wachstumsraten auf, während sich das Bruttoinlandsprodukt in der Europäischen Union durchschnittlich um 2% pro Jahr erhöhte (vgl. Abbildung 3.2 auf Seite 60). So ging das Bruttoinlandsprodukt sowohl in Ungarn als auch in Tschechien zwischen 1991 und 1998 im Jahresmittel um 0,5% zurück. Lediglich in Polen wuchs das Bruttoinlandsprodukt im Mittel um 1,7% pro Jahr. Im Drei-Länder-Vergleich verzeichnet Polen zwar im Jahr 1997 das niedrigste Pro-Kopf-Einkommen, realisiert jedoch seit 1991 trotz hoher Inflationsraten aufgrund einer massiven Auslandsverschuldung und eines beträchtlichen Nachfrageüberschusses das größte BIP-Wachstum mit Wachstumsraten von rund 6% zwischen 1994 und 1997. In derselben Periode zeigt Ungarn mit einem Negativwachstum zwischen 1991 und 1993 (-11,9% bis -0,6%), recht moderaten Wachstumsraten zwischen 1994 und 1996 (1,3% bis 2,9%) sowie einem beschleunigten Wachstum seit 1997 (4,6%) einen U-förmigen Wachstumsverlauf des BIP, wobei die Talsohle bereits durchschritten wurde. Die Tschechische Republik erreichte das hohe Einkommensniveau nur durch insgesamt vergleichsweise niedrige Wachstumsraten um durchschnittlich 2%, wobei im Jahre 1995 mit mehr als 6% BIP-Wachstum quasi ein Ausrutscher realisiert wird. Die wirtschaftliche Entwicklung in den drei Visegràdstaaten seit 1997 bestätigt, daß die Tschechische Republik hinsichtlich des BIP-Wachstums weiter hinter Polen und Ungarn zurückfällt. Während diese beiden Länder in den letzten Jahren ihre Finanzsysteme erfolgreich konsolidieren konnten sowie die wirtschaftliche Restrukturierung konsequent vorantrieben, blieb dies in Tschechien im wesentlichen aus, so daß die tschechische Wirtschaft auch weiterhin durch die Rezession gezeichnet sein wird.

Abbildung 3.1: Nationale Pro-Kopf-Einkommen 1997 im europäischen Vergleich

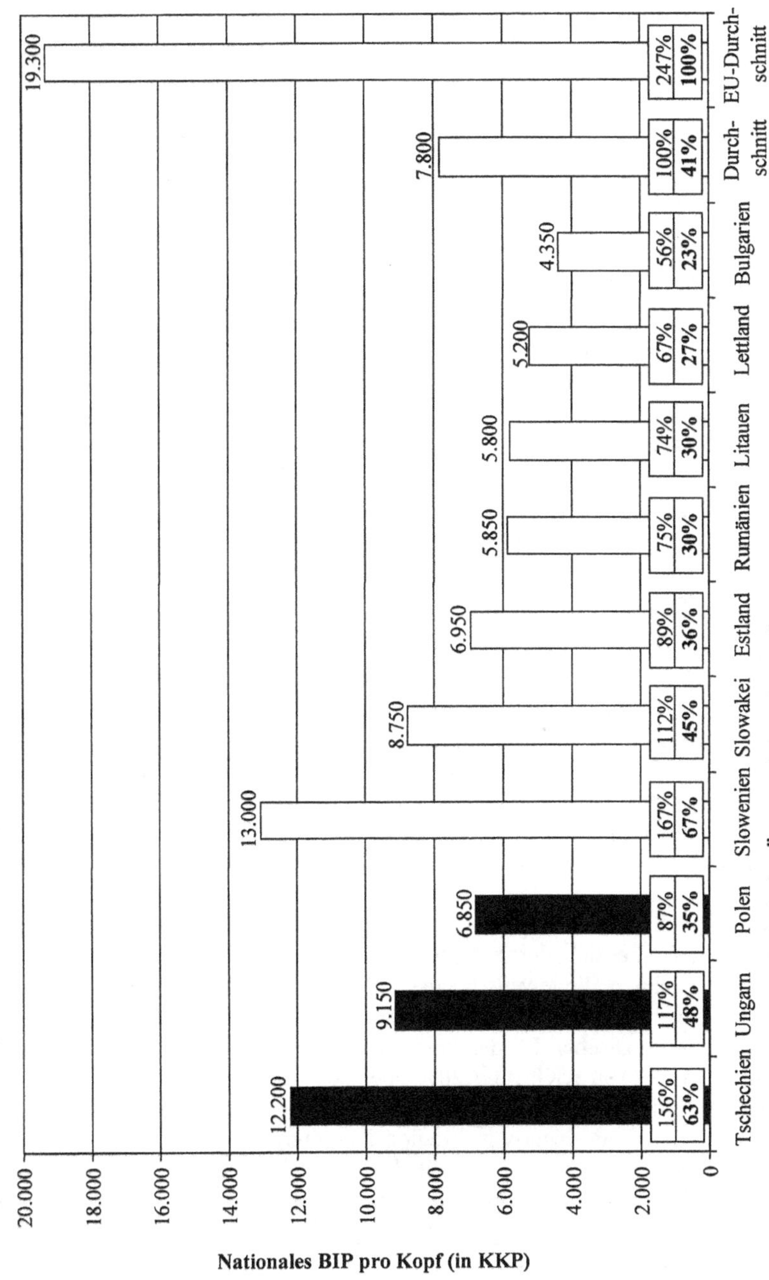

Quellen: Eurostat, Nationale Statistische Ämter, eigene Darstellung

Abbildung 3.2: BIP-Entwicklung in den drei Visegràdländern (1991 bis 1998)

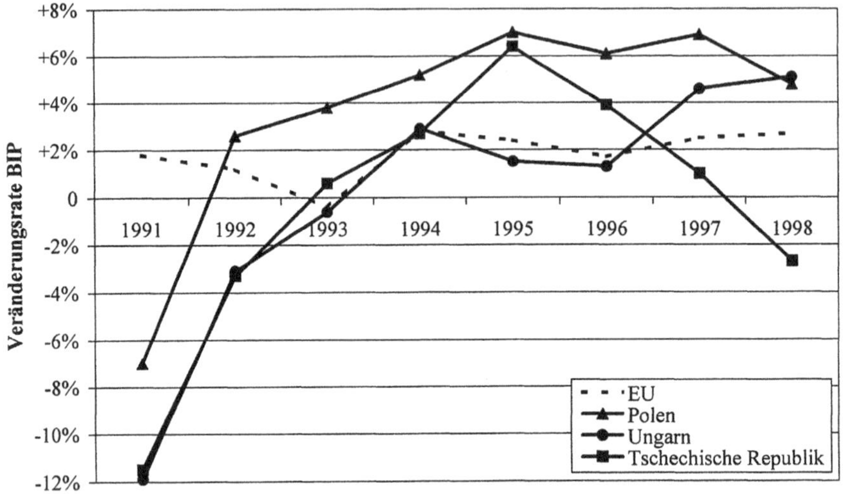

Quellen: Eurostat, Nationale Statistische Ämter, eigene Darstellung

Regionale Pro-Kopf-Einkommen im europäischen Vergleich

Neben den nationalen Pro-Kopf-Einkommen der drei Länder differieren auch die regionalen Pro-Kopf-Einkommen deutlich, wie Abbildung 3.3 auf Seite 62 zeigt. Hierbei sind jeweils das höchste sowie das niedrigste regionale Pro-Kopf-Einkommen auf NUTS 2-Ebene innerhalb der zehn Beitrittskandidatenländer dargestellt und ins Verhältnis zum EU-Durchschnitt gesetzt. Da die Gesamtgebiete Sloweniens, Estlands, Litauens sowie Lettlands jeweils eine Region gemäß NUTS 2 bilden und somit eine Max/Min-Betrachtung auf regionaler Ebene nicht möglich ist, werden für diese Länder die nationalen Mittelwerte aufgenommen.

In den betrachteten zehn mittel- und osteuropäischen Staaten weisen die Hauptstadtregionen, die sich durch einen überdurchschnittlich ausgebildeten Servicesektor auszeichnen, die jeweils höchsten Pro-Kopf-Einkommen in KKP auf, angeführt von der wirtschaftlich am stärksten entwickelten Hauptstadtregion aller mittel- und osteuropäischen Länder Prag, deren Pro-Kopf-Einkommen im Jahr 1997 mit mehr als 23.100 KKP rund 20% über dem EU-Mittelwert liegt. Neben Prag erreicht lediglich die slowakische Region Bratislava das Niveau des EU-Durchschnitts. Sowohl die ungarische Region Mittelungarn (71%), welche die Hauptstadt Budapest umschließt, als auch die polnische Woiwodschaft Mazowieckie (49%) mit Warschau als wichtigstem Agglomerationszentrum erreichen nicht das mittlere Wohlstandsniveau der Europäischen Union. Im Vergleich zu den fünfzehn Hauptstadtregionen der EU, die in aller Regel auch die höchsten Pro-Kopf-Einkommen innerhalb der betreffenden Länder aufweisen, sind die regionalen

Pro-Kopf-Einkommen von Prag und Bratislava mit denen von Stockholm (123% des EU-Durchschnitts) bzw. Madrid (101% des EU-Durchschnitts) vergleichbar, bleiben jedoch deutlich unter dem Niveau der am besten entwickelten europäischen Agglomerationen wie Wien (164% des EU-Durchschnitts), Île de France (153% des EU-Durchschnitts) oder London (147% des EU-Durchschnitts). Das maximale ungarische Pro-Kopf-Einkommen auf regionaler Ebene erreicht im selben Jahr zumindest den von der griechischen Hauptstadt Athen realisierten Wert. Innerhalb der Europäischen Union erzielten die Nicht-Hauptstadtregionen Dresden in Deutschland, Kreta in Griechenland, Puglia in Italien sowie das österreichische Burgenland ein ähnliches Pro-Kopf-Einkommen, weisen jedoch gegenüber der dienstleistungsorientierten Region Mittelungarn gemischtere Wirtschaftsstrukturen auf. Das höchste polnische Pro-Kopf-Einkommen auf regionaler Ebene entspricht gerade dem der ärmsten portugiesischen und damit gleichzeitig dem der zweitärmsten Region innerhalb der Europäischen Union, den Azoren (51%)[63].

Die polnische Region Swietokrzyskie verzeichnet im Jahr 1997 mit knapp 4.800 KKP das niedrigste Pro-Kopf-Einkommen der drei Visegràdstaaten, was rund ein Viertel des EU-Mittelwertes ausmacht. Ein ähnlich niedriges Pro-Kopf-Einkommen-Niveau erreichen sowohl die bulgarischen Regionen Nord- und Südbulgarien als auch die rumänische Region Nord-Est. Alle vier Regionen sind typische einseitig strukturierte Landwirtschaftsregionen. Mit rund einem Drittel des durchschnittlichen EU-Pro-Kopf-Einkommens liegt der von der ungarischen Industrieregion Nordungarn realisierte Wert deutlich darüber, vergleichbar mit dem der ebenfalls durch den industriellen Sektor geprägten Region Ostslowakei. Die tschechische Region Mittelböhmen schneidet mit einem Pro-Kopf-Einkommen von knapp 50% des EU-Durchschnitts unter sämtlichen Schlußlichtern am besten ab. Im Gegensatz zu diesen verfügt Mittelböhmen über eine relativ diversifizierte Wirtschaftsstruktur mit einem leicht überdurchschnittlichen Beschäftigungsanteil im Dienstleistungssektor. Die besondere geographische Position der Region, sie umschließt das gesamte Gebiet der Hauptstadt Prag (jedoch ohne die Hauptstadt selbst), macht sie zu einer ausgesprochenen Wohnregion für Pendler, deren erwirtschaftete BIP-Anteile jedoch nicht in das Regionalprodukt des Wohnortes einfließen, sondern statistisch Prag zufallen. Mit Ausnahme Mittelböhmens erreicht keines der mittel- und osteuropäischen Schlußlichter das Wohlstandsniveau der ärmsten Regionen innerhalb der Europäischen Union. Dazu zählen insbesondere die zentralgriechische Region Ipeiros (42% des EU-Durchschnitts), die griechischen Inseln in der nördlichen Ägäis (51% des EU-Durchschnitts), die portugiesischen Inseln Azoren (51% des EU-Durchschnitts) sowie Madeira (56% des EU-Durchschnitts), aber auch die ostdeutsche Industrieregion Dessau (60% des EU-Durchschnitts), die typischerweise vergleichbare Probleme aufweist, wie sie in den mittel- und osteuropäischen Industrieregionen bestehen.

63 Vgl. Abraham/Eser (1999), S. 85f.

Abbildung 3.3: Regionale Pro-Kopf-Einkommen 1997 im europäischen Vergleich

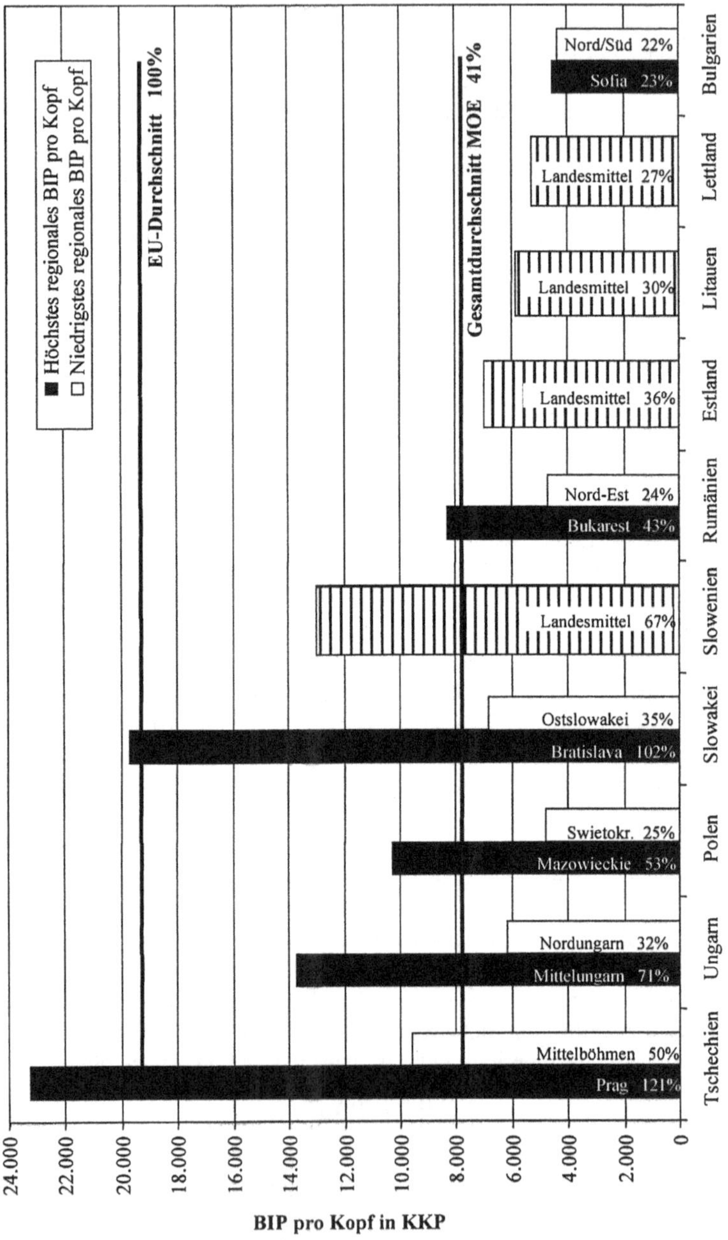

Quellen: Eurostat, Nationale Statistische Ämter, eigene Darstellung

Ein Vergleich der maximalen und minimalen regionalen Pro-Kopf-Einkommen macht deutlich, daß die mittel- und osteuropäischen Länder stärkere Unterschiede im Hinblick auf die höchsten regionalen Pro-Kopf-Einkommen zeigen als im Vergleich der niedrigsten Werte. Insgesamt unterscheiden sich die betrachteten Länder hinsichtlich des Ausmaßes ihrer interregionalen Einkommensdifferenzen erheblich, wobei neben der Slowakischen Republik Polen, Ungarn sowie die Tschechische Republik die stärksten interregionalen Einkommensdisparitäten verzeichnen. Um für diese drei Länder präzise Aussagen über die interregionalen Wohlstandsdifferenzen treffen zu können, erfolgt im Anschluß eine detaillierte Untersuchung der Pro-Kopf-Einkommen-Unterschiede auf regionaler Ebene (NUTS 2-Ebene).

3.3.2 Interregionale Einkommensdisparitäten vor und nach Durchführung der Gebietsreformen

Für die Analyse der interregionalen Unterschiede hinsichtlich der Pro-Kopf-Einkommen wurde das entsprechende Datenmaterial der Jahre 1995 bis 1997 des Europäischen Statistischen Amtes sowie der Nationalen Statistischen Ämter ausgewertet und aufbereitet. Da für die Tschechische Republik darüber hinaus auch Angaben für die Jahre 1993 und 1994 sowie für Ungarn für das Jahr 1994 vorliegen, sollen auch diese im Rahmen der Zeitreihenbetrachtung Berücksichtigung finden.

Um den Zusammenhang zwischen der Entwicklung bzw. dem Ausmaß der interregionalen Disparitäten sowie dem verwendeten Einkommenskonzept zu überprüfen, erfolgt die Analyse der regionalen Pro-Kopf-Einkommen sowohl gemessen in KKP als auch in ECU.

Des weiteren wird die Datenanalyse für die entsprechenden Zeiträume zum einen für die alte administrative Territorialstruktur vor Vollzug der Gebietsreformen, d.h. für 49 polnische Woiwodschaften, zwanzig ungarische Komitate sowie acht tschechische kraj, und zum anderen für die heute gültige Struktur von sechzehn polnischen Woiwodschaften, sieben statistischen Planungsregionen in Ungarn und acht tschechischen kraj vorgenommen. Damit soll der Einfluß der veränderten Regionalstrukturen auf Entwicklung und Ausmaß der interregionalen Einkommensdifferenzen untersucht werden.

In der Analyse fanden die folgenden drei statistischen Kennziffern Verwendung:

- Die Standardabweichung mißt, wie weit die regionalen Pro-Kopf-Einkommen-Werte um den Durchschnittswert streuen und entspricht der positiven Quadratwurzel der mittleren quadratischen Abweichung, also der Varianz:

$$\sigma = \sqrt{\frac{n\sum x^2 - \left(\sum x\right)^2}{n^2}}$$

- Der Variationskoeffizient hingegen ist als relatives Streuungsmaß von der Maßeinheit der Werte unabhängig. Er setzt sich aus dem Quotienten von Standardabweichung und arithmetischem Mittel zusammen und kann Werte zwischen 0 und 1 annehmen:

$$v = \frac{\sqrt{\frac{n\sum x^2 - \left(\sum x\right)^2}{n^2}}}{\overline{x}}$$

- Der Gini-Koeffizient als statistisches Maß zur Bestimmung der relativen Einkommenskonzentration wird als dritte Kennziffer zur Darstellung der interregionalen Einkommensunterschiede eingesetzt. Der Gini-Koeffizient ist zwischen 0 und 1 normiert, wobei er bei vollständiger Gleichverteilung der Pro-Kopf-Einkommen den Wert 0 und bei vollständiger Ungleichverteilung den Wert 1annimmt. Dabei entspricht x_1 dem größten Wert und x_n dem kleinsten Wert:

$$g = 1 + \frac{1}{n} - \frac{2}{n^2\overline{x}}\left(x_1 + 2x_2 + 3x_3 + \ldots + nx_n\right)$$

Polen vor der Gebietsreform 1999 (49 Woiwodschaften)

Die Abbildung 3.4 auf Seite 65 stellt die in den Jahren 1995 bis 1997 erreichten Pro-Kopf-Einkommen in KKP für die 49 alten polnischen Woiwodschaften dar, die gemäß ihrer durchschnittlichen Pro-Kopf-Einkommen für die drei Jahre in absteigender Rangfolge angeordnet sind.

Die Abbildung verdeutlicht, daß die regionalen Pro-Kopf-Einkommen seit 1995 im wesentlichen kontinuierlich angestiegen sind. Damit folgt der wirtschaftliche Entwicklungstrend in den Woiwodschaften dem Gesamtpolens, für das eine Zunahme des Pro-Kopf-Einkommens zwischen 1995 und 1997 von mehr als 20% festgestellt werden kann. 23 der 49 Woiwodschaften verzeichnen in derselben Periode eine noch größere Veränderungsrate, angeführt von der polnischen Hauptstadtregion Warszawskie, deren Pro-Kopf-Einkommen um knapp 40% über dem Wert von 1995 liegt. Zu dieser Gruppe zählen neben den urbanen Wachstumsregionen Poznanskie (+35%) und Krakowskie (+24%) auch wirtschaftlich unterentwickelte Woiwodschaften Ostpolens, die durch ein niedriges Wohlstandsniveau charakterisiert sind, wie Chelmskie (+37%) oder Suwalskie (+26%). Die einzige Region mit negativem Wachstum im Betrachtungszeitraum ist die industriell geprägte Woiwodschaft Bydgoskie, deren Pro-Kopf-Einkommen um 2% zurückgeht. In den beiden landwirtschaftlich orientierten Woiwodschaften Czestochowskie, Tarnowbrzeskie sowie der eher industriell geprägten Woiwod-

Abbildung 3.4: Entwicklung der regionalen Pro-Kopf-Einkommen in Polen auf Basis der 49 Woiwodschaften (1995 bis 1997)

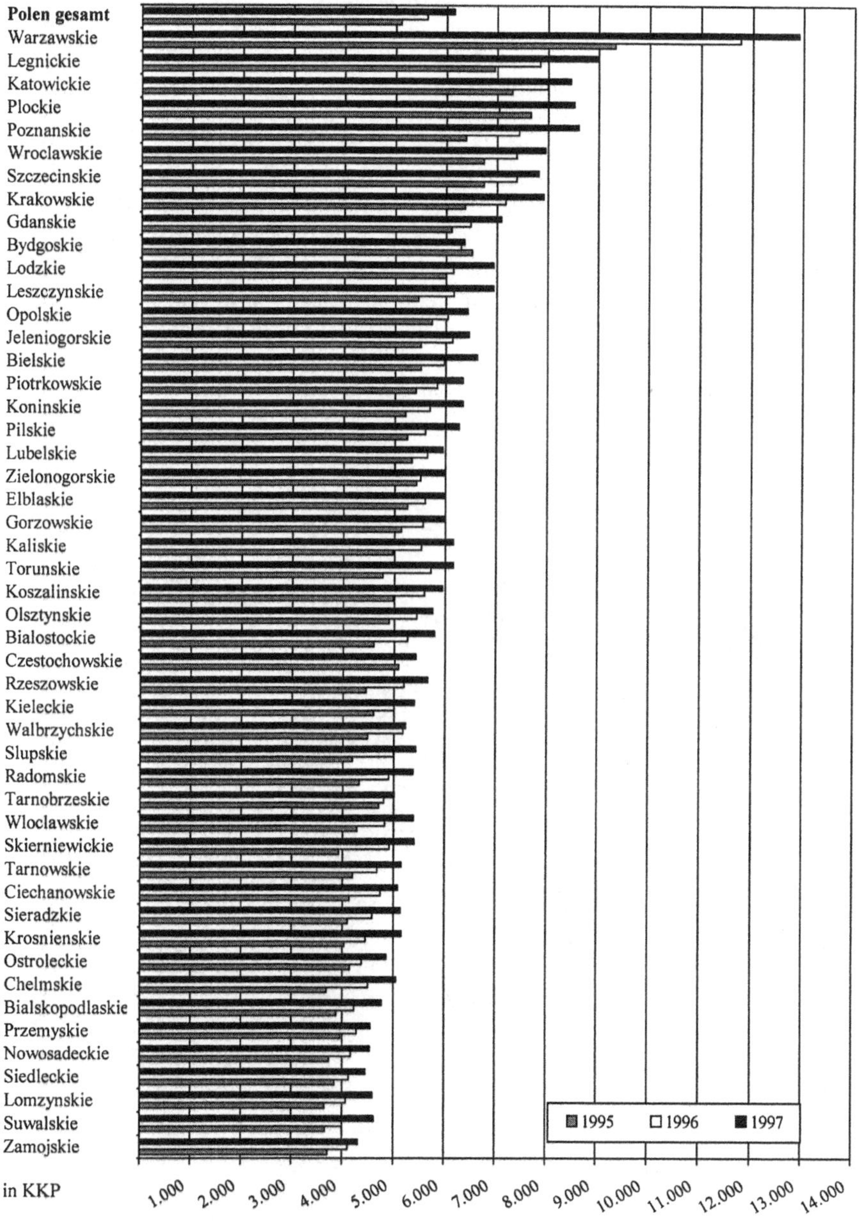

Quelle: Nationales Statistisches Amt Polen, eigene Darstellung

schaft Zielonogorskie fällt der Anstieg der Pro-Kopf-Einkommen mit Veränderungsraten zwischen 6% und 10% am niedrigsten aus.

Die Abbildung weist des weiteren auf die starken Niveauunterschiede hinsichtlich der regionalen Pro-Kopf-Einkommen hin, die sich auch trotz des weitgehend kontinuierlichen Einkommensanstiegs in den Woiwodschaften nicht maßgeblich verändert haben. So rangieren die regionalen Pro-Kopf-Einkommen im Jahr 1995 noch zwischen rund 3.600 KKP (Lomzskie) und 9.300 KKP (Warszawskie), dies entspricht einer Relation von 1 zu 2,5. Im Jahr 1996 steigt das Verhältnis zwischen dem minimalen und maximalen Pro-Kopf-Einkommen auf 1 zu 2,9 an (4.000 KKP in Suwalkskie und 11.800 KKP in Warszawskie). Im Folgejahr 1997 entspricht der Unterschied zwischen dem Niedrigst- bzw. Höchstwert einer Relation von 1 zu 3 (4.300 KKP in Zamojskie; 12.900 KKP in Warszawskie).

Karte 3.8: Durchschnittliche regionale Pro-Kopf-Einkommen in Polen auf Basis der 49 Woiwodschaften (1995 bis 1997)

Quelle: Nationales Statistisches Amt Polen, eigene Darstellung

Charakteristisch für das nach BIP pro Kopf obere Fünftel der polnischen Woiwodschaften (Warszawskie, Bydgoskie, Gdanskie, Katowickie, Krakowskie, Legnickie, Plockie, Poznanskie, Szczecinskie und Wroclawskie) sind sowohl ein hoher Urbanisierungsgrad (rund 80% der Bevölkerung leben in Städten mit mehr als 10.000 Einwohnern, in Gesamtpolen sind dies ca. 60%) als auch ein überdurchschnittlicher Industrialisierungsgrad. Durchschnittlich ein Drittel der Beschäftigten in den im westlichen Teil Polens gelegenen Regionen arbeitet in der Industrie, in Gesamtpolen beträgt der Anteil der Industriearbeiter lediglich 25%. Der Beschäftigungsanteil des tertiären Sektors liegt in diesen zehn Woiwodschaften bei durchschnittlich etwa 50% (Polen gesamt 40%), während lediglich rund ein Zehntel der regionalen Arbeitskräfte in der Landwirtschaft tätig ist (Polen gesamt 27%)[64]. Zusammen erwirtschafteten diese zehn Woiwodschaften im Zeitraum von 1995 bis 1997 knapp die Hälfte des gesamten polnischen Bruttoinlandsproduktes bei einem Anteil an der polnischen Bevölkerung von nur rund einem Drittel[65].

Die zehn einkommensschwächsten Woiwodschaften (Bialskopodlaskie, Chelmskie, Lomzynskie, Nowosadeckie, Ostroleckie, Przemyskie, Siedleckie, Krosnienskie, Suwalskie, Zamojskie), die sich alle im äußersten Osten Polens befinden, sind hingegen unterdurchschnittlich urbanisiert (nur 40% leben in Städten mit mehr als 10.000 Einwohnern) und in der Regel vom Agrarsektor abhängig. So ist hier mehr als die Hälfte der Arbeitskräfte in der Landwirtschaft tätig. In der Woiwodschaft Zamojskie beträgt der Anteil der Landarbeiter an der regionalen Gesamtbeschäftigung sogar 63%. Dahingegen liegt der Anteil der Industriearbeiter im Jahr 1997 lediglich bei rund 15%[66]. Die in der Landkarte veranschaulichte Ost-West-Diskrepanz hinsichtlich der regionalen Pro-Kopf-Einkommen existierte bereits vor der politischen Wende im Jahr 1989, so rangierte das Niveau der durchschnittlichen Pro-Kopf-Einkommen im Westteil Polens 1986 rund 40% über dem der östlichen Woiwodschaften[67].

Die statistischen Kennziffern Standardabweichung, Variationskoeffizient sowie Gini-Koeffizient gemessen sowohl in KKP als auch in ECU ergeben für das Ausmaß sowie die Entwicklung der interregionalen Einkommensunterschiede folgendes Bild:

---

64 Vgl. Central Statistical Office of Poland (1997), S. 106.

65 Vgl. Central Statistical Office of Poland (1997), S. 42ff.

66 Vgl. Gorzelak (1996), S. 40; Central Statistical Office of Poland (1997), S. 106; Kühne (1999), S. 33.

67 Vgl. Zienkowski (1997), S. 9. Zienkowski unterscheidet zwischen dem sogenannten Polen A (Westen) und Polen B (Osten), wobei die Grenzlinie entlang der östlichen Grenzen der Woiwodschaften Gdanskie, Bydgoskie, Plockie, Warszawskie, Skierniewickie, Piotrkowskie, Czestochowskie, Katowickie, Krakowskie und Bielskie verläuft.

Jahr	Standardabweichung				Variationskoeffizient				Gini-Koeffizient			
	ECU		KKP		ECU		KKP		ECU		KKP	
1995	528	100%	1.198	100%	0,235	100%	0,235	100%	0,127	100%	0,127	100%
1996	631	120%	1.361	114%	0,242	103%	0,242	103%	0,122	96%	0,122	96%
1997	726	138%	1.522	127%	0,247	105%	0,247	105%	0,124	97%	0,124	98%

Die Standardabweichung, welche im Betrachtungszeitraum um 27% (KKP) bzw. 38% (ECU) kontinuierlich steigt, belegt die stetige Zunahme der interregionalen Unterschiede hinsichtlich der Pro-Kopf-Einkommen. Die zweite statistische Kennziffer, der Variationskoeffizient, zeigt für dieselbe Periode sowohl für das Kaufkraftparitäten- als auch für das ECU-Konzept eine Veränderungsrate von 5% an. Damit wird die Entwicklungsrichtung der interregionalen Einkommensunterschiede in Polen zwar bestätigt, das Ausmaß des Disparitätenzuwachses fällt jedoch relativ geringer aus. Entgegen den Aussagen von Standardabweichung sowie Variationskoeffizient läßt sich auf der Grundlage des Gini-Koeffizienten für beide Einkommenskonzepte eine eindeutige Abnahme der Einkommensdisparitäten feststellen, die mit 2% (KKP) bzw. 3% (ECU) jedoch vergleichsweise gering ausfällt.

Polen nach der Gebietsreform 1999 (sechzehn Woiwodschaften)

Die Wohlstandsunterschiede der heutigen sechzehn Woiwodschaften im Zeitraum von 1995 bis 1997 sind in der nachfolgenden Graphik dargestellt, die wiederum die Woiwodschaften in absteigender Reihenfolge gemäß ihres durchschnittlichen Pro-Kopf-Einkommens in KKP über die drei Jahre anordnet.

Aus dem Vergleich dieser Graphik mit der Abbildung für die alte Territorialstruktur[68] wird bereits ersichtlich, daß die flächen- und bevölkerungsmäßige Vergrößerung der Woiwodschaften im Zuge der 1999er Gebietsreform beträchtlichen Einfluß auf das Ausmaß der interregionalen Pro-Kopf-Einkommen-Unterschiede ausübt. Alle sechzehn Woiwodschaften verzeichnen im Zeitraum von 1995 bis 1997 einen kontinuierlichen Anstieg des regionalen Pro-Kopf-Einkommens. Dabei weisen fünf der Woiwodschaften eine mindestens dem gesamtpolnischen Durchschnitt in Höhe von 20% entsprechende Steigerung ihrer Pro-Kopf-Einkommen auf. Zu diesen gehören neben der Woiwodschaft Mazowieckie mit Warschau als Zentrum (+34%) auch die Woiwodschaften Wielkopolskie (+24%) und Malopolskie (+20%), die durch die Agglomerationen Poznan bzw. Krakow geprägt sind. Auch die beiden in Ostpolen gelegenen Woiwodschaften Warminsko-Mazurskie sowie Lubelskie, die durch ihre Abhängigkeit vom Agrarsektor und ein insgesamt schwaches Entwicklungsniveau charakterisiert sind, verzeichnen eine Steigerung ihrer Pro-Kopf-Einkommen um ca. 20%.

68 Vgl. Kapitel 3.3.2, S. 42.

Abbildung 3.5: Entwicklung der regionalen Pro-Kopf-Einkommen in Polen auf Basis der sechzehn Woiwodschaften (1995 bis 1997)

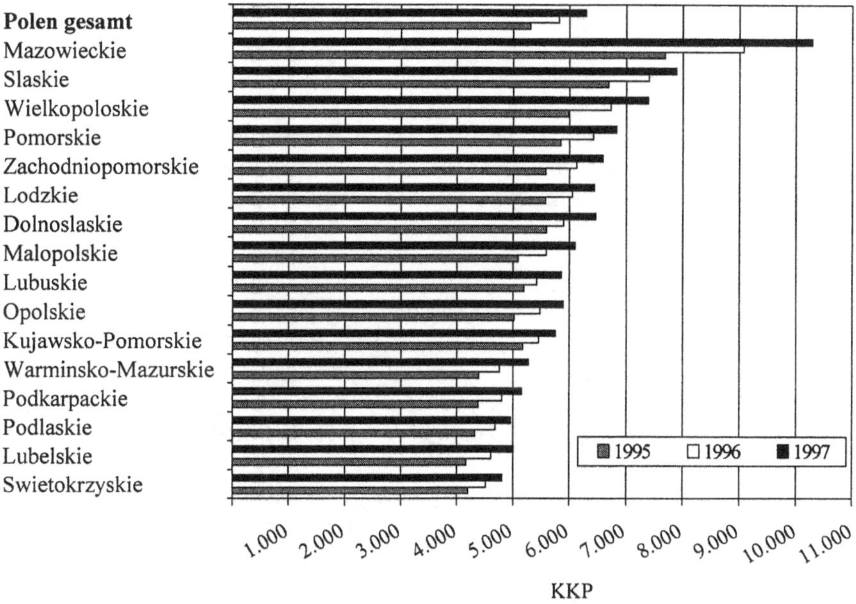

Quelle: Nationales Statistisches Amt Polen, eigene Darstellung

In den verbleibenden elf Woiwodschaften liegen die positiven Veränderungsraten der Pro-Kopf-Einkommen mit Werten zwischen 11% und 18% recht eng beieinander und weisen auch einen geringeren Abstand zum höchsten Zuwachs auf als es für die alte Territorialgliederung der Fall war. Das läßt darauf schließen, daß sich das Niveau der Einkommensdisparitäten infolge der veränderten polnischen Territorialstruktur verringert hat. So fallen die Werte für das niedrigste regionale Pro-Kopf-Einkommen im gesamten Betrachtungszeitraum (4.200 KKP in Swietokrzyskie im Jahr 1995, 4.500 KKP wiederum in Swietokrzyskie im Jahr 1996 und 4.800 KKP in Lubelskie im Jahr 1997) deutlich höher aus als die Niedrigstwerte auf Basis der früheren territorialen Gliederung. Gleichzeitig unterschreiten die höchsten regionalen Pro-Kopf-Einkommen in der Periode von 1995 bis 1997 (7.700 KKP, 9.100 KKP und 10.300 KKP jeweils in der Woiwodschaft Mazowieckie) jene gemäß der alten Territorialgliederung deutlich.

Trotz der offensichtlichen Verbesserung des Min/Max-Verhältnisses muß auch für die sechzehn neuen Woiwodschaften eine Zunahme der interregionalen Einkommensunterschiede festgehalten werden. Dies wird dadurch bestätigt, daß sich die Relation zwischen minimalem und maximalem Pro-Kopf-Einkommen durch die territoriale Neugliederung zwar auf 1 zu 1,8 (1 zu 2,5 vor Gebietsreform) im Jahr

1995 bzw. 1 zu 2,0 (1 zu 2,9 vor Gebietsreform) im Jahr 1996 bzw. 1 zu 2,1 (1 zu 3,0 vor Gebietsreform) im Jahr 1997 verringert, insgesamt jedoch auch für die neue Gebietsstruktur eine steigende Tendenz aufweist.

Die Woiwodschaften Mazowieckie, Slaskie sowie Wielkopolskie, die gemäß ihrer durchschnittlichen Pro-Kopf-Einkommen zwischen 1995 und 1997 zum oberen Quintil zählen (vgl. Karte 3.9), gehören zu den dichtbesiedelten Regionen und weisen mit einem Anteil von mehr als zwei Dritteln Stadtbevölkerung einen überdurchschnittlichen Urbanisierungsgrad im Vergleich zum polnischen Mittelwert in Höhe von 61% auf.

Karte 3.9: Durchschnittliche regionale Pro-Kopf-Einkommen in Polen auf Basis der sechzehn Woiwodschaften (1995 bis 1997)

Quelle: Nationales Statistisches Amt Polen, eigene Darstellung

Charakteristisch für die Woiwodschaften Mazowieckie und Wielkopolskie ist eine starke sektorale Diversifizierung mit einem überdurchschnittlichen Anteil des marktbestimmten Dienstleistungssektors, während die Woiwodschaft Slaskie mit dem Standort Katowice den höchsten Industrialisierungsgrad des gesamten Landes aufweist. Rund 34% aller Beschäftigten sind in der Region Slaskie im industriellen Sektor tätig (in Gesamtpolen 23%). Zusammen erwirtschaften die drei Woiwodschaften mehr als 40% des polnischen Bruttoinlandsprodukts und beherbergen mehr als die Hälfte aller Unternehmen mit ausländischer Kapitalbeteiligung.

Die gemessen am durchschnittlichen Pro-Kopf-Einkommen schwächsten Woiwodschaften (Swietokrzyskie, Podlaskie, Lubelskie) sind allesamt in Ostpolen gelegen. Sie zeichnen sich sowohl durch einen geringen Besiedlungs- als auch Urbanisierungsgrad aus. So lebt hier nur rund die Hälfte der Bevölkerung in Städten mit mehr als 10.000 Einwohnern, in Gesamtpolen beträgt dieser Anteil mehr als 60%. Charakteristisch für diese drei Woiwodschaften ist des weiteren die ausgeprägte landwirtschaftliche Orientierung, knapp die Hälfte aller Erwerbstätigen ist im primären Sektor beschäftigt. Sowohl der industrielle als auch der Dienstleistungssektor sind hingegen unterdurchschnittlich entwickelt. Der Anteil dieser drei Woiwodschaften am gesamten polnischen Bruttoinlandsprodukt beträgt lediglich 9%. Darüber hinaus wählten nur 3% aller in Polen ansässigen Unternehmen mit Auslandskapitalbeteiligung ihren Standort in einer der drei Woiwodschaften des unteren Quintils.

Jahr	**Standardabweichung**				**Variationskoeffizient**				**Gini-Koeffizient**			
	ECU		**KKP**		**ECU**		**KKP**		**ECU**		**KKP**	
1995	411	100%	933	100%	0,176	100%	0,176	100%	0,095	100%	0,095	100%
1996	538	131%	1.159	124%	0,199	113%	0,199	113%	0,105	110%	0,105	110%
1997	640	156%	1.341	144%	0,213	121%	0,213	121%	0,109	115%	0,109	115%

Die vorstehende Übersicht faßt die statistischen Kennziffern Standardabweichung, Variationskoeffizient sowie Gini-Koeffzient für die Pro-Kopf-Einkommen in KKP sowie in ECU der sechzehn Woiwodschaften zusammen. Diese belegen zum einen die Verringerung des Niveaus der interregionalen Einkommensunterschiede aufgrund der veränderten Territorialstruktur und zum anderen die kontinuierliche Zunahme der Disparitäten im Zeitverlauf. Die Werte für die Standardabweichung fallen deutlich niedriger aus als für die alte Territorialstruktur mit 49 Woiwodschaften[69]. Dennoch ist eine Erhöhung der interregionalen Einkommensdisparitäten im Betrachtungszeitraum erkennbar. Dementsprechend nahmen die Einkommensunterschiede zwischen den sechzehn polnischen Woiwodschaften gemessen in KKP um rund 44% zu. Der entsprechende Wert für die frühere

69 Vgl. Kapitel 3.3.2, S. 44.

Territorialgliederung liegt bei 27%. Der ECU-Wert für die Standardabweichung fällt ebenfalls höher aus: 56% gegenüber 37% für die 49 alten Woiwodschaften. Die für die Standardabweichung getroffenen Aussagen werden auch durch die Werte der Variationskoeffzienten für beide Einkommenskonzepte bestätigt. Zwar wird auch hier unter Zugrundelegung der neuen Territorialstruktur ein insgesamt niedrigeres Niveau der interregionalen Einkommensunterschiede festgestellt, dennoch haben die Disparitäten im Gesamtzeitraum sogar um 21% zugenommen (in KKP sowie in ECU). Die Zuwachsrate überstieg damit ähnlich wie für die Kennziffer Standardabweichung den für die alten 49 Woiwodschaften ermittelten Anstieg um 5% beträchtlich. Auch die Gini-Koeffizienten für die Jahre 1995 bis 1997 weisen auf ein niedrigeres Niveau interregionaler Einkommensunterschiede in KKP sowie in ECU gegenüber der alten Territorialstruktur hin, zeigen aber im Gegensatz zu den für die 49 Woiwodschaften berechneten Werte auch eine stete Zunahme der Disparitäten im Betrachtungszeitraum. Die Veränderungsrate beträgt zwischen 1995 und 1997 für beide Einkommenskonzepte rund 15% und fällt damit im Vergleich zu den Kennziffern Standardabweichung und Variationskoeffizient wesentlich geringer aus.

Ungarn (zwanzig Komitate)

Die Abbildung auf der nachfolgenden Seite spiegelt das unterschiedliche Niveau der regionalen Pro-Kopf-Einkommen gemessen in KKP sowie dessen Entwicklung im Zeitraum zwischen 1994 und 1997 wider. Die Anordnung der zwanzig Komitate erfolgt gemäß ihres durchschnittlichen Pro-Kopf-Einkommens der vier Jahre in absteigender Rangfolge.

Die Graphik verdeutlicht, daß die Pro-Kopf-Einkommen in allen Komitaten zwischen 1994 und 1997 angestiegen sind. Diese Entwicklung geht einher mit dem landesdurchschnittlichen Trend, demzufolge das nationale Pro-Kopf-Einkommen im Betrachtungszeitraum insgesamt um 17% ansteigt. Sieben der zwanzig Komitate weisen deutlich über dem Landesdurchschnitt liegende Zuwächse auf. Zu dieser Gruppe zählen neben der Hauptstadt Budapest (+22%) und ihrem Umland, dem Komitat Pest (+19%), die im westlichen Teil Ungarns gelegenen Komitate Vas (+30%), Györ-Moson-Sopron (+24%), Veszprém (+19%), Komárom-Esztergom (+26%) und Fejér (+44%).

Ebenso deutlich unterscheiden sich die Zuwächse der regionalen Pro-Kopf-Einkommen in den verbleibenden dreizehn Komitaten, die vornehmlich im Ostteil Ungarns gelegen sind, mit Veränderungsraten zwischen 1% und 16%. Die niedrigsten Zuwachsraten verzeichnen mit 1% das stark industrialisierte Komitat Nógrád sowie mit 5% bzw. 6% die eher rural geprägten Komitate Tolna und Békés.

Abbildung 3.6: Entwicklung der regionalen Pro-Kopf-Einkommen in Ungarn auf Basis der zwanzig Komitate (1994 bis 1997)

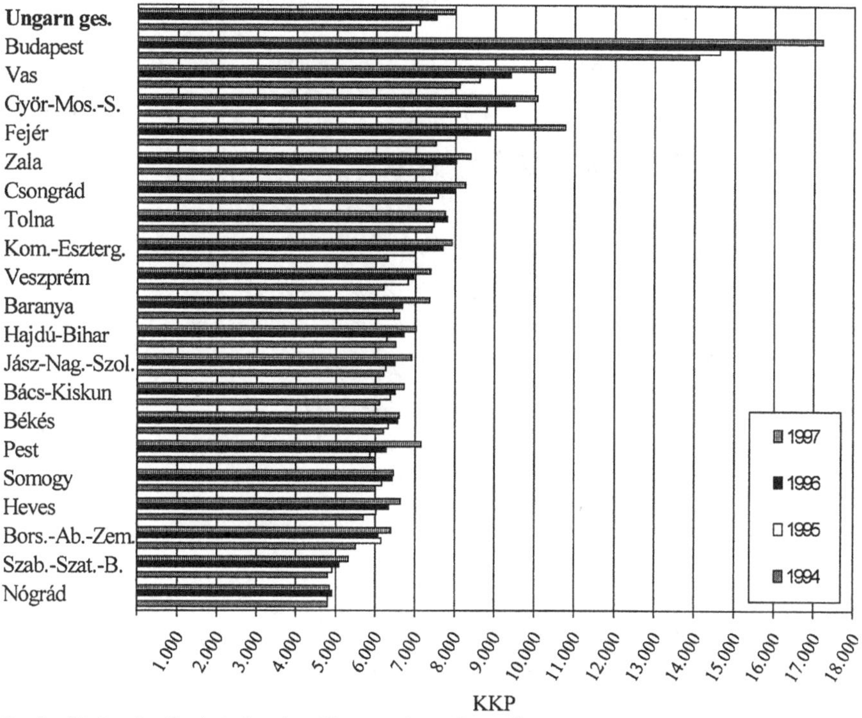

Quelle: Nationales Statistisches Amt Ungarn, eigene Darstellung

Darüber hinaus werden die Einkommensunterschiede zwischen den einzelnen Komitaten ersichtlich. Im Jahr 1994 nimmt das Pro-Kopf-Einkommen Werte an zwischen 4.800 KKP im Komitat Szabolcs-Szatmár-Bereg, das sich im äußersten Osten des Landes befindet, und 14.100 KKP in der Hauptstadt Budapest, die über den gesamten Betrachtungszeitraum jeweils das landeshöchste Pro-Kopf-Einkommen aufweist (14.100 KKP, 14.600 KKP, 15.900 KKP bzw. 17.200 KKP). Das entspricht einem Min/Max-Verhältnis von 1 zu 2,9. Diese Relation und somit das Ausmaß der interregionalen Einkommensunterschiede innerhalb Ungarns erhöht sich bis 1997 auf 1 zu 3,6.

Karte 3.10: Durchschnittliche regionale Pro-Kopf-Einkommen in Ungarn auf Basis der zwanzig Regionen (1994 bis 1997)

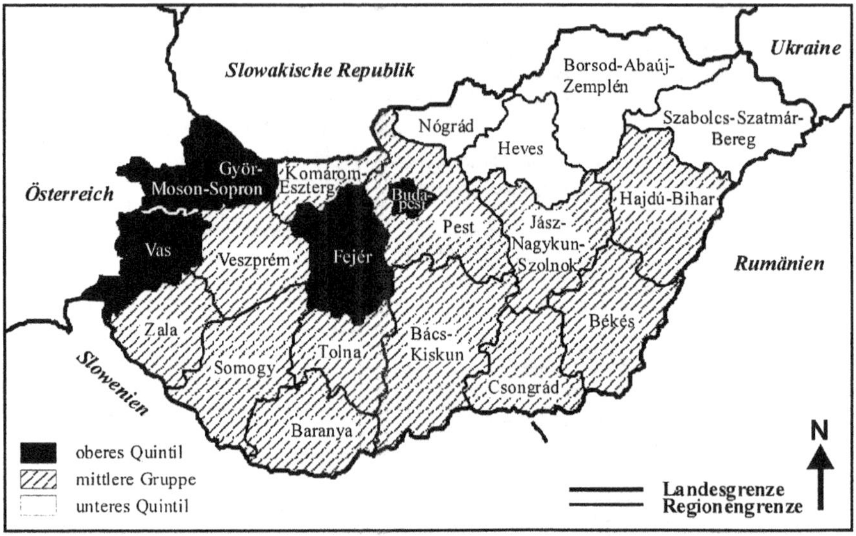

Quelle: Nationales Statistisches Amt Ungarn, eigene Darstellung

Das nach dem Pro-Kopf-Einkommen führende Fünftel der zwanzig Komitate wird neben der Hauptstadt Budapest durch die Komitate Györ, Vas und Féjer gebildet, die sich an der ungarischen Westgrenze zu Österreich befinden und deren Pro-Kopf-Einkommen die nationalen Mittelwerte im Betrachtungszeitraum jedoch nur knapp überschreiten (vgl. Karte 3.10). Die gesamte Gruppe erwirtschaftete durchschnittlich knapp die Hälfte des gesamten ungarischen Bruttoinlandsprodukts. Während die Hauptstadt Budapest von der historisch gewachsenen monozentrischen Struktur des Landes profitiert und sich seit dem Transformationsbeginn durch einen rapide gewachsenen Dienstleistungssektor auszeichnet, der rund drei Viertel aller Erwerbstätigen der Region beschäftigt, begünstigt vor allem die geographische Nähe zu Österreich die wirtschaftliche Entwicklung der drei anderen eher durch gemischte Wirtschaftsstrukturen gekennzeichneten Komitate. Charakteristisch für die Hauptstadt Budapest, aber auch für die drei übrigen Komitate ist der signifikante Zufluß ausländischen Kapitals. Zusammen beherbergen diese Regionen rund zwei Drittel aller Unternehmen mit ausländischer Kapitalbeteiligung.

Die vier einkommensschwächsten Komitate (Nógrád, Szabolcs-Szatmár-Bereg, Borsod-Abaúj-Zemplén und Heves) befinden sich im Nordosten Ungarns an den Grenzen zur Ukraine bzw. zu Rumänien. Lediglich 40% der regionalen Bevölkerung lebt hier in Städten mit mehr als 10.000 Einwohnern bei einem nationalen

Urbanisierungsgrad von mehr als 62%. Hinsichtlich der sektoralen Spezifika sind zwischen den einkommensstarken und einkommensschwachen keine gravierenden Differenzen zu erkennen. Die Beschäftigung verteilt sich in beiden Gruppen relativ gleichmäßig auf den sekundären und tertiären Sektor, deren Anteile an der Gesamtbeschäftigung mit Ausnahme von Budapest sowohl im oberen als auch im unteren Quintil zwischen 40% und 50% liegen. Der Agrarsektor spielt sowohl in den einkommensstärkeren als auch in den einkommensschwächeren Regionen mit einem Gesamtbeschäftigungsanteil von durchschnittlich deutlich unter 10% eine untergeordnete Rolle[69]. Die einkommensschwächsten Regionen charakterisiert jedoch der Fakt, daß sie nach dem Zweiten Weltkrieg einen staatlich gelenkten Industrialisierungsschub erfuhren, in dessen Folge die für die sozialistische Ära typischen industriellen Monozentren inmitten eines ruralen und wirtschaftlich rückständigen Umlandes entstanden sind[70].

Auf der Grundlage der statistischen Kennziffern Standardabweichung, Variationskoeffizient sowie Gini-Koeffizient ergibt sich hinsichtlich des Niveaus und der Entwicklung der interregionalen Einkommensunterschiede folgendes Bild:

Jahr	**Standardabweichung**				**Variationskoeffizient**				**Gini-Koeffizient**			
	ECU		**KKP**		**ECU**		**KKP**		**ECU**		**KKP**	
1994	759	100%	1.902	100%	0,277	100%	0,278	100%	0,122	100%	0,122	100%
1995	829	109%	2.008	106%	0,283	102%	0,283	102%	0,127	104%	0,127	104%
1996	928	122%	2.283	120%	0,304	110%	0,304	109%	0,139	114%	0,139	113%
1997	1.121	148%	2.594	136%	0,325	117%	0,325	117%	0,152	124%	0,152	124%

Sowohl für das Pro-Kopf-Einkommen in KKP als auch in ECU haben sich die Standardabweichungen zwischen 1994 und 1997 stetig erhöht (+36% bzw. +48%), was auf ein zunehmendes Auseinanderklaffen der interregionalen Einkommensschere in Ungarn schließen läßt. Ein vergleichsweise hohes Niveau interregionaler Pro-Kopf-Einkommen-Unterschiede bilden auch die für die 20 Komitate ermittelten Variationskoeffizienten ab. Mit Werten zwischen 0,277 im Jahr 1994 sowie 0,325 im Jahr 1997 für beide Einkommenskonzepte zeigen sie im Gesamtzeitraum nicht nur eine eindeutige Erhöhung der interregionalen Einkommensdifferenzen um rund 17% an, sondern übersteigen auch das für Polen vor bzw. nach der Gebietsreform berechnete Disparitätenausmaß[71]. Der Gini-Koeffizient als dritte statistische Kennziffer, dessen Werte sich zwischen 0,122 im Jahr 1994 und 0,152 im Jahr 1997 für beide Einkommenskonzepte bewegen und somit

69 Vgl. Hungarian Central Statistical Office (1997), S. 44f.

70 Vgl. Gorzelak (1996), S. 40; Szaló (1994), S. 83; Hungarian Central Statistical Office (1997), S. 44f.; Cséfalvay/Fassmann/Rohn (1997), S. 146; Gorzelak/Fazekas (1995), S. 325f.

71 Vgl. Kapitel 3.3.2, S. 44, 48.

eine Vergrößerungsrate von rund 24% verzeichnen und ebenfalls höher als die polnischen Vergleichswerte ausfallen, bestätigt die getroffenen Aussagen.

Ungarn (sieben statistische Planungsregionen)

In Abbildung 3.7 ist die Entwicklung der regionalen Pro-Kopf-Einkommen gemessen in KKP zwischen 1994 und 1997 für die sieben statistischen Planungsregionen Ungarns dargestellt. Auch hier erfolgte die Anordnung der Regionen in absteigender Rangfolge gemäß ihrer durchschnittlichen Pro-Kopf-Einkommen für den gesamten Betrachtungszeitraum.

Abbildung 3.7: Entwicklung der regionalen Pro-Kopf-Einkommen in Ungarn auf Basis der sieben statistischen Planungsregionen (1994 bis 1997)

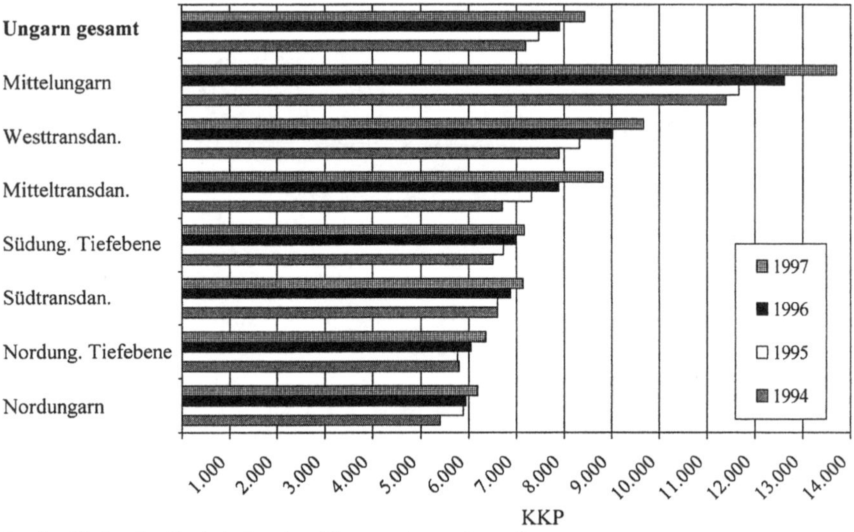

Quelle: Nationales Statistisches Amt Ungarn, eigene Darstellung

Mit der Zusammenfassung der zwanzig Komitate zu sieben statistischen Planungsregionen vergrößern sich die der Untersuchung zugrunde liegenden Territorien erheblich, wodurch sich, ähnlich wie im Falle Polens, ein verändertes Bild sowohl hinsichtlich der Entwicklung der regionalen Pro-Kopf-Einkommen im Betrachtungszeitraum als auch bezüglich der interregionalen Einkommensdifferenzen selbst ergibt. Zwischen 1994 und 1997 verzeichnen alle sieben Planungsregionen einen Zuwachs ihrer Pro-Kopf-Einkommen und entsprechen damit dem Trend der nationalen Wirtschaftsentwicklung. Eine überdurchschnittliche Zunahme ihrer Pro-Kopf-Einkommen realisieren die im westlichen Teil Ungarns gelegenen Regionen Mitteltransdanubien, Westtransdanubien sowie Mittelungarn mit Budapest als Zentrum mit Veränderungsraten zwischen +20% und +32%, während der nationale Mittelwert bei +17% liegt. Die anderen Regionen verzeichnen unterdurchschnittliche Anstiege von +8% bis +15%. Damit wird deutlich, daß die veränderte Territorialgliederung zu einer interregionalen Annäherung der Zuwachsraten führte. Für die zwanzig Komitate war der Abstand zwischen den regionalen Veränderungsraten mit Werten zwischen +1% und +44% noch wesentlich größer.

Darüber hinaus läßt sich für die sieben statistischen Planungsregionen eine deutlich ausgeglichenere Einkommensverteilung feststellen, als es noch für die zwanzig Komitate der Fall war. So liegen die niedrigsten regionalen Pro-Kopf-Einkommen im gesamten Betrachtungszeitraum mit 5.400 KKP in Nordungarn im Jahr 1994, 5.800 KKP in der Nordungarischen Tiefebene im Jahr 1995, 5.900 KKP im Jahr 1996 und 6.200 KKP wiederum in Nordungarn im Jahr 1997 deutlich über den Minimalwerten der früheren Territorialteilung. Hingegen fallen die Höchstwerte der regionalen Pro-Kopf-Einkommen aufgrund der neuen Territorialgliederung geringer aus, angeführt von der die Hauptstadt Budapest umschließenden Region Mittelungarn mit Werten von 11.400 KKP (1994) bis 13.700 KKP (1997).

Zum einen verringerten sich damit die Min/Max-Verhältnisse gegenüber der alten Struktur beträchtlich, zum anderen bleibt ihr Niveau über die vier Jahre relativ konstant (1 zu 2,1 bis 1 zu 2,2). Eine Scherenentwicklung, wie für die alte Struktur festgestellt, wird durch die regionale Neuordnung in wesentlich abgeschwächterer Form unterbunden.

Die zum oberen Quintil zugehörigen Regionen Mittelungarn und Westtransdanubien erwirtschafteten zusammen knapp 52% des ungarischen Bruttoinlandsprodukts bei einem Bevölkerungsanteil von nur 38% (vgl. Karte 3.11 auf Seite 78). Beide Regionen unterscheiden sich hinsichtlich ihrer Charakteristika jedoch deutlich: Mittelungarn zeichnet sich mit 412 Einwohnern pro km² nicht nur durch eine überdurchschnittliche Bevölkerungsdichte aus (108 Einwohner pro km² im Landesdurchschnitt), sondern verfügt mit mehr als 80% über den größten Anteil urbaner Bevölkerung im interregionalen Vergleich (Landesdurchschnitt 60%). Im Gegensatz dazu weist Westtransdanubien sowohl eine deutlich niedrigere Bevölkerungsdichte (88 pro km²) als auch einen geringeren urbanen Bevölkerungsanteil (51%) auf und bleibt damit jeweils deutlich unter dem Landesdurchschnitt. Die sektoralen Wirtschaftsstrukturen sind in Mittelungarn insbesondere durch einen dominanten tertiären Sektor, der maßgeblich in der Hauptstadt Budapest lokalisiert ist, gekennzeichnet. Westtransdanubien verfügt über eine vergleichsweise gemischte Sektoralstruktur, wobei jedoch sowohl der industrielle als auch der Dienstleistungssektor die regional höchsten Beschäftigungsanteile aufweisen. Gemeinsam ist beiden Regionen ein überdurchschnittlich hohes Investitionsinteresse ausländischer Unternehmen. Mehr als zwei Drittel aller in Ungarn aktiven

Auslandsunternehmen haben ihren Standort in Mittelungarn oder Westtransdanubien.

Karte 3.11: Durchschnittliche regionale Pro-Kopf-Einkommen in Ungarn auf Basis der sieben statistischen Planungsregionen (1994 bis 1997)

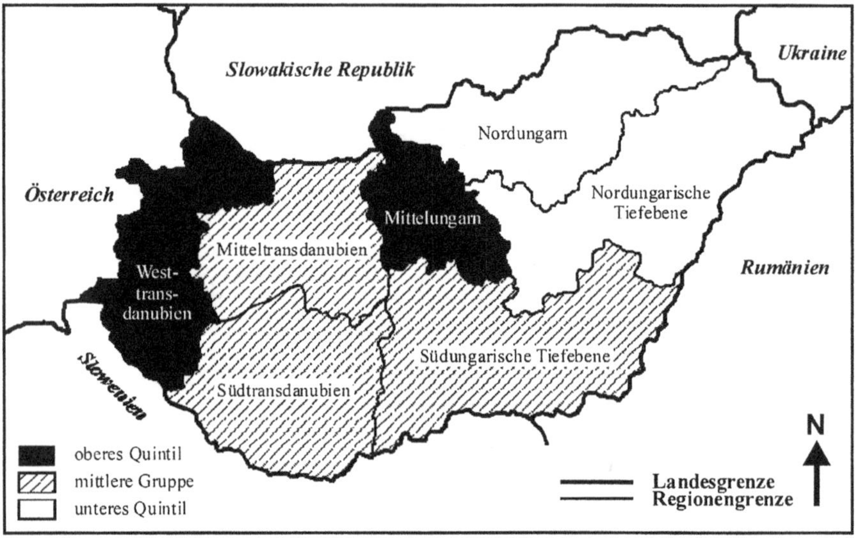

Quelle: Nationales Statistisches Amt Ungarn, eigene Darstellung

Die Regionen Nordungarn sowie Nordungarische Tiefebene verzeichnen im Untersuchungszeitraum die durchschnittlich niedrigsten Pro-Kopf-Einkommen und sind somit dem unteren Quintil zuzurechnen. Bei einem Bevölkerungsanteil von knapp 30% entstand in diesen beiden Regionen weniger als ein Fünftel des ungarischen Bruttoinlandsprodukts. Mit einer Bevölkerungsdichte von 94 bzw. 86 Einwohnern pro km² und einem Anteil urbaner Bevölkerung von 43% bzw. 49% weisen sowohl Nordungarn als auch die Nordungarische Tiefebene deutlich unterdurchschnittliche Werte auf. Hingegen unterscheiden sich die beiden Regionen in ihren sektoralen Wirtschaftsstrukturen beträchtlich. Während Nordungarn als Folge der sozialistischen Industrialisierungspolitik noch heute stark industriell geprägt ist (regionaler Beschäftigungsanteil von knapp 40% gegenüber 31% im Ladesdurchschnitt), spielt der landwirtschaftliche Sektor mit einem Beschäftigungsanteil von rund 11% in der Nordungarischen Tiefebene eine wesentlich größere Rolle als in Gesamtungarn (6%). Die strukturellen Standortnachteile beider Regionen werden durch die vergleichsweise geringen Auslandsinvestitionszuflüsse belegt, lediglich knapp 8% aller Unternehmen mit ausländischer Kapitalbeteiligung operieren in diesen beiden Regionen.

Im folgenden sind die Ergebnisse der Disparitätenmessung anhand Standardabweichung, Variations- sowie Gini-Koeffizient für den Untersuchungszeitraum zusammengefaßt:

Jahr	**Standardabweichung**				**Variationskoeffizient**				**Gini-Koeffizient**			
	ECU		**KKP**		**ECU**		**KKP**		**ECU**		**KKP**	
1994	801	100%	1.868	100%	0,276	100%	0,260	100%	0,133	100%	0,127	100%
1995	782	98%	1.895	101%	0,254	92%	0,254	98%	0,127	96%	0,127	100%
1996	878	110%	2.161	116%	0,273	99%	0,273	105%	0,139	105%	0,139	110%
1997	1.061	132%	2.454	131%	0,291	106%	0,291	112%	0,149	113%	0,149	117%

Die Standardabweichungen für den Zeitraum von 1994 bis 1997 belegen sowohl für die Pro-Kopf-Einkommen in KKP als auch in ECU eine deutliche Zunahme der interregionalen Einkommensdisparitäten, die für beide Einkommenskonzepte über 30% beträgt. Gegenüber den Ergebnissen für die territoriale Gliederung in zwanzig Komitate ergibt die Analyse auf Basis der sieben statistischen Planungsregionen für beide Einkommenskonzepte allerdings ein wesentlich niedrigeres Disparitätenniveau. Sowohl für die Pro-Kopf-Einkommen in KKP als auch in ECU wurden unter Zugrundelegung der veränderten Territorialteilung wesentlich geringere Variationskoeffizienten als für die ursprüngliche Aufteilung in zwanzig Komitate ermittelt. Das bedeutet, daß sich infolge der veränderten Territorialstruktur auch die Geschwindigkeit der Disparitätenzunahme verlangsamt hat. Zwar zeigen die für beide Einkommenskonzepte ermittelten Variationskoeffizienten insgesamt einen Anstieg der interregionalen Disparitäten an in Höhe von 12% für das Kaufkraftparitätenkonzept bzw. 5% für das ECU-Konzept. Mehr als die Variationskoeffizienten bilden die Gini-Koeffizienten einen deutlicheren Zuwachs der interregionalen Einkommensunterschiede im Zeitverlauf ab. Dieser fällt mit mehr als 17% für das Kaufkraftparitätenkonzept sowie rund 13% für das ECU-Konzept höher aus als für den Variationskoeffizienten ermittelt. Darüber hinaus bestätigen die Gini-Koeffizienten eine deutlich langsamere Zunahme der Einkommensunterschiede gegenüber der früheren Territorialstruktur.

Tschechische Republik (acht Regionen)

Graphik 3.8 auf Seite 80 zeigt das Niveau sowie die Entwicklung der regionalen Pro-Kopf-Einkommen in KKP in den acht tschechischen Regionen für den Zeitraum zwischen 1993 und 1997.

Demnach steigen die Pro-Kopf-Einkommen zwischen 1993 und 1997 in allen acht tschechischen Regionen an. Mit Veränderungsraten von +44% bzw. +32% liegen die Regionen Prag und Nordmähren über dem nationalen Durchschnittswert von +28%. Während die Region Südmähren ihr Pro-Kopf-Einkommen nur um wenig mehr als ein Fünftel im Betrachtungszeitraum erhöhen kann, schwanken die Zuwächse in den verbleibenden Regionen zwischen +24% und +27% und notieren damit knapp unter dem Durchschnittswert.

Abbildung 3.8: Entwicklung der regionalen Pro-Kopf-Einkommen in der Tschechischen Republik auf Basis der acht Regionen (1993 bis 1997)

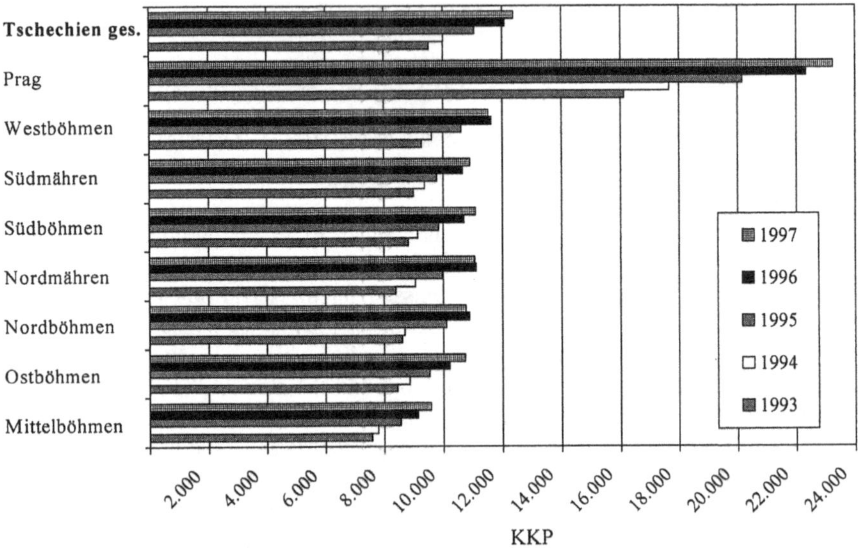

Quelle: Nationales Statistisches Amt Tschechien, eigene Darstellung

Das Verhältnis zwischen dem maximalen Pro-Kopf-Einkommen (stets die Region Prag) und minimalen Pro-Kopf-Einkommen (stets die Region Mittelböhmen) steigt zwischen 1993 und 1995 von 1 zu 2,1 auf 1 zu 2,4 an und bleibt in den beiden Folgejahren konstant. Zwischen 1993 und 1997 nimmt Prag mit Abstand die führende Position innerhalb Tschechiens ein und verzeichnet seit 1996 mit Werten zwischen 22.320 KKP und 23.250 KKP nahezu das doppelte nationale Pro-Kopf-Einkommen. Das niedrigste Pro-Kopf-Einkommen Tschechiens wird in Mittelböhmen erreicht mit Werten zwischen 7.600 KKP im Jahr 1993 und 9.600 KKP im Jahr 1997.

Sowohl die obige Abbildung als auch die Karte auf nächsten Seite veranschaulichen die polarisierte Zentrum-Peripherie-Situation in Tschechien, d.h. interregionale Einkommensdisparitäten treten vor allem zwischen der Hauptstadtregion Prag einerseits und den übrigen Regionen andererseits auf. Damit kristallisieren sich diese sieben Regionen neben Prag als eine eigene Gruppe heraus, für die jedoch auf den ersten Blick weder geographische, siedlungsstrukturelle noch sektorale Gemeinsamkeiten offensichtlich werden. Darüber hinaus existiert in der Tschechischen Republik keine starke West-Ost-Differenz, wie sie für die Regionen Polens und Ungarns festgestellt wurde. Infolgedessen macht eine Gliederung in oberes und unteres Quintil hier keinen Sinn.

Karte 3.12: Durchschnittliche regionale Pro-Kopf-Einkommen in der Tschechischen Republik auf Basis der acht Regionen (1993 bis 1997)

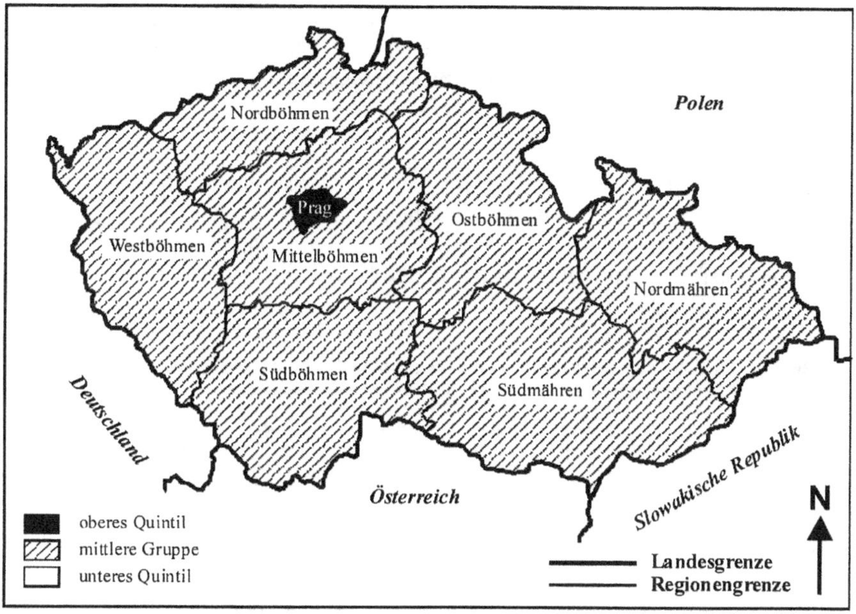

Quelle: Nationales Statistisches Amt Tschechien, eigene Darstellung

Das Ausmaß der interregionalen Einkommensdisparitäten und der entsprechende Entwicklungsverlauf im Betrachtungszeitraum ergeben sich aus der folgenden Übersicht:

Jahr	Standardabweichung				Variationskoeffizient				Gini-Koeffizient			
	ECU		KKP		ECU		KKP		ECU		KKP	
1993	763	100%	2.537	100%	0,266	100%	0,266	100%	0,108	100%	0,108	100%
1994	955	125%	2.935	116%	0,293	110%	0,293	110%	0,118	108%	0,118	109%
1995	1.218	160%	3.481	137%	0,314	118%	0,314	118%	0,124	114%	0,124	114%
1996	1.448	190%	3.932	155%	0,325	122%	0,325	122%	0,131	120%	0,130	120%
1997	1.524	200%	4.147	163%	0,335	126%	0,335	126%	0,127	118%	0,127	118%

Die Standardabweichungen dokumentieren eine stetige Zunahme der interregionalen Einkommensdisparitäten zwischen 1993 und 1997 für beide Einkommenskonzepte. Der Disparitätenzuwachs betrug demnach knapp zwei Drittel für das

Kaufkraftparitätenkonzept und sogar annähernd 100% für das ECU-Konzept. Dies wird sowohl durch die Variationskoeffizienten als auch durch die Gini-Koeffizienten bestätigt. Im Vergleich zu Polen und Ungarn messen die Variationskoeffizienten das höchste Niveau interregionaler Einkommensdisparitäten. Dies ist im wesentlichen auf den extremen Niveauunterschied zwischen der Region Prag und den übrigen Regionen zurückzuführen. Insofern die Analyse das regionale Pro-Kopf-Einkommen der Hauptstadt außer acht ließe, würde die Tschechische Republik die geringsten Einkommensunterschiede zwischen den Regionen aufweisen.

Zusammenfassung

Im Rahmen der vorangegangenen Untersuchung werden beträchtliche interregionale Einkommensdifferenzen in Polen, Ungarn und der Tschechischen Republik festgestellt. Diese übersteigen das für die EU-Mitgliedsländer Spanien, Portugal sowie Griechenland ermittelte Niveau deutlich, wie der nachstehende Vergleich der sechs Länder bestätigt.

Tabelle 3.1: Vergleich der interregionalen Einkommensdisparitäten – Visegràdländer versus südeuropäische Kohäsionsländer (1994 bis 1997, in KKP)

	Standardabweichung				Variationskoeffizient				Gini-Koeffizient			
	1994	1995	1996	1997	1994	1995	1996	1997	1994	1995	1996	1997
Polen (49 Regionen)	-	1.198	1.361	1.522	-	0,235	0,242	0,247	-	0,127	0,122	0,124
Polen (16 Regionen)	-	933	1.159	1.341	-	0,176	0,199	0,213	-	0,095	0,105	0,109
Ungarn (20 Regionen)	1.902	2.008	2.283	2.594	0,278	0,283	0,304	0,325	0,122	0,127	0,139	0,152
Ungarn (7 Regionen)	1.868	1.895	2.161	2.454	0,260	0,254	0,273	0,291	0,127	0,127	0,139	0,149
Tschechien (8 Regionen)	2.949	3.512	3.942	4.147	0,295	0,316	0,326	0,337	0,118	0,127	0,134	0,132
Griechenland	1.435	1.489	1.595	1.655	0,141	0,141	0,140	0,140	0,078	0,078	0,078	0,077
Portugal	2.047	2.141	2.138	3.054	0,197	0,198	0,185	0,224	0,103	0,103	0,097	0,124
Spanien	2.341	2.485	2.599	2.844	0,179	0,182	0,182	0,185	0,102	0,103	0,103	0,105

Quelle: Eurostat, Nationale Statistische Ämter

Sowohl Standardabweichungen als auch Variationskoeffizienten und Gini-Koeffizienten belegen eine Zunahme der interregionalen Disparitäten hinsichtlich der Pro-Kopf-Einkommen in KKP bzw. in ECU in allen drei betrachteten Ländern im jeweiligen Betrachtungszeitraum. Dabei nimmt der Übergang von der alten auf die neue Territorialstruktur in Polen und Ungarn keinen Einfluß auf die Entwicklungsrichtung. Einzige Ausnahme bilden lediglich die für die 49 polnischen Woiwodschaften ermittelten Gini-Koeffizienten, deren Entwicklung einen Disparitätenabbau zwischen 1995 und 1997 indiziert.

Die Veränderungsraten im Polen nach der Gebietsreform (sechzehn Woiwodschaften) fallen höher aus als auf Basis der 49 Woiwodschaften, während für die veränderte Territorialstruktur in Ungarn (sieben Planungsregionen) im Vergleich zu vorher neben einem geringeren Disparitätenniveau auch eine reduzierte Steigerungsrate festgestellt wird. Das Niveau der interregionalen Einkommensunterschiede nimmt im Falle Polens und Ungarns durch die reduzierte Anzahl der Territorialeinheiten ab, wie alle drei statistischen Kennziffern belegen.

Methodisch ist des weiteren festzuhalten, daß das Niveau, die Entwicklungsrichtung sowie die Größenentwicklung der interregionalen Einkommensdisparitäten von der gewählten statistischen Kennziffer abhängen. Somit können in Abhängigkeit der ausgewählten statistischen Methode unterschiedliche Ergebnisse zu unterschiedlichen Interpretationsansätzen führen.

Die Untersuchung macht im Gegensatz zu anderen Studien, die nur für die alte Territorialstruktur durchgeführt wurden, sichtbar, daß eine Veränderung der Anzahl der Gebietseinheiten, wie sie in Polen und Ungarn erfolgte, sowohl das Ausmaß als auch die Veränderungsraten der Einkommensdisparitäten beeinflußte, was wiederum verschiedene Interpretationen möglich macht. Das berechnete Disparitätenniveau sowie die Entwicklung der interregionalen Unterschiede sind ebenso vom gewählten Einkommenskonzept, d.h. dem Kaufkraftparitäten- bzw. dem ECU-Konzept, abhängig.

3.4 Interregionale Arbeitslosigkeitsdisparitäten in Polen, Ungarn und der Tschechischen Republik

3.4.1 Nationale und regionale Arbeitslosenquoten im europäischen Vergleich

Die regionalen Arbeitslosenquoten bilden die quantitativen Beschäftigungschancen innerhalb einer Region ab. Der internationale Vergleich der Arbeitslosenquoten der drei Länder erfolgt basierend auf den aktuellsten Angaben des Europäischen Statistischen Amtes (Eurostat) sowie der Nationalen Statistischen Ämter für das Jahr 1998. Sowohl Eurostat als auch die Nationalen Statistischen Ämter orientieren sich bei der Erfassung der regionalen Arbeitslosigkeit an den Empfehlungen der Internationalen Arbeitsorganisation, wodurch eine länderübergreifende Vergleichbarkeit der Daten weitgehend sichergestellt ist. Die Arbeitslosenquoten werden auf der NUTS 2-Ebene berechnet, das heißt für die sechzehn polnischen Woiwodschaften, die sieben statistischen Planungsregionen in Ungarn sowie die acht Regionen Tschechiens.

Nationale Arbeitslosenquoten im europäischen Vergleich

Der europäische Vergleich der nationalen Arbeitslosenquoten der drei betrachteten Visegrádländer spiegelt folgendes Bild wider:

Abbildung 3.9: Nationale Arbeitslosenquoten 1998 im europäischen Vergleich

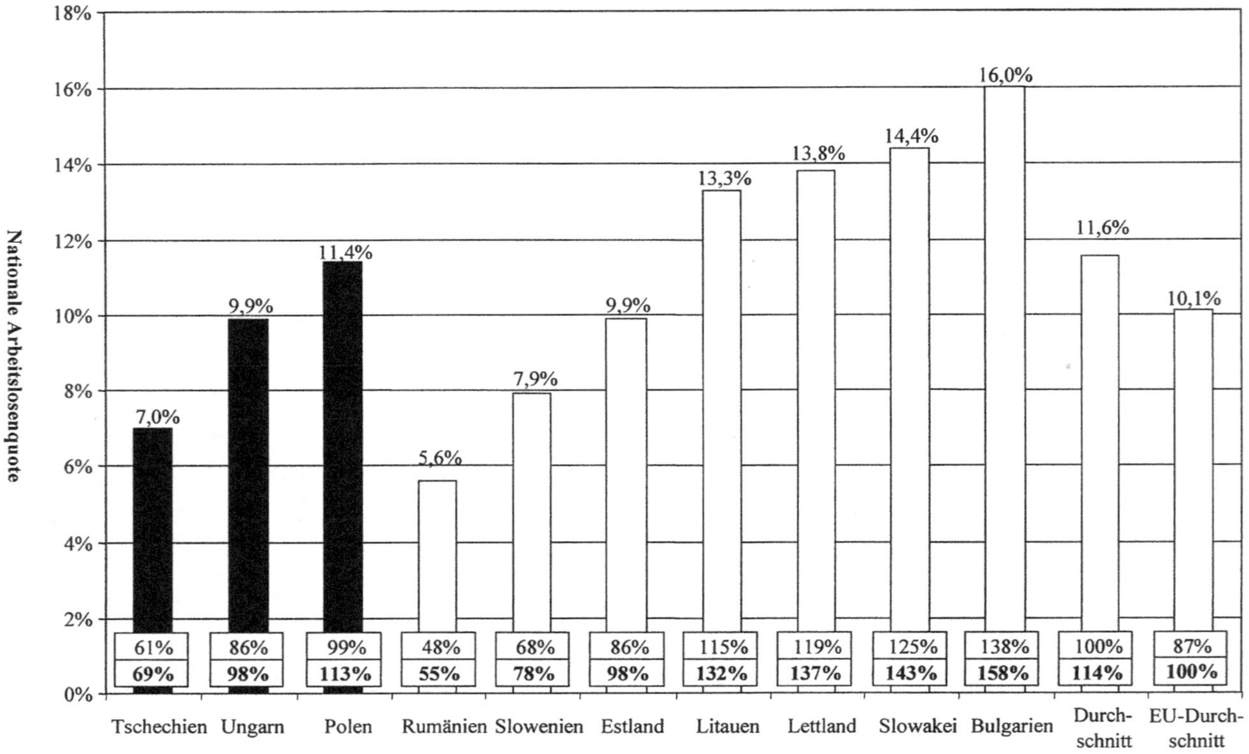

Quellen: Eurostat, Nationale Statistische Ämter, eigene Darstellung

Im Jahr 1998 liegt die durchschnittliche Arbeitslosenquote für die zehn aufgeführten mittel- und osteuropäischen Staaten bei 11,6% und übersteigt den EU-Mittelwert (10,1%) somit um 14%. Im EU-Vergleich liegen die drei Visegràdstaaten teilweise unter dem Durchschnittswert (Tschechische Republik erreicht nur ca. 70% des EU-Mittelwertes), etwa auf demselben Niveau (Ungarn) bzw. darüber (Polen, 113% des EU-Durchschnitts).

Abbildung 3.10: Entwicklung der Arbeitslosigkeit in den drei Visegràdländern (1991 bis 1998)

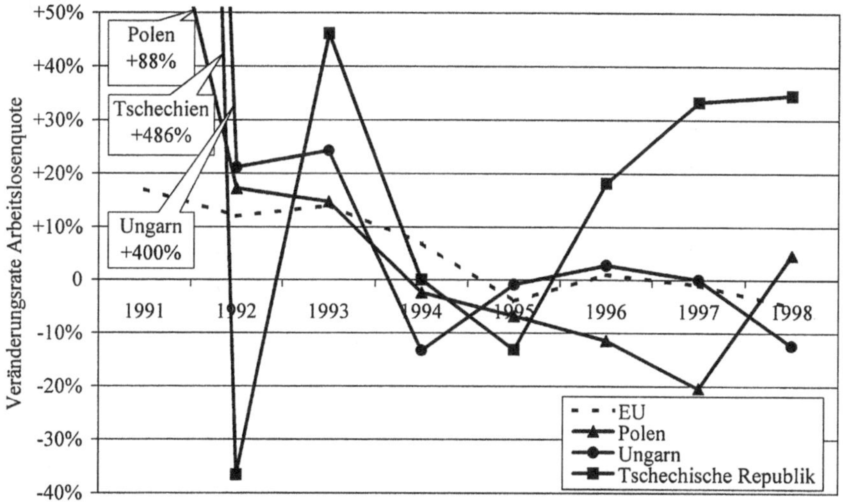

Quellen: Eurostat, Nationale Statistische Ämter, eigene Darstellung

Die Entwicklung der Arbeitslosigkeit in den drei Visegràdstaaten im Zeitraum von 1990 bis 1998 ist in der Abbildung 3.10 dargestellt und dabei der durchschnittlichen Arbeitslosenquote der EU gegenübergestellt. Wie alle anderen ehemaligen RGW-Staaten standen auch Polen, Ungarn und die Tschechische Republik nach 1990 dem bis dahin unbekannten Phänomen Arbeitslosigkeit gegenüber. Die drei Länder unterscheiden sich jedoch sowohl untereinander als auch im Vergleich zur EU im Hinblick auf die Dynamik sowie die Vorzeichen der Arbeitslosigkeitsentwicklung im Betrachtungszeitraum.

Insbesondere verursacht durch den Kollaps ehemals staatlicher Farmen in Nordpolen sowie durch die Liquidation vieler Industriebetriebe entwickelte sich Arbeitslosigkeit in Polen bereits in den ersten beiden Transformationsjahren 1990 und 1991 zu einem Massenphänomen. Die nationale Arbeitslosenquote stieg bis 1993 weiter an, wenn auch mit verminderter Geschwindigkeit, und erreichte Ende

1993 mit 16,4% ihren Höchststand. Im Zeitraum von 1993 bis 1998 reduzierte sich die Arbeitslosigkeit um zwei Fünftel.

Vor allem bedingt durch den harten Restrukturierungskurs der Regierung durchlief die ungarische Arbeitslosenquote bis 1993, jedoch auf einem insgesamt niedrigeren Niveau, eine ähnliche Entwicklung wie sie bereits für Polen erkennbar ist: Bereits 1991 betrug der Anteil der Arbeitslosen an allen Erwerbspersonen 8,5%, bis Ende 1993 erhöhte er sich auf 12,8% und erreichte den Höchststand im selben Jahr. Im Verlaufe des Jahres 1994 sank die ungarische Arbeitslosenquote und verharrte in den Folgejahren bis 1997 auf einem hohen Niveau (11,0% bis 11,3%). Erst 1998 wurde wieder ein Rückgang im Vergleich zum Vorjahr verzeichnet.

Die Tschechische Republik wies bis 1996 in allen Regionen nahezu einen Vollbeschäftigungszustand auf und ist damit mit dem EU-Mitgliedsland Luxemburg vergleichbar, dessen Arbeitslosenquote im selben Jahr bei 2,5% rangierte. Das „tschechische Wunder“ wurde in der Arbeitsmarktforschung bereits oft diskutiert und teilweise bezweifelt, zumal die Slowakische Republik mit dem Transformationsbeginn einen dramatischen Anstieg der Arbeitslosenraten erfuhr, der mit der Entwicklung der polnischen oder ungarischen Arbeitslosenquoten vergleichbar ist. Burda/Lubyova (1995) stellen in ihrer empirischen Untersuchung fest, daß die niedrigen tschechischen Arbeitslosenraten auf vergleichsweise hohe „Outflow-Rates" aus der Arbeitslosigkeit zurückzuführen sind. Allerdings münden diese „Outflows“ nicht automatisch in eine reguläre Beschäftigungsaufnahme. Vielmehr absorbiere nach Burda/Lubyova die informelle Ökonomie eine hohe Anzahl der ehemaligen Arbeitslosen in Tschechien. So verließen im Zeitraum von Januar 1991 bis April 1992 rund 450.000 Arbeitnehmer freiwillig die ehemaligen Staatsbetriebe, ohne jemals in einer Arbeitslosen-, Beschäftigten- oder Migrationsstatistik zu erscheinen. Berechnungen des „Institute of Labour and Social Affairs“ zufolge sollen im Jahr 1992 bereits 250.000 Tschechen ihr Einkommen durch Schwarzarbeit verdient haben. Gerade entlang der tschechisch-deutschen und der tschechisch-österreichischen Grenzen sowie im Umland der Hauptstadt Prag sind die Anteile der „Outflows“, die in Schwarzarbeit oder nicht registrierte grenzüberschreitende Erwerbstätigkeiten münden, besonders hoch[72]. Im Jahr 1997 ergab sich auf dem tschechischen Arbeitsmarkt infolge der rückläufigen Wirtschaftsentwicklung sowie der verspäteten Restrukturierung der Staatsbetriebe eine deutliche Trendwende. Bis 1998 erhöhte sich die nationale Arbeitslosenquote um mehr als das Doppelte. Dennoch verzeichnet Tschechien im zwischenstaatlichen Vergleich noch immer die niedrigsten Arbeitslosenquoten, die sich jedoch immer stärker dem MOE- bzw. EU-Durchschnitt annähern.

---

[72] Vgl. Burda/Lubyova (1995), S. 178ff.; Burda (1996), S. 25. vgl. auch: Raiser, M. (1994): Ein tschechisches Wunder? Zur Rolle politikinduzierter Anreizstrukturen im Transformationsprozeß, Kiel.

Regionale Arbeitslosenraten im europäischen Vergleich

Die nationalen Durchschnittswerte spiegeln bei weitem nicht die regionalen Ausprägungen der Arbeitslosigkeit innerhalb der drei Visegràdstaaten wider, die beträchtliche Unterschiede aufweist, wie die Graphik auf Seite 88 verdeutlicht. Hier sind die jeweiligen Extremwerte im Jahr 1998 auf NUTS 2-Ebene für die zehn mittel- und osteuropäischen Länder im einzelnen sowie im EU-Vergleich dargestellt. Da das gesamte Territorium der Länder Slowenien, Estland, Litauen und Lettland als eine einzige Region auf NUTS 2-Ebene betrachtet wird und damit keine unterschiedlichen Extremwerte ermittelt werden können, werden die jeweiligen nationalen Mittelwerte in der Graphik abgebildet.

In allen betrachteten Ländern bleiben die niedrigsten Arbeitslosenquoten sowohl unter dem Gesamtdurchschnitt als auch unterhalb des EU-Mittelwertes. Dennoch treten zwischen den Ländern deutliche Unterschiede im Hinblick auf das minimale Arbeitslosigkeitsniveau sowie die Charakteristika der Regionen, welche die günstigsten Arbeitsmarktbedingungen zeigen, zutage. Sie rangieren zwischen 3,6% (Region Prag) sowie 9,3% (Region Sofia), wobei bezeichnenderweise wiederum die mittel- und osteuropäischen Hauptstadtregionen allgemein die vorderen Positionen einnehmen. Diese Regionen bildeten sich im Laufe des Transformationsprozesses zumindest im jeweiligen nationalen Kontext zu überragenden Wachstumszentren heraus, die sowohl durch einen rapide wachsenden tertiären Sektor als auch durch überdurchschnittlich hohe Auslandskapitalzuflüsse gekennzeichnet sind, was die regionalen Arbeitsmärkte positiv beeinflußt. Dies wird insbesondere auch durch den Vergleich der drei Visegràdhauptstädte mit den Hauptstadtregionen der fünfzehn EU-Mitgliedsstaaten, die teilweise weit über dem EU-Mittelwert liegende Arbeitslosenquoten registrieren, bestätigt. Keine der EU-Vergleichsregionen kommt im Jahr 1998 an die Minimalwerte für Prag und Mittelungarn heran, die bestpositionierten EU-Hauptstädte Wien (6,8%) und Lissabon (5,7%) sind allenfalls mit dem Arbeitslosigkeitsniveau Bratislavas (6,4%) vergleichbar.

Sowohl in Polen als auch in Rumänien werden die niedrigsten Arbeitslosenquoten im Jahre 1998 nicht in den jeweiligen Hauptstadtregionen ermittelt. Mit einer Quote von 7,3% zeigt die Woiwodschaft Slaskie innerhalb Polens die günstigsten Arbeitsmarktbedingungen. Dasselbe gilt für die Region Nord-Vest in Rumänien (4,4%). Bei der südpolnischen Woiwodschaft Slaskie handelt es sich um die industrialisierteste Region Polens mit dem Bergbaustandort Katowice als Zentrum. Die niedrige Arbeitslosigkeit ist in dieser Region jedoch nicht auf ein beschleunigtes Wachstum zurückzuführen, sondern vielmehr auf die Tatsache, daß wesentliche Restrukturierungsmaßnahmen in Verbindung mit einem deutlichen Beschäftigungsabbau noch ausstehen. Mit Slaskie vergleichbare Industrieregionen innerhalb der Europäischen Union befinden sich vor allem in Ostdeutschland, z.B.

Abbildung 3.11: Regionale Arbeitslosenquoten 1998 im europäischen Vergleich

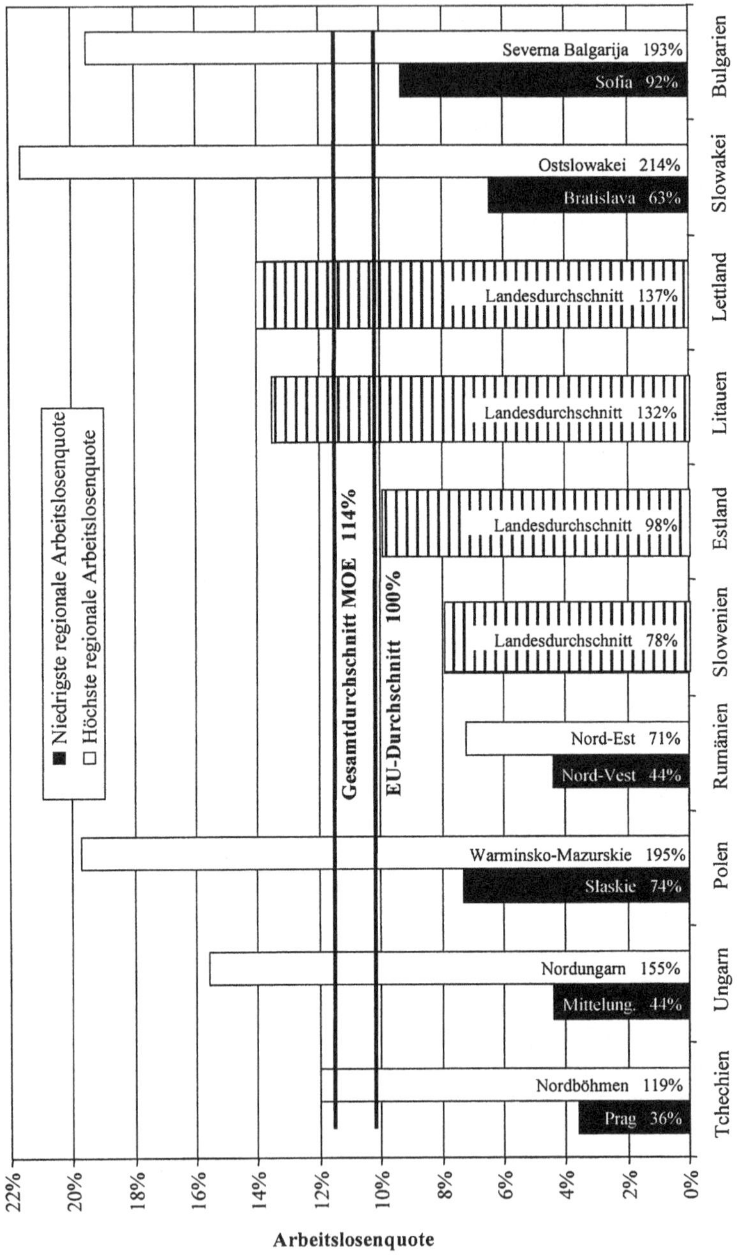

Quellen: Eurostat, Nationale Statistische Ämter, eigene Darstellung

die Regionen Halle und Dessau, deren industrieller Sektor als Folge sozialistischer Industrialisierungspolitik ähnlich spezialisiert war, aber bereits teilweise restrukturiert ist. Infolgedessen betragen hier die Arbeitslosenquoten im Jahre 1998 das Dreifache des Wertes der Region Slaskie. Im Gegensatz zu der Region Slaskie ist die rumänische Region Nord-Vest durch gemischtere Sektoralstrukturen mit Fokus auf den Industrie- und Dienstleistungssektor geprägt. Zwar ist ein großer Teil der EU-Regionen ebenfalls durch gemischte Sektoralstrukturen gekennzeichnet, die zugehörigen Arbeitslosenquoten schwanken jedoch beträchtlich, so daß ein direkter Vergleich hier nicht möglich ist.

Die höchsten regionalen Arbeitslosenquoten innerhalb der drei Visegràdländer werden im Jahr 1998 in Nordungarn (15,6%) sowie in der polnischen Woiwodschaft Warminsko-Mazurskie (19,7%) festgestellt. Diese Werte übersteigen sowohl den EU- als auch den MOE-Durchschnitt um mehr als 50% (Nordungarn) bzw. knapp 100% (Warminsko-Mazurskie). Entsprechende Arbeitslosenquoten zeigten sich auch in den Regionen Ostslowakei (21,6%) sowie Severna Balgarija (19,5%). Die niedrigsten Maximalwerte verzeichnete die tschechische Region Nordböhmen (12%), die dabei den EU- und den Gesamtmittelwert aller mittel- und osteuropäischen Länder immer noch übertrifft, sowie die rumänische Region Nord-Est (7,2%). Insgesamt handelt es sich hierbei um den Typus der ökonomisch einseitig strukturierten Regionen: Nordböhmen, Nordungarn sowie die Ostslowakei zählen zu denjenigen Industrieregionen mit sozialistischem Erbe, die insbesondere durch die Schwerindustrie dominiert werden. Dagegen sind die rumänische und die bulgarische Region ausgesprochene Agrarregionen. Allein die beiden polnischen Extremregionen weisen gemischte Sektoralstrukturen auf. Doch selbst vor dem Hintergrund der insgesamt schwierigen Situation der Transformationsökonomien entwickelt keine der dortigen Regionen die katastrophalen EU-Werte, wie sie insbesondere in Spanien, z.B. in den Regionen Andalusien (29,9%) und Extremadura (28,8%), aber auch im italienischen Kalabrien (27%) auftreten. Vielmehr sind die mittel- und osteuropäischen Maximalwerte mit Ausnahme Rumäniens eher mit denen der ostdeutschen Bundesländer vergleichbar (zwischen 17,6% in Brandenburg und 21,5% in Sachsen-Anhalt), die einen ähnlichen Umstellungsprozeß der regionalen Wirtschaften durchschreiten[73].

Um eine differenzierte Beurteilung der interregionalen Arbeitslosigkeitsdisparitäten treffen zu können, schließt sich eine detailliertere Analyse auf der Ebene der polnischen, ungarischen und tschechischen Regionen an.

---

[73] Vgl. auch die Ergebnisse der Arbeitsmarktstudie von Boeri/Scarpetta (1995), S. 28f.

3.4.2 Interregionale Arbeitslosigkeitsdisparitäten vor und nach Durchführung der Gebietsreformen

Die Untersuchung der interregionalen Arbeitslosigkeitsdisparitäten basiert auf den entsprechenden Angaben des Europäischen Statistischen Amtes sowie der drei Nationalen Statistischen Ämter für den Zeitraum von 1993 bis 1998. Die Disparitätenanalyse erfolgt sowohl für die territoriale Gliederung vor der Gebietsreform als auch nach der Gebietsreform (Polen, Ungarn). Da für die neue Territorialteilung Polens in sechzehn Woiwodschaften nur Datenmaterial für das Jahr 1998 zur Verfügung steht, muß hier auf eine vergleichende Zeitreihenbetrachtung verzichtet werden. Bei der Messung der Arbeitslosigkeitsunterschiede innerhalb der drei Länder finden wiederum die bereits in Abschnitt 3.3.2 benutzten statistischen Kennziffern Standardabweichung, Variationskoeffizient sowie Gini-Koeffizient Verwendung.

Polen vor der Gebietsreform 1999 (49 Woiwodschaften)

Die Arbeitslosigkeit ist in allen 49 Woiwodschaften im Vergleich zu den Ausgangswerten im Zeitraum von 1993 bis 1998 deutlich gesunken. Damit setzt sich der nationale Trend, die polnische Arbeitslosenquote geht in derselben Periode um rund 40% zurück, auch auf den regionalen Arbeitsmärkten durch. In mehr als einem Viertel der Woiwodschaften reduziert sich die Arbeitslosenquote zwischen 1993 und 1998 überdurchschnittlich. Den deutlichsten Rückgang verzeichnen die urbanen Regionen Warszawskie (-76%), Poznanskie (-74%) und Gdanskie (-60%). Die verbleibenden Woiwodschaften weisen im Betrachtungszeitraum nur eine unterdurchschnittliche Abnahme der Arbeitslosigkeit auf. Am beständigsten erwies sie sich in den ostpolnischen Agrarregionen Chelmskie (-15%), Tarnobrzeskie (-16%) und Krosnienskie (-20%).

Darüber hinaus treten beträchtliche Unterschiede im Hinblick auf die Arbeitslosenquoten zwischen den 49 Woiwodschaften hervor, die trotz der generellen Arbeitslosigkeitsabnahme bis 1998 verharrten bzw. sich sogar erhöhten. So bewegen sich die regionalen Arbeitslosenquoten noch im Jahr 1993 zwischen 7,6% (Warszawskie) und 30,3% (Suwalskie), dies kommt einem Verhältnis von 1 zu 4 gleich. Die Min/Max-Relation erhöhte sich in den Folgejahren kontinuierlich und beträgt im Jahr 1998 1 zu 7,9 (2,6% in Warszawskie, 20,5% in Slupskie). Damit haben sich die interregionalen Arbeitslosigkeitsunterschiede im Betrachtungszeitraum nahezu verdoppelt.

Die niedrigsten Arbeitslosenraten verzeichneten die auch am Pro-Kopf-Einkommen gemessen führenden polnischen Woiwodschaften (vgl. Karte 3.13 auf der nachfolgenden Seite). Zum oberen Quintil gehören somit neben der Hauptstadtregion Warschau auch die Regionen Poznanskie, Krakowskie, Gdanskie und Wroclawskie. Góra/Lehmann (1995) weisen empirisch nach, daß eben diese Woiwodschaften auch eine vergleichsweise bessere Arbeitsmarktanpassung aufweisen. So sind hier höhere „Outflow-Rates“ aus der Arbeitslosigkeit festzustellen, die in aller Regel in ein Beschäftigungsverhältnis im Dienstleistungssektor münden[74]. Charakteristisch für diese Regionen, die sowohl ein überdurchschnittliches Pro-Kopf-Einkommen als auch eine unterdurchschnittliche Arbeitslosenquote aufweisen, sind hohe urbane Bevölkerungsanteile sowie eine diversifizierte sektorale Wirtschaftsstruktur mit hohen Beschäftigungsanteilen im Industrie- und Dienstleistungssektor. Gemessen an den regionalen Arbeitslosenquoten im Betrachtungszeitraum sind die Regionen Katowickie, Bialostockie, Bielskie, Czestochowskie und Skierniewickie ebenfalls dem oberen Fünftel zuzurechnen.

Karte 3.13: Durchschnittliche regionale Arbeitslosenquoten in Polen auf Basis der 49 Woiwodschaften (1993 bis 1998)

Quelle: Nationales Statistisches Amt Polen, eigene Darstellung

74 Vgl. Góra/Lehmann (1995), S. 139ff.

Die Woiwodschaften Bielskie und Katowickie verbindet die einseitige Ausrichtung des dominanten industriellen Sektors auf einen bzw. mehrere Altindustriezweige, die sogenannten „Schornsteinindustrien[75]". Die aufgrund der ausstehenden Unternehmensprivatisierungen noch nicht durchgebrochene offene Arbeitslosigkeit erklärt die im Vergleich zum Landesdurchschnitt relativ niedrigen Arbeitslosenquoten in diesen Regionen. Dies ist insbesondere auf die politische Macht der Altindustrieregionen, insbesondere der Woiwodschaft Katowickie, zurückzuführen. Noch immer produzieren hier industrielle Großbetriebe der Kohle- und Stahlindustrie mit Verlusten, zahlen weder Versicherungen noch Steuern und offerieren gleichzeitig den Arbeitskräften hohe Löhne und Arbeitsplatzsicherheit. Dies wird von der polnischen Regierung toleriert, die ansonsten in der Region Gewerkschaftsaufstände befürchtet[76]. Es ist jedoch davon auszugehen, daß insbesondere der Arbeitsmarkt in der oberschlesischen Woiwodschaft Katowice auf lange Sicht in besonderem Maße vom Restrukturierungsprozeß betroffen sein wird. Schon heute liegt der Anteil der Frauen an allen Arbeitslosen bei rund 72%, damit weist Katowickie die höchste regionale Frauenarbeitslosigkeit in Polen auf. Rund 100.000 Arbeitsplätze müssen im polnischen Bergbau, der sich zu 90% hier konzentriert, in den kommenden zehn Jahren abgebaut werden. Der damit bevorstehende Beschäftigungsrückgang im Kohlebergbau zieht einen Dominoeffekt nach sich. Demnach werden sich die Arbeitsplatzverluste ebenso auf die verarbeitenden Industrien (z.B. Stahlindustrie, Metallurgie) und produktionsrelevante Dienstleistungen (z.B. Gesundheitsdienste, Verwaltung) direkt ausdehnen[77]. Die Woiwodschaften Bialostockie, Czestochowskie und Skierniewickie gelten hingegen als ausgesprochene Landwirtschaftsregionen, wobei hier aufgrund der enorm niedrigen Produktivität im Primärsektor ebenfalls von einer beträchtlichen versteckten Arbeitslosigkeit ausgegangen werden muß. Schätzungen gehen für die polnischen Landwirtschaftsgebiete von bis zu 1 Million versteckter Arbeitsloser aus[78]. Die einseitige Ausrichtung auf den primären Wirtschaftssektor in Verbindung mit geringen Flächengrößen, die den landwirtschaftlichen Kleinbetrieben zur Verfügung stehen, schränkt die Konkurrenzfähigkeit sowohl auf dem polnischen als auch insbesondere auf dem europäischen Markt ein, was sich künftig in höheren Arbeitslosenzahlen widerspiegeln dürfte[79].

---

[75] Als Schornsteinindustrien werden die Industriezweige der ersten industriellen Revolution bezeichnet. Dazu gehören insbesondere Kohlebergbau, Stahlindustrie und Textilindustrie. Regionen, in denen diese Industriezweige dominieren stehen in ganz Europa, aber auch in den USA, bereits seit Jahrzehnten enormen ökonomischen, sozialen und ökologischen Problemen gegenüber. Beispielhaft dafür sind das Ruhrgebiet in Deutschland, Pittsburgh in den USA und North East England im Vereinigten Königreich.

[76] Vgl. Kuklinski/Mync/Szul (1997), S. 181.

[77] Vgl. Szczepánski (1997), S. 214; Korcelli (1997), S. 221; Bowdler (1998), S. 31f.; Simpson (1996/1997), S. 70

[78] Vgl. Polish Ministry of Economy (1999), S. 8.

[79] Vgl. Kühne (1999), S. 33.

Das untere Fünftel gemessen an den regionalen Arbeitslosenquoten wird durch die Woiwodschaften Slupskie, Elblaskie, Pilskie, Koszalinskie, Olsztynskie, Suwalskie, Wloclawskie und Ciechanowskie gebildet. Diese Regionen gehören zu einem landwirtschaftlichen Gürtel, der sich vom Nordwesten bis in den äußersten Nordosten Polens an der Grenze zu Litauen erstreckt, und gelten als gering besiedelt. Darüber hinaus gehören auch die Altindustrieregion Walbrzyskie sowie die eher gemischt strukturierte ostpolnische Region Torunskie zu dieser Gruppe. Mit dem frühen Kollaps der staatseigenen Landwirtschaftlichen Produktionsgenossenschaften zählten die Regionen der nordpolnischen Peripherie zu den ersten, die eine massive Arbeitslosigkeit verzeichnen mußten. Ähnlich verlief der Restrukturierungsprozeß in der durch Schwerindustrie geprägten Woiwodschaft Walbrzyskie, die gegenüber den anderen Regionen einen deutlich höheren Urbanisierungsgrad aufweist.

Anhand der statistischen Kennziffern Standardabweichung, Variationskoeffizient und Gini-Koeffizient wird das Ausmaß der interregionalen Disparitäten sowie deren Entwicklung im Betrachtungszeitraum noch einmal quantitativ belegt:

Jahr	**Standardabweichung (in Prozentpunkten)**		**Variationskoeffizient**		**Gini-Koeffizient**	
1993	5,6	100%	0,306	100%	0,171	100%
1994	5,3	95%	0,297	97%	0,164	96%
1995	5,0	91%	0,300	98%	0,166	97%
1996	4,8	86%	0,321	105%	0,178	104%
1997	4,2	75%	0,350	114%	0,196	115%
1998	4,1	73%	0,342	112%	0,192	112%

Die Standardabweichungen bilden eine rückläufige Entwicklung der interregionalen Arbeitslosigkeitsdisparitäten ab. Wird im Jahr 1993 noch ein Wert von 5,6 festgestellt, so reduziert sich die Standardabweichung bis 1998 auf einen Wert von 4,1. Das entspricht einem Rückgang der interregionalen Arbeitslosigkeitsunterschiede von 27%. Die für den betrachteten Zeitraum ermittelten Variationskoeffizienten bestätigen zwar einen leichten Rückgang der interregionalen Disparitäten zwischen 1993 (0,306) und 1994 (0,297), zeigen jedoch für die Folgejahre bis 1997 eine Erhöhung der Differenzen an. Erst 1998 sind die Disparitäten wieder leicht rückläufig (0,342). Im gesamten Betrachtungszeitraum erfolgte dennoch eine Nettoerhöhung der interregionalen Arbeitslosigkeitsunterschiede um 12%. Die berechneten Gini-Koeffizienten bilden dieselbe Entwicklung ab. Auch hier lassen sich bis 1994 ein leichter Rückgang, dann wieder ein Anstieg und ab 1997 erneut ein Rückgang erkennen. Insgesamt erhöhen sich die Disparitäten gemäß der Gini-Koeffizienten im Referenzzeitraum ebenfalls um ca. 12%.

Polen nach der Gebietsreform 1999 (sechzehn Woiwodschaften)

Die territoriale Neugliederung Polens führte zu einer beträchtlichen Veränderung der Arbeitslosenraten auf der Ebene der Woiwodschaften im Jahre 1998[80] im Vergleich zur alten Territorialstruktur. Die sechzehn Woiwodschaften sind gemäß ihrer Arbeitslosenquoten in Abb. 3.12 in aufsteigender Reihenfolge angeordnet.

Demnach beträgt die niedrigste Arbeitslosenquote im Referenzjahr 1998 in der ostpolnischen Woiwodschaft Slaskie 7,3%, während gemäß der alten Territorialstruktur Warszawskie mit 2,6% die niedrigste Arbeitslosenquote verzeichnet. Die höchste Arbeitslosenquote der sechzehn neuen Woiwodschaften registrierte die nordostpolnische Woiwodschaft Warminsko-Mazurskie mit 19,7% (gemäß der alten Territorialgliederung hält die Woiwodschaft Slupskie mit 20,5% die rote Laterne). Insgesamt läßt sich somit eine konvergente Entwicklung der Woiwodschaften im Hinblick auf ihre Arbeitslosenquoten erkennen. Das Verhältnis zwischen minimaler und maximaler Arbeitslosenquote beträgt für die neue Gebietsaufteilung im Jahr 1998 nur noch 1 zu 2,7 im Gegensatz zu 1 zu 7,9 gemäß alter Struktur, wodurch sich die interregionalen Arbeitslosigkeitsdisparitäten allein durch die Gebietsreform um knapp zwei Drittel reduziert haben.

Abbildung 3.12: Entwicklung der regionalen Arbeitslosenquoten in Polen auf Basis der sechzehn Woiwodschaften (1998)

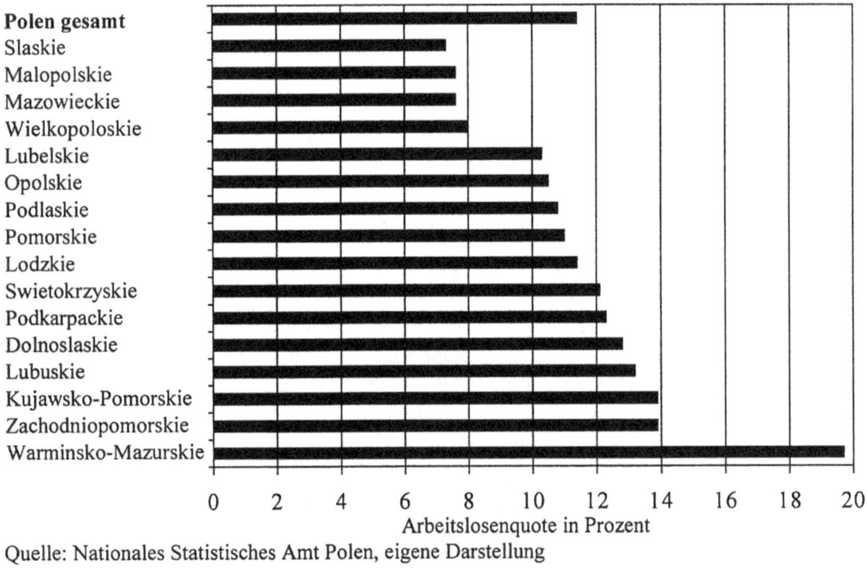

Quelle: Nationales Statistisches Amt Polen, eigene Darstellung

[80] Für die 16 neuen Woiwodschaften stehen lediglich für das Jahr 1998 Angaben zu den Arbeitslosenraten zur Verfügung. Aus diesem Grunde muß auf eine Zeitreihenanalyse verzichtet werden.

Das obere Quintil bilden die Woiwodschaften Slaskie, Mazowieckie sowie Malopolskie (vgl. Karte 3.14) Hierbei handelt es sich sowohl um urbane als auch stark industrialisierte Regionen. Insbesondere die beiden Woiwodschaften Mazowieckie und Malopolskie mit Warschau bzw. Krakow als wesentliche Zentren profitieren zudem von einem wachsenden Dienstleistungssektor und überdurchschnittlich hohen Investitionszuflüssen. Die Altindustrieregion Slaskie steht hingegen zunehmenden Arbeitsmarktproblemen gegenüber[81].

Karte 3.14: Durchschnittliche regionale Arbeitslosenquoten in Polen auf Basis der sechzehn Woiwodschaften (1993 bis 1998)

Quelle: Nationales Statistisches Amt Polen, eigene Darstellung

[81] Vgl. Kapitel 3.4.2, S. 67f.

Die Woiwodschaften des unteren Quintils (Warminsko-Mazurskie, Kujawsko-Pomorskie, Zachodniopomorskie) entsprechen sowohl hinsichtlich siedlungsstruktureller als auch sektoraler Spezifika weitgehend dem polnischen Durchschnitt. Die hohen Arbeitslosenquoten ergeben sich in diesen Woiwodschaften als Erbe der alten Territorialstruktur. So bestehen die drei neuen Regionen zum großen Teil aus dem nordpolnischen Landwirtschaftsgürtel, der aufgrund des Kollaps der dort vorherrschenden ehemaligen Staatsfarmen seit Transformationsbeginn durch massive Arbeitskräftefreisetzungen im Agrarsektor geprägt ist[82].

Auch die berechneten Werte für die statistischen Kennziffern Standardabweichung, Variationskoeffizient sowie Gini-Koeffizient belegen die konvergente Entwicklung der Arbeitslosenquoten nach der Gebietsreform:

Jahr	**Standardabweichung (in Prozentpunkten)**	**Variationskoeffizient**	**Gini-Koeffizient**
1998	3,0	0,266	0,142

Mit einem Wert von 3,0 fällt die Standardabweichung deutlich geringer aus als der entsprechende Wert für die 49 Woiwodschaften (4,1) im selben Jahr. Dasselbe gilt sowohl für den Variationskoeffizienten (0,266 im Vergleich zu 0,342) als auch für den Gini-Koeffizienten (0,142 im Vergleich zu 0,192). Alle drei Kennziffern bestätigen damit einen Rückgang der interregionalen Arbeitslosigkeitsunterschiede nach der Territorialreform.

Ungarn (zwanzig Komitate)

Die folgende Abbildung beschreibt die Entwicklung der Arbeitslosigkeit in den zwanzig ungarischen Komitaten für den Zeitraum von 1993 bis 1998. Deutlich werden sowohl die differierende Entwicklung der regionalen Arbeitslosenraten als auch das regional unterschiedliche Niveau der Arbeitslosigkeit in dieser Periode.

Die Entwicklung der Arbeitslosigkeit ist im Betrachtungszeitraum in Ungarn rückläufig, so geht die nationale Arbeitslosenquote seit 1993 um nahezu ein Viertel ihres Ausgangswertes zurück. Alle zwanzig Komitate folgen dieser Entwicklung, unterscheiden sich jedoch beträchtlich hinsichtlich der einzelnen Veränderungsraten. Die Hälfte aller Komitate verzeichnet zwischen 1993 und 1998 eine überdurchschnittliche Abnahme der Arbeitslosigkeit, die in der Hauptstadt Budapest mit -44% am stärksten ausfiel. Auch die im Westteil Ungarns gelegenen Komitate, z.B. Györ-Moson-Sopron und Vas, erfahren in demselben Zeitraum einen ähnlich starken Rückgang der Arbeitslosigkeit. Nur unterdurchschnittlich

82 Vgl. Despiney (1999), S. 48.

rückläufig bzw. nahezu konstant sind die Arbeitslosenquoten z.B. in den Komitaten Somogy und Jász-Nagykun-Szolnok mit Veränderungsraten von -1% bzw. -13%.

Abbildung 3.13: Entwicklung der regionalen Arbeitslosenquoten in Ungarn auf Basis der zwanzig Komitate (1993 bis 1998)

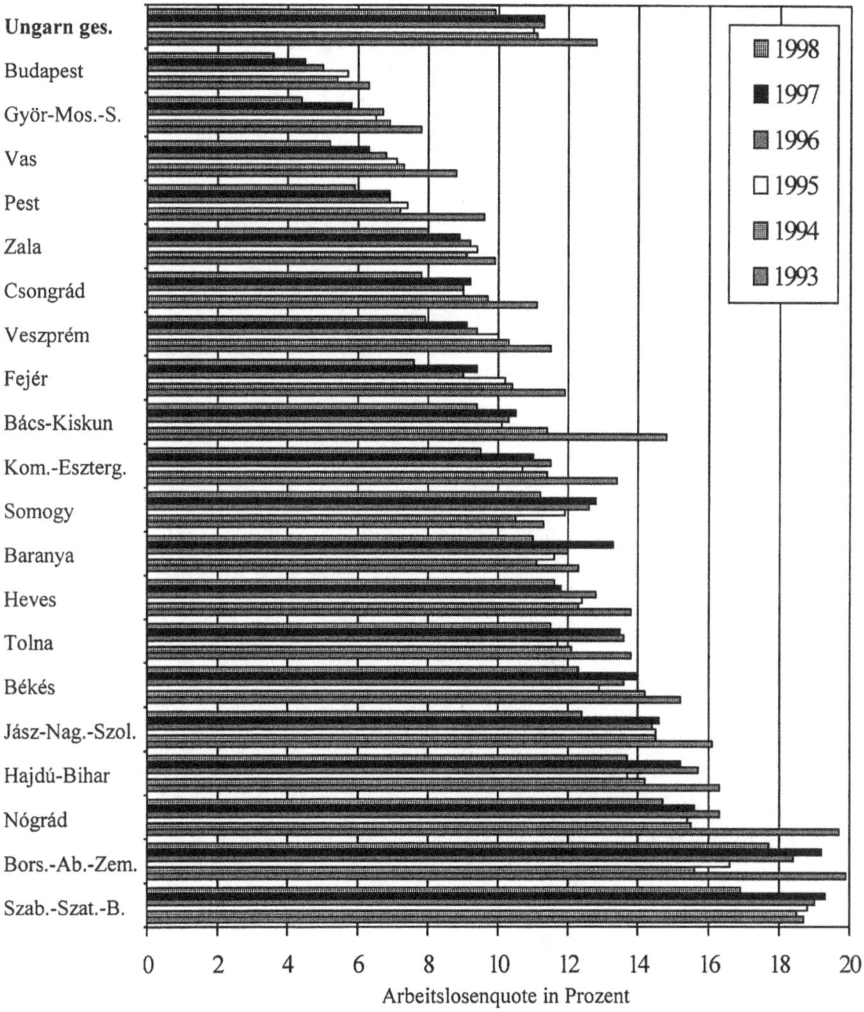

Quelle: Nationales Statistisches Amt Ungarn, eigene Darstellung

Des weiteren vermittelt die Graphik das regionale Arbeitslosigkeitsmuster. So beträgt die landesweit höchste Arbeitslosenrate im Jahr 1993 19,9% (Borsod-Abaúj-Zemplén), die niedrigste Arbeitslosigkeit verzeichnet im selben Jahr die Hauptstadt Budapest mit 6,3%. Das entspricht einem Verhältnis von 1 zu 3,2. Bis 1998 ging die minimale Arbeitslosenrate, die im gesamten Betrachtungszeitraum in der Hauptstadt Budapest ermittelt wird, auf gerade einmal 3,6% zurück. Gleichzeitig reduziert sich auch die maximale Arbeitslosenrate auf 17,7%, die Verringerung beträgt nur wenig mehr als ein Zehntel des Ausgangswertes und fällt somit deutlich niedriger aus. Die Min/Max-Relation hat somit seit 1993 kontinuierlich zugenommen und rangiert im Jahr 1998 bei 1 zu 4,9.

In Ungarn gehören, ebenso wie in Polen, die gemessen am Pro-Kopf-Einkommen starken Regionen zu jenen, die auch im Zeitraum von 1993 bis 1998 durchschnittlich die niedrigsten Arbeitslosenquoten aufweisen (vgl. Karte 3.15 auf Seite 99). Zum oberen Quintil zählen die Hauptstadt Budapest sowie die west- bzw. mittelungarischen Komitate Györ-Moson-Sopron, darüber hinaus Vas und Pest. Diese Regionen sind nicht nur durch eine diversifizierte Wirtschaftsstruktur gekennzeichnet, sondern zeigen auch einen überdurchschnittlichen Urbanisierungsgrad. Zudem fließt in diese Komitate der größte Teil aller in Ungarn getätigten Auslandsinvestitionen (rund 60%), was die regionalen Arbeitsmärkte positiv beeinflußt[83].

Die Gruppe des unteren Quintils setzt sich sowohl aus den stark industrialisierten nordöstlichen Komitaten Borsod-Abaúj-Zemplén und Nógrad als auch aus den traditionell agrarwirtschaftlich geprägten Regionen Szabolcs-Szatmár-Bereg und Hajdú-Bihar in der Ungarischen Tiefebene zusammen. Borsod-Abaúj-Zemplén und Nógrad gehören zu den am stärksten industrialisierten Regionen Ungarns (vornehmlich Chemie-, Bergbau- und Stahlindustrie). Dabei bieten die extreme sektorale Spezialisierung sowie die Beschränkung auf nur einzelne Industriestandorte inmitten eines landwirtschaftlichen Umlandes mit kaum entwickelten unternehmerischen Strukturen keinerlei Möglichkeiten für die freigesetzten Arbeitskräfte, in andere Branchen auszuweichen[84]. Die Komitate Szabolcs-Szatmár-Bereg und Hajdú-Bihar sind als wirtschaftlich eher unterentwickelte Landwirtschaftsgebiete einzustufen. Die hohe Arbeitslosenrate ist hier oft mit beeinflußt durch die hohe Arbeitslosigkeit der ansässigen Sinti und Roma[85].

83 Vgl. o.V. (1998c), S. 12f.
84 Vgl. Gorzelak/Fazekas (1995), S. 325f.
85 Vgl. o.V. (1998d), S. 6.

Karte 3.15: Durchschnittliche regionale Arbeitslosenquoten in Ungarn auf Basis der zwanzig Komitate (1993 bis 1998)

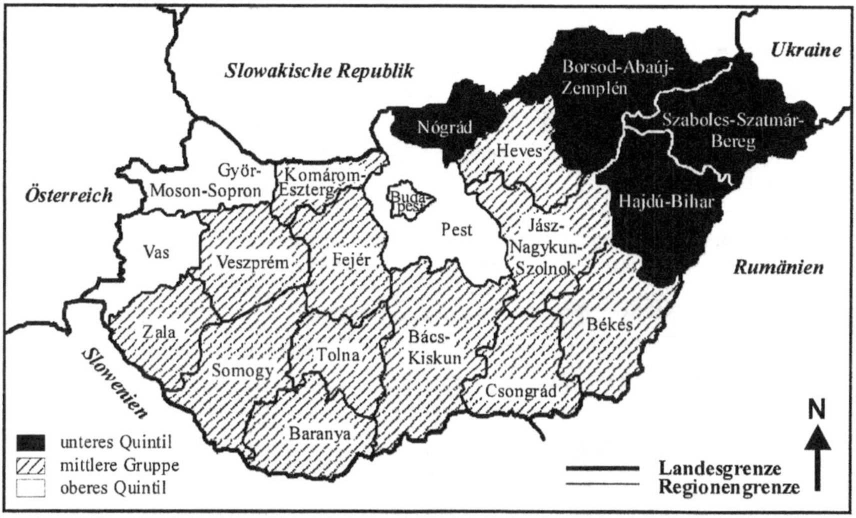

Quelle: Nationales Statistisches Amt Ungarn, eigene Darstellung

Die für den Betrachtungszeitraum berechneten Standardabweichungen, Variationskoeffizienten sowie Gini-Koeffizienten geben einen Überblick hinsichtlich des Niveaus der interregionalen Arbeitslosigkeitsunterschiede und deren Entwicklung bis 1998:

Jahr	Standardabweichung (in Prozentpunkten)		Variationskoeffizient		Gini-Koeffizient	
1993	3,7	100%	0,283	100%	0,161	100%
1994	3,3	88%	0,287	101%	0,162	101%
1995	3,3	90%	0,296	104%	0,167	104%
1996	3,9	104%	0,332	117%	0,189	117%
1997	4,1	109%	0,351	124%	0,199	124%
1998	3,8	103%	0,378	133%	0,215	133%

Anhand der Standardabweichungen wird deutlich, daß es zwischen 1993 und 1998 zu einer leichten Disparitätenzunahme um 3% kam. Gleichzeitig ist jedoch auch erkennbar, daß die Entwicklung der interregionalen Arbeitslosigkeitsunterschiede im Betrachtungszeitraum mit unterschiedlichen Vorzeichen verlief. So wird zwischen 1993 und 1994 zunächst ein Rückgang festgestellt, der in den Folgejahren bis 1997 überkompensiert wird. Erst seit 1997 ist der Trend wieder rückläufig. Die Variations- und Gini-Koeffizienten dokumentieren hingegen eine kontinuierliche sowie wesentlich deutlichere Zunahme der Disparitäten bis 1998 um ein Drittel des Ausgangswertes.

Ungarn (sieben statistische Planungsregionen)

Der Zusammenschluß der zwanzig ungarischen Komitate zu sieben statistischen Planungsregionen führte zu deutlichen Veränderungen der regionalen Arbeitslosenquoten im Betrachtungszeitraum von 1993 bis 1998, wie die folgende Abbildung widerspiegelt.

Abbildung 3.14: Entwicklung der regionalen Arbeitslosenquoten in Ungarn auf Basis der sieben statistischen Planungsregionen (1993 bis 1998)

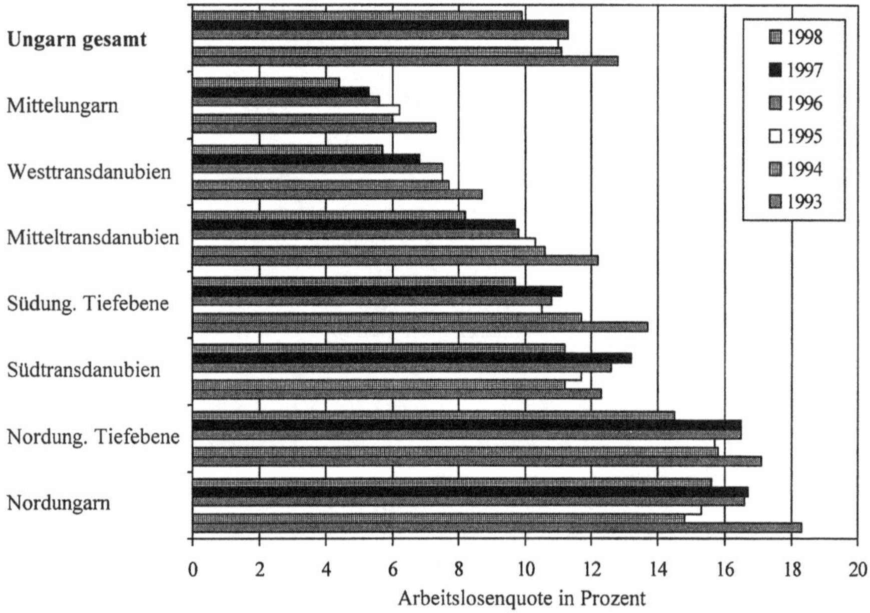

Quelle: Nationales Statistisches Amt Ungarn, eigene Darstellung

Auch auf der Grundlage der veränderten Territorialstruktur ist in allen sieben Planungsregionen ein Rückgang der Arbeitslosigkeit zwischen 1993 und 1998 erkennbar, der sich mit Veränderungsraten zwischen 9% und 40% in seinem Ausmaß allerdings wiederum von Region zu Region unterscheidet. Am stärksten konnte die Arbeitslosigkeit in den Regionen Mittelungarn, Mitteltransdanubien sowie Westtransdanubien abgebaut werden. Hingegen verharrte die Arbeitslosenquote in Südtransdanubien nahezu auf ihrem Ausgangsniveau.

Die im gesamten Betrachtungszeitraum niedrigsten Arbeitslosenraten ergeben sich in der Region Mittelungarn mit Budapest als wichtigstem Agglomerationszentrum des ganzen Landes (zwischen 7,3% im Jahr 1993 und 4,4% im Jahr 1998). Im selben Zeitraum weisen Nordungarn bzw. die Nordungarische Tiefebene die höchsten Arbeitslosenraten auf (zwischen 18,3% im Jahr 1993 und 15,6% im Jahr 1998). Das Min/Max-Verhältnis spiegelt einen deutlichen Anstieg der interregionalen Differenzen wider: Im Jahre 1993 betrug das Verhältnis zwischen niedrigster und höchster Arbeitslosenquote noch 1 zu 2,5 und hielt sich bis 1995 auf diesem Niveau. Erst in den folgenden Jahren vergrößerte sich der Abstand, was die Min/Max-Relation von 1 zu 3,5 im Jahr 1998 belegt. Die interregionalen Disparitäten erreichen zwar nicht das hohe Niveau, welches auf Basis der zwanzig Komitate festgestellt wurde, zeigen allerdings eine ähnlich zunehmende Tendenz.

Dem oberen ebenso wie dem unteren Quintil gehören dieselben Regionen an, die auch entsprechend ihres Pro-Kopf-Einkommens den beiden Gruppen zuzuordnen sind (vgl. Karte 3.16). So wird das obere Fünftel aus den beiden Regionen Mittelungarn und Westtransdanubien gebildet. Die höchsten Arbeitslosenquoten registrieren hingegen die Regionen Nordungarn sowie Nordungarische Tiefebene. Die Charakteristika der vier Regionen wurden bereits in Abschnitt 3.3.2 näher erläutert[86].

Karte 3.16: Durchschnittliche regionale Arbeitslosenquoten in Ungarn auf Basis der sieben statistischen Planungsregionen (1993 bis 1998)

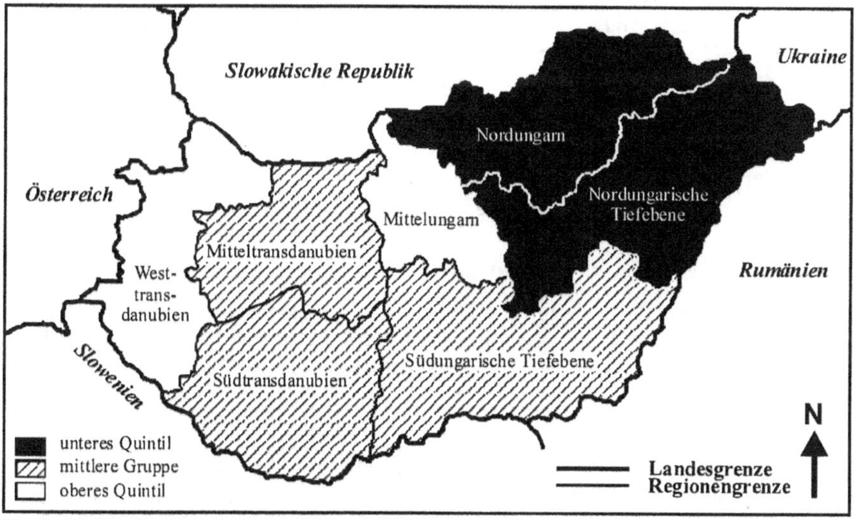

Quelle: Nationales Statistisches Amt Ungarn, eigene Darstellung

86 Vgl. Kapitel 3.3.2, S. 47f.

Die folgende Aufstellung enthält die berechneten Werte der drei statistischen Kennziffern Standardabweichung, Variationskoeffizient und Gini-Koeffizient für den untersuchten Sechs-Jahres-Zeitraum:

Jahr	**Standardabweichung (in Prozentpunkten)**		**Variationskoeffizient**		**Gini-Koeffizient**	
1993	3,7	100%	0,291	100%	0,164	100%
1994	3,3	87%	0,292	100%	0,164	100%
1995	3,3	89%	0,301	103%	0,168	103%
1996	3,9	105%	0,343	118%	0,194	118%
1997	4,1	110%	0,363	125%	0,206	126%
1998	3,9	104%	0,393	135%	0,223	137%

Anhand der Standardabweichungen läßt sich auch im Falle der sieben Planungsregionen keine eindeutige Entwicklungsrichtung der Disparitäten erkennen. Während die interregionalen Arbeitslosigkeitsunterschiede zwischen 1993 (3,7) und 1994 (3,3) leicht abnehmen, erfolgt ein erneuter Anstieg bis 1997 (4,1). Im Jahr 1998 (3,9) gehen die Disparitäten wiederum leicht zurück. Insgesamt beschreibt diese statistische Kennziffer eine leichte Erhöhung der interregionalen Arbeitslosigkeitsunterschiede um rund 4%. Das Disparitätenniveau unterscheidet sich im gesamten Betrachtungszeitraum kaum von dem für die zwanzig Komitate ermittelten. Die Werte der Standardabweichungen weichen für die veränderte Territorialstruktur nur geringfügig voneinander ab. Dagegen weisen die Variationskoeffizienten ein leicht erhöhtes Disparitätenniveau im Vergleich zu den Werten für die zwanzig Komitate aus. Deutlich wird darüber hinaus ein kontinuierliche Zunahme der interregionalen Arbeitslosigkeitsdifferenzen bis 1998. Sowohl das höhere Disparitätenniveau basierend auf der veränderten Territorialstruktur als auch der Verlauf der Disparitätenentwicklung werden durch die ermittelten Gini-Koeffizienten für den betrachteten Zeitraum bestätigt.

Tschechische Republik (acht Regionen)

Abbildung 3.15 auf der Folgeseite enthält die Arbeitslosenquoten der acht tschechischen Regionen für den Zeitraum von 1993 bis 1998. Die Reihenfolge der Regionen bestimmt sich gemäß ihrer durchschnittlichen Arbeitslosenquoten in dieser Periode.

Die Tschechische Republik zeigt im Betrachtungszeitraum einen deutlichen Anstieg der nationalen Arbeitslosenquote (+85%). Diese Entwicklung greift in unterschiedlichem Maße auch auf die regionalen Arbeitsmärkte über. Bis 1996 bleiben die regionalen Arbeitslosenquoten auf einem vergleichsweise niedrigen Niveau, nähern sich jedoch seit 1997 immer stärker den polnischen bzw. ungarischen

Werten an. Besonders auffallend ist die Zunahme der Arbeitslosigkeit in der Industrieregion Nordböhmen, hier erhöht sich die Arbeitslosenquote zwischen 1993 und 1998 um mehr als das 1,5fache. Einen vergleichbaren Anstieg müssen auch die Regionen Nordmähren und Ostböhmen hinnehmen, die im Jahr 1998 die doppelte Arbeitslosenquote gegenüber dem Ausgangswert registrieren. Kaum betroffen von den Auswirkungen verspäteter Restrukturierungsprozesse und nachlassender Wirtschaftsentwicklung ist der Arbeitsmarkt der Hauptstadt Prag. Die Regionen Westböhmen, Südböhmen, Mittelböhmen und Südmähren verzeichnen zwar eine deutliche Arbeitslosigkeitszunahme im Betrachtungszeitraum, bleiben jedoch unter der durchschnittlichen Veränderungsrate von +85%.

Abbildung 3.15: Entwicklung der regionalen Arbeitslosenquoten in der Tschechischen Republik auf Basis der acht Regionen (1993 bis 1998)

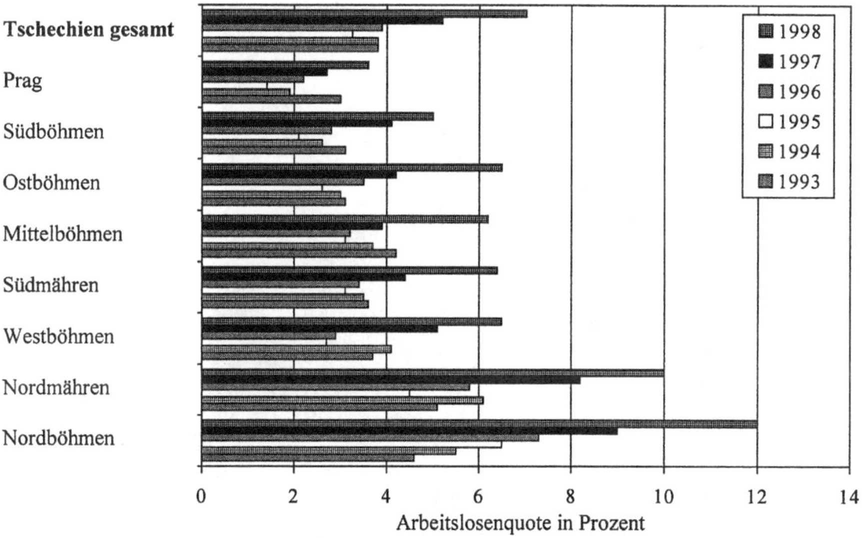

Quelle: Nationales Statistisches Amt Tschechien, eigene Darstellung

Die regionale Verteilung der Arbeitslosigkeit weist andere Muster auf als die Verteilung der Pro-Kopf-Einkommen: Zwar mißt auch bezüglich dieser Größe die Hauptstadt Prag die niedrigsten und somit günstigsten Werte, es treten aber wesentlich stärkere Differenzen zwischen den übrigen Regionen zutage als es im Hinblick auf das Einkommensniveau der Fall ist. Das Verhältnis zwischen den regionalen Extremwerten bestätigt darüber hinaus eine Vergrößerung dieser Unterschiede. So rangiert es im Jahr 1993 bei 1 zu 1,7 und steigt bis 1998 auf 1 zu 3,3.

Zum oberen Quintil zählt neben der gemessen am Pro-Kopf-Einkommen führenden Hauptstadtregion Prag auch die im Westteil der Tschechischen Republik gelegene Region Südböhmen mit einer durchschnittlichen Arbeitslosigkeit (vgl. Karte 3.17). Hinsichtlich ihrer sektorellen sowie siedlungsstrukturellen Charakteristika unterscheiden sich die beiden Regionen. Der Prager Arbeitsmarkt spiegelt den Status der Region als wichtigster Wachstumsmetropole der Tschechischen Republik wider, während in der Region Südböhmen ein überdurchschnittlich hoher Anteil der erwerbstätigen Bevölkerung im Agrarsektor tätig ist, der aufgrund niedriger Produktivität einen hohen Anteil versteckter Arbeitslosigkeit aufweist[87]. Die mit Bergbau- und Stahlindustrie sektoral spezialisierten Industrieregionen Nordböhmen und Nordmähren bilden im Hinblick auf die Arbeitslosigkeit das untere Quintil. Die Arbeitsmärkte dieser Regionen tragen heute die Konsequenzen einer einseitig ausgerichteten sozialistischen Industrialisierungspolitik mit fehlenden Möglichkeiten zur Absorption der Arbeitskräfteüberhänge[88].

Karte 3.17: Durchschnittliche regionale Arbeitslosenquoten in der Tschechischen Republik auf Basis der acht Regionen (1993 bis 1998)

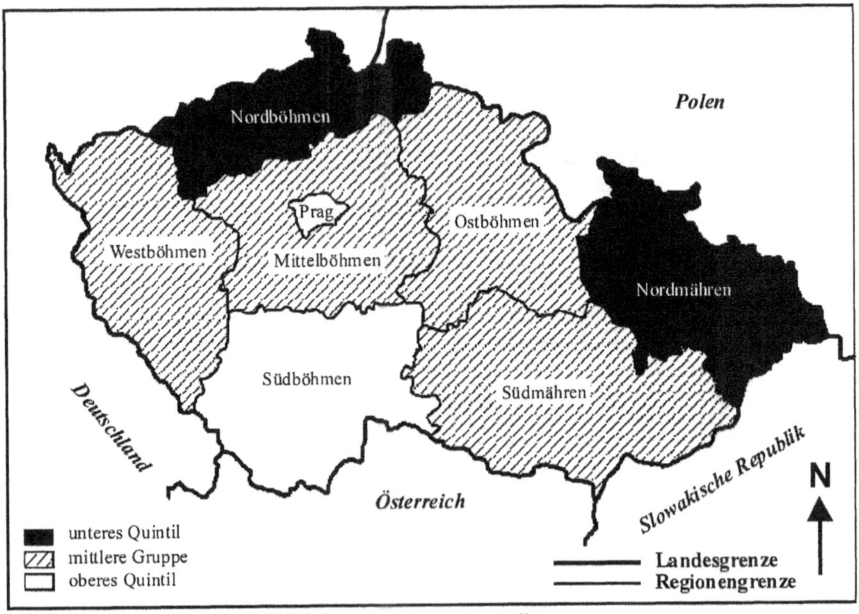

Quelle: Nationales Statistisches Amt Ungarn, eigene Darstellung

[87] Vgl. Illner (1997), S. 34f.

[88] Vgl. Gottvald/Simek (1998), S. 248; OECD (1998), S. 80.

Die statistischen Kennziffern vermitteln einen Eindruck über das Niveau der interregionalen Disparitäten sowie deren Entwicklung im Betrachtungszeitraum:

Jahr	**Standardabweichung (in Prozentpunkten)**		**Variationskoeffizient**		**Gini-Koeffizient**	
1993	0,7	100%	0,190	100%	0,105	100%
1994	1,3	186%	0,352	185%	0,196	186%
1995	1,5	206%	0,457	241%	0,238	227%
1996	1,6	226%	0,418	221%	0,212	201%
1997	2,1	287%	0,398	210%	0,207	196%
1998	2,5	350%	0,360	190%	0,189	179%

Die Standardabweichungen haben im Laufe des Betrachtungszeitraumes kontinuierlich zugenommen und dokumentieren damit einen Anstieg der interregionalen Arbeitslosigkeitsdisparitäten innerhalb der Tschechischen Republik. Deren Veränderungsrate beträgt zwischen 1993 und 1998 das 2,5fache. Die Variationskoeffizienten belegen ebenfalls eine Zunahme der interregionalen Arbeitslosigkeitsunterschiede sogar um 140% bis einschließlich 1995. In den Folgejahren ist dann eine eher konvergente Entwicklung festzustellen. Das Ausmaß der Disparitäten verringerte sich zwischen 1995 und 1998 um rund ein Fünftel. Im gesamten Zeitraum beträgt die Nettoerhöhung der interregionalen Disparitäten 90%. Die ermittelten Gini-Koeffizienten zeigen einen ähnlichen Entwicklungsverlauf. Auch hier läßt sich bis 1995 ein zunächst starker Anstieg der Disparitäten erkennen (+127%), der sich in den Folgejahren jedoch wieder umkehrt. Insgesamt bestätigen die Gini-Koeffizienten eine Nettozunahme der interregionalen Differenzen um ca. 80%.

Zusammenfassung

Auf der Grundlage der drei statistischen Kennziffern können deutliche interregionale Unterschiede im Hinblick auf die Arbeitslosigkeit für Polen, Ungarn sowie die Tschechische Republik festgestellt werden. Das ermittelte Disparitätenniveau ist mit dem Portugals vergleichbar und übersteigt sogar das Ausmaß der Arbeitslosigkeitsdifferenzen in Griechenland und Spanien, wie der tabellarische Überblick auf Seite 106 zeigt.

Die veränderte Gebietsaufteilung beeinflußt das Disparitätenniveau in Polen und Ungarn in unterschiedlicher Weise. So zeigen alle drei statistischen Kennziffern für die sechzehn neuen polnischen Woiwodschaften ein deutlich geringeres Ausmaß der interregionalen Arbeitslosigkeitsunterschiede an, während für die sieben ungarischen Planungsregionen ein leicht erhöhtes Niveau festgestellt wird. Die Entwicklungsrichtung der regionalen Arbeitslosenquoten kann für Polen gemäß der alten Territorialstruktur von 49 Woiwodschaften nicht eindeutig ermittelt wer-

Tabelle 3.2: Vergleich der interregionalen Arbeitslosigkeitsdisparitäten – Visegràdländer versus südeuropäische Kohäsionsländer (1993 bis 1998)

	Standardabweichung in						Variationskoeffizient						Gini-Koeffizient					
	1993	1994	1995	1996	1997	1998	1993	1994	1995	1996	1997	1998	1993	1994	1995	1996	1997	1998
Polen (49 Regionen)	5,6	5,3	5,0	4,8	4,2	4,1	0,306	0,297	0,300	0,321	0,350	0,342	0,171	0,164	0,166	0,178	0,196	0,192
Polen (16 Regionen)	-	-	-	-	-	3,0	-	-	-	-	-	0,266	-	-	-	-	-	0,142
Ungarn (20 Regionen)	3,7	3,3	3,3	3,9	4,1	3,8	0,283	0,287	0,296	0,332	0,351	0,378	0,161	0,162	0,167	0,189	0,199	0,215
Ungarn (7 Regionen)	3,7	3,3	3,3	3,9	4,1	3,9	0,291	0,292	0,301	0,343	0,363	0,393	0,164	0,164	0,168	0,194	0,206	0,223
Tschechien (8 Regionen)	0,7	1,3	1,5	1,6	2,1	2,5	0,190	0,352	0,457	0,418	0,398	0,360	0,105	0,196	0,238	0,212	0,207	0,189
Griechenland	2,6	2,5	2,6	3,3	2,8	2,7	0,328	0,343	0,335	0,381	0,326	0,274	0,188	0,194	0,188	0,211	0,184	0,152
Portugal	1,6	2,3	2,5	2,5	2,1	1,8	0,310	0,333	0,341	0,321	0,313	0,359	0,162	0,177	0,191	0,178	0,175	0,201
Spanien	5,2	5,0	5,7	5,4	5,5	5,4	0,247	0,217	0,265	0,255	0,283	0,303	0,138	0,121	0,143	0,141	0,153	0,164

Quelle: Eurostat, Nationale Statistische Ämter

den. Hier bestätigen nur zwei der drei statistischen Kennziffern (Variationskoeffizient, Gini-Koeffizient) eine Erhöhung des Disparitätenniveaus innerhalb des Betrachtungszeitraumes von 1993 bis 1998. Sowohl für Ungarn vor und nach der veränderten Territorialgliederung als auch für die Tschechische Republik läßt sich hingegen die Frage der Disparitätenentwicklung eindeutig negativ beantworten. In beiden Ländern zeigt sich ein divergenter Entwicklungsverlauf. Die Vergrößerungsraten erweisen sich im Falle der Tschechischen Republik mit Werten zwischen +80% und +250% als am größten.

Die Aussagen hinsichtlich des Niveaus, der Richtung sowie der Größenentwicklung der interregionalen Disparitäten sind für die Größe Arbeitslosenquote offensichtlich noch stärker von der gewählten statistischen Berechnungsmethode abhängig, als es für die regionalen Pro-Kopf-Einkommen der Fall ist. Auch die veränderten Territorialstrukturen beeinflussen das Niveau sowie die Entwicklung der interregionalen Differenzen, wie auch schon im Falle der Pro-Kopf-Einkommen-Analyse festgehalten wurde. Aus diesen Gründen lassen sich im Rahmen der einfachen Disparitätenanalyse anhand einer einzigen Variable nur Tendenzaussagen treffen. Eine umfassende Spezifizierung der regionalen Entwicklungsprobleme ist basierend auf dieser Untersuchung nicht möglich und verlangt eine weitreichendere Analyse, die weitere Einflußfaktoren interregionaler Entwicklungsdisparitäten prüft sowie eventuelle Interdependenzen offenlegt und damit erste Ansatzpunkte für politisches Handeln bietet.

4. Klassifizierung der polnischen, ungarischen und tschechischen Regionen im Rahmen eines umfassenden Wohlfahrtsverständnisses

Das hohe Maß interregionaler Wohlstandsunterschiede, das aufgrund der beiden im vorangegangenen Kapitel durchgeführten Analysen für die Größen Pro-Kopf-Einkommen und Arbeitslosenquote offengelegt wurde, zeigt die Notwendigkeit politischen Handelns und stellt damit den Ausgangspunkt für die weiteren Untersuchungen dar. Doch liefern die beiden isoliert voneinander durchgeführten Analysen weder eindeutige Aussagen im Hinblick auf die Disparitätenentwicklung im Zeitverlauf, dies gilt vor allem für die Zeitreihenbetrachtungen der Arbeitslosenquoten, noch Erkenntnisse über eventuelle Zusammenhänge der betrachteten Indikatoren untereinander sowie mit weiteren Einflußfaktoren.

Die Formulierung regionalpolitischer Konzepte, in welche die Auswahl von Zielregionen sowie die Bestimmung strategischer Entwicklungsfaktoren münden, machen tiefergehende Untersuchungen erforderlich. Dabei spannen die Zielregionen das geographische Handlungsfeld der Regionalpolitik auf, innerhalb dessen die Entwicklungsfaktoren die inhaltliche Steuerung zur Zielerreichung übernehmen. Um sicherzustellen, daß die regionalpolitischen Ziele entsprechend ihrer Steuergrößen erreicht werden, wird zumeist ein Bündel regionalpolitischer Instrumente eingesetzt.

Die bisherigen empirischen Studien[89], die sich mit der regionalen Klassifizierung Polens, Ungarns oder der Tschechische Republik befassen, beschränken sich häufig nur auf ein einziges der drei Länder. Dabei gilt das inhaltliche Augenmerk zumeist interregionalen Arbeitsmarktunterschieden. Beispielsweise verfolgen Lehmann et al. (1991) in ihrer Analyse für Polen das Ziel, den Zusammenhang zwischen sektoraler Wirtschaftsstruktur einer Region und deren Arbeitslosigkeit zu untersuchen. Dabei bestimmen sie ex ante diejenige Größe, nämlich die jeweilige sektorale Wirtschaftsstruktur, anhand der die Regionengruppen gebildet werden. Daraufhin wird geprüft, ob die Gruppen gemeinsame Muster im Hinblick auf die zu erforschende Variable, die Arbeitslosigkeit, aufweisen. Die Untersuchung Fazekas (1994) ist methodisch differenzierter, indem er im Rahmen einer Faktoranalyse für Ungarn zunächst diejenigen Indikatoren (z.B. Beschäftigungsstruktur, Infrastrukturindex) bestimmt, welche die regionale Variation der Arbeitslosigkeit erklären. Die Gruppierung der Regionen erfolgt dann gemäß ihrer

---

89 Vgl. Scarpetta/Huber (1995), S. 206f. Zu den einzelnen Klassifizierungsversuchen vgl. auch: Lehmann, H./Kwiatkowski, E./Schaffer, M. E. (1991), Polish Regional U/V Ratios and the Regional Pre-Reform Employment Structure, London. Fazekas, K. (1994), Types of Micro-Regions, Dispersion of Unemployment and Local Employment Development in Hungary, Institute of Economics of the Hungarian Academy of Science, Discussion Paper No. 19, Budapest. Gorzelak, G. (1996), The Regional Dimension of Transformation in Central Europe, London.

erreichten Werte für die Indikatorenkombinationen. Einen eher deskriptiven Ansatz auf einfachsten statistischen Kennziffern basierend bietet Gorzelak (1996), dessen Klassifizierung auf die Fähigkeit der polnischen Regionen abzielt, sich den veränderten wirtschaftlichen Bedingungen anpassen zu können. Das regionale Transformationspotential bestimmt sich durch eine vergleichsweise subjektive Evaluierung verschiedener Indikatoren, die durch den Autor als fundamental angesehen werden (z.B. Arbeitsmarkt, sektorale Wirtschaftsstrukturen, Privatisierungsfortschritte, Umweltbelastung). Ein wesentlich umfassenderer Klassifizierungsansatz stammt von Scarpetta/Huber (1995). Ihre Studie baut auf der oben genannten Arbeit von Lehmann et al. (1991) auf, ist aber gegenüber dieser länderübergreifend, indem sie neben Polen auch Ungarn, die Tschechische Republik (jeweils auf der Grundlage der alten Territorialstrukturen) sowie die Slowakei, Rumänien und Bulgarien berücksichtigt, und basiert des weiteren nicht nur auf rein sektoralen Analysen. So findet bei der Klassifizierung auch das ökonomische Entwicklungsniveau der Regionen Berücksichtigung. In einem sequentiellen Selektionsprozeß kommen Scarpetta/Huber zu folgender Taxonomie: In einem ersten Schritt werden drei Hauptgruppen von Regionen entsprechend ihrer sektoralen Spezialisierung formiert, wonach sich landwirtschaftliche, industrialisierte sowie stark diversifizierte Strukturen unterscheiden. Ein zweiter Schritt spaltet jede der drei sektoralen Hauptgruppen gemäß dem Grad ihrer ökonomischen Entwicklung in jeweils zwei Subgruppen. Dabei werden insbesondere arbeitsmarktrelevante Indikatoren als Diskriminanten verwendet, z.B. der Diversifikationsgrad der regionalen Industrie, Beschäftigungsanteile von Landwirtschaft und Industrie, Arbeitskräfte pro Unternehmen oder der Beschäftigungsanteil des Handels.

Aus dem theoretischen Blickwinkel kann die regionale Wohlfahrt als Grundlage für Regionalklassifizierungen und als Ausgangspunkt für regionalpolitisches Handeln durch die Messung des Nutzenniveaus sämtlicher privater Haushalte der betreffenden Region ermittelt werden. Eine direkte Messung der verschiedenen Nutzenniveaus ist empirisch allerdings nahezu unmöglich, da sich z.B. die individuellen Nutzenfunktionen der Haushalte weder umfassend noch begrifflich einheitlich ausdrücken lassen und außerdem der Zeitaufwand für derartige Untersuchungen i.d.R. prohibitiv hoch ist.

Im Fokus dieses Kapitels steht die Bestimmung möglicher Zielregionen oder Regionengruppen, die jeweils durch ein annähernd gleiches Wohlfahrtsniveau geprägt sind. Die Typisierung von Regionen erfolgt für alle drei Länder im Rahmen einer Clusteranalyse. Zur Bestimmung der Cluster wird ein multidimensionales Indikatorensystem eingesetzt. Dabei werden zur Bestimmung des Wohlfahrtsniveaus sowohl die bereits genannten Größen Pro-Kopf-Einkommen und Arbeitslosenquote als auch weitere Schlüsselindikatoren, u.a. Anteil industrieller Beschäftigung, Migrationssaldo, Anteil der Waldfläche oder Verfügbarkeit von PKW, einbezogen. Aufgrund der integrierten Betrachtungsweise der Clusteranalyse werden die Interdependenzen zwischen den verschiedenen Indikatoren sichtbar.

Im Abschnitt 4.1 werden die methodischen Grundlagen der nachfolgenden Clusteranalyse im Hinblick auf ihre Ziele (4.1.1), die Auswahl der Klassifizierungsobjekte (4.1.2) und der Klassifizierungsindikatoren (4.1.3) näher erläutert. Anschließend wird die technische Durchführung der Clusteranalyse beschrieben (4.1.4). Die Darstellung der Ergebnisse erfolgt in Abschnitt 4.2 für die alte Territorialstruktur und in Abschnitt 4.3 für die neue Territorialstruktur. Nach Identifizierung der Regionengruppen wird für jede dieser ein Stärken-Schwächen-Profil entsprechend der Indikatorenausprägungen erstellt. Im sich anschließenden Abschnitt 4.4 werden die Ergebnisse für die alte und neue Territorialstruktur miteinander verglichen und darüber hinaus denen der in Kapitel 3 durchgeführten Disparitätenanalyse gegenübergestellt.

4.1 Die Clusteranalyse als Verfahren zur Typisierung von Regionen

4.1.1 Ziele der Clusteranalyse

Die Zielsetzung der Clusteranalyse besteht in der Klassifizierung sämtlicher Regionen der drei betrachteten Länder Polen, Ungarn sowie der Tschechischen Republik in möglichst gleichartige Gruppen oder Cluster. Dabei sollen sich die Mitglieder einer Gruppe bzw. eines Clusters in ihren Variablenausprägungen signifikant ähneln und von den Mitgliedern anderer Gruppen ebenso signifikant unterscheiden. Diese Klassifizierung ermöglicht nicht nur die Darstellung der Wohlfahrtsunterschiede zwischen den Regionengruppen, sondern bildet darüber hinaus auch spezifische Zusammenhänge und Charakteristika jedes einzelnen Clusters ab, was mittels der einfachen Disparitätenanalysen noch nicht möglich war.

Darüber hinaus bezieht die Clusteranalyse gegenüber der Studie von Scarpetta/Huber sowohl die alte als auch die neue Struktur der Verwaltungseinheiten Polens, Ungarns sowie der Tschechischen Republik ein. Dadurch werden Aussagen dahingehend möglich, inwiefern die Gebietsreformen bereits zu Wohlfahrtsausgleichen zwischen den, wenn auch jeweils unterschiedlich abgegrenzten, politischen Räumen, geführt haben. Außerdem lassen sich somit auch Aussagen hinsichtlich der regionalen Wohlfahrtsentwicklung im Zeitverlauf treffen.

Des weiteren geht die Clusteranalyse über die Scarpetta/Huber-Studie hinaus, indem sie nicht nur arbeitsmarktrelevante Indikatoren berücksichtigt, sondern vielmehr auch Variablen, die beispielsweise die regionale Infrastruktur, die Umweltsituation sowie das Humankapital einer Region widerspiegeln. Mit diesem multidimensionalen Indikatorensystem wird die ökonomische Situation der untersuchten Regionen gegenüber sämtlichen bisherigen empirischen Studien wesentlich umfassender abgebildet.

4.1.2 Objekte der Clusteranalyse

Die Untersuchungsgegenstände der Clusteranalyse sind die Regionen Polens, Ungarns und der Tschechischen Republik, entsprechend der jeweils unterschiedlichen Territorialstruktur für zwei unterschiedliche Betrachtungsjahre. Damit lassen sich Veränderungen in den Ausprägungen der Variablen aufgrund der durchgeführten Gebietsreformen im Modell abbilden.

Für das Betrachtungsjahr 1996 werden insgesamt 77 Regionen in die Untersuchung einbezogen (49 polnische Woiwodschaften, zwanzig ungarische Komitate incl. Budapest sowie acht tschechische kraj). Die Clusteranalyse für das Jahr 1999 bezieht sich auf insgesamt 31 Regionen, davon sechzehn Woiwodschaften in Polen, sieben statistische Planungsregionen in Ungarn (Zusammenschluß der zwanzig Komitate) sowie die bereits in der 1996er Analyse verwendeten acht tschechischen kraj[90].

Bei der Wahl der Untersuchungszeitpunkte muß sichergestellt werden, daß für sämtliche 77 bzw. 31 Regionen vollständiges, schlüssiges und konsistentes Datenmaterial zur Verfügung steht, das alle im Rahmen des Indikatorensystems verwendeten Variablen abdeckt. Aufgrund der aktuell eingeschränkten Datenverfügbarkeit auf regionaler Ebene im Hinblick auf die einbezogenen Indikatoren muß auf eine lückenlose Zeitreihenbetrachtung über mehrere Jahre, wie sie im Rahmen der Disparitätenanalysen (Kapitel 3) durchgeführt wurde, verzichtet werden[91].

Das verwendete statistische Datenmaterial entstammt den Statistischen Jahrbüchern bzw. speziell für diese Untersuchung angeforderten Erhebungen der drei Länder für die Jahre 1996 und 1999, wobei die 1996er Daten für die Regionentypisierung auf der Grundlage der alten Territorialstruktur, die 1999er Daten für die Typisierung auf Basis der neuen Struktur verwendet werden.

---

90 Vgl. zur territorialen Gliederung vor und nach den Gebietsreformen Kapitel 3.1, S. 20ff.

91 In der ersten Hälfte der neunziger Jahre unterschieden sich die betrachteten Staaten in der Erfassung statistischer Kennziffern zu stark voneinander, um ein vertretbares Maß an Vergleichbarkeit sicherzustellen. Das gilt nicht für die Variablen Arbeitslosenquote und Pro-Kopf-Einkommen. Da diese Größen insbesondere als Kennziffern für den interregionalen Vergleich durch die Europäische Kommission gefordert werden, liegen hier mittlerweile auch vergleichbare Daten ab 1993 vor. Da in die Clusteranalyse auch weitere zehn Variablen einbezogen werden, muß auf eine Klassifizierung für die zurückliegenden Referenzjahre verzichtet werden.

4.1.3 Klassifizierungsindikatoren

Die Auswahl der in die Clusteranalyse einzubeziehenden Indikatoren ist maßgeblich dadurch bestimmt, daß sich mit ihnen die wesentlichen Aspekte regionaler Wohlfahrt so umfassend wie möglich abbilden lassen. Zu diesen Aspekten zählen das Niveau des regionalen Wohlstandes, die Humankapitalausstattung, das private Sachkapital, die Verfügbarkeit öffentlicher Infrastruktur, der Stand der regionalen Produktionsstruktur, der Industrialisierungsgrad sowie der regionale Umwelt- und Naherholungswert. Ferner orientiert sie sich auch an früheren Studien zur Klassifizierung und Typisierung von Regionen innerhalb der Europäischen Union (z.B. Holtzmann (1997), Barjak et al. (2000))[92].

Das Wohlstandsniveau einer Region soll durch die vier Indikatoren Pro-Kopf-Einkommen in ECU, Arbeitslosenquote, Migrationssaldo sowie Verfügbarkeit von Personenkraftwagen pro 1.000 Einwohner abgebildet werden. Das *Pro-Kopf-Einkommen* in ECU spiegelt dabei das Ergebnis der regionalen Produktionstätigkeit pro Einwohner und somit auch das wirtschaftliche Entwicklungsniveau einer Region wider. Die *Arbeitslosenquote* veranschaulicht die quantitativen Beschäftigungschancen innerhalb der betrachteten Region (siehe auch Kapitel 2). Die Differenz aus Zu- und Abwanderungen natürlicher Personen, der *Migrationssaldo*, läßt zudem Rückschlüsse auf die entsprechende Bewertung der regionalen Wohlfahrtssituation sowie deren künftige Entwicklung durch die Individuen zu, beispielsweise gemessen am Einkommensniveau oder an der Arbeitsmarktsituation. Der vierte Indikator, die Verfügbarkeit von Pkw pro 1.000 Einwohner, stellt auf Mobilitätsaspekte ab und vermittelt zusätzlich ein Bild über den Lebensstandard der regionalen Bevölkerung.

Die Indikatoren *Erwerbstätigenquote* (Erwerbstätige pro 1.000 Einwohner) und *Industriebruttolohn pro Industriearbeitskraft in ECU* beschreiben die Humankapitalausstattung einer Region. Zu den Erwerbstätigen zählen alle Personen, die zum Betrachtungszeitpunkt in der Region einer Arbeit nachgehen. Eine hohe Erwerbstätigenquote läßt darauf schließen, daß die entsprechende Region über ein Arbeitskräftepotential verfügt, welches entsprechend den gegenwärtigen Anforderungen des Arbeitsmarktes qualifiziert ist. Der zweite Indikator mißt den monatlichen Bruttolohn eines Erwerbstätigen im industriellen Sektor der jeweiligen Region. Ein hohes Lohnniveau kann zum einen signalisieren, daß ein vergleichsweise hoher Anteil besser qualifizierter Arbeitskräfte in dieser Region beschäftigt ist, sie somit über eine überdurchschnittliche Humankapitalausstattung verfügt.

---

92 Vgl. Holtzmann, H.-D. (1997), Regionalpolitik der Europäischen Union – Eine Erfolgskontrolle in theoretischer und empirischer Sicht, Berlin, S. 234ff.; Barjak, F. et al. (2000), Regionalanalyse Ostdeutschland: Die wirtschaftliche Situation der Länder, Kreise und kreisfreien Städte im Vergleich, in: IWH, Wirtschaft im Wandel, Heft 2, 2000, S. 31ff.

Andererseits kann es auch einen Standortnachteil darstellen, insofern es nicht der regionalen Produktivität entspricht.

Der private Sachkapitalbestand einer Region wird anhand des Indikators *Bruttoanlageinvestitionen pro Kopf in ECU* dargestellt. Dieser Indikator zeigt die in den betrachteten Jahren getätigten Käufe von Investitionsgütern und in der Region selbsterstellten Anlagen und umfaßt Investitionen in Infrastruktur, Industrie sowie im Dienstleistungssektor. Da ein entsprechender Differenzierungsgrad der Daten für die drei Länder entweder gar nicht oder nur uneinheitlich vorliegt, ist eine sektorspezifische Unterteilung der Bruttoanlageinvestitionen leider nicht möglich. Aufgrund der regionalen Ausprägungen dieses Indikators lassen sich Aussagen über die Standortattraktivität der Region für private Kapitalzuflüsse und somit nicht zuletzt Prognosen hinsichtlich der regionalen Einkommens- und Arbeitsmarktentwicklung treffen.

Die Zahl der *Ärzte pro 1.000 Einwohner* gibt zum einen Aufschluß über die allgemeine Verfügbarkeit der Gesundheitsversorgung einer Region. Zum anderen vermittelt der Indikator als Teil der öffentlichen Infrastruktur auch ein Bild über deren Kapazität und Auslastung in der entsprechenden Region.

Für die Modernität der regionalen Produktionsstruktur stehen die Indikatoren *Dienstleistungsbesatz* (Erwerbstätige im Dienstleistungssektor pro 1.000 Einwohner) und *Besatz mit unternehmensorientierten Dienstleistungen* (Erwerbstätige im produktiven und distributiven Dienstleistungssektor pro 1.000 Einwohner). Während der erste Indikator alle im Dienstleistungssektor beschäftigten Arbeitskräfte erfaßt, schließt der zweite Indikator den nicht-marktbestimmten, also öffentlichen, Dienstleistungsbereich (z.B. öffentliche Verwaltung, Militär, Gesundheitswesen, Bildungswesen) aus. Damit bildet der erste Indikator insbesondere die Position der betrachteten Region im sektoralen Strukturwandel ab, in Kombination mit dem zweiten Indikator ergibt sich ein differenziertes Bild über die regionalspezifischen Dienstleistungscharakteristika vor allem hinsichtlich der privatwirtschaftlichen und öffentlichen Anteile.

Die industrielle Basis einer Region wird anhand des Indikators *Erwerbstätige in der Industrie pro 1.000 Einwohner* beschrieben. Dieser Indikator läßt zwei Interpretationen zu: Einerseits kann aufgrund eines überdurchschnittlich hohen Beschäftigungsanteils des industriellen Sektors von veralteten Wirtschaftsstrukturen und somit einem verspäteten regionalen Strukturwandel ausgegangen werden. Auf der anderen Seite bietet ein hoher regionaler Industriebesatz jedoch Möglichkeiten zur industriellen Arbeitsteilung und schafft einen breiten Arbeitsmarkt für Industriearbeitskräfte. Letzteres setzt allerdings bereits hinreichend durchgeführte Umstrukturierungsprozesse und den Abbau nicht wettbewerbsfähiger Arbeitsplätze in den betreffenden Regionen voraus. Welche Aussage im einzelnen getroffen werden kann, hängt somit in besonderem Maße von der individuellen Situation der betrachteten Region ab.

Um die regionale Umwelt- und Naherholungssituation zu erfassen, wird der Indikator *Anteil der Waldfläche an der regionalen Gesamtfläche* in die Analyse einbezogen. Basierend auf den Indikatorausprägungen läßt sich beispielsweise das touristische Potential von Regionen ableiten.

4.1.4 Methode der Clusteranalyse

Auswahl des Verfahrens, Vor- und Nachteile

Clusteranalytische Untersuchungen betreffen immer ein Sachgebiet mit einer Vielzahl unterschiedlicher Variablen, deren Beziehungen untereinander jedoch unbekannt sind. Dabei wird davon ausgegangen, daß im gegebenen Datensatz eine Ordnung oder Struktur besteht, wobei allerdings zunächst unbekannt ist, wie viele Cluster existieren, wodurch sich diese voneinander unterscheiden und wie viele und welche Objekte zu den einzelnen Clustern gehören.

Der entscheidende Vorteil der Clusteranalyse insbesondere gegenüber elementaren Verfahren mit uni- oder bivariaten Häufigkeitsverteilungen besteht darin, daß eine größere Anzahl von Merkmalen simultan aufgenommen werden kann, somit eine umfassende Aussage über die Datenstruktur möglich und eine wesentliche Informations- und Komplexitätsreduktion erreicht wird. Ferner werden Interpretationsmöglichkeiten geschaffen, die bei uni- bzw. bivariaten Auswertungsstrategien bezogen auf die Grundgesamtheit aller Objekte nicht zur Verfügung stehen[93].

Mit einer Clusteranalyse verbinden sich allerdings auch statistische Probleme, die insbesondere auf die Vielfalt der zur Verfügung stehenden clusteranalytischen Verfahrensarten zurückzuführen sind, welche dem Anwender einen gewissen Auswahl- und Manipulationsspielraum bietet. Unterschieden werden hierarchische und partionierende Verfahren. Zu den hierarchischen Verfahren zählt neben dem Single-Linkage, dem Complete-Linkage, dem Centroid auch das in dieser Arbeit verwendete Ward-Verfahren. Die Entscheidung für das Ward-Verfahren basiert auf einer Vielzahl in der statistischen Praxis durchgeführter Untersuchungen[94], wonach es gemessen an der Fehlerquadratsumme gegenüber den anderen hierarchischen Verfahren die realistischsten Ergebnisse liefert. Zudem eignet sich ein hierarchisches Verfahren besonders gut, die optimale Anzahl der Cluster zu bestimmen. Nachteile und potentielle Fehlerquellen der Clusteranalyse können durch Kontrollrechnungen identifiziert und ausgeschlossen werden. Der Nachteil

---

93 Vgl. Bülow (1996), S. 24.
94 Vgl. Backhaus et al. (1982), S. 134ff.

des Ward-Verfahrens gegenüber den partionierenden Verfahrensarten, ein einmal konstruiertes Cluster nicht mehr auflösen zu können, wurde im Rahmen der vorliegenden Arbeit durch eine zusätzliche Diskriminanzanalyse kompensiert, die alle Objekte dahingehend überprüft, ob sie den einzelnen Clustern korrekt zugeordnet sind oder einer Verschiebung bedürfen. Eine weitere Schwäche der Clusteranalyse kann sich in Form von Korrelationen der berücksichtigten Variablen untereinander äußern. In der vorliegenden Arbeit wurde jedoch durch eine vorgeschaltete multiple Korrelationsanalyse Abhilfe geschafft, indem hochkorrelierte Variablen aus der weiteren Untersuchung ausgeschlossen wurden.

In der Regionalforschung werden zum Teil anstelle der Clusteranalyse sogenannte synthetische Indexbetrachtungen verwendet, z.B. durch die Europäischen Kommission bei der integrierten Betrachtung von Einkommens- und Arbeitslosigkeitsdisparitäten mit dem Ziel, den Entwicklungsstand aller europäischer Regionen im Vergleich zum EU-Durchschnitt zu messen und die Regionen in eine Reihenfolge zu bringen. Dabei erfolgen mehrfache Standardisierungen der insgesamt lediglich vier Variablen, die zwangsläufig zu dimensionslosen Ergebnissen führen. Die Abstände zwischen den Regionen können allerdings nicht sinnvoll interpretiert werden, so daß der synthetische Index nur einen relativen Vergleich der regionalen Entwicklungsstände ermöglicht[95]. Darüber hinaus bleibt auch seine inhaltliche Aussagekraft hinsichtlich der Erfassung interregionaler Disparitäten begrenzt, da er nur die regionale Einkommens- und Arbeitsmarktsituation erfaßt, der Entwicklungsstand einer Region aber durch eine Vielzahl weiterer Variablen gekennzeichnet wird und nur im Rahmen einer multivariaten Clusteranalyse realitätsnah abgebildet und verglichen werden kann[96].

Insgesamt ist die hier gewählte Methode der Clusteranalyse als optimales multivariates Verfahren anzusehen, systematische Strukturen in dem vorliegenden Datensatz zu den Regionen der drei betrachteten mitteleuropäischen Länder herauszuarbeiten. Da die methodischen Schwächen der Clusteranalyse durch die Wahl eines geeigneten Verfahrens, entsprechende Kontrollrechnungen hinsichtlich der Clusterbesetzung sowie die Ausschaltung hochkorrelierter Variablen beseitigt werden konnten, sind die in den nachfolgenden Kapiteln 4.2 und 4.3 diskutierten Untersuchungsergebnisse als stabil und realistisch anzusehen.

Vorgehensweise

Die Vorgehensweise der Clusteranalyse wird durch die nachstehende Abbildung dokumentiert[97]:

---

[95] Vgl. Holtzmann (1997), S. 207ff.

[96] Vgl. Braun (1990), S. 143; Latella (1990), S. 245f.

[97] Zur Durchführung der multiplen Korrelationen und der Cluster- und Diskriminanzanalysen wird das statistische Programmpaket SPSS for Windows - Release 7.0 eingesetzt.

Abbildung 4.1: Vorgehensweise der Clusteranalyse

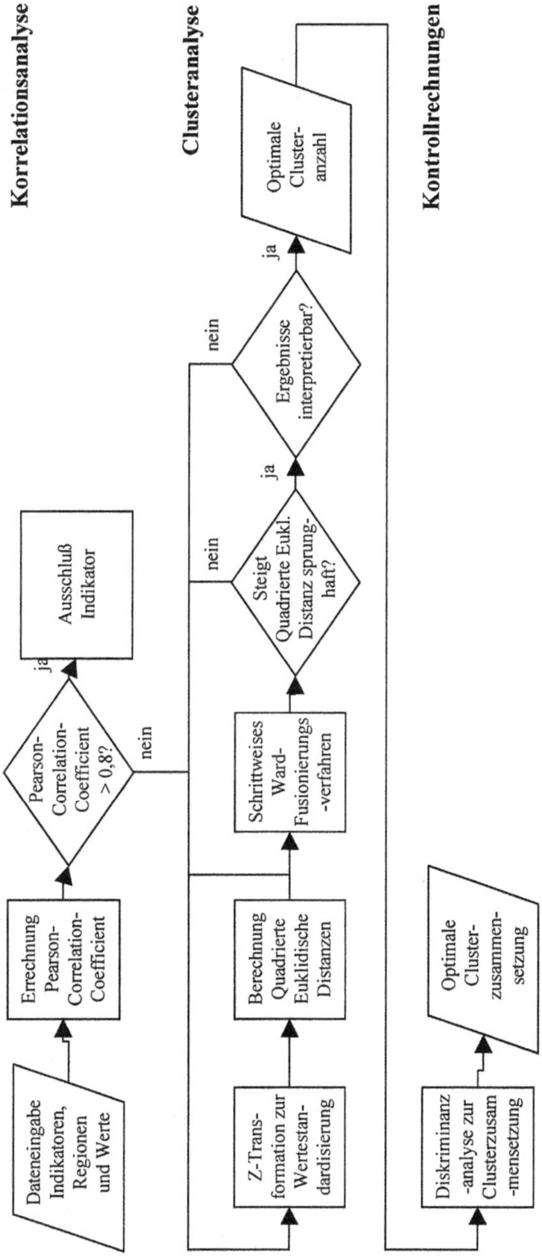

Quelle: Eigene Darstellung

Die Clusteranalyse erlaubt die simultane Aufnahme und Auswertung mehrerer Variablen. Vor Durchführung der eigentlichen Clusteranalyse, d.h. der Bildung von Regionengruppen, muß jedoch sichergestellt werden, daß die Ergebnisse der Analyse nicht durch unerwünscht starke Korrelationen zwischen den beteiligten Variablen verzerrt werden. Daher erfolgt in einem ersten Schritt eine multiple Korrelationsanalyse mit dem Ziel, signifikant starke Korrelationen einzelner Variablen mit mehreren anderen Variablen zu identifizieren und daraufhin aus der Clusterbildung auszuschließen. Eine solch starke Korrelation liegt vor, wenn der „Pearson Correlation Coefficient[98]" den Wert 0,8 überschreitet. Der kritische Wert von 0,8 ist keine statistisch zwangsläufige Grenze, allerdings wird zur Ermittlung kritischer Korrelationen dieser Ansatz üblicherweise gewählt.

Anschließend wird eine Distanzmatrix, d.h. die über alle Variablen kumulierten Distanzen zwischen den untersuchten Regionen, berechnet. Dazu stehen verschiedene statistische Distanzmaße zur Verfügung, deren Unterschiede in erster Linie in der Gewichtung der Abstände sowie der Anzahl der berücksichtigten Variablen bestehen. In der vorliegenden Untersuchung wird die „Quadrierte Euklidische Distanz" eingesetzt, die das in empirischen Untersuchungen am häufigsten verwendete Distanzmaß ist. Während die „Einfache Euklidische Distanz" zwischen zwei Punkten x und y die kürzeste Entfernung abbildet, werden durch die Quadrierung große Distanzen besonders berücksichtigt. Problematisch bei der Verwendung der „Quadrierten Euklidischen Distanz" erweist sich allerdings, daß gemäß der Euklidischen Abstandsformel Variablen mit einem kleineren Wertebereich (z.B. Arbeitslosenquoten in %) von Variablen mit deutlich größeren Wertebereichen (z.B. Pro-Kopf-Einkommen in ECU) fast vollständig dominiert werden. Um dies zu umgehen, wird mittels der „Z-Transformation" eine vorgeschaltete Standardisierung der Werte vorgenommen. Damit entspricht der standardisierte Variablenwert der Differenz aus dem tatsächlichen Variablenwert und dem Mittelwert für diese Variable bezogen auf die Standardabweichung.

Das „schrittweise Ward-Fusionierungsverfahren" wird als Standardverfahren zur Ermittlung der optimalen Clusteranzahl und damit zur Bestimmung der Clusterbesetzung gewählt, da es im allgemeinen in der Beurteilung der Ergebnisse gegenüber den anderen Klassifizierungsmethoden als realitätsnaher eingeschätzt wird[99]. Im Ausgangszustand bildet jede Region ein Cluster für sich. Im Rahmen des Ward-Fusionierungsverfahrens werden nun sukzessive zwei Cluster miteinander verbunden, bis im Extremfall alle Regionen einem einzigen Cluster angehören. Hierbei werden zunächst die Mittelwerte der Variablen über die jeweils in

98 Der „Pearson Correlation Coefficient" mißt die Linearbeziehung zwischen zwei Variablen. Er kann Werte zwischen −1 und +1 annehmen, wobei das Vorzeichen die Richtung der Beziehung zwischen den Variablen indiziert. Der absolute Wert dieses Koeffizienten zeigt die Stärke der Beziehung an, die um so höher ausfällt, je näher der Absolutwert an 1 liegt.

99 Vgl. Backhaus, K. et al. (1996), S. 298.

den entsprechenden Clustern enthaltenen Regionen berechnet. Daran schließt sich die Ermittlung der „Quadrierten Euklidischen Distanzen“ der einzelnen Regionen jedes Clusters zu dem entsprechenden Clustermittelwert an. Diese Distanzen werden summiert. Danach werden jeweils diejenigen beiden Cluster zu einem neuen Cluster fusioniert, die durch ihre Vereinigung den geringsten Zuwachs in der Gesamtsumme der Distanzen (Fehlerquadratsumme) ergeben.

Die optimale Clusteranzahl wird durch das Verfahren selbst nicht vorgegeben, sondern muß basierend auf statistischen sowie inhaltlichen Aspekten eigens bestimmt werden. Unter statistischen Gesichtspunkten ist das Optimum dann erreicht, wenn eine weitere Fusionierung zu einem sprunghaften Anstieg der ausgewiesenen „Quadrierten Euklidischen Distanz“, d.h. des Abstandsmaßes zwischen zwei Clustern, führt. Ein solch deutlicher Sprung wird immer dann auftreten, wenn ein in sich recht homogenes und ein sich davon stark unterscheidendes Cluster miteinander verschmolzen werden. An dieser Sprungstelle sollte der Fusionierungsprozeß abgebrochen werden, da sonst relativ weit voneinander entfernte und somit allzu heterogene Cluster zusammengefaßt würden. Damit die Ergebnisse der Clusteranalyse nicht nur der statistischen Methode entsprechend korrekt, sondern auch interpretierbar sind, müssen darüber hinaus inhaltliche Gesichtspunkte berücksichtigt werden. Eine zu große Clusteranzahl birgt die Gefahr in sich, daß sich die Unterschiede zwischen den Clustern nicht mehr deutlich herausarbeiten lassen. Eine zu kleine Clusteranzahl erfüllt hingegen nicht mehr das eigentliche Analyseziel, in sich möglichst homogene Gruppen von Regionen zu bilden.

Im Anschluß an die Bestimmung der Clusteranzahl werden Kontrollrechnungen durchgeführt, mit Hilfe derer Plausibilitätsprüfungen der Ergebnisse erfolgen. Hierzu wird ein weiteres multivariates Verfahren angewendet, die Diskrimanzanalyse, welche die Zuordnung der einzelnen Regionen zu den Clustern auf ihre Richtigkeit hin überprüft. Aufgrund ihrer Variablenausprägungen wird jede Region einer der fest vorgegebenen Cluster zugeordnet. Dadurch können sich gegebenenfalls Zuordnungskorrekturen ergeben.

4.2 Ergebnisse der Clusteranalyse für das Untersuchungsjahr 1996

4.2.1 Ergebnisüberblick: Geographische und strukturelle Spezifika der vier Cluster

Für das Untersuchungsjahr 1996 wurde die Anzahl von vier Clustern als günstigste Lösung ermittelt. Eine weitere Zusammenfassung zu insgesamt drei Clustern ist mit einem sprunghaften Anstieg der „Quadrierten Euklidischen Distanz“ um eine rund 50% höhere Differenz als bei dem vorangehenden Fusionierungsschritt verbunden.

Karte 4.1: Geographische Verteilung der vier Cluster für das Untersuchungsjahr 1996

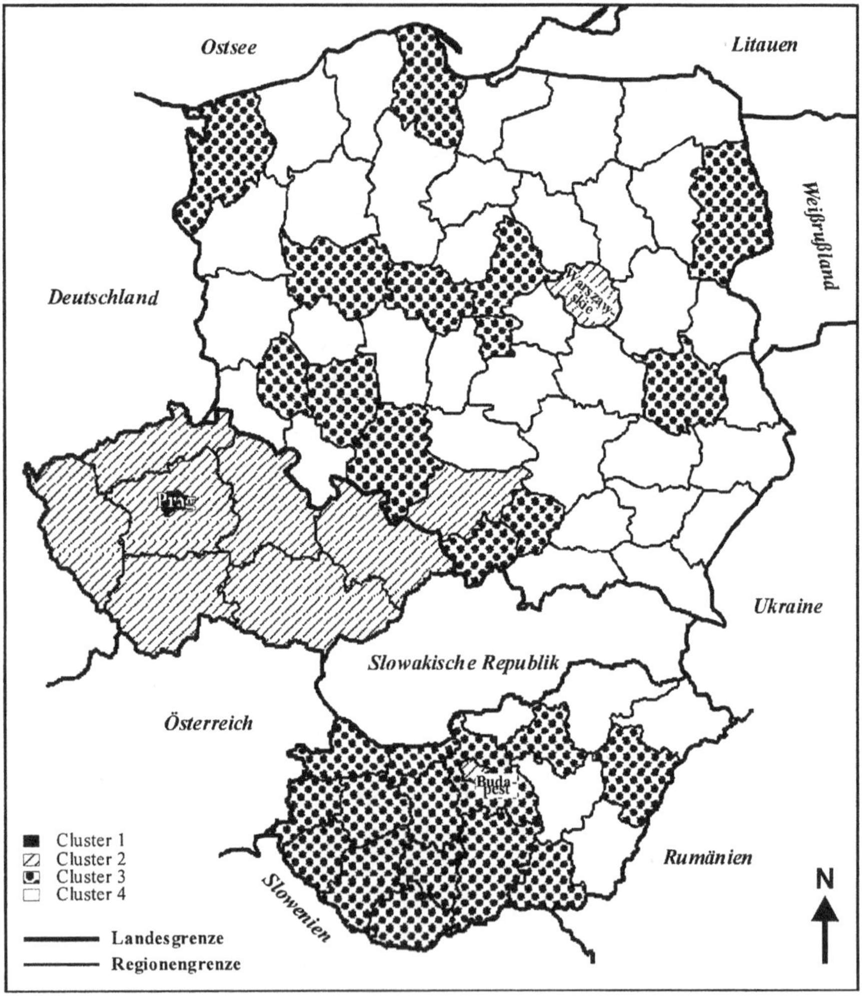

Quelle: Eigene Darstellung

Die vier Cluster sind jeweils mit einer unterschiedlichen Anzahl Regionen besetzt und differieren hinsichtlich ihrer geographischen Herkunft sowie ihrer spezifischen Charakteristika (vgl. Karte 4.1):

- Das erste Cluster, dem nur das wichtigste tschechische Agglomerationszentrum Prag angehört, erreicht die höchste Wohlfahrtsposition aller vier Cluster.
- Insgesamt zehn Regionen, die sich über die drei Visegràdländer verteilen, bilden das zweite Cluster, wobei neben den polnischen und ungarischen Ballungszentren Warschau, Katowice und Budapest alle weiteren tschechischen Regionen vertreten sind. Auch dieses Cluster zeichnet sich durch eine insgesamt überdurchschnittliche Wohlfahrtsposition aus, verfügt allerdings neben den hauptstädtischen Wachstumsregionen auch über einseitig ausgerichtete Altindustrieregionen wie Katowice, Nordböhmen sowie Nordmähren.
- Das dritte Cluster mit 27 Regionen konzentriert sich geographisch auf Polen und Ungarn. Insgesamt verzeichnet das dritte Cluster nur eine durchschnittliche Wohlfahrtsposition, verfügt aber mit den polnischen Regionen Gdanskie, Krakowskie, Poznanskie und Wroclawskie sowie den westungarischen Komitaten Györ-Moson-Sopron, Vas und Fejér über erkennbare Wachstumszentren mittlerer Größe.
- Demgegenüber vereint das vierte Cluster mit 39 Regionen, die sich ebenfalls ausschließlich auf Polen und Ungarn verteilen, insbesondere die strukturschwachen Landwirtschaftsgebiete im polnischen und ungarischen Osten sowie monostrukturierte Industrieregionen.

Die folgende Abbildung[100] ermöglicht einen Vergleich der vier Cluster hinsichtlich ihrer jeweiligen Indikatorausprägungen ausgehend vom Mittelwert der Grundgesamtheit. Die einzelnen Clusterprofile werden anschließend in detaillierter Form diskutiert.

---

[100] Aus Gründen der Darstellbarkeit konnte der Indikator Migrationssaldo nicht in das Stärken-Schwächen-Profil aufgenommen werden.

Abbildung 4.2: Clusterprofile für das Untersuchungsjahr 1996

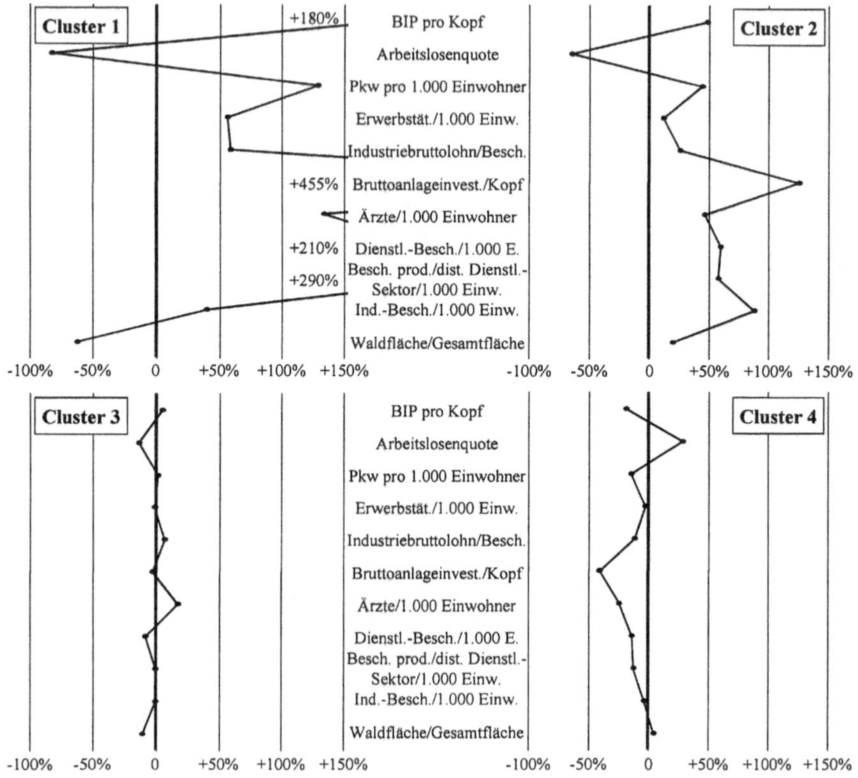

Quelle: Eigene Darstellung

4.2.2 Cluster 1: Die Wachstumsmetropole Prag

Die Tabellen 4.1 und 4.2 auf den Folgeseiten enthalten die Indikatorwerte für die Region Prag und stellen diese den durchschnittlichen Ausprägungen der übrigen drei Cluster sowie der Grundgesamtheit von insgesamt 77 Regionen gegenüber.

Im Vergleich zum Mittelwert der Grundgesamtheit sämtlicher 77 Regionen erreicht Prag in bezug auf nahezu alle Klassifizierungsindikatoren eine Spitzenposition, was den markanten Entwicklungsunterschied zwischen der tschechischen Hauptstadtregion und den restlichen 76 Regionen unterstreicht. Aufgrund der Ausprägungen ihrer Indikatorwerte ist die Region mit gut entwickelten EU-Regionen zu vergleichen und insgesamt als wichtigster Wachstumspol im Rahmen der 1996er Clusteranalyse einzustufen.

Insbesondere die den regionalen Wohlstand charakterisierenden Indikatoren machen die führende Position Prags im interregionalen Vergleich deutlich. So nimmt das regionale Pro-Kopf-Einkommen in Höhe von über 8.200 ECU nahezu den dreifachen Wert des Gesamtmittelwertes von etwa 2.900 ECU an. Die Arbeitslosenquote beträgt mit rund 2% ein Sechstel des Gesamtmittelwertes von ca. 13%. Der deutlich über dem Gesamtdurchschnitt von 214 Pkw pro 1.000 Einwohner liegende Wert für Prag zeigt den relativ hohen Wohlstand (489 Pkw pro 1.000 Einwohner). Die positive Bewertung der Wohlfahrtsposition des ersten Clusters wird durch die Nettozuwanderung von 0,77 natürlichen Personen bezogen auf 1.000 Einwohner unterstützt. Die in der Region Prag getätigten Bruttoanlageinvestitionen pro Einwohner in Höhe von annähernd 2.700 ECU entsprechen mehr als dem Fünffachen des Gesamtmittelwertes (481 ECU). Hierin kommt die außerordentlich positive Bewertung der regionalen Standortqualität durch die investierenden Unternehmen zum Ausdruck. Darüber hinaus prognostiziert dieser überdurchschnittliche Wert überragende Wachstumschancen der Region auch für die Zukunft.

Tabelle 4.1: Indikatorwerte Cluster 1 für das Untersuchungsjahr 1996

	Wohlstand				Humankapital	
	BIP pro Kopf in ECU	Arbeitslosenquote	Migrationssaldo pro 1.000 Einwohner	Pkw pro 1.000 Einwohner	Erwerbstätige pro 1.000 Einwohner	Industriebruttolohn in ECU pro Industriebeschäftigter und Monat
Cluster 1 (1 Region)						
Mittelwert	**8.224**	**2,2**	**0,77**	**489**	**627**	**363**
Standardabweichung	-	-	-	-	-	-
Varianz	-	-	-	-	-	-
Prag	8.224	2,2	0,77	489	627	363
Cluster 2 (10 Regionen) *	4.303	4,6	-0,51	308	450	287
Cluster 3 (27 Regionen) *	3.043	11,1	0,38	216	396	243
Cluster 4 (39 Regionen) *	2.347	16,5	-0,21	182	390	202
Gesamt (77 Regionen)						
Mittelwert	2.913	12,9	-0,04	214	403	229
Standardabweichung	1.010	5,5	1,91	60	54	43
Varianz	1.019.779	30,7	3,66	3.557	2.915	1.841

* Daten sind Clustermittelwerte
Quelle: Eigene Darstellung

Prag ist urch einen hohen Humankapitalbestand gekennzeichnet. Die Erwerbstätigenquote liegt mit 627 Erwerbstätigen pro 1.000 Einwohner ca. 50% über dem für die Grundgesamtheit ermittelten Durchschnittswert (403 Erwerbstätige pro 1.000 Einwohner) und zeigt, daß die Qualifikationen der Erwerbstätigen den aktuellen Anforderungen des regionalen Arbeitsmarktes in einem überdurchschnittlichen Maße entsprechen. Der deutlich über dem Gesamtmittelwert von 229 ECU liegende Industriebruttolohn (363 ECU) ist Indiz für die erfreulich gute Ausstattung mit qualifizierten Arbeitskräften, die entsprechend gut bezahlt werden. Auch hinsichtlich der Gesundheitsinfrastruktur als Komponente des öffentlichen Infrastrukturangebots erreicht die tschechische Hauptstadtregion einen Spitzenplatz. Die Zahl der Ärzte pro 1.000 Einwohner ist mit einem Wert von 5,6 mehr als doppelt so hoch wie im Durchschnitt über alle Regionen (2,4 Ärzte pro 1.000 Einwohner). Damit kann in dieser Region eine optimale Gesunderhaltung der Arbeitskräfte, sprich ihrer Leistungsfähigkeit und Qualität, sichergestellt werden.

Tabelle 4.2: Indikatorwerte Cluster 1 für das Untersuchungsjahr 1996

	Privates Sachkapital	Öffentl. Infrastruktur	Modernität Produktionsstruktur		Industrielle Basis	Umwelt
	Bruttoanlageinvestitionen pro Kopf in ECU	Ärzte pro 1.000 Einwohner	Dienstleistungsbeschäftigte pro 1.000 Einw.	Besch. im produktiven/distributiven Dienstl.-Sektor pro 1.000 Einw.	Industriebeschäftigte pro 1.000 Einwohner	Anteil der Waldfläche an der regionalen Gesamtfläche
Cluster 1 (1 Region)						
Mittelwert	**2.667**	**5,6**	**523**	**326**	**103**	**10%**
Standardabweichung	-	-	-	-	-	-
Varianz	-	-	-	-	-	-
Prag	2.667	5,6	523	326	103	10%
Cluster 2 (10 Regionen) *	1.081	3,5	267	139	143	31%
Cluster 3 (27 Regionen) *	464	2,8	152	73	90	23%
Cluster 4 (39 Regionen) *	282	1,8	143	71	79	27%
Gesamt (77 Regionen)						
Mittelwert	481	2,4	168	84	91	26%
Standardabweichung	388	1,0	62	44	31	10%
Varianz	150.345	1,0	3.888	1.894	933	1%

* Daten sind Clustermittelwerte

Quelle: Eigene Darstellung

Die industrielle Basis des ersten Clusters mit 103 Industriebeschäftigten pro 1.000 Einwohner übersteigt den Gesamtmittelwert (91 Industriebeschäftigte pro 1.000 Einwohner) nur wenig und erreicht im Vergleich der vier Cluster lediglich den zweiten Rang. Dies erklärt sich aufgrund des sich in einem fortgeschrittenen Stadium befindlichen Strukturwandels in dieser Region in Verbindung mit der Entwicklung eines modernen Dienstleistungssektors, da sowohl der Dienstleistungsbesatz pro 1.000 Einwohner insgesamt (523 Beschäftigte im Dienstleistungssektor pro 1.000 Einwohner), aber vor allem auch der Besatz mit 326 Beschäftigten des produktiven bzw. distributiven Dienstleistungssektors pro 1.000 Einwohner nahezu das Vierfache der entsprechenden Mittelwerte der Grundgesamtheit betragen. Deutlich werden hierin insbesondere die bereits erzielten Erfolge der Region bei der Modernisierung ihrer Produktionsstruktur, die auch auf den anhaltenden Zufluß ausländischen Kapitals in die Hauptstadtregion zurückzuführen sind und umgekehrt hierdurch natürlich auch gefördert wird.

Mit einem Anteil von nur zehn Prozent Waldfläche an der regionalen Gesamtfläche liegt die urbane Region Prag, die eine Bevölkerungsdichte von knapp 2.500 Einwohnern pro km² aufweist, selbstredend weit unter dem Gesamtmittelwert und hierin liegt das wesentliche regionale Problem begründet. Ein nur geringer Naherholungswert sowie eine eher unterdurchschnittliche Umweltqualität, die z.B. auch in der beträchtlich gestiegenen Stickoxidbelastung aufgrund der sprunghaften Zunahme des Autoverkehrs in den letzten zehn Jahren zum Ausdruck kommt, trüben die herausragende Stellung jedoch nicht wesentlich.

4.2.3 Cluster 2: Wachstumsagglomerationen, Altindustrieregionen sowie der gesamte tschechische Wirtschaftsraum

Das zweite Cluster umfaßt alle tschechischen Regionen mit der Ausnahme von Prag (Cluster 1, vgl. oben), mit der Region Warszawskie und der Altindustrieregion Katowickie die größten Agglomerationszentren Polens sowie die ungarische Hauptstadtregion Budapest. In den folgenden Tabellen 4.3 und 4.4 sind die einzelnen Werte der zehn Regionen für die Klassifizierungsindikatoren im Vergleich zu den durchschnittlichen Ausprägungen für jedes der vier Cluster sowie zur Grundgesamtheit aller 77 Regionen dargestellt.

Hieraus wird zum einen ersichtlich, daß sowohl die polnische als auch die ungarische Hauptstadtregion als Wachstumspole anzusehen sind, sie erreichen jedoch bei weitem nicht das von der Region Prag realisierte Wohlstandsniveau. Zweitens sind alle weiteren tschechischen Regionen im zweiten Cluster vertreten, was auf eine relative Homogenität des gesamten tschechischen Wirtschaftsraumes schließen läßt. Im Falle der Tschechischen Republik kann lediglich von einer interregionalen Diskrepanz zwischen dem größten Agglomerationszentrum Prag sowie den übrigen Landesteilen gesprochen werden. Drittens sind die vertretenen Regionen hinsichtlich ihrer erreichten Stufe im strukturellen Wandel unterschiedlich zu beurteilen, wobei sich die Hauptstadtregionen allzu deutlich von den Altindustrieregionen abheben.

Tabelle 4.3: Indikatorwerte Cluster 2 für das Untersuchungsjahr 1996

	Wohlstand				**Humankapital**	
	BIP pro Kopf in ECU	**Arbeitslosenquote**	**Migrationssaldo pro 1.000 Einwohner**	**Pkw pro 1.000 Einwohner**	**Erwerbstätige pro 1.000 Einwohner**	**Industriebruttolohn in ECU pro Industriebeschäftigter und Monat**
Cluster 1 (1 Region) *	8.224	2,2	0,77	489	627	363
Cluster 2 (10 Regionen)						
Mittelwert	**4.303**	**4,6**	**-0,51**	**308**	**450**	**287**
Standardabweichung	**940**	**2,0**	**3,74**	**48**	**43**	**33**
Varianz	**884.224**	**3,8**	**13,99**	**2.264**	**1.820**	**1076**
Warschau	5.453	4,1	0,37	360	497	277
Katowickie	3.704	8,4	-6,84	214	386	335
Budapest	6.473	5,0	-7,98	301	427	348
Mittelböhmen	3.362	3,2	2,47	356	399	295
Südböhmen	3.950	2,8	0,96	350	486	261
Westböhmen	4.286	2,9	0,69	344	483	280
Nordböhmen	4.013	7,3	2,27	303	428	277
Ostböhmen	3.765	3,5	1,21	312	509	244
Südmähren	3.928	3,4	1,94	282	455	258
Nordmähren	4.095	5,8	-0,17	256	426	291
Cluster 3 (27 Regionen) *	3.043	11,1	0,38	216	396	243
Cluster 4 (39 Regionen) *	2.347	16,5	-0,21	182	390	202
Gesamt (77 Regionen)						
Mittelwert	2.913	12,9	-0,04	214	403	229
Standardabweichung	1.010	5,5	1,91	60	54	43
Varianz	1.019.779	30,7	3,66	3.557	2.915	1.841

* Daten sind Clustermittelwerte
Quelle: Eigene Darstellung

Insgesamt weisen alle vier Wohlstandsindikatoren für das zweite Cluster im Vergleich zum Gesamtdurchschnitt deutlich bessere Werte aus, obgleich diese nicht mit den Spitzenwerten des ersten Clusters (Prag) zu konkurrieren vermögen. Das regionale Pro-Kopf-Einkommen des zweiten Clusters beträgt mit rund 4.300 ECU nur die Hälfte des Prager Pro-Kopf-Einkommens, liegt aber dennoch ca. 50% über dem Gesamtmittel von ungefähr 2.900 ECU. Auch die Arbeitslosenquote von 4,6%, die lediglich einem Drittel des Mittelwertes der Grundgesamtheit gleichkommt, spiegelt eine insgesamt entspannte regionale Arbeitsmarktsituation und damit auch eine überdurchschnittliche positive Wohlfahrtsposition dieses Clusters wider. Der überdurchschnittliche hohe Bestand von 308 Personenkraftfahrzeugen pro 1.000 Einwohner bestätigt die positive Wohlfahrtsposition. Allerdings signalisiert der Migrationssaldo als Ausdruck der subjektiven Bewertung der regionalen Wohlfahrtssituation mit einer deutlich überdurchschnittlichen Abwanderung ein anderes Bild. Das ist zum einen auf die Nettoabwanderung von 8 Personen pro 1.000 Einwohner aus der ungarischen Hauptstadtregion Budapest zurückzuführen. Dies ist jedoch nicht als negativ zu interpretieren, sondern Ergebnis der Wohnortverlagerung von Arbeitskräften ins Umland aufgrund hoher Miet- und Immobilienpreise, die aber weiterhin als Pendler im Agglomerationszentrum Budapest beschäftigt bleiben. Im Gegensatz dazu ist die ähnlich hohe Nettoabwanderung von 7 Personen pro 1.000 Einwohner aus der polnischen Altindustrieregion Katowickie durchaus als ungünstig einzuschätzen, da hierin die negative Bewertung der derzeitigen regionalen Arbeitsmarktsituation und somit der künftigen regionalen Wohlfahrtsposition durch die Individuen zum Ausdruck kommt. Angesichts der getätigten Bruttoanlageinvestitionen, die mit 455 ECU pro Kopf die letzte Position im gesamten Cluster einnehmen und nur die Hälfte des Clustermittelwertes (1.081 ECU) ausmachen, wird der Region Katowickie auch aus Sicht der investierenden Unternehmen eine eher niedrige Standortqualität bescheinigt, wodurch die Wachstumschancen dieser Region künftig begrenzt sein werden. Alle anderen Regionen weisen mit Pro-Kopf-Investitionen, die zwischen 90% und 200% über dem Gesamtmittelwert (481 ECU) liegen, deutlich bessere Standortqualitäten aus Unternehmenssicht auf, wobei die westlichen Regionen Tschechiens, d.h. Gesamtböhmen, besonders hervorragen.

Im Hinblick auf den Humankapitalbestand zeigt das zweite Cluster ebenfalls ein überdurchschnittliches Ergebnis. Während die Erwerbstätigenquoten (450 Erwerbstätige pro 1.000 Einwohner im Clustermittel) einen hohen Humankapitalbestand in allen Regionen ausweisen, muß für den Industriebruttolohn in Höhe von durchschnittlich 287 ECU eine differenzierte Interpretation erfolgen. Für die beiden Hauptstadtregionen Warschau und Budapest zeigt das relativ hohe Lohnniveau mit Werten von 277 bzw. 348 ECU im Vergleich zum Gesamtmittelwert (229 ECU) einen vergleichsweise hohen Bestand an qualifizierten Arbeitskräften. Eine entsprechende Aussage läßt sich für die Altindustrieregionen in Polen, Katowickie, und in Tschechien, Nordböhmen und Nordmähren, nicht treffen, da vor allem der erforderliche Restrukturierungsprozeß auf lange Sicht noch nicht abgeschlossen ist. Hohe Industriebruttolöhne sind in diesen Regionen weniger Ausdruck eines hohen Qualifikationsniveaus und gegebenenfalls einhergehender hoher Produktivität als vielmehr ein Beweis für die nach wie vor starke Position der Gewerkschaften. Dies kann sich im Wettbewerb um potentielle Investoren und damit auch in der Wohlfahrtsentwicklung als nachteilig erweisen, was die deutlich unterdurchschnittlichen Pro-Kopf-Investitionen in der Region Katowickie bereits signalisieren. Die Versorgung der Bevölkerung mit Gesundheitseinrichtungen (3,5 Ärzte pro 1.000 Einwohner) ist in Cluster 2 überdurchschnittlich hoch im Vergleich zum Gesamtmittelwert (2,4 Ärzte pro 1.000 Einwohner), wobei aber das Niveau von Region zu Region relativ heterogen ist. Die Gesundheitsversorgung und damit die Erhaltung der Leistungsfähigkeit und Qualität des regionalen Humankapitalbestands ist in den beiden Hauptstadtregionen Warschau (4,3 Ärzte pro 1.000 Einwohner) und Budapest (6,3 Ärzte pro 1.000 Einwohner) deutlich besser als in den verbleibenden acht Regionen sichergestellt.

Das zweite Cluster verfügt insgesamt über die stärkste industrielle Basis aller vier Cluster (vgl. Tabelle 4.4 auf Seite 129). Die Anzahl der Industriebeschäftigten von 143 pro 1.000 Einwohner übersteigt hier den Gesamtmittelwert um annähernd 60%, wobei sich der Industriebesatz allerdings von Region zu Region unterscheidet. Während die Hauptstadtregionen Budapest und Warschau mit nur 62 bzw. 113 Industriebeschäftigten pro 1.000 Einwohner weniger als die Hälfte bzw. gerade vier Fünftel des Clustermittels und damit eine fortschrittliche Dienstleistungsorientierung mit positiven Arbeitsmarktauswirkungen aufweisen, übersteigen die Werte für die Altindustrieregionen Katowickie (155 Industriebeschäftigte pro 1.000 Einwohner), Nordböhmen (152 Industriebeschäftigte pro 1.000 Einwohner) und Nordmähren (168 Industriebeschäftigte pro 1.000 Einwohner) den Clustermittelwert von 139 und insbesondere den Gesamtmittelwert aller 77 Regionen von 74 Industriebeschäftigten pro 1.000 Einwohner deutlich. Die Ursachen hierfür sind im wesentlichen in den veralteten regionalen Wirtschaftsstrukturen zu sehen, die bislang weder modernisiert noch hinreichend diversifiziert wurden. Der hohe Spezialisierungsgrad mit krisenanfälligen Branchen, vor allem Bergbau, Stahl- und Chemieindustrie, schließt Initialzündungen zur Wirtschaftsbelebung und damit verbundene positive Beschäftigungseffekte weitgehend aus. Das Zurückliegen dieser Regionen im Strukturwandel wird durch deren Beschäftigtenzahlen im Dienstleistungsbereich allgemein und vor allem im produktiven und distributiven Dienstleistungssektor bestätigt, die jeweils deutlich unter dem Mittelwert des zweiten Clusters liegen.

Tabelle 4.4: Indikatorwerte Cluster 2 für das Untersuchungsjahr 1996

	Privates Sach-kapital	Öffentl. Infra-struktur	Modernität Pro-duktionsstruktur		Industri-elle Basis	Umwelt
	Bruttoanlageinvestitio-nen pro Kopf in ECU	Ärzte pro 1.000 Ein-wohner	Dienstleistungsbeschäf-tigte pro 1.000 Einw.	Besch. im produktiven/ distributiven Dienstl.-Sektor pro 1.000 Einw.	Industriebeschäftigte pro 1.000 Einwohner	Anteil der Waldfläche an der regionalen Ge-samtfläche
Cluster 1 (1 Region) *	2.667	5,6	523	326	103	10%
Cluster 2 (10 Regionen)						
Mittelwert	**1.081**	**3,5**	**267**	**139**	**143**	**31%**
Standardabweichung	**263**	**1,1**	**38**	**30**	**35**	**5%**
Varianz	**69.009**	**1,1**	**1.469**	**904**	**1.206**	**0%**
Warschau	1.122	4,3	339	213	113	24%
Katowickie	455	2,6	194	107	155	28%
Budapest	907	6,3	292	118	62	39%
Mittelböhmen	1.277	2,9	233	118	138	24%
Südböhmen	1.241	3,3	286	142	153	33%
Westböhmen	1.516	3,3	299	154	152	37%
Nordböhmen	1.165	3,0	259	133	152	31%
Ostböhmen	1.028	3,2	258	138	191	30%
Südmähren	1.069	3,5	275	148	149	27%
Nordmähren	1.026	3,2	238	119	168	35%
Cluster 3 (27 Regionen) *	464	2,8	152	73	90	23%
Cluster 4 (39 Regionen) *	282	1,8	143	71	79	27%
Gesamt (77 Regionen)						
Mittelwert	481	2,4	168	84	91	26%
Standardabweichung	388	1,0	62	44	31	10%
Varianz	150.345	1,0	3.888	1.894	933	1%

* Daten sind Clustermittelwerte
Quelle: Eigene Darstellung

Mit einem Gesamtwaldanteil von rund 30% an den regionalen Gesamtflächen verzeichnet Cluster 2 den höchsten Wert aller vier Cluster. Die Waldfläche verteilt sich über die zehn Regionen relativ homogen, d.h. auch die großen Ballungsräume Warschau, Budapest und Katowickie weisen hier wesentlich höhere Werte auf als die tschechische Hauptstadtregion Prag (Cluster 1). Trotz dieser Tatsache muß von regional unterschiedlicher Umwelt- und Naherholungsqualität innerhalb des zweiten Clusters ausgegangen werden, da gerade die großen Agglomerationszentren unter zunehmender Luftverschmutzung durch den steigenden Autoverkehr leiden und die industriell geprägten Regionen wie Katowickie, Nordböhmen und Nordmähren trotz verstärkter Maßnahmen in den neunziger Jahren immer noch zu den Gebieten mit der stärksten Umweltbeeinträchtigung gehören, die sich insbesondere in Form von Grundwasservergiftung und fortwährenden Methanausstoß durch ansässige Industrien sowie die Landschaftszerstörung durch Tagebaubetriebe äußert[101].

4.2.4 Cluster 3: Das Cluster der Gegensätze

Cluster 3 wird insgesamt durch 27 Regionen besetzt, davon befinden sich dreizehn Regionen in Polen sowie vierzehn in Ungarn. Während für die polnischen Regionen kein eindeutiger geographischer Schwerpunkt festzustellen ist, vertreten die ungarischen Regionen vor allem den Westteil des Landes. Im Gegensatz zum ersten und zweiten Cluster ist eine eindeutige Aussage hinsichtlich der gesamten Wohlfahrtsposition des dritten Clusters nicht möglich, da bei den einzelnen Indikatoren sowohl leicht über- als auch unterdurchschnittliche Positionen erreicht werden, wie aus den Übersichten auf den Seiten 132 und 133 zu entnehmen ist. Cluster 3 fällt damit insbesondere durch die Verschiedenartigkeit der vertretenen Regionen auf, wobei mit den polnischen Regionen Gdanskie, Krakowskie, Poznanskie und Wroclawskie sowie den westungarischen Komitaten Györ-Moson-Sopron, Vas und Fejér erkennbare Wachstumszentren mittlerer Größe vertreten sind.

Eine dem Gesamtdurchschnitt entsprechende Wohlfahrtsposition erzielt das dritte Cluster bei allen vier Wohlstandsindikatoren. So liegt das ermittelte regionale Pro-Kopf-Einkommen von 3.043 ECU des Clusters 3 nur minimal über dem Gesamtmittelwert von 2.913 ECU. Auch im Hinblick auf die Arbeitslosenquote (11,1%) läßt sich keine wesentliche Abweichung vom Gesamtmittelwert (12,9%) feststellen. Die regionale Ausstattung der Bevölkerung mit Personenkraftfahrzeugen entspricht ebenfalls nahezu dem ermittelten Durchschnittswert der Grundgesamtheit. Die Nettozuwanderung von natürlichen Personen erklärt sich im wesentlichen durch die im interregionalen Vergleich höchste Zuwanderungsrate von knapp 12 Personen pro 1.000 Einwohner der ungarischen Region Pest, die das Umland der Hauptstadt Budapest bildet und in die aufgrund hoher Miet- und Immobilienpreise in der Hauptstadt selbst eine verstärkte Abwanderung festzustellen

[101] Vgl. Förster (1999), S. 29ff.

ist. Demgegenüber verzeichnen die meisten Regionen des dritten Clusters mehr oder weniger stark ausgeprägte Abwanderungssalden. Die Standortqualität des dritten Clusters wird eher mittelmäßig eingeschätzt, wie anhand der unterdurchschnittlichen Pro-Kopf-Investitionen von 464 ECU im Vergleich zum Gesamtmittelwert (481 ECU) sichtbar wird. Mit dem mäßigen Investitionszuflüssen werden auch die künftigen Wachstumschancen der Regionen des dritten Clusters limitiert, wobei die polnischen Ballungsräume sowie die drei westungarischen Komitate mit entsprechend höheren Bruttoanlageinvestitionen pro Kopf die erfreulichen Ausnahmen bilden.

Die Erwerbstätigenquote sowie die monatlichen Industriebruttolöhne in ECU vermitteln ein widersprüchliches Bild über den Humankapitalbestand der Regionen des dritten Clusters. Die mittlere Erwerbstätigenquote von 396 Erwerbstätigen pro 1.000 Einwohner entspricht ungefähr dem Gesamtdurchschnittswert über alle vier Cluster (390 Erwerbstätige pro 1.000 Einwohner), wobei die Gruppe hierbei in sich relativ homogen ist und somit alle zugehörigen Regionen nur einen durchschnittlichen Humankapitalbestand aufweisen. Auch der durchschnittliche Industriebruttolohn des dritten Clusters liegt mit 243 ECU nur knapp über dem Gesamtmittelwert (229 ECU). Hier ist jedoch eine differenzierte Betrachtung notwendig, da das dritte Cluster für diesen Indikator eine vergleichsweise hohe Varianz zeigt. So fallen die Industriebruttolöhne nahezu aller ungarischen Regionen des Clusters 3, mit Ausnahme von Somogy, Hajdú-Bihar und Bács-Kiskun mit Werten zwischen 211 ECU und 226 ECU, höher aus als der Mittelwert der Grundgesamtheit, wobei es sich fast ausschließlich um im Westteil des Landes gelegene Gebiete handelt, deren Produktionsstrukturen bereits in den ersten Transformationsjahren durch ausländische Kapitalzuflüsse gefördert und modernisiert worden sind. Aus diesem Grunde sind die überdurchschnittlichen Industriebruttolöhne als Indiz für einen hohen Anteil qualifizierter Arbeit in diesen Regionen zu bewerten. Hingegen weisen von den dreizehn polnischen Regionen lediglich Koninskie, Krakowskie, Legnickie, Plockie sowie Szczecinskie überdurchschnittliche Industriebruttolöhne auf, die Werte zwischen 250 ECU und 330 ECU annehmen. Da die Region Legnickie zu den Altindustrieregionen zu zählen ist, die sich noch inmitten des Restrukturierungsprozesses befindet, muß hier allerdings der überdurchschnittliche Industriebruttolohn als möglicher Nachteil im Wettbewerb um Investoren angesehen werden. Mit 2,8 Ärzten pro 1.000 Einwohner ist die Gesundheitsversorgung und somit auch die Qualitätserhaltung der regionalen Arbeitskräfte in den Regionen des dritten Clusters insgesamt besser als im Gesamtdurchschnitt (2,4 Ärzte pro 1.000 Einwohner) sichergestellt.

Tabelle 4.5: Indikatorwerte Cluster 3 für das Untersuchungsjahr 1996

	Wohlstand				Humankapital	
	BIP pro Kopf in ECU	Arbeitslosenquote	Migrationssaldo pro 1.000 Einwohner	Pkw pro 1.000 Einwohner	Erwerbstätige pro 1.000 Einwohner	Industriebruttolohn in ECU pro Industriebeschäftigter und Monat
Cluster 1 (1 Region) *	8.224	2,2	0,77	489	627	363
Cluster 2 (10 Regionen) *	4.303	4,6	-0,51	308	450	287
Cluster 3 (27 Regionen)						
Mittelwert	**3.043**	**11,1**	**0,38**	**216**	**396**	**243**
Standardabweichung	**444**	**3,3**	**2,32**	**26**	**28**	**31**
Varianz	**197.360**	**10,8**	**5,36**	**660**	**784**	**957**
Bialostockie	2.440	11,7	0,03	157	413	201
Bielskie	2.764	9,6	-0,03	214	401	224
Gdanskie	3.006	10,6	-0,96	200	357	234
Koninskie	2.638	17,3	-0,01	206	413	277
Krakowskie	3.323	6,1	-0,05	243	433	256
Legnickie	3.633	16,9	-0,18	181	377	330
Lubelskie	2.616	11,7	-0,03	179	363	235
Lodzkie	2.847	16,2	-0,19	222	426	197
Opolskie	2.799	12,9	-2,23	209	359	228
Plockie	3.261	16,6	0,06	220	424	263
Poznanskie	3.444	6,2	-0,07	294	399	224
Szczecinskie	3.424	13,1	-0,46	192	346	250
Wroclawskie	3.423	9,8	-0,40	240	376	219
Pest	2.547	6,9	11,57	232	405	271
Fejér	3.607	9,0	0,79	208	400	290
Komárom-Esztergom	3.121	11,5	-0,10	214	378	259
Veszprém	2.824	9,4	-0,29	220	403	241
Győr-Moson-Sopron	3.857	6,7	0,94	239	430	254
Vas	3.821	6,8	-0,05	221	457	230
Zala	3.258	9,2	-0,13	230	411	245
Baranya	2.713	12,0	-0,48	223	377	239
Somogy	2.612	12,6	-0,23	221	368	211
Tolna	3.165	13,6	-0,29	213	373	271
Heves	2.574	12,8	0,34	202	348	254
Hajdú-Bihar	2.728	15,7	-1,52	169	349	226
Bács-Kiskun	2.641	10,3	0,54	233	387	215
Csongrád	3.240	9,0	-0,24	216	415	242
Cluster 4 (39 Regionen) *	2.347	16,5	-0,21	182	390	202
Gesamt (77 Regionen)						
Mittelwert	2.913	12,9	-0,04	214	403	229
Standardabweichung	1.010	5,5	1,91	60	54	43
Varianz	1.019.779	30,7	3,66	3.557	2.915	1.841

* Daten sind Clustermittelwerte

Quelle: Eigene Darstellung

Tabelle 4.6: Indikatorwerte Cluster 3 für das Untersuchungsjahr 1996

	Privates Sach-kapital	Öffentl. Infra-struktur	Modernität Pro-duktionsstruktur		Industri-elle Basis	Umwelt
	Bruttoanlageinvestitio-nen pro Kopf in ECU	Ärzte pro 1.000 Ein-wohner	Dienstleistungsbeschäf-tigte pro 1.000 Einw.	Besch. im produktiven/ distributiven Dienstl.-Sektor pro 1.000 Einw.	Industriebeschäftigte pro 1.000 Einwohner	Anteil der Waldfläche an der regionalen Ge-samtfläche
Cluster 1 (1 Region) *	2.667	5,6	523	326	103	10%
Cluster 2 (10 Regionen) *	1.081	3,5	267	139	143	31%
Cluster 3 (27 Regionen)						
Mittelwert	**464**	**2,8**	**152**	**73**	**90**	**23%**
Standardabweichung	**168**	**0,8**	**42**	**32**	**22**	**9%**
Varianz	**28.070**	**0,6**	**1.770**	**1.026**	**484**	**1%**
Bialostockie	282	3,6	174	92	70	32%
Bielskie	390	2,1	167	94	118	37%
Gdanskie	496	2,9	216	126	87	33%
Koninskie	314	1,5	133	68	88	15%
Krakowskie	593	3,4	234	125	96	17%
Legnickie	445	1,7	188	91	114	24%
Lubelskie	482	3,5	162	79	72	16%
Lodzkie	395	3,8	216	118	138	15%
Opolskie	740	1,8	161	83	94	26%
Plockie	809	1,7	160	77	83	12%
Poznanskie	667	2,9	216	125	114	21%
Szczecinskie	506	2,7	206	121	85	27%
Wroclawskie	543	3,6	218	114	93	21%
Pest	347	1,7	81	29	47	18%
Fejér	600	2,3	104	41	112	7%
Komárom-Esztergom	674	2,4	108	42	91	27%
Veszprém	335	2,6	119	48	97	17%
Györ-Moson-Sopron	763	3,0	136	58	102	18%
Vas	629	3,1	136	57	119	27%
Zala	320	2,9	132	53	93	46%
Baranya	235	4,3	128	48	63	23%
Somogy	228	2,8	127	47	53	28%
Tolna	422	2,7	115	42	83	14%
Heves	330	2,6	113	43	75	31%
Hajdú-Bihar	251	3,2	124	47	63	4%
Bács-Kiskun	303	2,5	106	40	66	19%
Csongrád	431	4,5	131	51	71	10%
Cluster 4 (39 Regionen) *	282	1,8	143	71	79	27%
Gesamt (77 Regionen)						
Mittelwert	481	2,4	168	84	91	26%
Standardabweichung	388	1,0	62	44	31	10%
Varianz	150.345	1,0	3.888	1.894	933	1%

* Daten sind Clustermittelwerte
Quelle: Eigene Darstellung

Die industrielle Basis des dritten Clusters entspricht in ihrer Entwicklung dem Gesamtdurchschnitt, hier entfallen 90 Industriebeschäftigte auf 1.000 Einwohner, obgleich einige Regionen sowohl in Polen als auch in Ungarn durch deutlich überdurchschnittliche Werte auffallen. In den polnischen Industrieregionen Legnickie (114 Industriebeschäftigte pro 1.000 Einwohner) und Lodzkie (138 Industriebeschäftigte pro 1.000 Einwohner) ist jedoch aufgrund der starken industriellen Spezialisierung auf den Bergbau bzw. die Textilindustrie und der noch nicht zum Abschluß gebrachten Restrukturierung von positiven Beschäftigungswirkungen für die entsprechenden regionalen Arbeitsmärkte nicht auszugehen. Im Gegensatz dazu weisen die westungarischen Regionen Györ-Moson-Sopron (102 Industriebeschäftigte pro 1.000 Einwohner), Fejér (112 Industriebeschäftigte pro 1.000 Einwohner) und Vas (119 Industriebeschäftigte pro 1.000 Einwohner) wesentlich diversifiziertere sekundäre Sektoren auf, die darüber hinaus aufgrund der grenznahen Lage zu Österreich in den vergangenen Jahren beträchtliche Auslandskapitalzuflüsse verzeichneten. Insgesamt verfügt das dritte Cluster mit 73 Beschäftigten pro 1.000 Einwohner im Vergleich zum Gesamtmittelwert (84 Beschäftigte pro 1.000 Einwohner) über einen lediglich unterdurchschnittlich ausgebildeten produktiven und distributiven Dienstleistungsbereich, mehr als die Hälfte aller Dienstleistungsarbeitskräfte sind in dieser Gruppe im öffentlichen Sektor tätig. Damit unterscheidet sich Cluster 3 in bezug auf den bereits erreichten Modernisierungsgrad der regionalen Wirtschaftsstrukturen deutlich vom ersten und zweiten Cluster, wenngleich vor allem die polnischen Regionen Gdanskie, Krakowskie und Poznanskie und hierbei insbesondere die Ballungsräume einen gegenläufigen Trend belegen. Hier überwiegen die Beschäftigungsanteile des produktiven und distributiven Dienstleistungsgewerbes.

Gemäß seines Anteils der Waldfläche an der regionalen Gesamtfläche verfügt das dritte Cluster über eine leicht unterdurchschnittliche Naherholungs- und Umweltqualität, wobei die Werte der einzelnen Regionen relativ heterogen ausfallen. Die teilweise geringe Waldfläche ist unter anderem auf die starke landwirtschaftliche Beanspruchung der regionalen Flächen, z.B. in den ungarischen Regionen Hajdú-Bihar und Tolna, zurückzuführen. Andererseits dürfen die vergleichsweise hohen Waldanteile der stark industriell geprägten Regionen wie Legnickie und Opolskie nicht über die beträchtlichen Umweltprobleme, wie sie auch kennzeichnend für die Region Katowickie (Cluster 2) sind[102], hinwegtäuschen. Die Umweltqualität wird in den polnischen Ballungsräumen Poznanskie, Krakowskie, Gdanskie und Wroclawskie insbesondere durch den stark angestiegenen Personenverkehr beeinträchtigt.

---

[102] Vgl. Kapitel 4.2.3, S. 100.

4.2.5 Cluster 4: Die östliche Peripherie

Das vierte Cluster ist mit insgesamt 39 Regionen am stärksten besetzt, davon befinden sich 34 in Polen sowie fünf in Ungarn. Der geographische Schwerpunkt dieses Clusters liegt sowohl bei den polnischen als auch bei den ungarischen Regionen im Ostteil des jeweiligen Landes. Ein weiterer Teil der polnischen Regionen befindet sich eher geographisch vorteilhaft im Westen, Norden und der Mitte des Landes, wobei alle diese Regionen durch einen relativ schwachen Agglomerationsgrad gekennzeichnet sind. Insgesamt erreicht das vierte Cluster die schlechteste Wohlfahrtsposition, gemessen am Gesamtmittelwert, da hierin vor allem wenig industrialisierte Regionen mit deutlichen Strukturproblemen vereint sind, die zudem nur über ein unterdurchschnittlich qualifiziertes Arbeitskräftepotential verfügen (vgl. Tabellen 4.7 und 4.8 auf den Folgeseiten).

Dies wird durch alle vier Wohlstandsindikatoren belegt. Das regionale Pro-Kopf-Einkommen (2.347 ECU) liegt rund ein Fünftel unter dem Mittelwert der Grundgesamtheit (2.913 ECU). Auch die ein Drittel über dem Gesamtmittelwert (12,9%) rangierende Arbeitslosenquote (16,5%) spiegelt die vergleichsweise schlechten quantitativen Beschäftigungschancen in diesen Regionen wider. Das insgesamt niedrige Wohlstandsniveau in den 39 Regionen des vierten Clusters wird durch die regionale Ausstattung mit Personenkraftfahrzeugen pro 1.000 Einwohner (182 Pkw), die nur 85% des gesamten Durchschnitts (214 Pkw pro 1.000 Einwohner) ausmacht, bestätigt. Die Arbeitskräfte schätzen bereits heute die künftige Wohlfahrtssituation des vierten Clusters als negativ ein, wie die überdurchschnittliche Nettoabwanderung in nahezu allen 39 Regionen deutlich macht. Dies geht einher mit der ungünstigen Bewertung dieser Regionen als Unternehmensstandorte durch potentielle Investoren, wie sich aus den mehr als 40% unter dem Gesamtmittelwert liegenden Pro-Kopf-Bruttoanlageinvestitionen von 282 ECU schlußfolgern läßt. Das verminderte Investitionsinteresse beschränkt somit auch die künftigen Wachstumschancen des vierten Clusters deutlich und läßt darauf schließen, daß die Regionalentwicklung auch fortan durch bestehende Strukturprobleme gehemmt sein wird.

Die Erwerbstätigenquote des vierten Clusters liegt mit 390 Erwerbstätigen pro 1.000 Einwohner nur knapp unter dem Gesamtmittelwert (403 Erwerbstätige pro 1.000 Einwohner). Auffällig ist die starke Varianz des Clusters im Hinblick auf diesen Indikator. So erreichen neunzehn Regionen des vierten Clusters, die sich alle in Polen befinden, eine teilweise deutlich überdurchschnittliche Erwerbstätigenquote. Gleichzeitig bewegt sich die Mehrheit dieser Regionen bezüglich der Arbeitslosenquoten unter bzw. um den Gesamtmittelwert. Gemeinsam ist diesen Regionen nicht nur die geographische Lage, fast alle Regionen sind im Ostteil Polens gelegen, sondern auch die Spezialisierung der regionalen Wirtschaftsstrukturen auf den Agrarsektor. Damit kommt hier eine Besonderheit des polnischen Landwirtschaftssektors zum Tragen, denn in den südost- und ostpolnischen Regionen bestimmen nach wie vor traditionelle Bauernhöfe, die einst von der sozialistischen Kollektivierung verschont blieben, die regionalen Agrarsektoren. Da diese privaten landwirtschaftlichen Familienbetriebe häufig als Auffangbecken für ehemalige Arbeitskräfte aus liquidierten lokalen Industrie- und Baubetrieben fungieren, die somit in keiner regionalen Arbeitslosenstatistik erscheinen, ergeben sich im interregionalen Vergleich überdurchschnittliche Erwerbstätigenquoten sowie vergleichsweise moderate Arbeitslosenquoten.

Tabelle 4.7: Indikatorwerte Cluster 4 für das Untersuchungsjahr 1996

	Wohlstand				Humankapital	
	BIP pro Kopf in ECU	Arbeitslosenquote	Migrationssaldo pro 1.000 Einwohner	Pkw pro 1.000 Einwohner	Erwerbstätige pro 1.000 Einwohner	Industriebruttolohn in ECU pro Industriebeschäftigter und Monat
Cluster 1 (1 Region) *	8.224	2,2	0,77	489	627	363
Cluster 2 (10 Regionen) *	4.303	4,6	-0,51	308	450	287
Cluster 3 (27 Regionen) *	3.043	11,1	0,38	216	396	243
Cluster 4 (39 Regionen)						
Mittelwert	**2.347**	**16,5**	**-0,21**	**182**	**390**	**202**
Standardabweichung	**314**	**4,0**	**0,50**	**27**	**52**	**23**
Varianz	**98.746**	**16,2**	**0,25**	**724**	**2.698**	**523**
Bialskopodlaskie	1.961	11,9	0,02	193	441	170
Bydgoskie	2.918	16,7	-0,27	216	370	217
Chelmskie	2.089	13,1	0,00	159	433	190
Ciechanowskie	2.199	19,0	0,00	182	385	166
Czestochowskie	2.322	12,1	-0,22	196	405	189
Elblaskie	2.598	23,4	-0,02	176	310	242
Gorzowskie	2.578	17,0	-0,10	190	349	189
Jeleniogorskie	2.843	18,2	-0,15	178	340	237
Kaliskie	2.564	14,9	-0,02	253	415	188
Kieleckie	2.320	15,2	-0,06	171	450	209
Koszalinskie	2.594	24,7	-0,09	171	327	192
Krosnienskie	2.064	14,9	-0,01	158	458	195
Leszczynskie	2.852	12,0	0,01	238	397	187
Lomzynskie	1.888	14,3	-0,02	154	429	200
Nowosadeckie	1.931	12,8	-0,07	144	436	171
Olsztynskie	2.525	23,6	-0,15	156	339	196
Ostroleckie	2.029	17,0	0,02	219	412	232

	Wohlstand				Humankapital	
	BIP pro Kopf in ECU	Arbeitslosenquote	Migrationssaldo pro 1.000 Einwohner	Pkw pro 1.000 Einwohner	Erwerbstätige pro 1.000 Einwohner	Industriebruttolohn in ECU pro Industriebeschäftigter und Monat
Pilskie	2.598	17,4	0,01	228	344	185
Piotrkowskie	2.703	16,8	-0,05	178	436	247
Przemyskie	1.983	14,2	0,06	160	455	194
Radomskie	2.269	17,2	0,02	154	425	191
Rzeszowskie	2.409	14,6	-0,11	195	466	216
Siedleckie	1.914	10,7	-0,04	197	427	184
Sieradzkie	2.124	12,7	0,03	215	461	172
Skierniewickie	2.278	10,7	0,03	221	407	173
Slupskie	2.315	25,7	-0,03	158	334	171
Suwalskie	1.855	24,6	-0,03	160	344	181
Tarnobrzeskie	2.226	13,9	-0,10	158	466	230
Tarnowskie	2.168	12,4	-0,12	162	445	218
Torunskie	2.651	18,6	-0,28	206	366	199
Walbrzychskie	2.400	21,7	-0,31	156	320	208
Wloclawskie	2.234	21,5	-0,04	168	374	198
Zamojskie	1.903	12,4	0,03	167	486	185
Zielonogorskie	2.555	15,3	-0,06	193	345	183
Borsod-Abaúj-Zemplén	2.466	18,4	-1,76	160	330	250
Nógrád	1.995	16,3	-0,59	189	334	200
Jász-Nagykun-Szolnok	2.637	14,4	-0,12	146	348	224
Szabolcs-Szatmár-Bereg	2.067	19,0	-0,48	188	320	204
Békés	2.667	13,6	0,08	176	359	221
Gesamt (77 Regionen)						
Mittelwert	2.913	12,9	-0,04	214	403	229
Standardabweichung	1.010	5,5	1,91	60	54	43
Varianz	1.019.779	30,7	3,66	3.557	2.915	1.841

* Daten sind Clustermittelwerte
Quelle: Eigene Darstellung

Bei näherer Analyse wird offensichtlich, daß die scheinbar hohen Erwerbstätigenquoten in den Agrarregionen Ostpolens nicht automatisch auf einen entsprechend hohen Humankapitalbestand schließen lassen. Vielmehr impliziert der hohe Anteil Landarbeiter gleichzeitig einen hohen Anteil von Arbeitskräften mit geringer Qualifikation. Gleichzeitig führt die Überbeschäftigung in der Landwirtschaft zu weit verbreiteter versteckter Arbeitslosigkeit. Der durchschnittliche Industriebruttolohn des vierten Clusters (202 ECU), welcher nur 88% des Gesamtmittelwertes (229 ECU) entspricht und im Vergleich aller Cluster die niedrigste Position einnimmt, unterstützt diese Schlußfolgerungen und untermauert die These der insgesamt niedrigen Qualifikation des Arbeitskräftepotentials. Die Gesundheitsversorgung als Bestandteil der öffentlichen regionalen Infrastruktur zum einen sowie als Indikator für die Erhaltung der Qualität des regionalen Humankapitalbestands zum anderen ist mit lediglich 1,8 Ärzten pro 1.000 Einwohner, dieser Wert entspricht 75% des Gesamtdurchschnittes (2,4), in den Regionen des vierten Clusters deutlich unterentwickelt.

Tabelle 4.8: Indikatorwerte Cluster 4 für das Untersuchungsjahr 1996

	Privates Sachkapital	Öffentl. Infrastruktur	Modernität Produktionsstruktur		Industrielle Basis	Umwelt
	Bruttoanlageinvestitionen pro Kopf in ECU	Ärzte pro 1.000 Einwohner	Dienstleistungsbeschäftigte pro 1.000 Einw.	Besch. im produktiven/distributiven Dienstl.-Sektor pro 1.000 Einw.	Industriebeschäftigte pro 1.000 Einwohner	Anteil der Waldfläche an der regionalen Gesamtfläche
Cluster 1 (1 Region) *	2.667	5,6	523	326	103	10%
Cluster 2 (10 Regionen) *	1.081	3,5	267	139	143	31%
Cluster 3 (27 Regionen) *	464	2,8	152	73	90	23%
Cluster 4 (39 Regionen)						
Mittelwert	**282**	**1,8**	**143**	**71**	**79**	**27%**
Standardabweichung	**72**	**0,4**	**21**	**18**	**19**	**11%**
Varianz	**5.239**	**0,1**	**451**	**309**	**366**	**1%**
Bialskopodlaskie	236	1,8	137	67	48	22%
Bydgoskie	343	2,0	176	99	107	30%
Chelmskie	263	1,8	157	77	54	25%
Ciechanowskie	248	1,4	119	57	56	17%
Czestochowskie	269	2,0	151	81	108	32%
Elblaskie	321	1,6	151	77	79	17%
Gorzowskie	300	1,9	177	98	90	45%
Jeleniogorskie	601	1,7	172	92	105	39%
Kaliskie	288	1,5	144	80	110	23%
Kieleckie	234	2,1	156	80	82	27%
Koszalinskie	288	1,6	183	98	72	38%
Krosnienskie	249	1,7	146	70	90	49%
Leszczynskie	258	1,6	156	85	98	20%
Lomzynskie	257	1,6	118	54	50	21%
Nowosadeckie	218	1,8	148	74	58	41%
Olsztynskie	387	1,9	172	92	77	31%
Ostroleckie	292	1,4	125	64	59	31%

	Privates Sach-kapital	Öffentl. Infra-struktur	Modernität Pro-duktionsstruktur		Industri-elle Basis	Umwelt
	Bruttoanlageinvestitio-nen pro Kopf in ECU	Ärzte pro 1.000 Ein-wohner	Dienstleistungsbeschäf-tigte pro 1.000 Einw.	Besch. im produktiven/ distributiven Dienstl.-Sektor pro 1.000 Einw.	Industriebeschäftigte pro 1.000 Einwohner	Anteil der Waldfläche an der regionalen Ge-samtfläche
Pilskie	319	1,4	144	75	99	41%
Piotrkowskie	332	1,9	141	69	114	28%
Przemyskie	240	1,6	149	76	58	33%
Radomskie	309	1,7	133	65	82	22%
Rzeszowskie	274	2,1	161	82	90	24%
Siedleckie	220	1,3	121	63	62	22%
Sieradzkie	231	2,0	131	67	90	20%
Skierniewickie	273	1,6	140	76	80	14%
Slupskie	253	1,6	166	85	90	42%
Suwalskie	239	1,7	143	71	58	32%
Tarnobrzeskie	242	1,7	126	58	81	29%
Tarnowskie	329	1,8	139	71	82	20%
Torunskie	306	1,7	163	87	99	18%
Walbrzychskie	227	1,8	154	83	108	29%
Wloclawskie	186	1,6	143	68	68	16%
Zamojskie	190	1,6	123	60	45	23%
Zielonogorskie	313	1,7	179	103	94	49%
Borsod-Abaúj-Zemplén	418	2,4	123	48	86	24%
Nógrád	240	2,1	104	34	71	41%
Jász-Nagykun-Szolnok	335	2,4	109	41	75	10%
Szabolcs-Szatmár-Bereg	189	2,1	108	39	51	19%
Békés	281	2,3	106	37	70	2%
Gesamt (77 Regionen)						
Mittelwert	481	2,4	168	84	91	26%
Standardabweichung	388	1,0	62	44	31	10%
Varianz	150.345	1,0	3.888	1.894	933	1%

* Daten sind Clustermittelwerte
Quelle: Eigene Darstellung

Mit 79 Industriebeschäftigten pro 1.000 Einwohner, dieser Wert bleibt mehr als 13% unter dem Gesamtdurchschnitt von 91 Industriebeschäftigten pro 1.000 Einwohner, sind die Regionen des vierten Clusters als unterdurchschnittlich industrialisiert einzustufen. Da es sich hierbei zum großen Teil um ausgesprochene Agrarregionen handelt, sind zwei wesentliche Probleme festzustellen: Zum einen kann die schwache industrielle Basis in den Regionen schwerlich einen Ausgangspunkt für positive Beschäftigungswirkungen im industriellen Sektor bieten. Zum anderen führt die starke landwirtschaftliche Spezialisierung dieser Regionen zu einer steten Abwanderung jüngerer Arbeitskräfte mit höherem Bildungsniveau. Daraus resultiert nicht nur eine zunehmend alternde, sondern zudem kaum bzw. lediglich für landwirtschaftliche Berufe qualifizierte Bevölkerung. Der geringe Industriebesatz des vierten Clusters ist somit als ein Hinweis auf deutlich veraltete Wirtschaftsstrukturen und einen unbewältigten Strukturwandel anzusehen. Die Anzahl von 71 Erwerbstätigen im produktiven und distributiven Dienstleistungsbereich pro 1.000 Einwohner, welche den Mittelwert für alle Regionen um rund 15% unterschreitet, belegt wiederum die unterdurchschnittliche Modernität der Produktionsstrukturen und somit den noch bevorstehenden Strukturwandel für die Regionen des vierten Clusters.

Ein entscheidender Vorteil der wenig besiedelten und kaum industrialisierten Regionen des vierten Clusters liegt in der Qualität ihrer Umwelt begründet. Mit einem Anteil der Waldfläche an der regionalen Gesamtfläche von durchschnittlich 27% erreichen diese Regionen sogar eine überdurchschnittliche und damit die zweitbeste Position. Allerdings verfügen einige der Regionen über wesentlich geringere Waldanteile, was insbesondere auf die starke landwirtschaftliche Nutzung der regionalen Flächen zurückzuführen ist.

4.3 Ergebnisse der Clusteranalyse für das Untersuchungsjahr 1999

4.3.1 Ergebnisüberblick: Geographische und strukturelle Spezifika der vier Cluster

Für das Untersuchungsjahr 1999 wurde die Anzahl von vier Clustern als beste Lösung statistisch festgestellt. Ausschlaggebend war hierbei wiederum die Quadrierte Euklidische Distanz. Bis zum 27. Fusionierungsschritt erhöhte sich dieses Abstandsmaß weitgehend gleichmäßig, eine weitere Zusammenfassung zu neuen Clustern hätte jedoch zu einer sprunghaften Erhöhung der Quadrierten Euklidischen Distanz um eine rund 50% höhere Differenz als bei dem vorangehenden Fusionierungsschritt geführt. Darüber hinaus war bei der Wahl der Clusteranzahl auch entscheidend, daß die Analyseergebnisse mit denen der 1996er Analyse vergleichbar sind, um Schlußfolgerungen hinsichtlich der entsprechenden regionalen Entwicklungen im Zeitablauf sowie der Auswirkungen der vollzogenen Gebietsreformen auf eben diese Entwicklungen zu ziehen.

Karte 4.2: Geographische Verteilung der vier Cluster für das Untersuchungsjahr 1999

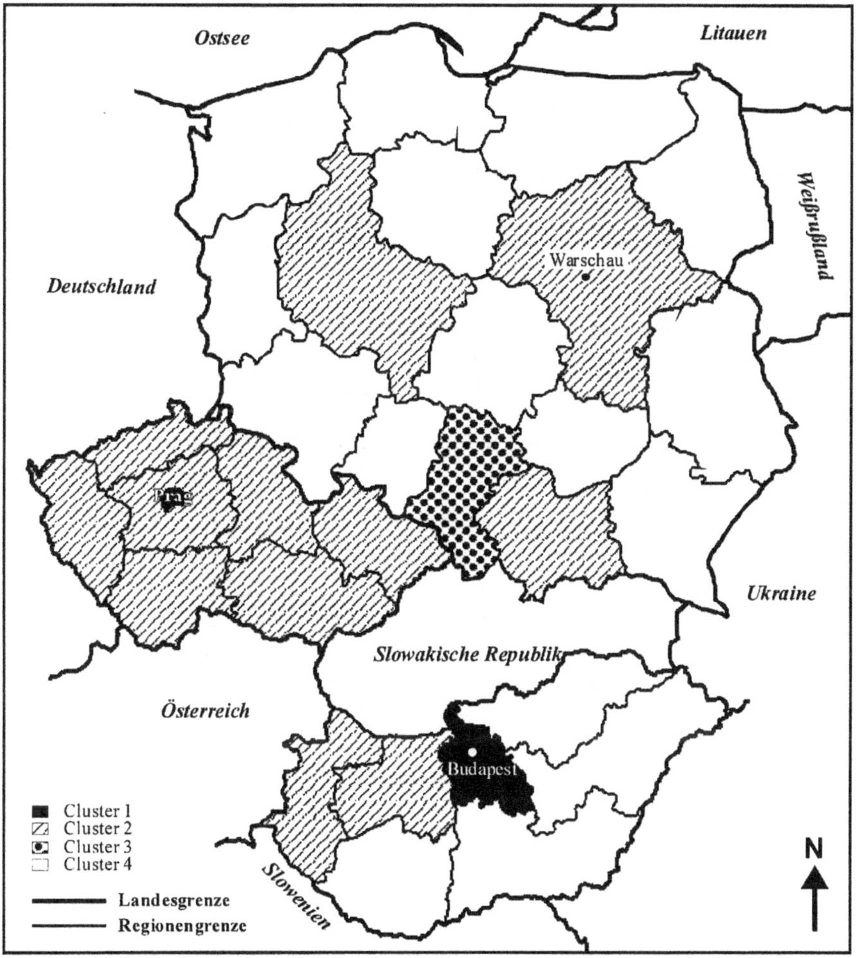

Quelle: Eigene Darstellung

Obige Karte illustriert sowohl die unterschiedlichen geographischen Schwerpunkte als auch die unterschiedliche quantitative Besetzung der vier Cluster. Darüber hinaus unterscheiden sich die Cluster hinsichtlich ihrer strukturellen Spezifika:

- Das erste Cluster umfaßt zwei Regionen, die tschechische Hauptstadtregion Prag sowie die Region Mittelungarn, in deren Zentrum Budapest gelegen ist. Dieses Cluster erreicht insgesamt die höchste Wohlfahrtsposition.

- Cluster 2 setzt sich aus zwölf Regionen aller drei Visegràdstaaten zusammen, dazu gehören unter anderem die polnischen Regionen Malopolskie, Mazowieckie und Wielkopolskie mit den Ballungsräumen Krakow, Warschau und Poznan als regionalen Zentren. Darüber hinaus sind hier die westungarischen Regionen Westtransdanubien und Mitteltransdanubien und wie bereits im Untersuchungsjahr 1996 alle weiteren tschechischen Regionen vertreten.
- Cluster 3 umfaßt einzig die polnische Altindustrieregion Slaskie.
- Das vierte Cluster, mit 16 Regionen am stärksten besetzt, beinhaltet hauptsächlich stark spezialisierte Industrie- und Landwirtschaftsregionen und erreicht insgesamt die schwächste Wohlfahrtsposition.

In der folgenden Darstellung sind die Stärken und Schwächen der vier Cluster gegenübergestellt, wobei sich die prozentualen Abweichungen der Indikatorausprägungen ausgehend vom Mittelwert der Grundgesamtheit ergeben.

Abbildung 4.3: Clusterprofile für das Untersuchungsjahr 1999

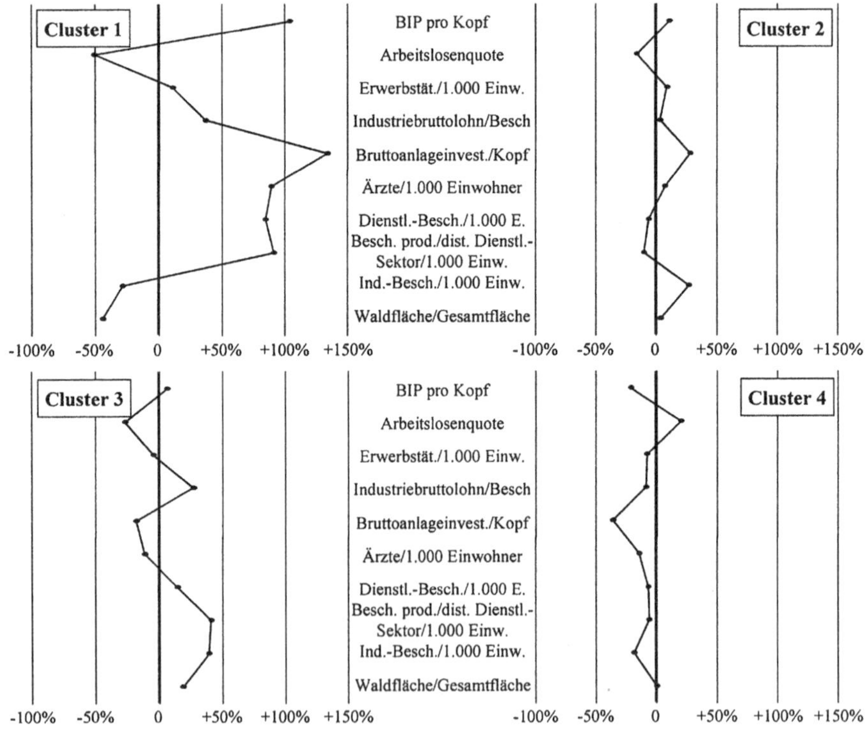

Quelle: Eigene Darstellung

4.3.2 Cluster 1: Die Wachstumsregionen Prag und Mittelungarn

Cluster 1 wird durch die tschechische Hauptstadtregion Prag sowie die ungarische Region Mittelungarn, welche sich aus der Hauptstadt Budapest sowie dem Komitat Pest zusammensetzt, gebildet. Das erste Cluster weist hinsichtlich der meisten Klassifizierungsindikatoren die beste Wohlfahrtsposition auf. Im Vergleich zum Untersuchungsjahr 1996 wird jedoch bereits ohne weitere Analyse deutlich, daß hier nicht die überragende Spitzenposition des Clusters 1 (Prag) erreicht wird, was maßgeblich auf die schwächeren Werte der neuen größeren ungarischen Hauptstadtregion Mittelungarn zurückzuführen ist. Bei einer isolierten Betrachtung der beiden Regionen Prag und Mittelungarn wird wie bereits im Jahre 1996 die exponierte Stellung der tschechischen Hauptstadt als wichtigstem Wachstumszentrum der drei Staaten deutlich (vgl. hierzu die nachstehende Tabelle).

Tabelle 4.9: Indikatorwerte Cluster 1 für das Untersuchungsjahr 1999

	Wohlstand			Humankapital	
	BIP pro Kopf in ECU	**Arbeitslosenquote**	**Migrationssaldo pro 1.000 Einwohner**	**Erwerbstätige pro 1.000 Einwohner**	**Industriebruttolohn in ECU pro Industriebeschäftigter und Monat**
Cluster 1 (2 Regionen)					
Mittelwert	**7.235**	**4,9**	**1,20**	**458**	**452**
Standardabweichung	**1.853**	**1,0**	**4,32**	**83**	**42**
Varianz	**3.434.821**	**1,0**	**18,65**	**6.845**	**1.735**
Mittelungarn	5.924	5,6	4,25	399	481
Prag	8.545	4,2	-1,86	516	423
Cluster 2 (12 Regionen) *	3.931	8,4	1,11	448	340
Cluster 3 (1 Region) *	3.767	7,3	-8,77	392	419
Cluster 4 (16 Regionen) *	2.786	12,0	-0,72	380	302
Gesamt (31 Regionen)					
Mittelwert	3.548	10,0	-0,14	412	330
Standardabweichung	1.235	3,3	2,42	55	48
Varianz	1.524.735	10,9	5,86	3.026	2.289

* Daten sind Clustermittelwerte
Quelle: Eigene Darstellung

Hinsichtlich der drei Wohlstandsindikatoren realisiert das erste Cluster deutlich überdurchschnittliche Werte, wobei das regionale Pro-Kopf-Einkommen sowie die Arbeitslosenquote sogar die Spitzenposition aller vier Cluster einnehmen. Das regionale Pro-Kopf-Einkommen (7.235 ECU) beträgt mehr als das Doppelte des Mittelwertes der Grundgesamtheit (3.548 ECU), dieser ausgesprochen hohe Wert ist allerdings insbesondere auf das erwirtschaftete Einkommen in der tschechischen Region Prag zurückzuführen (8.545 ECU). Diese insgesamt überragende Wohlfahrtsposition des ersten Clusters wird durch dessen erfreulich niedrige Arbeitslosenquote von 4,9% bestätigt, die lediglich die Hälfte des Gesamtmittels aller Regionen (10,0%) ausmacht und auf besonders günstige Beschäftigungschancen in beiden Regionen schließen läßt. Im Gegensatz zur Grundgesamtheit aller Regionen verzeichnet das erste Cluster eine leichte Nettozuwanderung (1,2 pro 1.000 Einwohner) vor allem aufgrund des positiven Migrationssaldos Mittelungarns (4,25 pro 1.000 Einwohner). Berücksichtigt man nur das Gebiet der Hauptstädte (ohne Umland) entspricht der negative Wanderungssaldo dem Trend der letzten Jahre, in allen mitteleuropäischen Ländern aufgrund steigender Miet- und Immobilienpreise auf das Umland als Wohnstandort auszuweichen und weiterhin als Pendler in den Hauptstädten beruflich tätig zu sein. Da die Region Mittelungarn jedoch auch das Umland der Hauptstadt Budapest umfaßt, kann hier ein positiver Wanderungssaldo verzeichnet werden. Ebenso wie die Arbeitskräfte schätzen auch die investierenden Unternehmen die Standortqualitäten der beiden Regionen und antizipieren ein beträchtliches Wachstumspotential, wie die Pro-Kopf-Investitionen in Höhe von 2.158 ECU belegen. Dieses Ergebnis übersteigt den Mittelwert aller Regionen (923 ECU) um rund 130%, wobei die tschechische Hauptstadtregion (3.033 ECU) im Vergleich zu Mittelungarn (1.284 ECU) als Investitionsstandort führend ist. Der größte Anteil der Bruttoanlageinvestitionen pro Kopf wurde in diesen Regionen im Dienstleistungssektor und in die Infrastrukturausstattung getätigt[103].

Der Humankapitalbestand des ersten Clusters erweist sich als überdurchschnittlich gut. Mit 458 Erwerbstätigen pro 1.000 Einwohner wird der Gesamtmittelwert (412 Erwerbstätige pro 1.000 Einwohner) um 11% überschritten und gleichzeitig der führende Rang hinsichtlich dieses Klassifizierungsindikators erreicht. Auffällig sind hier jedoch erneut die starken Unterschiede zwischen den beiden Regionen des ersten Clusters, da wiederum die außergewöhnlich positiven Werte der tschechischen Hauptstadt für dieses Ergebnis verantwortlich sind (vgl. Tabelle 4.10 auf Seite 145).

103 In der Region Mittelungarn floß lediglich ein Viertel aller Bruttoanlageinvestitionen in den Industriesektor. Für die Tschechische Republik lagen zum Zeitpunkt der Analyse keine sektorspezifischen Investitionsdaten vor.

Tabelle 4.10: Indikatorwerte Cluster 1 für das Untersuchungsjahr 1999

	Privates Sachkapital	Öffentl. Infrastruktur	Modernität Produktionsstruktur		Industrielle Basis	Umwelt
	Bruttoanlageinvestitionen pro Kopf in ECU	Ärzte pro 1.000 Einwohner	Dienstleistungsbeschäftigte pro 1.000 Einw.	Besch. im produktiven/ distributiven Dienstl.-Sektor pro 1.000 Einw.	Industriebeschäftigte pro 1.000 Einwohner	Anteil der Waldfläche an der regionalen Gesamtfläche
Cluster 1 (2 Regionen)						
Mittelwert	**2.158**	**5,3**	**282**	**162**	**69**	**15%**
Standardabweichung	**1.237**	**0,5**	**23**	**27**	**7**	**5%**
Varianz	**1.530.025**	**0,3**	**520**	**756**	**50**	**0%**
Mittelungarn	1.284	5,0	259	134	74	20%
Prag	3.033	5,7	305	189	64	10%
Cluster 2 (12 Regionen) *	1.178	3,0	143	76	123	28%
Cluster 3 (1 Region) *	755	2,5	175	119	135	32%
Cluster 4 (16 Regionen) *	588	2,4	142	79	79	27%
Gesamt (31 Regionen)						
Mittelwert	923	2,8	153	85	97	27%
Standardabweichung	524	0,9	47	39	28	8%
Varianz	274.531	0,8	2.169	1.548	791	1%

* Daten sind Clustermittelwerte
Quelle: Eigene Darstellung

Für den monatlichen Industriebruttolohn (452 ECU) fällt die Abweichung vom Gesamtmittelwert (330 ECU) mit knapp +60% noch deutlicher aus. Insbesondere dieser Spitzenwert aller Cluster spricht für einen überdurchschnittlich hohen Anteil qualifizierter Arbeitskräfte in den beiden Hauptstadtregionen. Die Gesunderhaltung des regionalen Arbeitskräftepotentials in Verbindung mit der Sicherstellung der Leistungsfähigkeit wird durch die Regionen des ersten Clusters in überdurchschnittlichem Maße gewährleistet, wie die Zahl von 5,3 Ärzten pro 1.000 Einwohner, was nahezu dem Doppelten des Gesamtmittelwertes (2,8 Ärzte pro 1.000 Einwohner) entspricht, unterstützt.

Das erste Cluster verfügt mit nur 69 Industriebeschäftigten pro 1.000 Einwohner über die schwächste industrielle Basis aller vier Cluster. Dieser Wert beträgt nur rund 70% des Gesamtmittelwertes (97 Industriebeschäftigte pro 1.000 Einwohner) und ist auf den bereits erfolgreich durchschrittenen Strukturwandel der beiden Hauptstadtregionen sowie auf deren Herausbildung zu modernen Dienstleistungszentren seit Beginn der neunziger Jahre zurückzuführen. Das erste Cluster verfügt im Vergleich zum Gesamtmittelwert (85 Beschäftigte im produktiven und distributiven Dienstleistungssektor pro 1.000 Einwohner) über einen knapp doppelt so hohen Beschäftigungsanteil des produktiven bzw. distributiven Dienstleistungssektors (162 Beschäftigte im produktiven und distributiven Dienstleistungssektor pro 1.000 Einwohner). Dies bestätigt die bereits zum Erfolg geführte Modernisierung der regionalen Wirtschaftsstrukturen.

Die regionale Naherholungs- und Umweltqualität ist für das erste Cluster als nur mangelhaft einzustufen, der regionale Waldanteil (15%) entspricht hier nur wenig mehr als der Hälfte des Gesamtdurchschnitts aller Regionen (27%). Dies ist ursächlich durch den üblicherweise niedrigen Grünanteil der Agglomerationszentren sowie die landwirtschaftliche Nutzung im Budapester Umland, dem Komitat Pest, bedingt. In den beiden Ballungsräumen Prag und Budapest stellt sich zudem das Problem anhaltender Luftverschmutzung aufgrund des steigenden Autoverkehrs.

4.3.3 Cluster 2: Polnische und ungarische Wachstumspole der zweiten Reihe sowie der gesamte tschechische Wirtschaftsraum

Das zweite Cluster ist mit zwölf Regionen besetzt und bildet damit die einzige Gruppe, in der alle Länder vertreten sind. Sieben Regionen dieses Clusters befinden sich in der Tschechischen Republik, drei in Polen sowie zwei in Ungarn. Damit gehören alle tschechischen Regionen - mit Ausnahme von Prag - dem zweiten Cluster an. Die polnischen Regionen umfassen mit Warschau, Poznan und Krakow die wichtigsten Agglomerationszentren des Landes. Die beiden ungarischen Regionen West- und Mitteltransdanubien sind in dem an Österreich grenzenden Westteil des Landes gelegen. Cluster 2 ist durch eine überdurchschnittliche Wohlfahrtsposition im Hinblick auf die neun Klassifizierungsindikatoren gekennzeichnet und erreicht bezüglich der meisten Variablen den zweitbesten Rang. Allerdings ist das zweite Cluster hinsichtlich einiger Indikatoren durch eine große Heterogenität gekennzeichnet, welche die unterschiedlichen Charakteristika der Regionen innerhalb des Clusters hervorhebt, was sich auch in der nachstehenden Tabelle 4.11 erkennen läßt.

Tabelle 4.11: Indikatorwerte Cluster 2 für das Untersuchungsjahr 1999

	Wohlstand			Humankapital	
	BIP pro Kopf in ECU	Arbeitslosenquote	Migrationssaldo pro 1.000 Einwohner	Erwerbstätige pro 1.000 Einwohner	Industriebruttolohn in ECU pro Industriebeschäftigter und Monat
Cluster 1 (2 Regionen) *	7.235	4,9	1,20	458	452
Cluster 2 (12 Regionen)					
Mittelwert	**3.931**	**8,4**	**1,11**	**448**	**340**
Standardabweichung	**481**	**2,4**	**1,95**	**30**	**28**
Varianz	**231.660**	**5,7**	**3,79**	**896**	**792**
Malopolskie	2.914	7,6	-0,19	436	321
Mazowieckie	4.913	7,6	0,62	476	362
Wielkopoloskie	3.530	8,0	-0,02	413	302
Mitteltransdanubien	3.813	6,7	1,60	389	384
Westtransdanubien	4.180	6,0	0,69	421	352
Mittelböhmen	3.517	8,0	6,51	481	382
Südböhmen	4.079	6,7	0,36	479	324
Westböhmen	4.236	7,1	0,80	475	337
Nordböhmen	3.960	13,5	1,80	440	345
Ostböhmen	3.945	7,4	0,20	467	304
Südmähren	4.010	8,7	2,24	461	315
Nordmähren	4.070	13,0	-1,27	437	358
Cluster 3 (1 Region) *	3.767	7,3	-8,77	392	419
Cluster 4 (16 Regionen) *	2.786	12,0	-0,72	380	302
Gesamt (31 Regionen)					
Mittelwert	3.548	10,0	-0,14	412	330
Standardabweichung	1.235	3,3	2,42	55	48
Varianz	1.524.735	10,9	5,86	3.026	2.289

* Daten sind Clustermittelwerte
Quelle: Eigene Darstellung

Die drei Wohlstandsindikatoren belegen ein überdurchschnittliches Ergebnis wirtschaftlicher Tätigkeit der Regionen des zweiten Clusters. Obgleich die Spitzenwerte des ersten Clusters bei weitem nicht erreicht werden, liegt das Pro-Kopf-

Einkommen hier (3.931 ECU) zumindest 11% über dem Mittelwert aller Regionen (3.548 ECU), wobei es dennoch deutliche Abweichungen zwischen den einzelnen Regionen gibt. Als Ausreißer nach oben bzw. nach unten fallen insbesondere die beiden polnischen Regionen Mazowieckie (4.913 ECU) sowie Malopolskie (2.914 ECU) auf. Die Arbeitslosenquote des zweiten Clusters rangiert mit 8,4% deutlich unter dem Gesamtmittelwert (10%). Mit Ausnahme der zwei tschechischen Regionen, die wesentlich höhere Arbeitslosenquoten aufweisen (Nordböhmen (13,5%) und Nordmähren (13%), unterscheiden sich die Regionen des zweiten Clusters nur geringfügig vom Clustermittelwert. Im Vergleich zum Untersuchungsjahr 1996 haben sich insbesondere in den beiden tschechischen Regionen die quantitativen Beschäftigungschancen auf den regionalen Arbeitsmärkten deutlich verschlechtert, was maßgeblich auf die mittlerweile durchschlagenden Auswirkungen der Restrukturierung der dort ansässigen Industrien, vor allem Bergbau, Stahl- und Chemieindustrie, zurückzuführen ist. Der positive Migrationssaldo des zweiten Clusters belegt eine durchschnittlich positive Bewertung der künftigen regionalen Wohlfahrtspositionen durch die Individuen. Aber auch hier liegen innerhalb des Clusters sichtbare Differenzen vor. Diese Nettozuwanderung ist insbesondere durch den positiven Wanderungssaldo (6,5 pro 1.000 Einwohner) der tschechischen Region Mittelböhmen, die das Umland der Hauptstadt Prag bildet, verursacht. Hier ist weniger die subjektiv bewertete Wohlfahrtsposition der Region verantwortlich als vielmehr die Wohnsitzverlagerung der Arbeitskräfte in das hauptstädtische Umland aufgrund hoher Miet- und Immobilienpreise in der Hauptstadt Prag selbst. Im Gegensatz dazu schätzen die Arbeitskräfte bereits heute die künftigen Arbeitsmarktchancen in Region der Nordmähren als negativ ein, wie der Abwanderungstrend belegt. Die Bruttoanlageinvestitionen pro Kopf des zweiten Clusters in Höhe von 1.178 ECU liegen knapp ein Drittel über dem durchschnittlichen Wert aller 31 Regionen (923 ECU). Darin kommt die positive Bewertung dieser Standorte durch Investoren zum Ausdruck.

Der Humankapitalbestand des zweiten Clusters ist als überdurchschnittlich hoch einzustufen. Cluster 2 rangiert mit 448 Erwerbstätigen pro 1.000 Einwohner knapp ein Zehntel über dem Gesamtmittelwert (412 pro 1.000 Einwohner) und somit nur geringfügig unter dem Spitzenwert des ersten Clusters, was ein eindeutiges Indiz für eine gute regionale Ausstattung mit Humankapital darstellt. Der monatliche Industriebruttolohn des zweiten Clusters beträgt 340 ECU und entspricht etwas mehr als dem Gesamtdurchschnittswert aller Regionen (330 ECU). Für diesen Indikator, der ebenfalls Aufschluß über den Anteil qualifizierter Arbeitskräfte geben soll, muß jedoch eine regional differenzierte Bewertung erfolgen, da wie bereits erwähnt mit den Regionen Nordböhmen und Nordmähren zwei stark spezialisierte Industrieregionen im Cluster vertreten sind, deren qualifiziertes Arbeitskräftepotential maßgeblich auf die zur Restrukturierung gezwungenen Branchen spezialisiert ist und somit kaum für andere Industriezweige zur Verfügung steht. Demgegenüber können die überdurchschnittlichen Industriebruttolöhne in den beiden ungarischen sowie den drei polnischen Regionen als Hinweis auf eine gute Humankapitalausstattung angesehen werden.

Tabelle 4.12: Indikatorwerte Cluster 2 für das Untersuchungsjahr 1999

	Privates Sach-kapital	Öffentl. Infra-struktur	Modernität Pro-duktionsstruktur		Industri-elle Basis	Umwelt
	Bruttoanlageinvestitionen pro Kopf in ECU	Ärzte pro 1.000 Einwohner	Dienstleistungsbeschäftigte pro 1.000 Einw.	Besch. im produktiven/ distributiven Dienstl.-Sektor pro 1.000 Einw.	Industriebeschäftigte pro 1.000 Einwohner	Anteil der Waldfläche an der regionalen Gesamtfläche
Cluster 1 (2 Regionen) *	2.158	5,3	282	162	69	15%
Cluster 2 (12 Regionen)						
Mittelwert	**1.178**	**3,0**	**143**	**76**	**123**	**28%**
Standardabweichung	**280**	**0,5**	**33**	**33**	**19**	**6%**
Varianz	**78.559**	**0,2**	**1.095**	**1.110**	**343**	**0%**
Malopolskie	625	2,5	169	106	149	29%
Mazowieckie	1.482	2,9	224	158	89	22%
Wielkopoloskie	741	2,0	164	106	109	26%
Mitteltransdanubien	996	2,5	87	27	100	15%
Westtransdanubien	987	3,1	100	33	109	30%
Mittelböhmen	1.427	2,9	122	62	119	24%
Südböhmen	1.425	3,3	138	66	130	33%
Westböhmen	1.355	3,6	150	73	133	37%
Nordböhmen	1.367	3,1	143	70	134	31%
Ostböhmen	1.245	3,3	137	66	144	30%
Südmähren	1.221	3,5	145	73	125	27%
Nordmähren	1.272	3,3	140	69	140	35%
Cluster 3 (1 Region) *	755	2,5	175	119	135	32%
Cluster 4 (16 Regionen) *	588	2,4	142	79	79	27%
Gesamt (31 Regionen)						
Mittelwert	923	2,8	153	85	97	27%
Standardabweichung	524	0,9	47	39	28	8%
Varianz	274.531	0,8	2.169	1.548	791	1%

* Daten sind Clustermittelwerte
Quelle: Eigene Darstellung

Für die Erhaltung der Leistungsfähigkeit der Arbeitskräfte ist in den Regionen des zweiten Clusters mit 3 Ärzten pro 1.000 Einwohner überdurchschnittlich gut gesorgt, wobei insbesondere die tschechischen Regionen die beste Gesundheitsversorgung innerhalb des Clusters aufweisen.

Mit 123 Erwerbstätigen in der Industrie pro 1.000 Einwohner, was rund ein Viertel über dem Gesamtmittelwert (97 pro 1.000 Einwohner) liegt, verfügt das zweite Cluster über eine insgesamt gut ausgebaute Industriebasis. Inwiefern von dieser positive Beschäftigungswirkungen auf die regionalen Arbeitsmärkte ausgehen können, ist von Region zu Region unterschiedlich zu beurteilen. Sowohl in den drei polnischen Regionen als auch in den ungarischen Regionen West- und Mitteltransdanubien sind in den letzten Jahren bereits positive Effekte sichtbar geworden, was sich in den seit 1996 deutlich gesunkenen Arbeitslosenquoten äußert. Die polnischen Regionen umfassen die wichtigen Agglomerationen Warschau, Poznan und Krakow, die mit Hilfe ausländischen Kapitals ihre regionalen Wirtschaftsstrukturen in der vergangenen Dekade modernisieren und restrukturieren konnten. Dies trifft auch für die beiden an Österreich grenzenden ungarischen Regionen zu. Im Gegensatz dazu ist auch die im Untersuchungsjahr 1999 noch beträchtliche industrielle Basis in den tschechischen Regionen Nordböhmen sowie Nordmähren ein Hinweis darauf, daß diese noch lange nicht den notwendigen Strukturwandel durchschritten haben. Hier beherrschen noch immer ehemalige Staatsbetriebe die regionalen Wirtschaftsstrukturen, deren ökonomische Situation in aller Regel kritisch ist, denen damit eigene finanzielle Mittel für Investitionen fehlen und die darüber hinaus bislang in der Suche nach strategischen Partnern aus dem Ausland weitgehend erfolglos waren. Insgesamt sind im gesamten zweiten Cluster nur 76 Beschäftigte im produktiven und distributiven Dienstleistungsbereich pro 1.000 Einwohner tätig. Den eher industriell geprägten Regionen kann somit nur eine unterdurchschnittliche Modernität der regionalen Produktionsstrukturen bescheinigt werden, was vor allem auf den unterentwickelten Dienstleistungssektor der stark industrialisierten Regionen zurückzuführen ist. Die drei polnischen Regionen zeigen hingegen bereits einen gut entwickelten Servicesektor.

Mit einem Anteil von 28% Wald an der regionalen Gesamtfläche weist das zweite Cluster einen leicht überdurchschnittlichen Wert auf. Dies spricht für eine recht gute Umweltqualität sowie einen relativ hohen Naherholungswert in diesen Regionen. Allerdings werden diese Faktoren auch beträchtlich durch den Grad der regionalen Luft- bzw. Wasserverschmutzung beeinflußt, der insbesondere in den ausgesprochen stark industrialisierten Regionen in Tschechien vergleichsweise hoch ausfällt.

4.3.4 Cluster 3: Die Altindustrieregion Oberschlesien

Das dritte Cluster ist mit nur einer Region, der polnischen Region Slaskie, besetzt. In Slaskie befindet sich die neben der polnischen Hauptstadt Warschau größte Agglomeration Katowice, die gleichzeitig das Zentrum des polnischen Bergbaus bildet. Katowice gehörte im Jahr 1996 noch zum zweiten Cluster, welches sich durch eine überdurchschnittliche Wohlfahrtsposition auszeichnete. Im Jahr 1999 zeigt die polnische Region Slaskie typische Charakteristika einer stark spezialisierten Industrieregion. Auf den ersten Blick weist es eine durchschnittliche Wohlfahrtsposition auf, obgleich im Hinblick auf einige Indikatoren der Mittelwert aller Regionen teilweise auch überschritten wird, aber offensichtlich ist der von den Individuen bereits antizipierte künftige Rückgang der Wohlfahrtssituation unaufhaltbar. Die entsprechenden Indikatorausprägungen des dritten Clusters sind in der folgenden Tabelle veranschaulicht.

Tabelle 4.13: Indikatorwerte Cluster 3 für das Untersuchungsjahr 1999

	Wohlstand			**Humankapital**	
	BIP pro Kopf in ECU	**Arbeitslosenquote**	**Migrationssaldo pro 1.000 Einwohner**	**Erwerbstätige pro 1.000 Einwohner**	**Industriebruttolohn in ECU pro Industriebeschäftigter und Monat**
Cluster 1 (2 Regionen) *	7.235	4,9	1,20	458	452
Cluster 2 (12 Regionen) *	3.931	8,4	1,11	448	340
Cluster 3 (1 Region)					
Mittelwert	**3.767**	**7,3**	**-8,77**	**392**	**419**
Standardabweichung	-	-	-	-	-
Varianz	-	-	-	-	-
Slaskie	3.767	7,3	-8,77	392	419
Cluster 4 (16 Regionen) *	2.786	12,0	-0,72	380	302
Gesamt (31 Regionen)					
Mittelwert	3.548	10,0	-0,14	412	330
Standardabweichung	1.235	3,3	2,42	55	48
Varianz	1.524.735	10,9	5,86	3.026	2.289

* Daten sind Clustermittelwerte
Quelle: Eigene Darstellung

Bereits die drei Wohlstandsindikatoren lassen die Spezifika des dritten Clusters erkennen. So erreicht die Region Slaskie zwar leicht überdurchschnittliche Werte für Pro-Kopf-Einkommen (3.767 ECU) sowie Arbeitslosenquote (7,3%), die immerhin mehr als ein Viertel unter dem Gesamtdurchschnitt (8,4%) liegt. Der Migrationssaldo weist hingegen mit knapp 9 Abwanderungen pro 1.000 Einwohner auf eine deutlich negative Bewertung der regionalen Wohlfahrtssituation durch die Individuen hin. Die Tendenz zur starken Abwanderung trotz einer überdurchschnittlichen Einkommensposition sowie eines überdurchschnittlich hohen Beschäftigungsstands in der Region läßt sich folgendermaßen erklären: Die zum großen Teil noch ausstehenden Unternehmensprivatisierungen bedingen die vergleichsweise niedrige Arbeitslosenquote sowie das überdurchschnittliche BIP pro Kopf. Die notwendige Restrukturierung der Wirtschaftsstrukturen Oberschlesiens wird unvermeidlich mit radikalen Reduzierungen des regionalen Arbeitsplatzangebots verbunden sein[104]. Diese Perspektive wird bereits heute durch die Arbeitskräfte antizipiert, wie der negative Migrationssaldo belegt. Durch entsprechend hohe Investitionszuflüsse ließen sich die negativen Arbeitsmarktauswirkungen der Restrukturierung zumindest teilweise kompensieren und der Strukturwandel in der Region Slaskie beschleunigen. Cluster 3 erreicht jedoch mit investierten 755 ECU pro Kopf nur 80% des Gesamtmittelwertes. Trotz spezieller Investitionsförderprogramme für die Altindustrieregion erzielt das dritte Cluster damit nur eine unterdurchschnittliche Wohlfahrtsposition, die auch auf weitere Standortnachteile wie Umweltbelastung und einseitig ausgebildete Arbeitskräfte zurückzuführen ist.

Die beiden den regionalen Humankapitalbestand charakterisierenden Indikatoren Erwerbstätigenquote und Industriebruttolohn zeichnen ein widersprüchliches Bild Oberschlesiens. Mit 392 Erwerbstätigen pro 1.000 Einwohner signalisiert die Erwerbstätigenquote eine nur unterdurchschnittliche Humankapitalausstattung der Region. Im Gegensatz dazu deutet der mehr als ein Viertel über dem Gesamtmittelwert (330 ECU) rangierende Industriebruttolohn (419 ECU) auf einen überdurchschnittlich hohen Anteil qualifizierter Arbeitskräfte hin. Da aber die Region durch starke Spezialisierung auf den Bergbau gekennzeichnet ist, verfügt sie zwar über qualifizierte Industriearbeitskräfte, die jedoch aufgrund ihrer bergbauspezifischen Ausbildung nicht branchenübergreifend zur Verfügung stehen dürften, ein Problem, das analog auch für die dem zweiten Cluster zugehörigen Regionen Nordböhmen sowie Nordmähren zutrifft.

[104] Vgl. Szczepánski (1997), S. 214 und Kapitel 3.4.2, S. 67f.

Tabelle 4.14: Indikatorwerte Cluster 3 für das Untersuchungsjahr 1999

	Privates Sach-kapital	Öffentl. Infra-struktur	Modernität Pro-duktionsstruktur		Industri-elle Basis	Umwelt
	Bruttoanlageinvestitio-nen pro Kopf in ECU	Ärzte pro 1.000 Ein-wohner	Dienstleistungsbeschäf-tigte pro 1.000 Einw.	Besch. im produktiven/ distributiven Dienstl.-Sektor pro 1.000 Einw.	Industriebeschäftigte pro 1.000 Einwohner	Anteil der Waldfläche an der regionalen Ge-samtfläche
Cluster 1 (2 Regionen) *	2.158	5,3	282	162	69	15%
Cluster 2 (12 Regionen) *	1.178	3,0	143	76	123	28%
Cluster 3 (1 Region)						
Mittelwert	**755**	**2,5**	**175**	**119**	**135**	**32%**
Standardabweichung	-	-	-	-	-	-
Varianz	-	-	-	-	-	-
Slaskie	755	2,5	175	119	135	32%
Cluster 4 (16 Regionen) *	588	2,4	142	79	79	27%
Gesamt (31 Regionen)						
Mittelwert	923	2,8	153	85	97	27%
Standardabweichung	524	0,9	47	39	28	8%
Varianz	274.531	0,8	2.169	1.548	791	1%

* Daten sind Clustermittelwerte
Quelle: Eigene Darstellung

Die öffentliche Gesundheitsversorgung und somit die Erhaltung der Leistungsfähigkeit des regionalen Arbeitskräftepotentials ist in Oberschlesien mit 2,5 Ärzten pro 1.000 Einwohner nur unterdurchschnittlich gewährleistet. Allerdings kommen hier intraregionale Infrastrukturdifferenzen zum Tragen, denn während das Agglomerationszentrum Katowice eine sehr gut ausgestattete öffentliche Infrastruktur aufweist, ist diese im oberschlesischen Umland deutlich unterentwickelt.

Das dritte Cluster verfügt im Vergleich der vier Cluster über die stärkste industrielle Basis. Mit 135 Erwerbstätigen im industriellen Sektor pro 1.000 Einwohner sind hier knapp 40% mehr als im Gesamtdurchschnitt (97 Industriebeschäftigte pro 1.000 Einwohner) beschäftigt. Dieser zwar quantitativ starke Industriebesatz birgt jedoch den Nachteil einer einseitigen Ausrichtung auf die Altindustrien in sich. Der hohe Spezialisierungsgrad des industriellen Sektors ist weniger als ein Ausdruck der vorhandenen komparativen Vorteile, sondern vielmehr als ein Risiko in Form einer höheren Krisenanfälligkeit der Region anzusehen. Damit sind auch künftig von dem vergleichsweise überdurchschnittlichen Industriebesatz keine positiven Beschäftigungseffekte für den regionalen Arbeitsmarkt zu erwarten. Denn der Zwang, die regionale Wirtschaft zu restrukturieren sowie nicht wettbewerbsfähige Industriearbeitsplätze abzubauen, wird den Arbeitsmarkt der Region Slaskie in den nächsten Jahren sogar noch stärker belasten. Mit 119 Erwerbstätigen im tertiären Sektor pro 1.000 Einwohner liegt die polnische Region deutlich über dem Mittelwert (85 pro 1.000 Einwohner) aller Regionen. Allerdings sind in der hoch spezialisierten Region Slaskie viele Arbeitsplätze im produktiven bzw. distributiven Dienstleistungsbereich an die dominanten Industriezweige gebunden. Die bevorstehende Schrumpfung des industriellen Sektors wird somit auch Teile des tertiären Sektors berühren. Positive Beschäftigungswirkungen werden infolgedessen nur von jenen Branchen ausgehen, die weitgehend unabhängig von den schrumpfenden Altindustrien agieren.

Der Anteil des Waldes an der Gesamtfläche der Region Slaskie ist überdurchschnittlich hoch. Ungeachtet anderer Faktoren läßt das zunächst auf besonders gute Umweltqualität und einen hohen regionalen Naherholungswert schließen. Wird jedoch in Rechnung gestellt, daß es sich hierbei um eine ausgesprochen stark industrialisierte Region handelt, so ist dem nur bedingt zuzustimmen. Die regionale Umweltqualität wird durch hohe Luft- und Wasserbelastung deutlich eingeschränkt.

4.3.5 Cluster 4: Die östliche Peripherie

Cluster 4 ist mit sechzehn Regionen das von allen vier Clustern am stärksten besetzte. Zwölf der hier vertretenen Regionen befinden sich in Polen, vier weitere in Ungarn. Sowohl für die polnischen als auch für die ungarischen Regionen ist ein geographischer Schwerpunkt auf die jeweiligen östlichen Landesteile auszumachen. Vier der zwölf polnischen Regionen umfassen mit den Städten Szczecin, Wroclaw, Gdansk und Lodz sogar größere Agglomerationszentren. Die Tabellen 4.15 und 4.16 auf den Seiten 156 und 158 stellen die vergleichsweise schlechteste Position des vierten Clusters in Zahlen dar. Alle sechzehn Regionen weisen gravierende Entwicklungsrückstände auf, wie es insbesondere anhand der drei Wohlstandsindikatoren deutlich wird. Auch im Hinblick auf die übrigen Klassifizierungsindikatoren bleiben diese Regionen weit hinter den entsprechenden Gesamtmittelwerten zurück Die offensichtlichen Standortnachteile verhindern Investitionszuflüsse größeren Ausmaßes, die jedoch dringend für die Verbesserung der regionalen Wachstumschancen benötigt werden.

Das durchschnittlich erwirtschaftete Pro-Kopf-Einkommen des vierten Clusters (2.786 ECU) beträgt nicht einmal 80% des Gesamtmittelwertes (3.548 ECU) und spiegelt ein vergleichsweise schlechtes Ergebnis der regionalen Wirtschaftstätigkeit wider. Dies wird durch die überdurchschnittlich hohe Arbeitslosigkeit (12%) bestätigt. Die Chancen auf Beschäftigung sind in diesen Regionen entsprechend gering. Von daher fällt auch die Bewertung der künftigen regionalen Wohlfahrtssituation durch die Individuen negativ aus, was sich in der deutlich überdurchschnittlichen Nettoabwanderung äußert. Innerhalb des Clusters erweist sich die Abwanderung in den beiden Industrieregionen Opolskie und Nordungarn sowie in der landwirtschaftlich geprägten Nordungarischen Tiefebene mit etwa 2 bzw. 3 Abwanderungen pro 1.000 Einwohner als am stärksten. Ebenso verhalten stehen potentielle Investoren den Regionen des vierten Clusters gegenüber, nicht einmal zwei Drittel der durchschnittlichen Bruttoanlageinvestitionen pro Kopf (923 ECU) flossen in dieses Zielgebiet. Damit liegt Cluster 4 weit hinter den anderen Clustern zurück, worin die geringe Standortattraktivität der entweder auf Landwirtschaft oder einzelne Altindustrien spezialisierten Regionen sichtbar wird. Aufgrund des deutlich unterdurchschnittlichen Investitionszuflusses sind die Wachstumschancen für die sechzehn Regionen nur als gering einzustufen.

Der beträchtliche Rückstand des vierten Clusters im Hinblick auf die regionale Humankapitalausstattung wird sowohl durch die niedrigste Erwerbstätigenquote als auch durch den niedrigsten Industriebruttolohn aller Cluster bestätigt. Mit durchschnittlich 380 Erwerbstätigen pro 1.000 Einwohner liegen die sechzehn Regionen knapp ein Zehntel unter dem Gesamtmittelwert (412 pro 1.000 Einwohner), wobei das Cluster insgesamt eine sichtbare Heterogenität aufweist. So verzeichnen die fünf polnischen Regionen Swietokrzyskie, Podkarpackie, Lubelskie, Lodzkie sowie Podlaskie deutlich über dem Clusterdurchschnitt liegende Erwerbstätigenquoten. Vier dieser Regionen befinden sich in Ost- bzw. Südostpolen, dessen Wirtschaftsstrukturen immer noch stark durch den primären Sektor dominiert werden. Somit kommt auch hier das bereits für das Untersuchungsjahr 1996 beschriebene Phänomen zum Tragen, daß die Landwirtschaft in diesen Regionen als Auffangbecken für freigesetzte Arbeitskräfte regionaler Industriebetriebe dient, die bis zur politischen Wende typischerweise neben ihrer Erwerbstätigkeit in der Bauwirtschaft oder Industrie private Landwirtschaft betrieben haben[105]. Die vergleichsweise durchschnittlichen Arbeitslosenquoten dieser Regionen belegen zudem, daß eine Mehrzahl jener Arbeitskräfte nicht arbeitslos gemeldet ist und heute von dem früheren Zweiterwerb lebt.

105 Vgl. Kapitel 3.4.2, S. 68; Kapitel 4.2.5, S. 105.

Tabelle 4.15: Indikatorwerte Cluster 4 für das Untersuchungsjahr 1999

	Wohlstand			Humankapital	
	BIP pro Kopf in ECU	**Arbeitslosenquote**	**Migrationssaldo pro 1.000 Einwohner**	**Erwerbstätige pro 1.000 Einwohner**	**Industriebruttolohn in ECU pro Industriebeschäftigter und Monat**
Cluster 1 (2 Regionen) *	7.235	4,9	1,20	458	452
Cluster 2 (12 Regionen) *	3.931	8,4	1,11	448	340
Cluster 3 (1 Region) *	3.767	7,3	-8,77	392	419
Cluster 4 (16 Regionen)					
Mittelwert	**2.786**	**12,0**	**-0,72**	**380**	**302**
Standardabweichung	**314**	**2,7**	**0,95**	**51**	**21**
Varianz	**98.609**	**7,2**	**0,89**	**2.553**	**453**
Dolnolaskie	3.087	12,8	-1,05	355	332
Kujawsko-Pomorskie	2.748	13,9	-0,37	385	290
Lubelskie	2.393	10,3	0,03	455	291
Lubuskie	2.799	13,2	-0,11	352	274
Lodzkie	3.076	11,4	-0,04	425	279
Opolskie	2.813	10,5	-1,94	360	311
Podkarpackie	2.462	12,3	-0,02	464	289
Podlaskie	2.370	10,8	-0,08	419	285
Pomorskie	3.262	11,0	-0,72	356	308
Swietokrzyskie	2.295	12,1	-0,04	469	301
Warminsko-Mazurskie	2.519	19,7	-0,35	353	270
Zachodniopomorskie	3.148	13,9	-0,22	360	309
Südtransdanubien	3.086	9,4	-0,64	351	327
Nordungarn	2.674	12,1	-3,18	311	344
Nordungarische Tiefebene	2.746	11,0	-2,28	311	306
Südungarische Tiefebene	3.095	7,1	-0,45	364	317
Gesamt (31 Regionen)					
Mittelwert	3.548	10,0	-0,14	412	330
Standardabweichung	1.235	3,3	2,42	55	48
Varianz	1.524.735	10,9	5,86	3.026	2.289

* Daten sind Clustermittelwerte
Quelle: Eigene Darstellung

Bei der Interpretation des zwar quantitativ hohen Humankapitalbestands der fünf genannten Regionen dürfen allerdings qualitative Aspekte nicht außer acht gelassen werden. Die Qualität des regionalen Arbeitskräftepotentials wird vor allem durch die regionalen Industriebruttolöhne abgebildet. Insgesamt verdienen die Industriearbeitskräfte des vierten Clusters mit durchschnittlich 302 ECU rund 10% weniger als im Gesamtdurchschnitt (330 ECU). Offensichtlich sind hochqualifizierte Arbeitskräfte innerhalb der vierten Regionengruppe unterrepräsentiert. Erkennbar ist darüber hinaus, daß der monatliche Industriebruttolohn gerade in den fünf Regionen, die eine überdurchschnittlich hohe Erwerbstätigkeit aufwiesen, nicht nur im Vergleich zum Gesamtdurchschnittswert, sondern auch zum Clustermittelwert geringer ausfällt, womit die These eines großen Anteils gering qualifizierter Arbeitskräfte bestätigt wird. Auch die öffentliche Gesundheitsversorgung zur Qualitätserhaltung des regionalen Arbeitskräftepotentials ist innerhalb des vierten Clusters unterdurchschnittlich entwickelt, pro 1.000 Einwohner gibt es hier 15% weniger Ärzte als im Durchschnitt (2,8 Ärzten pro 1.000 Einwohner) aller Regionen.

Der industrielle Sektor ist in den Regionen des vierten Clusters wenig entwickelt, mit 79 Erwerbstätigen in der Industrie pro 1.000 Einwohner erreichen sie nur 80% des Gesamtmittelwertes (97 Industriebeschäftigte pro 1.000 Einwohner). Die polnischen Regionen Lodzkie und Zachodniopomorskie weisen zwar insgesamt eine besser entwickelte Industriebasis auf, doch konzentrieren sich dort die Industriestandorte auf die jeweiligen Agglomerationszentren Lodz und Szczecin, sind zudem auf Textilindustrie bzw. Werften spezialisiert und von daher wesentlich krisenanfälliger. Ähnliches muß für die Region Nordungarn festgestellt werden, innerhalb derer insbesondere das Komitat Borsod-Abaúj-Zemplén stark industrialisiert, aber gleichzeitig nur auf Bergbau und Stahlindustrie ausgerichtet ist. Insgesamt ist die industrielle Basis des vierten Clusters nur unzureichend ausgebildet, um daraus positive Beschäftigungswirkungen für die regionalen Arbeitsmärkten ableiten zu können. Hinzu kommt, daß die meisten der sechzehn Regionen auch nur über einen schwachen Dienstleistungssektor verfügen. Die Anzahl von 79 Erwerbstätigen im produktiven bzw. distributiven Dienstleistungsgewerbe pro 1.000 Einwohner bleibt unter dem Mittelwert aller Regionen (85 Beschäftigte im produktiven und distributiven Dienstleistungssektor pro 1.000 Einwohner). Einige der polnischen Regionen zeigen jedoch deutlich überdurchschnittliche Werte. Hierbei handelt es sich um Regionen, in denen größere Agglomerationen (z.B. Szczecin, Wroclaw und Gdansk) angesiedelt sind, deren besser entwickelter tertiärer Sektor die regionalen Werte maßgeblich beeinflußt. Es läßt sich allerdings festhalten, daß weite Teile der in Cluster 4 vertretenen Regionen, insbesondere die in den östlichen Landesteilen gelegenen agrarwirtschaftlich geprägten Regionen sowie auch jene Regionen, die durch einzelne spezialisierte Industriestandorte inmitten einer wenig erschlossenen Peripherie gekennzeichnet sind (z.B. Nordungarn), noch am Anfang des Strukturwandels stehen.

Tabelle 4.16: Indikatorwerte Cluster 4 für das Untersuchungsjahr 1999

	Privates Sach-kapital	Öffentl. Infra-struktur	Modernität Pro-duktionsstruktur		Industri-elle Basis	Umwelt
	Bruttoanlageinvestitio-nen pro Kopf in ECU	Ärzte pro 1.000 Ein-wohner	Dienstleistungsbeschäf-tigte pro 1.000 Einw.	Besch. im produktiven/ distributiven Dienstl.-Sektor pro 1.000 Einw.	Industriebeschäftigte pro 1.000 Einwohner	Anteil der Waldfläche an der regionalen Ge-samtfläche
Cluster 1 (2 Regionen) *	2.158	5,3	282	162	69	15%
Cluster 2 (12 Regionen) *	1.178	3,0	143	76	123	28%
Cluster 3 (1 Region) *	755	2,5	175	119	135	32%
Cluster 4 (16 Regionen)						
Mittelwert	**588**	**2,4**	**142**	**79**	**79**	**27%**
Standardabweichung	**109**	**0,5**	**32**	**34**	**15**	**9%**
Varianz	**11.933**	**0,3**	**1.028**	**1.173**	**221**	**1%**
Dolnolaskie	789	2,4	170	104	93	29%
Kujawsko-Pomorskie	517	1,8	163	102	95	22%
Lubelskie	414	2,5	143	81	61	22%
Lubuskie	656	1,8	176	112	90	49%
Lodzkie	525	2,6	158	98	109	20%
Opolskie	648	1,8	142	86	89	27%
Podkarpackie	569	1,8	142	84	86	36%
Podlaskie	481	2,8	146	83	63	29%
Pomorskie	688	2,5	183	121	85	36%
Swietokrzyskie	555	2,0	141	83	79	28%
Warminsko-Mazurskie	436	1,8	160	99	79	29%
Zachodniopomorskie	653	2,2	187	122	82	35%
Südtransdanubien	587	3,5	96	26	65	23%
Nordungarn	783	2,4	91	23	67	29%
Nordungarische Tiefebene	560	2,8	92	24	58	11%
Südungarische Tiefebene	540	3,1	91	24	62	11%
Gesamt (31 Regionen)						
Mittelwert	923	2,8	153	85	97	27%
Standardabweichung	524	0,9	47	39	28	8%
Varianz	274.531	0,8	2.169	1.548	791	1%

* Daten sind Clustermittelwerte
Quelle: Eigene Darstellung

Mit einem Gesamtwaldanteil im Umfang von 27% zeichnet sich das vierte Cluster durch eine insgesamt mittlere Umweltqualität und somit einen mittleren Naherholungswert aus. Dabei treten allerdings regional beträchtliche Unterschiede auf, wie die hohe Varianz für diesen Indikator erkennen läßt, wonach der regionale Waldanteil in den vier ungarischen Regionen wesentlich niedriger ist als in den polnischen Regionen. Insbesondere in der Industrieregion Nordungarn ist die Umweltqualität durch hohe Verschmutzungsgrade von Luft und Wasser stark beeinträchtigt.

4.4 Zusammenfassung

Für beide Untersuchungsjahre 1996 und 1999 fällt die Besetzung der vier Cluster unterschiedlich stark aus, wobei dies insbesondere auf ein quantitatives Ungleichgewicht zwischen wirtschaftlich entwickelten Regionen einerseits sowie strukturschwachen Räumen andererseits zurückzuführen ist. Während im Jahr 1996 die das stärkste Wohlfahrtsniveau aufweisenden Cluster 1 und 2 lediglich 15% aller 77 Regionen umfassen, sind die schwächeren Cluster 3 und 4 mit insgesamt 66 Regionen (85%) beträchtlich stärker besetzt. Im Untersuchungsjahr 1999 fällt die quantitative Schieflage bei weitem nicht mehr so stark aus. Rund 45% der nunmehr 31 Regionen sind in Cluster 1 und 2, den Clustern mit dem höchsten Wohlfahrtsniveau, zusammengefaßt. Dennoch gilt für beide Untersuchungsjahre der Tatbestand, daß es nur eine kleine Gruppe von wirklichen Wachstumszentren, d.h. den hauptstädtischen Zentren Prag sowie Budapest als Teil Mittelungarns (Cluster 1 der 1999er Analyse), gibt, dafür eine sehr große Gruppe von ökonomisch unterentwickelten, landwirtschaftlich geprägten Gebieten existiert, die sich in erster Linie in den jeweiligen östlichen Landesteilen befinden (jeweils Cluster 4 mit jeweils mehr als der Hälfte aller Regionen).

Im Vergleich zu 1996 wird eine sichtbare Verbesserung der durchschnittlichen absoluten Wohlfahrtsposition aller Regionen verzeichnet. Die in den Abschnitten 4.2 sowie 4.3 abgebildeten Clusterprofile veranschaulichen darüber hinaus für das Untersuchungsjahr 1999 eine sichtbare Konvergenz der Wohlfahrtsniveaus der vier Cluster gegenüber 1996. Auffällig ist hierbei, daß insbesondere die Wohlfahrtspositionen des ersten und zweiten Clusters im Jahre 1999 weniger stark vom gesamtdurchschnittlichen Niveau abweichen als es noch 1996 der Fall war. Hingegen veränderte sich die relative Wohlfahrtsposition des dritten und vierten Clusters zwischen 1996 und 1999 kaum, hier bewegen sich die Indikatorwerte in beiden Untersuchungsjahren um den Gesamtmittelwert. Von einem Aufholprozeß der ökonomisch schwächeren Regionen insgesamt ist also nicht auszugehen. Vielmehr geht die gegenüber 1996 verminderte Heterogenität zwischen den 1999er Clustern auf die veränderten Territorialstrukturen in Polen sowie in Ungarn zurück. Durch das Zusammenfassen der vormals 49 Woiwodschaften bzw.

20 Komitate zu größeren regionalen Einheiten wird gleichzeitig eine Reduzierung der interregionalen Disparitäten erreicht. Dieses Ergebnis deckt sich mit denen der einfachen Disparitätenanalyse für die regionalen Pro-Kopf-Einkommen und Arbeitslosenquoten (Kapitel 3).

Die geographische Besetzung der vier Cluster ist in beiden Untersuchungsjahren nahezu identisch. Während die polnischen und ungarischen Regionen 1996 in Cluster 2, 3 und 4 vertreten sind, finden sich tschechische Regionen nur im ersten und zweiten Cluster. Dies gilt ebenso für 1999 mit der Ausnahme, daß nunmehr alle vier Cluster ungarische Regionen umfassen. Sowohl 1996 als auch 1999 ist das vierte Cluster mehrheitlich durch polnische Regionen besetzt, die sich zu großen Teilen im östlichen Teil des Landes befinden und insbesondere durch einen niedrigen Industrialisierungsgrad, schwache Humankapitalausstattung, kaum Investitionszuflüsse sowie äußerst geringe Beschäftigungschancen für das regionale Arbeitskräftepotential hervorstechen. Bei den verbleibenden polnischen Regionen, die sich in beiden Jahren auf das zweite und dritte Cluster verteilen, gibt es gegenüber 1996 einige Verschiebungen. So verbesserte sich das Niveau wirtschaftlicher Entwicklung insbesondere in den Regionen Krakowskie, Poznanskie sowie Koninskie, die als Bestandteile der neuen Woiwodschaften Malopolskie sowie Wielkopolskie ins zweite Cluster aufrücken. Die neue Region Mazowieckie, welche die polnische Hauptstadt Warschau umschließt, kann jedoch im Vergleich zu 1996 keine Verbesserung erzielen und bleibt im zweiten Cluster. Die Bergbauregion Katowice als Teil der neuen Region Slaskie fällt sogar ökonomisch zurück und bildet im Jahre 1999 ein eigenes Cluster, welches insgesamt die dritte Position einnimmt und die spezifischen Probleme des industriellen Rückgangs dieser Region offenlegt. Alle anderen polnischen Regionen, die noch 1996 einen durchschnittlichen Entwicklungsstand aufweisen, verzeichnen drei Jahre später vergleichsweise schlechtere Indikatorwerte und finden sich im vierten, also im schwächsten Cluster wieder. Diese intertemporalen Verteilungsmuster bestätigen für Polen einen klar divergenten Entwicklungsverlauf zwischen den einzelnen Regionen: Während einige wenige, insbesondere durch große Agglomerationszentren gekennzeichnete, Woiwodschaften ein erkennbares ökonomisches Wachstum zeigen, vergrößert sich gleichzeitig die Gruppe der wirtschaftlich schwächsten Regionen und deren Abstand zur Spitze.

In Ungarn ist für das Jahr 1996 eine Häufung durchschnittlich entwickelter Regionen festzustellen (vierzehn von zwanzig Regionen in Cluster 3), die jedoch drei Jahre später aufgrund relativ verbesserter bzw. verschlechterter Performancewerte in das zweite Cluster aufrücken bzw. in das vierte Cluster zurückfallen. So erzielen die im westlichen Teil Ungarns, nahe der österreichischen Grenze gelegenen Komitate Fejér, Komárom-Esztergom, Veszprém, Györ-Moson-Sopron, Vas und Zala 1999 bessere Indikatorausprägungen und gehören als Bestandteile der Regionen Mittel- und Westtransdanubien dem zweitbesten Cluster an. Das Komitat Pest (Cluster 3 im Jahr 1996) steigt zusammen mit der ungarischen Hauptstadt Budapest als Bestandteile der größeren Region Mittelungarn ins erste Cluster auf. Alle anderen Komitate, die zu den Regionen Südtransdanubien sowie Südungarische Tiefebene gehören, finden sich 1999 im vierten Cluster wieder, dessen Schwerpunkt im östlichen Teil Ungarns liegt. Insgesamt kann auch hier ein weiteres Auseinanderdriften der regionalen ökonomischen Entwicklung zwischen 1996 und 1999 festgestellt werden. Gegenüber Polen sind die ungarischen Topregionen wesentlich besser positioniert, insgesamt zeigt sich jedoch eine zu Polen vergleichbare West-Ost-Diskrepanz zwischen wirtschaftlich starken und strukturschwachen Gebieten.

Die tschechischen Regionen verzeichnen die durchschnittlich höchsten Wohlfahrtspositionen sowohl im Untersuchungsjahr 1996 als auch 1999. Dabei muß die Ausnahmestellung der Region Prag unterstrichen werden. Diese bildet 1996 allein das Spitzencluster (1999 zusammen mit Mittelungarn Cluster 1), welches durch seine über alle Variablen beträchtlich vom Gesamtdurchschnitt abweichenden Ausprägungen auffällt. Alle weiteren sieben tschechischen Regionen sind in beiden Jahren im zweitbesten Cluster vertreten, obschon sich gemäß der 1999er Daten ein Zurückfallen der beiden Industrieregionen Nordböhmen und Nordmähren abzeichnet. Innerhalb der Tschechischen Republik gestalten sich interregionale Disparitäten hauptsächlich als ein „binäres“ Entwicklungsproblem zwischen der Wachstumsmetropole Prag einerseits sowie den restlichen Landesteilen andererseits. Entwicklungsdifferenzen zwischen den westlichen und östlichen Landesteilen können hierbei nicht festgestellt werden. Im Vergleich zu den polnischen und ungarischen Regionen handelt es sich bei allen acht tschechischen Regionen sogar um vergleichsweise wirtschaftsstarke Räume mit zum Teil positiven Wachstumsaussichten (z.B. Westböhmen).

5. Theoretische Diskussion regionalökonomischer Entwicklungsprozesse und ihrer Bestimmungsfaktoren in den Transformationsökonomien

Die in der Clusteranalyse offen gelegte Differenzierung des regionalwirtschaftlichen Entwicklungsstands in Polen, Ungarn und der Tschechischen Republik läßt bereits einige strategische Faktoren hervortreten, die für die regionale Entwicklung von wesentlicher Bedeutung sind und daher Gegenstand künftiger wirtschaftspolitischer Aktivitäten sein können oder sollten. Aufbauend auf den Ergebnissen der Clusteranalyse ist die Möglichkeit zur Steuerung regionaler Entwicklungsprozesse anhand spezifischer Faktoren zu untersuchen, indem diejenigen regionalpolitischen Stellgrößen identifiziert werden, welche den größten Erklärungsbeitrag einer Wohlfahrtssteigerung leisten und damit die größte Durchschlagkraft als Ergebnis politischen Handelns bieten. Dies um so mehr, als angesichts wachsender disparitärer Strukturen sowie der Beitrittsanforderungen der Europäischen Union die betrachteten Staaten vor der Herausforderung stehen, geeignete regionalpolitische Konzepte zu entwickeln, die zügig und wirksam umgesetzt werden können und dabei langfristig tragfähige Lösungen darstellen.

Vor diesem Hintergrund besteht das Ziel des anschließenden Kapitels 5 darin, die regionalökonomisch relevanten Theorien hinsichtlich ihrer Aussage sowohl zum Verlauf als auch zu den Bestimmungsfaktoren regionaler Entwicklungsprozesse zu überprüfen. Dabei erfolgt eine Unterscheidung zwischen Ansätzen der neoklassischen Denkschule (z.B. neoklassische Außenhandels- und Wachstumstheorie), den neuen Außenhandels- und Wachstumstheorien (z.B. Modelle von Krugman sowie von Barro, Romer und Lucas) und partialanalytischen Modellen (z.B. polarisationstheoretische Ansätze). Über die Darstellung der wesentlichen Prämissen und Hauptaussagen der einzelnen Theorien hinaus wird jeder Ansatz hinsichtlich seines Erklärungswertes für die folgenden zwei zentralen Fragestellungen beleuchtet:

1. Welche Entwicklungsrichtung prognostizieren die regionalökonomisch relevanten Theorien im Hinblick auf die bestehenden interregionalen Disparitäten in den Beitrittsländern unter der Voraussetzung, daß keine staatlichen Eingriffe vorgenommen werden: Konvergenz oder Divergenz?

2. Welche strategischen Faktoren erachten die theoretischen Ansätze als maßgeblich für interregionale Konvergenz- oder Divergenzprozesse und wie sind diese theoretischen Aussagen hinsichtlich ihres praktischen Erkenntnisnutzens zu beurteilen?

Kurz zur weiteren Vorgehensweise: Die theoretisch ermittelten Faktoren werden durch geeignete Indikatoren quantifiziert und mittels einer umfangreichen Regressionsanalyse auf ihren Erklärungswert für die drei Visegràdstaaten überprüft (Kapitel 6). Die entsprechenden Untersuchungsergebnisse stellen zusammen mit denen der Clusteranalyse den Ausgangspunkt für die Erarbeitung politischer Handlungsempfehlungen dar (Kapitel 7).

5.1 Neoklassische Ansätze

5.1.1 Neoklassische Außenhandelstheorie

Die Grundlage der neoklassischen Außenhandelstheorie bildet die von Ricardo entwickelte *Theorie der komparativen Kostenvorteile* (1817), deren Ziel darin besteht, die Vorteilhaftigkeit der Produktionsspezialisierung sowie der Aufnahme von Handel zwischen zwei Staaten oder im Sinne der vorliegenden Arbeit zwischen zwei Regionen zu erklären[107]. Die Spezialisierung einer Region auf die Herstellung desjenigen der beiden Güter, für welches sie einen komparativen Kostenvorteil erzielen kann, in Verbindung mit der Handelsaufnahme zum interregionalen Güteraustausch ist nach Ricardo wohlfahrtsmaximierend und zwar auch dann, wenn eine Region beide Güter günstiger als die zweite Region herstellen kann, der komparative Kostenvorteil eines Gutes den des anderen Gutes jedoch überwiegt.

Der Ricardianische Ansatz wurde von Heckscher (1919) und Ohlin (1931 und 1933) zum *Faktorproportionentheorem* weiterentwickelt, um die Wirkungen des internationalen Handels auf Ressourcenallokation und Einkommensverteilung aufzuzeigen. Dem Faktorproportionentheorem liegen folgende Annahmen zugrunde:

- zwei Regionen
- zwei Güter: Gut 1 arbeitsintensiv, Gut 2 kapitalintensiv, beide Güter handelbar
- zwei Produktionsfaktoren: Arbeit und Kapital, Faktorausstattung für beide Regionen exogen gegeben: Region 1 relativ reich an Arbeit, Region 2 relativ reich an Kapital
- vollständiger Wettbewerb
- konstante Skalenerträge
- identische Produktionstechnologien in beiden Regionen
- keine Transportkosten
- intraregionale Faktormobilität (auch zwischen Sektoren), Faktoren Arbeit und Kapital interregional immobil

[107] Die Theorie der komparativen Kostenvorteile läßt sich auch auf den Zwei Regionen-Zwei Güter-Fall anwenden. Aus diesem Grunde wird im folgenden nur noch von Regionen gesprochen.

Heckscher und Ohlin sehen die Ursache für die Vorteilhaftigkeit von Spezialisierung und Handel in der unterschiedlichen relativen Faktorausstattung von Regionen begründet. Demnach wird sich die relativ kapitalreiche Region auf die Produktion des kapitalintensiven Gutes spezialisieren, dagegen die relativ arbeitsreiche Region auf die Herstellung des arbeitsintensiven Gutes. Ohlin zeigt des weiteren, daß sich die Güterpreise infolge des Freihandels zwischen den beiden Regionen angleichen. Aufgrund der sich angleichenden Faktorintensitäten der Güterproduktion erfolgt auch ein Ausgleich der Faktorpreise zwischen beiden Regionen, ohne daß eine interregionale Faktorwanderung stattfindet. Durch die Aufnahme des Handels fällt die Knappheitsrente des jeweiligen regionalen Engpaßfaktors weg.

⇨ Aus Sicht der neoklassischen Außenhandelstheorie läßt sich kein regionalpolitischer Handlungsbedarf ableiten, da es infolge des Freihandels zu einem interregionalen Faktorpreisausgleich und infolgedessen zu einer konvergenten Entwicklung hinsichtlich der Wohlfahrtniveaus kommt.

⇨ Als entscheidende Voraussetzung und somit als Bestimmungsfaktor für die konvergente Entwicklung zwischen Regionen wird der interregionale Freihandel betrachtet.

⇨ Der Erklärungsgehalt der neoklassischen Außenhandelstheorie in bezug auf die regionalökonomischen Fragestellungen bleibt jedoch aufgrund der teilweise unrealistischen Annahmen beschränkt. So werden identische Produktionsfunktionen (Technologien) in beiden Teilräumen vorausgesetzt, womit regionale Spezifika als mögliche Ursachen unterschiedlicher Entwicklungspfade a priori ausgeblendet bleiben. Die Annahme interregionaler Immobilität der Produktionsfaktoren spiegelt nur ein ungenaues Abbild der Realität wider. Darüber hinaus bleiben räumliche Dimensionen komplett unberücksichtigt und somit auch jene Einflußfaktoren wie Transportkosten, steigende Skalenerträge oder positive Agglomerationseffekte, die unterschiedliche Regionalentwicklungen begünstigen können.

Grundsätzlich ist es problematisch, ein auf dem Zusammenspiel der Marktkräfte in marktwirtschaftlichen Systemen beruhendes Modell wie die neoklassische Außenhandelstheorie für die mittel- und osteuropäischen Länder heranzuziehen, sprich für Volkswirtschaften, die sich noch immer in einer Übergangsphase vom Plan zum Markt befinden. Diese Staaten haben in den Jahren 1989/90 auch einen bis dahin einzigartigen und vor allem auch plötzlichen ökonomischen Bruch erfahren, für dessen adäquate Beschreibung langfristige Phänomene marktwirtschaftlicher Systeme wie Strukturwandel oder nachholende Modernisierung zu kurz greifen[108]. Hinzu kommt, daß die Transformationsphase unweigerlich mit umfassenden staatlichen Maßnahmen verbunden ist (z.B. Privatisierungsgesetze), die wiederum die ökonomischen und insbesondere auch regionalökonomischen Gegebenheiten entscheidend beeinflussen.

5.1.2 Neoklassische Wachstumstheorie

Die Grundlage der neoklassischen Wachstumstheorie bildet das *Modell gleichgewichtigen Wachstums* von Solow (1956). Dieser für eine einzelne Volkswirtschaft entwickelte Ansatz basiert auf einer aggregierten Produktionsfunktion vom Typ Cobb-Douglas. Die zentrale Aussage des Solow-Modells besteht darin, daß eine Volkswirtschaft nach Erreichen eines bestimmten Entwicklungsstadiums, des „Steady State", fortwährend mit einer gleichbleibenden Rate weiter wächst. Das Wachstumsmodell von Solow wurde basierend auf den folgenden Annahmen entwickelt:

- aggregierte Produktionsfunktion vom Typ Cobb-Douglas: $Y = A*K(t)^a * L(t)^{1-a}$, dabei gelten: K = Kapital, L = Arbeit, A = totale Faktorproduktivität (repräsentiert die Technologie), Y = Gesamtoutput, der mit einer gegebenen Menge Arbeit und Kapital produziert werden kann, sowie folgende Eigenschaften:
  (a) konstante Skalenerträge
  (b) abnehmende Grenzproduktivität der einzelnen Faktoren
  (c) linear-homogene Produktionsfunktion
  (d) bei Entlohnung der Faktoren mit dem jeweiligen Grenzprodukt entspricht die Summe der Faktoreinkommen dem Output
  (e) Arbeitsproduktivität nur abhängig vom Kapitaleinsatz pro Arbeitskraft: $Y/L = y = F(K/L) = f(k)$
  (f) a ist eine konstante Größe, repräsentiert den Stand des technischen Fortschritts: $0 < a < 1$ und $a + (1-a) = 1$
- A (Technologie) kann sich ungehindert verbreiten, ist deshalb als identisch für verschiedene Länder (Regionen) anzusehen, Änderungen von A erfolgen exogen, d.h. sie sind nicht durch Wirtschaftssubjekte beeinflußbar
- Produktionsfaktoren substituierbar
- Faktorpreise perfekt flexibel
- Wachstumsrate der Bevölkerung n exogen gegeben, $n = \Delta L/L = \partial L/\partial t/L$
- Wachstumsrate des Kapitalstocks abhängig von der Sparneigung der Bevölkerung (s), Abschreibungen nicht berücksichtigt: $0 < s < 1$, $S = sY$, $\Delta K = S = I$

[108] Vgl. Fassmann (1998), S. 28.

Das Solow-Modell geht davon aus, daß ein optimales Kapital-Arbeit-Verhältnis, d.h. eine optimale Kapitalintensität $k = K/L = k^*$ existiert (Steady State). Die Geschwindigkeit, mit der eine Volkswirtschaft das optimale Kapital-Arbeit-Verhältnis erreicht, ist von der Sparneigung der Bevölkerung s und der Bevölkerungswachstumsrate n abhängig, insofern Abschreibungen entsprechend der Annahmen vernachlässigt werden. Hat eine Volkswirtschaft den Steady State k^* erreicht, ist das Wachstum des Bruttosozialprodukts nur noch durch eine Bevölkerungszunahme in Verbindung mit einer proportionalen Erhöhung des Kapitalstocks realisierbar. Nur so kann das optimale Kapital-Arbeit-Verhältnis k^* noch aufrechterhalten werden. Ein Pro-Kopf-Wachstum des Bruttosozialprodukts findet allerdings nicht statt, da das Bruttosozialprodukt in diesem Fall mit der gleichen Rate wächst wie die Gesamtbevölkerung. Eine solche Wirtschaft wäre stationär. Eine Pro-Kopf-Steigerung des Bruttosozialprodukts bedingt exogenen technischen Fortschritt, d.h. $a = \Delta A/A > 0$.

⇨ Die Fragestellung nach konvergenter oder divergenter Regionalentwicklung beantwortet die neoklassische Wachstumstheorie wie folgt: Betrachtet werden zwei Regionen, die sich als identisch hinsichtlich ihrer Produktionsfunktion (Technologie), ihrer Sparneigung und ihres Bevölkerungswachstums erweisen und sich lediglich in der Ausstattung eines akkumulierbaren Faktors, z.B. Kapital, unterscheiden. Die kapitalarme Region weist mit einem Kapital-Arbeit-Verhältnis von $k < k^*$ eine hohe Grenzproduktivität des Kapitals auf. Da bei vollständiger Konkurrenz die Produktionsfaktoren gemäß ihres Grenzprodukts entlohnt werden, ist die Entlohnung des Faktors Kapital in der anfänglich kapitalarmen Region höher. Infolgedessen wächst das Pro-Kopf-Einkommen in der kapitalarmen Region schneller als in der kapitalreichen und erreicht schließlich denselben Steady State $k = k^*$ wie die ursprünglich kapitalreiche Region. Sind außerdem die Produktionsfaktoren interregional mobil, zieht die kapitalarme Region zusätzlich Investitionen an (höheres Zinsniveau). Somit erhöht sich die Akkumulationsrate des Kapitals in der kapitalarmen Region noch stärker und beschleunigt somit die Konvergenz der Wohlstandsniveaus über das Maß hinaus, was die kapitalarme Region bereits aus eigener Kraft realisiert.

Eine konvergente Entwicklung der regionalen Pro-Kopf-Einkommen wird nach der neoklassischen Denkschule auch dann erreicht, wenn sich die Regionen in ihren anfänglich verwendeten Technologien unterscheiden. In diesem Falle erfolgt ein exogener Wachstumsschub (technischer Fortschritt) nur in einer Region. Eine unbeschränkte Diffusion technischen Wissens ist jedoch Voraussetzung dafür, daß letztlich alle Regionen den gleichen Faktor A in ihren Produktionsfunktionen erreichen. Das Modell geht davon aus, daß die ärmeren Regionen die Technologie einkaufen und mit der Zeit den korrekten Umgang damit erlernen. Der Ersatz des obsolet gewordenen Kapitalstocks verleiht der rückständigen Volkswirtschaft (Region) den Status eines Followers, dessen Potential zum technologischen Sprung sich als wesentlich größer erweist als jenes der entwickelten Ökonomie, da diese bereits gegen die Grenzen des technischen Fortschrittes konvergiert. Das Follower-Prinzip impliziert einen Aufholprozeß der ärmeren und technologisch unterentwickelten Regionen hinsichtlich ihrer Pro-Kopf-Einkommen, der um so schneller verläuft, je größer die eigene Rückständigkeit ist. Eine beschränkte Diffusion technischen Wissens sowie eingeschränkte Lernfähigkeiten und ungünstige Nachfragebedingungen können jedoch den Aufholprozeß behindern.

⇨ Die neoklassische Wachstumstheorie sieht in der Existenz des vollständigen Wettbewerbes (konstante Skalenerträge) sowie in der ungehinderten Diffusion technischen Wissens die entscheidenden Faktoren für die konvergente Entwicklung anfänglich unterschiedlich ausgestatteter Regionen.

⇨ Hierin liegen auch gleich die Grenzen des Modells im Hinblick auf die Erklärung regionaler Entwicklungsprozesse begründet. Analog zu den Ausführungen zur neoklassischen Außenhandelstheorie ist die Anwendbarkeit der neoklassischen Wachstumstheorie auf die ökonomische Situation der Transformationsländer weitgehend begrenzt, so daß „die automatische Herstellung eines regionalen Gleichgewichts im Sinne des neoklassischen Modells[109]" für die Regionen Mittel- und Osteuropas, die durch die sozialistische Industrialisierungspolitik eine bis heute wirkende Beeinflussung ihrer Wirtschaftsstrukturen erfahren haben, wenig wahrscheinlich ist. Außerdem läßt die neoklassische Wachstumstheorie regionale Spezifika vollständig außer acht, indem sie identische Produktionsfunktionen in allen Regionen unterstellt. Die Bedeutung historisch bedingter Entwicklungspfade von Regionen als Ursache für eine räumliche Polarisierung bleibt somit generell außen vor. Technischer Fortschritt ist nur exogen möglich, regionalspezifische Fähigkeiten, z.B. Humankapitalunterschiede, bleiben als Motor technischen Fortschritts unberücksichtigt[110].

5.2 Neuere Ansätze zur Erklärung regionaler Entwicklungsprozesse

5.2.1 Polarisationstheoretische Ansätze

Neben der neoklassischen Denkschule verfolgten ebenso regional- und entwicklungsökonomische Theorierichtungen die Erklärung von Wachstumsunterschieden zwischen Teilräumen unter der Berücksichtigung internationaler bzw. interregionaler Arbeitsteilung. Die Polarisationstheorien als regionale Wachstumstheorien beziehen die Außenverflechtung der Regionen, Wanderungsbewegungen zwischen Regionen sowie die räumliche Distanz als Kostenfaktor und Barriere im

---

109 Fassmann (1998), S. 53.
110 Vgl. Thomas (1995), S. 6.

Austausch von Gütern, Informationen und Menschen ein[111]. Anders als die neoklassische Wachstumstheorie vertreten diese Ansätze jedoch die These einer divergierenden Einkommensentwicklung, die vor allem zwischen den Ballungsräumen einerseits und der Peripherie andererseits stattfindet (Polarisation). Wesentlich für diese Entwicklung ist die Annahme unvollkommener Märkte mit der Folge, „daß eine einmal eingetretene Ungleichgewichtssituation dazu neigt, sich zirkulär und kumulativ zu verstärken...“[112].

Dabei wirken folgende Mechanismen verstärkend auf eine bereits bestehende Polarität zwischen einem Zentrum und seiner Peripherie: die ökonomische Verflechtung von Unternehmern mit ihren Zulieferern bzw. Abnehmern im Zentrum (Wachstumspoltheorie, Perroux 1948), der Entzug des Produktionspotentials aus der Peripherie durch das Zentrum („Backwash“-Effekt, Myrdal 1957, Hirschman 1958, Kaldor 1970) sowie die selektive Diffusion von Wissen und Innovationen entlang der Verbindungswege zwischen den Zentren (Entwicklungsachsenansatz, von Pottier 1963).

Theorie der Wachstumspole

Die Theorie der Wachstumspole von Perroux (1948) verknüpft die beiden Faktoren sektorale Wirtschaftsstruktur und Agglomerationsgrad, um ungleichgewichtige Entwicklungen von Regionen zu erklären. Die wesentlichen Modellannahmen sind:

- steigende Skalenerträge in der Produktion
- Existenz positiver externer Effekte
- Existenz dynamischer Branchen oder Industriekomplexe mit Marktmacht, die neue Ressourcen, Absatzwege und –märkte erschließen und sich des technischen sowie organisatorischen Fortschritts bedienen

Regionales Wachstum wird hier ausschließlich durch dynamische Branchen oder Industriekomplexe stimuliert. Indem diese neue Ressourcen, Absatzwege und -märkte erschließen oder sich des technischen oder organisatorischen Fortschritts bedienen, expandieren sie nicht nur schneller als andere, sondern geben darüber hinaus auch über ihre bestehenden Zulieferer- und Abnehmerverflechtungen Wachstumsimpulse an andere Unternehmen weiter[113].

---

111 Vgl. Fürst/Klemmer/Zimmermann (1976), S. 72.

112 Krieger-Boden (1995a), S. 36.

113 Damit greift Perroux auf die Idee Schumpeters zurück, nach der Wachstumsimpulse in Gestalt dynamischer Unternehmer (Innovationen) erfolgen, und weitet diese auf ganze Industriezweige aus.

Die impulsgebenden Branchen polarisieren durch ihre starke Marktstellung sowohl die wirtschaftliche Entwicklung anderer Branchen als auch die der ganzen Volkswirtschaft. Es bilden sich sektorale Wachstumspole heraus. Die durch Innovationen dynamischer Unternehmen freigesetzten Wachstumskräfte werden durch positive Feedback-Prozesse verstärkt. Solche positiven Feedback-Prozesse entstehen durch regionale Agglomerationsvorteile, speziell durch Fühlungsvorteile sowie interne und externe Ersparnisse[114].

Fühlungsvorteile für ein einzelnes Unternehmen in Form einer verbesserten Kontakt- und Informationsdichte basieren auf der objektiv vorhandenen bzw. subjektiv wahrgenommenen größeren Nähe zu anderen Produzenten, Konsumenten und öffentlichen Einrichtungen. Die räumliche Konzentration ermöglicht beispielsweise den Aufbau informeller Kommunikationsnetzwerke zwischen Mitarbeitern verschiedener Unternehmen (z.B. Konkurrenz- oder Zulieferunternehmen) oder öffentlicher Einrichtungen, der über größere Distanzen mit enormen Kosten verbunden ist. Auch die größere Nähe zum Absatzmarkt und die damit verbundene frühzeitige Informationsgewinnung (z.B. im Hinblick auf Bedarf und Produktakzeptanz) gelten als Fühlungsvorteile[115]. Interne Ersparnisse resultieren für die Unternehmen aus den sinkenden Durchschnittskosten pro Produkteinheit bei Erweiterung der Produktionskapazitäten. Economies of scale bzw. Kostendegressionen lassen sich in Ballungsräumen vor allem aufgrund größerer Absatz- und Beschaffungsmärkte, auch bezogen auf den Arbeitskräftemarkt, realisieren[116]. Räumliche Nähe forciert Anbieter- und Nachfragerverflechtungen, die vorwärts, d.h. abnehmergerichtet, rückwärts, d.h. zulierfergerichtet, und seitwärts, d.h. in bezug auf Dienstleistungen, öffentliche Infrastruktur, sowie Arbeitskräftezuwanderung gerichtet sein können[117]. Die Verflechtungen bilden die Grundlage für die externen Kostenersparnisse, welche sich im Produktionsbereich in Lokalisations- und Urbanisationseffekte unterscheiden[118]. Externe Ersparnisse ergeben sich in sogenannten „Localization Economies“ (Hoover und Isard, 1937 bzw. 1956), die durch die Konzentration gleichartiger Wirtschaftsaktivitäten im Raum gekennzeichnet sind, aus der räumlichen Nähe anderer Unternehmen derselben Branche, die sowohl identische Zulieferer benötigen als auch identische Qualifikationsanforderungen an die Arbeitskräfte stellen[119]. In sogenannten „Urbanization Economies“ lassen sich hingegen aus dem Vorhandensein komplementärer Branchen und darüber hinaus kostenlos bereitgestellter öffentlicher Infrastruktureinrichtun-

114 Vgl. Klaus (1977), S. 94ff.
115 Vgl. Boustedt (1975a), S. 71ff.
116 Vgl. Peters (1995), S. 253.
117 Vgl. Biehl et al. (1975), S. 52.
118 Vgl. Ungar (1994), S. 81.
119 Vgl. Hoover, E.M. (1937), Location Theory and the Shoe and Leather Industries, Cambridge (Mass.); Isard, W. (1956), Location and Space-Economy: A General Theory Relating to Industrial Location, Market Areas, Land Use, Trade, and Urban Structure, New York.

gen im Raum positive externe Effekte für die betreffenden Unternehmen generieren[120]. Diese positiven „Feedback-Prozesse" führen aufgrund ihrer kumulativen Wirkung zur räumlichen Konzentration der Wachstumskräfte und somit zur Entstehung eines räumlichen Wachstumspols. Paelinck (1965) dehnte die Perroux'sche Wachstumspoltheorie erstmals auf Regionen aus. Zusätzlich zu den genannten Polarisationseffekten führen gemäß Paelinck auch produktionstechnische Verflechtungen sowie Einkommens- und psychologische Effekte „in einem interdependenten Prozeß zur räumlichen Polarisation...[121]". Konkurrierende Wachstumspole und deren Einflußpotential können den Wachstumsprozeß jedoch vermindern[122].

⇨ Die Theorie der Wachstumspole beantwortet die Frage nach konvergenter oder divergenter Entwicklung von Regionen mit unterschiedlichen ökonomischen Entwicklungsständen mit einer klaren Divergenzprognose. Als Ursache der räumlich ungleichgewichtigen Entwicklung (Entstehung von sektoralen bzw. räumlichen Wachstumspolen) ist das Versagen des Marktes anzusehen, der in ein sich zirkulär verstärkendes Ungleichgewicht führt, wonach bestehende interregionale Disparitäten durch das Wirken von Marktkräften nicht abgebaut, sondern vielmehr verstärkt werden.

⇨ Als die Regionalentwicklung maßgeblich beeinflussende Faktoren arbeitet die Theorie der Wachstumspole sowohl die sektorale Wirtschaftsstruktur (Existenz innovativer Branchen) als auch die Existenz von Agglomerationsvorteilen (Fühlungsvorteile sowie externe und interne Ersparnisse) heraus.

⇨ Die Annahmen der Wachstumspoltheorie erweisen sich zwar gegenüber den äußerst restriktiven Annahmen der Neoklassik als weniger rigide, berücksichtigen aber beispielsweise lediglich positive externe Effekte (Agglomerationsvorteile) als wesentliche Determinante der räumlichen Polarisation[123]. Die Konzentration auf lediglich zwei strategische Faktoren regionaler Entwicklung (Agglomerationsvorteile, Existenz innovativer Branchen) ist insofern kritisch, da weitere Faktoren „... wie die Infrastrukturausstattung, das Angebot von sowie die Nachfrage nach unterschiedlich qualifizierten Arbeitskräften oder die Entfernung zu den Märkten...[124]" außen vor bleiben. Als problematisch erweisen sich die Aussagen der Theorie der Wachstumspole schon deshalb, weil aus

---

120 „Localization Economies" beziehen sich auf Kräfte, die zur räumlichen Konzentration gleichartiger Wirtschaftsaktivitäten führen, während „Urbanization Economies" alle Agglomerationskräfte, auch intersektorale, umfassen.

121 Krieger-Boden (1995a), S. 37.

122 Vgl. Fürst/Klemmer/Zimmermann (1976), S. 72f.; Krieger-Boden (1995a), S. 36f.

123 Vgl. Krieger-Boden (1995b), S. 199. Zu den negativen Agglomerationseffekten gehören die hohen Preise für immobile begrenzte Ressourcen (Boden, Umwelt).

124 Oswald (1980), S. 70.

der Perspektive der politischen Praxis heraus weder eine eindeutige Definition der maßgeblichen Charakteristika von Wachstumspolen noch eine Erklärung dafür erfolgt, warum und auf welche Weise die sogenannten dynamischen Industriekomplexe oder Branchen entstanden sind, von deren Existenz a priori ausgegangen wird. Es lassen sich somit keine eindeutigen Parameter ableiten, anhand derer Wachstumspole identifiziert bzw. konstruiert werden könnten. Parameter dieser Art wären z.B. die sektorale Zugehörigkeit, die räumliche Lage, die Mindestgröße für ein selbsttragendes Wachstum oder die Faktorausstattung des Pols.

Entwicklungsachsenansatz

Als Ergänzung zur Theorie der Wachstumspole ist der Entwicklungsachsenansatz, den von Pottier 1963 vorstellte, anzusehen, nach dem wirtschaftliche Entwicklung hauptsächlich entlang der räumlichen Verbindungswege zwischen großen Agglomerationen stattfindet und der von folgenden Annahmen ausgeht:

- Existenz von Marktunvollkommenheiten
- Existenz von Agglomerationen
- Berücksichtigung von Transportkosten in Produktionsfunktionen

Eine Zunahme des Handels zwischen verschiedenen Regionen führt zu einem verstärkten interregionalen Transport von Gütern. Dabei ermöglicht eine verbesserte Transportinfrastruktur den Unternehmen eine Reduzierung ihrer Transportkosten, die wiederum den Handel verstärken usw. (kumulativer Prozeß). Für die Unternehmen lohnt es sich nun, ihren Produktionsstandort direkt an den wesentlichen Verbindungswegen zu etablieren. Der Markt kann gemäß des Entwicklungsachsenkonzepts den kumulativen Prozeß zugunsten der Entwicklungsachsen zwischen bestehenden Zentren und folglich das zunehmende Zurückfallen peripherer Regionen nicht verhindern.

⇨ Gemäß der Argumentation des Entwicklungsachsenansatzes läßt sich wiederum eine Divergenzprognose für anfänglich unterschiedlich ausgestattete Regionen ableiten. Der Ansatz betrachtet dabei die Transportkosten, d.h. das monetäre Äquivalent der relativen Verfügbarkeit der Transportinfrastruktur, als entscheidende Determinante für die unternehmerische Standortwahl und somit die regionalen Entwicklungschancen.

⇨ Die praktische Relevanz dieses Konzepts ist ähnlich eingeschränkt wie die der Theorie der Wachstumspole. Hier besteht das Problem darin, zum einen die Entwicklungsachsen und zum zweiten diejenigen zukunftsträchtigen Branchen in dem zu fördernden Zentrum zu identifizieren, von denen unmittelbar wachstumsstimulierende Effekte auf die Region als Ganzes ausstrahlen können[125].

Ansatz von Myrdal, Hirschman, Kaldor

Ein dritter polarisationstheoretischer Ansatz unter besonderer Berücksichtigung sogenannter „Backwash-Effekte“ wurde von Myrdal und Hirschman begründet (1957 bzw. 1958) und von Kaldor im Jahr 1970 formalisiert. Der Ansatz arbeitet mit den nachstehenden Modellannahmen:

- Existenz positiver Externalitäten (Agglomerationsvorteile)
- Zufallsereignisse als Ausgangspunkte regionaler Entwicklungspfade
- Produktionsfaktoren Kapital und Arbeit mobil, wobei die Mobilität der qualifizierten Arbeitskräfte höher als die der unqualifizierten Arbeitskräfte
- ungehinderte räumliche Diffusion technischen Wissens

Myrdal sieht die Ursache regionaler Unterentwicklung in zirkulären, kumulativen Entwicklungsprozessen. Die Initialzündung für solch einen kumulativen Prozeß, in dem „die von einer Ursache ausgehende Wirkung auf ihre eigene Ursache immer wieder zurückwirkt und so ... vom Gleichgewicht wegführt[126]“, kann ein Zufallsereignis sein, z.B. eine Firmenschließung oder –neugründung in einer Region. So führt die Schließung eines Unternehmens zu einem Nachfragerückgang in der betreffenden Region, der wiederum Produktionseinschränkungen und einen erneuten Nachfragerückgang nach sich zieht usw. Infolge dieser Entwicklung kommt es zu verminderten Steuereinnahmen. Um den Steuerausfall zu kompensieren, wird die Region gezwungen, ihre öffentlichen Leistungen zu reduzieren oder aber die Steuersätze zu erhöhen. Beides beschleunigt die Abwanderung der Produktionsfaktoren in andere Regionen. Umgekehrt kann die Errichtung eines Produktionsunternehmens in der Region einen positiven kumulativen Prozeß auslösen, so daß sich sowohl Arbeits- als auch Investitionsbedingungen in dieser Region entscheidend verbessern und verstärkt mobile Produktionsfaktoren aus umliegenden Räumen angezogen werden können. Myrdal bezeichnet die negativen Wirkungen, die von den Zentren auf die Peripherie ausgehen, als „Konter-Effekte“ oder „Backwash-Effekte“, die sowohl durch die selektive Abwanderung insbesondere qualifizierter Arbeitskräfte als auch durch verstärkte Kapitalnachfrage in den Zentren sowie durch freien Handel übertragen werden. Auf diese Weise verliert die Peripherie wichtiges Produktionspotential mit Auswirkungen auf die Altersstruktur der Arbeitskräfte, das Kapitalangebot, den Industrialisierungsgrad und aufgrund verminderter Steuereinnahmen auf die Qualität von Infrastruktur und öffentlichen Einrichtungen. Mögliche zentrifugale Ausbreitungsef-

[125] Vgl. Krieger-Boden (1995a), S. 37.
[126] Hallet (1997b), S. 26.

fekte („Spread-Effekte"), wie die Diffusion technischen Wissens von den Zentren ins Hinterland, können nach Myrdal die „Konter-Effekte" im günstigsten Fall kompensieren. Die Bedeutung von „Spread-Effekten" ist jedoch in wirtschaftlich entwickelten Ländern wesentlich höher als in armen Ländern[127].

Ergänzend argumentiert der Ansatz *Hirschmans*, daß regionales Wachstum zwangsläufig ungleichgewichtig verlaufen muß, da es stets von neuen, dynamischen Wirtschaftsbereichen getragen wird. Jene Regionen, in denen solche dynamischen Wirtschaftsbereiche lokalisiert sind, wachsen, während die anderen Regionen in ihrer wirtschaftlichen Entwicklung zurückbleiben.

Nach *Kaldor* wächst aufgrund von Agglomerationsvorteilen (externe und interne Ersparnisse) die Produktivität einer Region um so schneller, je schneller deren Produktion zunimmt. Kaldor unterstellt in seinem Modell national einheitliche Lohnsätze und begründet diese mit der vollständigen interregionalen Mobilität der Arbeitskräfte. Steigt nun die Produktivität in einer Region schneller als in anderen, sinken auch die Lohnstückkosten dementsprechend schneller. Für Unternehmen besteht somit ein größerer Anreiz, in der wachsenden Region zu investieren.

⇨ Damit zeichnen alle drei polarisationstheoretischen Ansätze das Muster einer divergenten Wirtschaftsentwicklung zwischen unterschiedlich ausgestatteten Regionen.

⇨ Bestimmend für diesen Prozeß sind nach Myrdal und Hirschman insbesondere der Agglomerationsgrad einer Region, darüber hinaus auch das Vorhandensein dynamischer Wirtschaftsbereiche. Kaldor betrachtet des weiteren das regionale Lohnniveau als wichtige Einflußgröße auf die unternehmerische Standortwahl und somit die Entwicklungschancen einer Region.

⇨ Die regionalpolitische Relevanz der diskutierten Argumentationsketten bleibt insgesamt beschränkt. Insbesondere Myrdal fordert die Umlenkung von Investitionen in importgeschützte Branchen mittels eines staatlichen Entwicklungsplans, um somit einen positiven Kumulationsprozeß wirtschaftlicher Entwicklung in benachteiligten Regionen zu initiieren[128]. Dabei geht er von der Plan- und Steuerbarkeit der für einen kumulativen Prozeß verantwortlichen ökonomischen und nicht-ökonomischen Phänomene durch politische Entscheidungsträger aus. Eine solche staatliche Planung setzt jedoch voraus, daß die staatlichen Instanzen in der Lage sind, alle notwendigen Informationen hinsichtlich der „... verwickelten kausalen Wechselwirkungen ..., die in einem ge-

---

127 Vgl. Myrdal (1959), S. 21ff., 25ff., 29.

128 Vgl. Myrdal (1959), S. 84ff.

planten kumulativen Entwicklungsprozeß wirksam würden...[129]", zu gewinnen. Eine Orientierung an den Kriterien des Preissystems sowie am privaten Unternehmerkalkül ist als Ansatzpunkt staatlichen Handelns nicht vorgesehen. So bleibt die Frage offen, welche unternehmerischen Aktivitäten als notwendige Voraussetzungen für einen kumulativen Prozeß gelten sollen und wie diese charakterisiert sind. Weder Myrdal noch Hirschman entwickeln genaue Definitionen derjenigen dynamischen Wirtschaftsbereiche, die im Rahmen ihrer Modelle regionales Wirtschaftswachstum zu tragen imstande wären. Auch ist die besonders hervorgehobene Relevanz der Kaldor'schen national einheitlichen Lohnsätze sowie der vollständigen interregionalen Mobilität der Arbeitskräfte zur Beurteilung regionalpolitischer Alternativen zu einseitig und als eher unrealistisch einzuschätzen.

Drei-Sektoren-Hypothese

Die Drei-Sektoren-Hypothese nach Fourastié (1949) geht davon aus, daß sich die sektorale Struktur einer Region mit steigendem Pro-Kopf-Einkommen verändert, was in den Folgejahren durch zahlreiche empirische Studien Bestätigung fand[130]. Der Ansatz beruht auf folgenden Modellannahmen:

- keine interdependenten Beziehungen einer Volkswirtschaft oder Region zu anderen Volkswirtschaften bzw. Regionen
- unterschiedliche Einkommenselastizitäten der Nachfrage für die Produkte der drei Sektoren Landwirtschaft, Industrie und Dienstleistungen
- flexible Faktorpreise

Der Anteil des primären Sektors (Landwirtschaft) verringert sich mit zunehmender wirtschaftlicher Entwicklung, während der Anteil des sekundären Sektors (Industrie) zunächst bis zu einem Maximum ansteigt. Hat eine Region ein kritisches Pro-Kopf-Einkommen erreicht, wird der Anteil der Industrie wieder abnehmen. Hingegen reduziert sich zunächst der Anteil des tertiären Sektors mit steigendem Pro-Kopf-Einkommen bis zu einem Minimum. Ist dieses kritische Pro-Kopf-Einkommen erreicht, wird der Anteil des Dienstleistungssektors wieder ansteigen.

---

[129] Myrdal (1959), S. 90.

[130] Vgl. Biehl, D./Hußmann, E./Schnyder, S. (1972), Zur regionalen Einkommensverteilung in der Europäischen Wirtschaftsgemeinschaft, in: Die Weltwirtschaft, o. Jg., Heft 1/1972, S. 64-78; Fels, G./Schatz, K.-W./Wolter, F. (1971), Der Zusammenhang zwischen Produktionsstruktur und Entwicklungsniveau – Der Versuch einer Strukturprognose für die westdeutsche Wirtschaft, in: Weltwirtschaftliches Archiv, Bd. 106, 1/1971, S. 240-278; Krieger, C./Thoroe, C./Weskamp, W. (1985), Regionales Wirtschaftswachstum und sektoraler Strukturwandel in der Europäischen Gemeinschaft, Tübingen.

Die strukturellen Veränderungen, die eine zunehmende Wirtschaftsentwicklung mit sich bringt, führt Fourastié auf die unterschiedlichen Einkommenselastizitäten der Nachfrage nach Produkten der drei Sektoren zurück. Gleichzeitig verändern sich mit dem Anstieg des Pro-Kopf-Einkommens auch die Faktorpreisrelationen. Der Faktor Arbeit verteuert sich im Vergleich zum Faktor Kapital, infolgedessen verteuert sich auch die Produktion arbeitsintensiver Produkte.

⇨ Die Argumentation der Drei-Sektoren-Hypothese bildet eine divergent verlaufende Regionalentwicklung ab.

⇨ Als entscheidende Bestimmungsgröße wird die sektorale Wirtschaftsstruktur angesehen, wobei ein hoher Anteil des Agrarsektors eng mit einem niedrigen Pro-Kopf-Einkommen, ein hoher Anteil des tertiären Sektors eng mit einem hohen regionalen Entwicklungsstand verbunden ist.

⇨ Die Hervorhebung eines einzigen Bestimmungsfaktors für die regionale Entwicklung erweist sich schon per se als problematisch. Darüber hinaus ist auch der Kausalzusammenhang zwischen der abhängigen Variable (Pro-Kopf-Einkommen) und der unabhängigen Variable (Sektoralstruktur) in der Argumentation nicht eindeutig nachvollziehbar. Eine umgekehrte oder gar Wechselwirkung ist ebenso denkbar. Für politische Entscheidungsfindungen ist der Aussagewert dieser Theorie zu gering.

5.2.2 Neue Wachstumstheorie

Die neue Wachstumstheorie unterscheidet sich von den Ansätzen Solow'scher Prägung dahingehend, daß sie den Faktor technischen Fortschritt nicht mehr als exogen betrachtet, sondern endogenisiert. Damit muß die neue Theorie auch mit den Annahmen des neoklassischen Denkens, welche die Exogenität technischen Fortschrittes ermöglichten, brechen. Anstelle vollkommener Konkurrenz auf allen Märkten, Ausklammerung von Externalitäten und Voraussetzung von ausschließlich konstanten Skalenerträgen treten die folgenden Annahmen:[131]

- externe Effekte
- steigende Skalenerträge
- technischer Fortschritt nicht mehr exogen
- neben den Produktionsfaktoren Arbeit und Kapital Humankapital als dritter Produktionsfaktor
- unvollständiger Wettbewerb

131 Vgl. Bröcker (1998), S. 26.

Die von Romer und Lucas im Jahr 1986 bzw. 1988 entwickelten *Externalitätenmodelle* sehen die ökonomische Ursache endogenen Wachstums in der Existenz externer Effekte, die auf die Akkumulationstätigkeit anderer Unternehmen zurückzuführen sind. *Romers Kapitalexternalitätenmodell* geht von einem weiteren akkumulierbaren Faktor, dem Humankapital, aus, der jedoch nicht entlohnt wird und für die Gesamtheit kostenlos zur Verfügung steht. Das Humankapital wird als öffentliches Gut betrachtet, dessen Vermehrung sowohl die Kapital- als auch die Arbeitsproduktivität erhöht. Romer unterscheidet die einzelwirtschaftlichen Produktionsfunktionen mit konstanten Skalenerträgen, an denen sich die unternehmerischen Entscheidungen orientieren, von der volkswirtschaftlichen Produktionsfunktion, die steigende Skalenerträge aufweist. Die Wissensproduktion erfolgt hier als externer Effekt des akkumulierten volkswirtschaftlichen Kapitalstocks, von dem alle Unternehmen profitieren, im Sinne des „Learning-by-doing“[132]. Neues Wissen wird somit als öffentliches Gut betrachtet, das durch Nicht-Rivalität beim sowie Nicht-Ausschließbarkeit vom Konsum gekennzeichnet ist und nicht entlohnt wird. Problematisch erweist sich jedoch der daraus resultierende fehlende ökonomische Anreiz, dieses Wissen zu produzieren[133]. Da im Romer-Modell der Faktor physische Arbeit nicht akkumulierbar ist und somit nicht zum Wachstumsprozeß beiträgt, muß dieser „bremsende Einfluß .. durch entsprechend steigende Skalenerträge der akkumulierbaren Faktoren überkompensiert werden[134]“. Dementsprechend müssen die Grenzerträge der akkumulierbaren Faktoren den Wert 1 übersteigen, um endogenes Wachstum zu erklären. Gemäß Romer nimmt die Wachstumsrate mit steigender Pro-Kopf-Kapitalausstattung zu und ist somit an die anfängliche Kapitalausstattung gebunden und damit pfadabhängig. Dies impliziert ein divergierendes Wachstum von mit vermehrbaren Faktoren unterschiedlich ausgestatteten Regionen.

Lucas modelliert endogenes Wachstum basierend auf Produktionsfunktionen mit konstanten Skalenerträgen. In diesem Ansatz wird für alle Inputfaktoren Akkumulierbarkeit unterstellt. Humankapital gilt als privates Gut und wird bei einer exogen gegebenen Anzahl von Arbeitskräften durch Investitionen in die Qualifikation der Arbeitskräfte, z.B. durch Aus- und Weiterbildungsmaßnahmen, akkumuliert. Sowohl für den Faktor Kapital als auch für den Faktor Humankapital gelten abnehmende Grenzerträge bei einem steigenden Faktorbestand pro Kopf. Der Wachstumsprozeß vollzieht sich bei Lucas endogen mit einer konstanten

---

132 Vgl. Bröcker (1994), S. 38f. Als Problem könnte sich erweisen, daß Humankapital nicht entlohnt wird und somit kein Anreiz zu dessen Akkumulation besteht. Romer löst dieses Problem, indem er nur den Zuwachs von Humankapital (Lernen) als externen Effekt auffaßt.

133 Barro/Sala-i-Martin (1990) kompensierten diese Schwäche, indem sie unterstellten, daß der Staat gezielt durch steuerlich finanzierte Forschungs- und Entwicklungsaktivitäten Wissen erzeugt. Vgl. Barro, R.J./ Sala-i-Martin, X. (1990), Public Finance in Models of Economic Growth, Working Paper 3362, National Bureau of Economic Research, Cambridge, Mass.

134 Krieger-Boden (1995a), S. 60.

Wachstumsrate, deren Höhe lediglich von dem Ausmaß der Humankapitalinvestitionen, jedoch nicht vom Ausgangskapitalstock abhängt. Das Pro-Kopf-Einkommen wächst um so schneller, je effizienter die Arbeitskräfte sich qualifizieren. Auch das Lucas-Modell weicht in seinem Ergebnis von der klaren Konvergenzprognose der Neoklassik ab. Betrachtet man zwei Regionen, die sich hinsichtlich ihrer Anfangsausstattung unterscheiden, so können ärmere Regionen bei entsprechend stärkerer Investitionstätigkeit in Aus- und Weiterbildung schneller wachsen als reiche Regionen, somit zunächst in ihrer Entwicklung konvergieren, und diese letztlich sogar überholen (divergente Entwicklung). Die Wachstumsraten werden sich während des gesamten Prozesses jedoch nicht annähern, d.h. die ursprünglich ärmere Region wird auch weiterhin schneller wachsen als die reiche, womit letztere nie das höhere Niveau der anfänglich ärmeren erreichen wird.

Die *Innovationsmodelle* (u.a. Romer 1990, Grossman/Helpman 1991) basieren auf der Idee Schumpeters[135], daß die Innovation ein Ergebnis der zweckgerichteten Aktivität eines Unternehmers ist, die einen Ressourceneinsatz voraussetzt und mit der Monopolrente honoriert wird. Während *Romer* (1986) in seinem Kapitalexternalitätenmodell lediglich auf aggregiertem Niveau von steigenden Skalenerträgen ausging, die als positive externe Effekte keinen Niederschlag im unternehmerischen Kalkül fanden, integriert er in diesem zweiten Modell (1990) die steigenden Skalenerträge mikroökonomisch in die Produktionsfunktion des Unternehmens. Insofern die Erträge aus Forschungsaktivitäten teilweise internalisiert werden können, wird dieses Wissen im Rahmen eines endogenen Innovationsprozesses in den Unternehmen produziert. Es lohnt sich somit für ein innovatives Unternehmen, in einen Wissensbestand zu investieren, mittels dessen neue Produkte oder Produktionsverfahren entstehen, und dafür ein ewig geltendes Patent zu erhalten. Die Abschöpfung von Monopolgewinnen auf die neuen Güter bzw. für die Ausnutzung temporärer Kostenvorteile durch neue Technologien setzt die Existenz von Marktunvollkommenheiten für den Faktor Forschung und Entwicklung voraus. Allerdings kann neues Wissen nicht vollständig geschützt werden, womit sich positive externe Effekte für die gesamte Volkswirtschaft verbinden, aufgrund derer die Kosten der Wissensakkumulation insgesamt sinken und um so niedriger sind, je höher der Bestand an Wissen bereits ist. Damit läßt sich eine weitere Annahme der Neoklassik, nämlich abnehmende Grenzerträge für akkumulierbare Faktoren, aufgeben und durch die Prämisse konstanter oder sogar steigender Grenzerträge ersetzen[136].

Da Regionen nicht isoliert voneinander agieren, sondern durch interregionalen Handel, Faktorbewegungen und Wissensverbreitung miteinander verbunden sind,

---

135 Schumpeter, J. A. (1912), Die Theorie der wirtschaftlichen Entwicklung, Leipzig.

136 Vgl. Bröcker (1994), S. 36ff.; Krieger-Boden (1995a), S. 52ff.; Krieger-Boden (1995b), S. 204ff.

stellt sich die Frage, wie sich diese Interaktionen auf die bereits dargestellten Ergebnisse der neuen Wachstumstheorie auswirken. *Grossman/Helpman* verknüpfen dazu die neue Wachstumstheorie mit der Außenhandelstheorie zu ihrem *Zwei-Regionen-Modell* (1991). Die Integration von Handel in ein Modell endogenen Wachstums erfolgt unter folgenden Zusatzannahmen:

- zwei Regionen
- anfangs in beiden Regionen zwei erzeugte Produkte (ein High-Tech-Produkt, ein traditionelles Produkt)
- anfangs identischer technischer Stand im High-Tech-Sektor beider Regionen
- sinkende Innovationskosten bei steigender Spezialisierung auf den High-Tech-Sektor
- räumlich begrenzte Innovationsdiffusion

Da die Wissensakkumulation um so kostengünstiger erfolgen kann, je größer der Wissensbestand bereits ist, ist ein Pfad, auf dem sich beide Regionen im gleichen Tempo spezialisieren, instabil. Sobald sich eine Region etwas stärker auf die Wissensakkumulation im schneller wachsenden High-Tech-Sektor konzentriert, entwickelt sie einen komparativen Vorteil gegenüber der anderen Region, da die Wissensausbreitung auf die Entstehungsregion begrenzt bleibt. Im Ergebnis weichen die regionalen Faktorausstattungen zunehmend voneinander ab, die Regionen spezialisieren sich vollständig auf jeweils ein Gut. Ein interregionaler Faktorpreisausgleich kann nicht mehr realisiert werden. Die regionale Entwicklung verläuft divergent. Wird das High-Tech-Produkt zwischen beiden Regionen gehandelt, kann eine zumindest teilweise Wissensausbreitung zugunsten der hinsichtlich des Wissensbestands benachteiligten Region einsetzen („Spillover-Effekte"). Imitationen ermöglichen somit der ursprünglich benachteiligten Region einen Aufholprozeß. Mithin ist auch eine konvergente Entwicklung zwischen den Regionen möglich, deren Wahrscheinlichkeit um so größer ist, je schneller und ungehinderter das Wissen interregional diffundieren kann.

⇨ Während Faktorbewegungen im neoklassischen Wachstumsmodell den Konvergenzprozeß beschleunigen, führen sie in den Modellen der neuen Wachstumstheorie zu verstärkter Divergenz. Diese Aussage kann durch veränderte Annahmen, d.h. durch die zusätzliche Möglichkeit interregionaler Wissensdiffusion zur Einleitung konvergenter Entwicklungsprozesse, relativiert werden.

⇨ Die Modelle der neuen Wachstumstheorie bilden im Gegensatz zur neoklassischen Denkschule räumliche Entwicklungsprozesse und deren Bestimmungsfaktoren weitaus realistischer ab. Ihre Anwendung in der regionalpolitischen Praxis ist jedoch ebenfalls recht begrenzt. Staatliches Handeln auf der Grundlage der neuen Wachstumstheorie setzt voraus, daß der Staat über Informationen hinsichtlich der bestehender Fehlallokationen (welche, wo, wie groß) sowie der zur Beseitigung notwendigen Korrekturinstrumente verfügt. Dies ist in der regionalpolitischen Praxis nicht gegeben. Darüber hinaus dürfte es sich als problematisch erweisen, positive externe Effekte zu quantifizieren und zu steuern. Schließlich bieten die theoretischen Modelle hierzu nicht die Spur eines Ansatzes. Basierend auf den Aussagen der neuen Wachstumstheorie könnte die regionalpolitische Antwort zumindest in einer klaren Innovationsorientierung bestehen. Doch selbst diese Schlußfolgerung sollte vorsichtig interpretiert werden, da staatliche Forschungs- und Entwicklungsförderung häufig den Charakter von Subventionen annimmt und damit die gesamtwirtschaftliche Effizienz eher stören kann. Beispielsweise wird mit der Förderung von Investitionen in falschen Branchen, von denen entweder gar keine oder gar negative Externalitäten ausgehen können sowie einer zu hohen oder zu niedrigen Subventionierung das gesamtwirtschaftliche Optimum verfehlt und eine ungewollte Divergenztendenz begünstigt. Problematisch erscheint darüber hinaus der starke Anreiz für geförderte Unternehmen, mittels Lobbyismus auf die künftige Gestaltung der Regionalpolitik Einfluß zu nehmen.

5.2.3 Neue Außenhandelstheorie

Die Modelle der neuen Außenhandelstheorie berücksichtigen im Gegensatz zur neoklassischen Außenhandelstheorie eine räumliche Dimension und versuchen somit, eine Verbindung zwischen Außenhandelstheorie und Standorttheorie zu schaffen. Während bereits Ohlins Aufsatz „Interregional and International Trade“ (1933) zu dem Schluß kommt, daß „The theory of international trade is nothing but internationale Standortlehre[137]“, war es in den achtziger und neunziger Jahren insbesondere Paul Krugman (1991), der konstatierte, „..it is time for the long separation between international trade theory and location theory to end.[138]“

Die Grundmodelle der neoklassischen Theorie des internationalen Handels basieren auf der Annahme, daß die bloße Größe eines einzelnen Unternehmens auf dem Weltmarkt als Triebfeder für strategisches Verhalten bzw. für einen Einfluß auf das Marktergebnis über Preis- und Mengenentscheidungen nicht ausreicht. Aufgrund der vollkommenen Konkurrenz auf allen Märkten und konstanten Skalenerträgen führt einzig der vermehrte Faktoreinsatz zu einer Erhöhung des Produktionsergebnisses im selben Maße. Der wesentliche Unterschied der neuen außenhandelstheoretischen Ansätze gegenüber der neoklassischen Denkschule besteht in der Berücksichtigung von steigenden Skalenerträgen in der Produktion, unter-

---

137 Ohlin (1933), S. 589.

138 Vgl. Krugman, P. (1991), Geography and Trade, Cambridge, Mass.; Krugman (1993), S. 111.

schiedlichen Produktpräferenzen der Nachfrager und daraus resultierend der Annahme von Marktunvollkommenheiten. Steigende Skalenerträge implizieren, daß die Vergrößerung des Produktionsergebnisses den Mehreinsatz aller Faktoren prozentual übersteigt. Die Durchschnittskosten der Produktion sinken, für das Unternehmen besteht infolgedessen der Anreiz, mehr zu produzieren. Die Ursachen für steigende Skalenerträge liegen beispielsweise in der besseren Ausschöpfung der Produktionskapazitäten, z.B. durch Verteilung derselben Fixkosten auf eine größere Menge, oder in Lernkurveneffekten begründet. Die Existenz steigender Skalenerträge führt nicht nur zu einer verstärkten Spezialisierungstendenz der Produktion, sondern auch zu einer Konzentration der Produktion an wenigen Standorten im Raum. Die unterschiedlichen Präferenzen der Nachfrager, z.B. hinsichtlich differenzierter Produkte und Produktqualitäten, bieten eine Erklärung für das Zustandekommen von intraindustriellem Handel[139]. Die Hauptannahmen der Neuen Außenhandelstheorie lassen sich wie folgt zusammenfassen:

- Steigende Skalenerträge durch bessere Ausschöpfung der Produktionskapazität sowie Nutzung von Lernkurveneffekten
- Marktunvollkommenheiten durch unterschiedliche Produktpräferenzen der Nachfrager
- Berücksichtigung von Transportkosten
- zwei Regionen
- zwei Sektoren (Landwirtschaft und Industrie)
- gleichmäßige Verteilung der ausschließlich immobilen Landarbeiter im Raum
- gleichmäßige Verteilung der Agrargüterproduktion im Raum mit konstanten Skalenerträgen
- proportionale Verteilung der ausschließlich mobilen Industriearbeiter zur Industrieproduktion im Raum
- steigende Skalenerträge in der Industrieproduktion

Krugman (1991) entwickelte ausgehend von den Überlegungen der neuen Handelstheorie einen räumlich ausgerichteten Ansatz mit dem Ziel, die Entstehung von räumlichen Industriekomplexen (z.B. „Manufacturing Belt" im Nordwesten der USA) und das gleichzeitige Zurückbleiben anderer Regionen zu erklären. Neben steigenden Skalenerträgen berücksichtigt sein Modell auch Transportkosten. Dabei wird unterstellt, daß die zunehmenden Skalenerträge die Industriekonzentration an einem Standort fördern und die Transportkosten räumlich ausgleichend wirken. Da die Produktion der Agrargüter auf den standortspezifischen Faktor Land angewiesen ist, sind die immobilen Landarbeiter gleichmäßig im

[139] Vgl. Siebert (1994), S. 96ff.

Raum, d.h. zwischen den Regionen, verteilt. Der regionale Anteil der mobilen Industriearbeiter verhält sich proportional zur Industrieproduktion in der betreffenden Region. Entscheidend für die Standortwahl des industriellen Sektors ist die Verteilung der Nachfrage: Verteilt sich die aus Land- und Industriearbeitern bestehende Bevölkerung gleichmäßig auf beide Regionen, dann zöge das unter dem Aspekt der Transportkostenminimierung eine entsprechende Aufteilung der Industrie nach sich. Konzentriert sich jedoch die in der Industrie beschäftigte Bevölkerung auf eine Region (Landarbeiter weiterhin regional gleichverteilt), ist die Konzentration der Industrieproduktion an diesem Standort lohnend, da aufgrund des größeren Anteils an der lokalen Gesamtnachfrage die Transportkosten minimiert werden können. Die Entstehung solcher industriellen Konzentrationen ist offensichtlich vom Verhältnis Skalenerträge zu Transportkosten, vom Nachfrageanteil der Landarbeiter und vom Vorhandensein von Standorten abhängig, die bereits eine Nachfragekonzentration aufweisen. Gerade die letztgenannte Determinante ist nach Krugman für die Herausbildung einer industriellen Konzentration im Sinne eines sich selbst verstärkenden Prozesses maßgeblich. Krugman beschreibt diese Zirkularität, „..that tends to keep a manufacturing belt in existence once it is established.[140]" Des weiteren ist der Entwicklungsprozeß regionaler Industrieschwerpunkte pfadabhängig, d.h. mit einer bereits begonnenen Konzentration ist der künftige Entwicklungspfad für eine Region vorgegeben[141]. Diese Aussage beschränkt Krugman nicht auf den Einfluß der historischen Startbedingungen, vielmehr wird auch der Einfluß kollektiver Erwartungen, die zu „Self-fulfilling Prophecies" werden können, auf das langfristige räumliche Gleichgewicht unterstellt (Erklärung plötzlicher Änderungen der geographischen Muster). Die Grundlage kollektiver Erwartungen bilden z.B. auf der Seite der Arbeitskräfte die Einschätzungen ihrer sektoralen Lohn- und Beschäftigungsmöglichkeiten. Dies ist jedoch nur dann von Bedeutung, wenn die Mobilität der Arbeitskräfte und Unternehmen nicht durch vergleichsweise hohe Anpassungskosten eingeschränkt ist. Der Mobilitätsaspekt nimmt in bezug auf die mittel- und osteuropäischen Transformationsstaaten eine wesentliche Rolle ein. Vor allem aufgrund starrer Wohnungs- und Immobilienmärkte ist der Mobilitätsgrad der mittel- und osteuropäischen Arbeitskräfte relativ gering und deshalb ein Wanderungstrend infolge langfristig zu erwartender höherer Löhne in den jeweiligen Zentren gegenwärtig nur in einem geringen Maße wahrscheinlich, und zwar um so mehr, je höher der Gegenwartswert der Beschäftigung, z.B. durch Lohnsubventionierung, eingeschätzt wird, wie es in der mittel- und osteuropäischen Landwirtschaft und Schwerindustrie gegenwärtig praktiziert wird. Daraus läßt sich schließen, daß die Arbeitskräfte zum Verbleib in der betreffenden Region animiert werden, somit deren Ent-

---

140 Krugman (1991), S. 14.

141 Vgl. Krugman (1991), S. 14ff.; Krieger-Boden (1995a), S. 50ff.

scheidungskalkül beeinflußt wird und diese Politik langfristig dafür sorgt, daß historische Startbedingungen maßgeblich für die Regionalentwicklung sind[142].

⇨ Auch der Krugman-Ansatz zeichnet ein Muster divergierender Regionalentwicklung und schließt hinsichtlich der Erklärungsmuster an die Arbeiten von Myrdal, Hirschman oder Kaldor an.

⇨ Aus dem Krugman-Modell lassen sich die regionale Transportinfrastruktur und die geographische Lage einer Region als wesentliche Impulsgeber für Mobilitätseffekte und unternehmerische Standortentscheidungen und damit für das regionale Entwicklungsniveau ableiten.

⇨ Dabei bleiben andere die Standortwahl beeinflussende Faktoren wie die Nähe zu branchenverwandten Unternehmen unberücksichtigt[143]. Die Anwendung des Krugman-Modells als Grundlage für eine Regionalpolitik im Sinne von staatlich forcierten Initialzündungen dürfte an dem nahezu unlösbaren Informationsproblem zum einen hinsichtlich der zu fördernden Industrien und zum anderen in bezug auf die Förderungsart scheitern.

5.2.4 Williamson-Hypothese

Die Grundaussage der Williamson-Hypothese besagt, daß sich im Laufe des Entwicklungsprozesses einer Volkswirtschaft ein Trade–off zwischen dem nationalen Entwicklungsniveau einerseits und dem Ausmaß interregionaler Disparitäten andererseits herausbildet. Diese Beziehung wird durch eine Kurve in der Form eines umgekehrten „U" abgebildet und beruht auf folgenden Annahmen:

- selektive interregionale Arbeitskräftemigration (nur qualifizierte Arbeitskräfte wandern)
- interregionale Kapitalflüsse in Richtung der Agglomerationszentren aufgrund höherer Renditen, die sich infolge geringerer Risikoprämien in den Zentren gegenüber weniger entwickelten Regionen ergeben
- wirtschaftspolitischer Entscheidungsspielraum zwischen der Verbesserung des Entwicklungsniveaus der nationalen Wirtschaft und dem Abbau interregionaler Disparitäten
- nur schwache Transport- und Kommunikationsverbindungen zwischen den Regionen

142 Vgl. Krugman (1991), S. 31.
143 Vgl. Klodt/Paqué (1993), S. 8.

Williamson geht von einem Anstieg der interregionalen Disparitäten in einer frühen Entwicklungsphase der Volkswirtschaft aus. Diese Phase ist durch ein wachsendes, aber niedriges Pro-Kopf-Einkommen gekennzeichnet. Durch selektive Migration der Arbeitskräfte sowie Kapitalflüsse in die Zentren entstehen in dieser Phase Polarisationseffekte, wie sie bereits durch Myrdal beschrieben wurden[144]. Die Wanderung der qualifizierten Arbeitskräfte ist durch eine höhere Entlohnung in den Zentren motiviert. Aufgrund niedriger Steuereinnahmen ist die Wirtschaftspolitik in dieser Entwicklungsphase der Volkswirtschaft noch nicht in der Lage, den Anstieg der interregionalen Disparitäten aufzuhalten.

Je stärker der nationale Wohlstand, gemessen am BIP pro Kopf, jedoch wächst, um so weniger selektiv erfolgt die Migration der Arbeitskräfte. Jetzt beginnen auch weniger Qualifizierte, in die Agglomerationszentren abzuwandern. In den schwächeren Regionen bilden sich gleichzeitig funktionierende Kapitalmärkte heraus und die Agglomerationsvorteile in den Zentren nehmen ab, so daß das Kapital infolgedessen aus den Zentren abfließt. Damit breitet sich das Wachstum, wenn auch mit einer niedrigeren Rate, auf die schwächeren Regionen aus. In dieser Entwicklungsphase der nationalen Volkswirtschaft überwiegen die Ausgleichseffekte, die einen Rückgang der interregionalen Entwicklungsdisparitäten in Verbindung mit steigendem nationalen Wohlstand zur Folge haben. Aufgrund des gewachsenen Bruttoinlandsprodukts stehen der Wirtschaftspolitik gegenüber der vorangegangen Entwicklungsphase nun finanzielle Mittel zur Verfügung, die nach wie vor schwächeren Regionen gezielt zu fördern. Verbesserte interregionale Transport- und Kommunikationswege ermöglichen in dieser Phase eine Verstärkung der Ausgleichseffekte durch eine bessere Diffusion des technischen Fortschritts[145].

⇨ Die Williamson-Hypothese geht von einer zunächst divergenten Regionalentwicklung aus, deren Vorzeichen sich jedoch mit steigendem nationalen Pro-Kopf-Einkommen ändert und in eine konvergente Entwicklung übergeht. Dabei stellt die Williamson-Hypothese einen deutlichen Zusammenhang zwischen dem nationalen Entwicklungs- bzw. Wohlstandsniveau sowie dem Ausmaß der interregionalen Disparitäten innerhalb der betreffenden Volkswirtschaft her. Die Anwendung dieser Aussage auf die sich in der Transformation befindlichen mittel- und osteuropäischen Länder, die momentan sehr wohl durch ein niedriges, aber wachsendes BIP pro Kopf gekennzeichnet sind, ist dennoch insofern problematisch, als der Ansatz keine Aussagen hinsichtlich der Höhe des kritischen BIP pro Kopf trifft, ab dem Agglomerationsvorteile der stärkeren Region abnehmen, und Kapitalflüsse in schwächere Regionen sowie eine weniger selektive Migration erfolgen, trifft. Auch die zeitliche Dimension, ab

[144] Vgl. Kapitel 5.2.1, S. 132.
[145] Vgl. Williamson (1965), S. 9ff.; Richardson (1973), S. 23.

welcher Höhe des Pro-Kopf-Einkommens ein Disparitätenabbau sichtbar wird, ist nicht näher spezifiziert.

⇨ Bestimmungsfaktoren für die regionale Entwicklung werden im Gegensatz zu den bereits dargestellten Theorien nicht explizit genannt. Dennoch läßt sich aus der Argumentation der Williamson-Hypothese ableiten, daß sowohl der regionale Agglomerationsgrad als auch die Qualität der interregionalen Transport- und Kommunikationsstruktur für die Regionalentwicklung bestimmend sein können. So profitieren Ballungsräume gegenüber schwächeren Regionen bereits in einer frühen Phase wirtschaftlicher Entwicklung, da sie sowohl qualifizierte Arbeitskräfte als auch Kapital anziehen. Gut ausgebaute interregionale Verbindungen beschleunigen darüber hinaus die Ausbreitung technologischer Innovationen und somit regionales Wachstum.

5.3 Regionalökonomische Theorien

5.3.1 Theorie des Institutionenwettbewerbs der Standorte

Die Theorie des Institutionenwettbewerbs der Standorte enthält neben wesentlichen Implikationen für die Wettbewerbsfähigkeit eines Landes bzw. einer Region auch entscheidende Hinweise auf Einflußgrößen der regionalen Entwicklung[146]. Die Theorie des Institutionenwettbewerbs der Standorte geht vor allem auf Giersch (1979) zurück. Giersch definiert die Wettbewerbsfähigkeit einer Region als deren Vermögen, knappe und international mobile Produktionsfaktoren anzuziehen und dauerhaft zu binden, welche komplementär zu den bereits in der Region vorhandenen immobilen Produktionsfaktoren wirken. Folgende Annahmen liegen der Kernaussage der Theorie zugrunde:

- bestimmte Anfangsausstattung an immobilen Faktoren in der Region vorhanden (physische Produktionsfaktoren des privaten Sektors, natürliche Faktoren wie Umweltqualität oder Boden sowie institutionelle Faktoren)
- Produktionsfaktor Kapital stark mobil
- technisches Wissen mobil, insofern hochqualifizierte Arbeitskräfte mobil oder institutionelle Regelungen fehlen (Patenrecht, Eigentumsrechte)
- Standortwahl der Kapital- bzw. Wisseneigentümer unter dem Aspekt der Gewinnmaximierung
- Standortwahl mobiler Arbeitskräfte unter dem Aspekt der Nutzenmaximierung

146 Vgl. Soltwedel (1987), S. 129ff.

Gelingt es einer Region, komplementäre mobile Faktoren anzuziehen und zu binden, dann läßt sich daraus ein zusätzliches Einkommen für die immobilen Faktoren aufgrund steigender Grenzproduktivitäten der Produktionsfaktoren Arbeit und Kapital generieren. Eine gestiegene Grenzproduktivität des Kapitals infolge des verstärkten Einsatzes besser qualifizierter Arbeitskräfte wirkt auch auf weitere Unternehmen anziehend. Um Unternehmensansiedlungen nachhaltig zu fördern, wird sich politisches Handeln besonders stark auf die Anpassung der Institutionen hinsichtlich der veränderten Bedürfnisse der mobilen Faktoren ausrichten[147]. Gegenstände im Rahmen der Institutionengestaltung sind vor allem die Bereitstellung einer adäquaten materiellen Infrastruktur (Theorie der Infrastruktur von Hirschman 1958, weiterentwickelt von Giersch 1963), darüber hinaus auch unter der Prämisse der Standortattraktivitätsverbesserung im internationalen bzw. interregionalen Vergleich gestaltend auf das Rechtssystem (Verfassung, Steuergesetze etc.), die politische und finanzielle Stabilität oder Bildungs-, Gesundheits- und Forschungseinrichtungen einzuwirken.

⇨ Ausgangspunkt der Theorie des Institutionenwettbewerbs der Standorte ist eine disparitäre räumliche Struktur. Eine Aussage darüber, ob sich Regionen im Laufe ihrer Entwicklung aufeinander zu bzw. voneinander weg bewegen, wird nicht getroffen, eine im Zeitverlauf mehr oder minder starke Divergenz ist allerdings zu vermuten, da sich nur aus Unterschieden Standortwettbewerbsvorteile ergeben können.

⇨ Hinsichtlich der Bestimmungsfaktoren für die Wettbewerbsfähigkeit einer Region trifft dieser Ansatz jedoch klare Aussagen: Als wesentliche Einflußgröße wird die gesamte Infrastrukturausstattung einer Region betrachtet. Die Bereitstellung materieller (Transport- und Kommunikationsinfrastruktur) sowie immaterieller Infrastruktur (Gesundheit, Bildung, Wohnen und Forschung) sind die entscheidenden Kriterien für die Standortwahl der Unternehmen sowie für die Wanderungsentscheidungen der Arbeitskräfte.

⇨ Geht die Theorie des Institutionenwettbewerbs der Standorte auf nationaler Ebene weiter als die Theorie der Infrastruktur selbst, indem staatliches Handeln auch auf das Rechtssystem und die politische Stabilität etc. ausgedehnt wird, so decken sich ihre Erkenntnisse hinsichtlich der regionalen Wettbewerbsfähigkeit weitgehend mit dem Infrastrukturansatz. Damit fokussiert aber auch diese Theorie allzu dominant auf nur einen Bestimmungsfaktor für eine positive Regionalentwicklung. Andere Einflußgrößen, z.B. die von den Polarisationstheorien und den Ansätzen der neuen Wachstums- und Außenhandelstheorie verwendeten Agglomerationsvorteile, bleiben hier unberücksichtigt.

---

[147] Vgl. Siebert/Koop (1990), S. 441f.; Siebert (1992), S. 419ff.

5.3.2 Potentialfaktorenansatz

In seinem bekannten Aufsatz „Das ökonomische Grundproblem der Regionalpolitik“ (1963)[148] charakterisiert Giersch das Entwicklungspotential einer Region „als Kriterium für eine wachstumsoptimale Allokation der für die Regionalstruktur entscheidenden öffentlichen Investitionen im Bereich Infrastruktur[149]". Basierend auf den Gedanken von Giersch entstanden in den Folgejahren eine Reihe von theoretischen und empirischen Analysen, von denen der Potentialfaktorenansatz nach Biehl et al. (1975) die umfassendste ist[150].

Der Potentialfaktorenansatz beschreibt eine divergente Entwicklung von Regionen und begründet diese anhand der regional unterschiedlichen Ausstattung mit Potentialfaktoren sowie dem regional unterschiedlichen Auslastungsgrad des regionalen Entwicklungspotentials. Der Ansatz versucht, in detaillierterem Maße als die bisher diskutierten theoretischen Modelle, sowohl Bestimmungsfaktoren regionaler Entwicklung zu identifizieren als auch deren Zusammenhänge mit dem regionalen Entwicklungspotential darzulegen. Ausgangspunkt dieser Überlegungen ist eine lediglich kleine Anzahl von Wachstumsdeterminanten, die auf die regionalen Entwicklungsmöglichkeiten Einfluß nehmen.

Im Potentialfaktorenansatz wird das Entwicklungspotential einer Region als „dasjenige Pro-Kopf-Produkt (Regionalprodukt).., das eine Region bei optimaler Nutzung aller ihr zur Verfügung stehenden Ressourcen erzielen kann[151]“, definiert, wobei unter regionalen Ressourcen aus gesellschaftlich-organisatorischer Sicht beispielsweise die politische und soziale Ordnung, aus qualitativen bzw. quantitativen Aspekten die Verfügbarkeit und Qualität der Faktoren Boden, Arbeit und Kapital, aus räumlicher Sicht die geographische Position einer Region sowie ihre räumliche Dichte (Agglomeration) und schließlich aus struktureller Sicht die Zusammensetzung von Wirtschaft und Bevölkerung zu verstehen sind[152].

---

148 Vgl. Giersch, H. (1963), Das ökonomische Grundproblem der Regionalpolitik, in: Jahrbücher der Sozialwissenschaft, Bd. 14, 3/1963, S. 386-400.

149 Giersch (1963), S. 394.

150 Vgl. Spehl, H. et al. (1981), Regionale Wirtschaftspolitik und regionale Entwicklungsplanung in strukturschwachen Regionen, Bonn 1981; Blum, U. (1982), Regionale Wirkungen von Infrastrukturinvestitionen, Karlsruhe 1982; Thoss, R. (1969), Einkommenspotential und Multiplikatoranalyse, Raumforschung und Raumordnung, 27. Jg., 1969, S. 222-225.

151 Biehl et al. (1975), S. 14.

152 Vgl. Biehl et al. (1975), S. 15f.

Bei der Identifizierung von Bestimmungsfaktoren regionaler Entwicklung geht der Potentialfaktorenansatz von folgenden Annahmen aus:

- Unterscheidung von Produktionsfaktoren und Potentialfaktoren
- Produktionsfaktoren sind Kapital und Arbeit: private Ressourcen, die das regionale Entwicklungspotential nicht selbst determinieren, jedoch notwendig für dessen Nutzung und darüber hinaus interregional mobil und keiner bestimmten Region zuzuordnen sind[153]
- Potentialfaktoren bestimmen mittelfristig das regionale Entwicklungspotential, müssen die Eigenschaften Immobilität, Unteilbarkeit, Limitationalität und Polyvalenz erfüllen:

Immobilität:	Ressource ist aufgrund prohibitiv hoher Standortverlagerungskosten an eine Region gebunden, d.h. ihre Leistungen sind nur in dieser Region nutzbar und nicht exportierbar
Unteilbarkeit:	Bestand sowie Kapazität einer unteilbaren Ressource sind nicht „...jederzeit je nach Nachfrage fallweise und mit nur geringen zusätzlichen Kosten... [154]" veränderbar, der Grad der Unteilbarkeit ist durch die Höhe der Separationskosten zur Verringerung oder Erweiterung einer Kapazität bestimmt, Höhe des Potentialcharakters ist vom Unteilbarkeitsgrad abhängig[155]
Limitationalität:	Faktor limitiert regionales Entwicklungspotential, so folgt aus einer Erhöhung der anderen Produktionsfaktoren nicht zwangsläufig eine Potentialvergrößerung
Polyvalenz:	Ressource nicht nur für die Produktion eines Gutes einsetzbar

Demnach stellt der Potentialcharakter eines Faktors eine Funktion der Eigenschaften Immobilität, Unteilbarkeit, Limitationalität und Polyvalenz dar. Je stärker diese Eigenschaften ausgeprägt sind, um so größer ist der Potentialcharakter einer

---

153 Biehl et al. unterscheiden allerdings zwischen qualifizierten und unqualifizierten Arbeitskräften, wobei letztere aufgrund ihrer vergleichsweise geringen Mobilität Potentialcharakter tragen.

154 Biehl et al. (1975), S. 17.

155 Biehl et al. stellen allerdings in Rechnung, daß sowohl die Immobilität als auch die Unteilbarkeit eines Faktors sich zeitlich und räumlich verändern kann. Je langfristiger der Zeithorizont gewählt wird, desto kleiner ist die Anzahl der Potentialfaktoren unter sonst gleichen Umständen. Die räumliche Dimension ist entscheidend, da die Eigenschaften Immobilität und Unteilbarkeit nur in bezug auf eine bestimmte Regionenabgrenzung relevant sind.

Ressource[156]. Auf dieser Grundlage identifizieren Biehl et al. fünf Faktoren, die das regionale Entwicklungspotential determinieren und im folgenden näher diskutiert werden:

1. Regionale Wohnbevölkerung als Träger des Potentials an Arbeitskräften
2. Infrastruktur als Gesamtheit der Ausstattung mit öffentlichem Sachkapital
3. Agglomeration als räumliche Bevölkerungs- und Wirtschaftskonzentration
4. Sektorale Wirtschaftsstruktur als Spiegelbild wirtschaftlichen Strukturwandels in Form von Verschiebungen zwischen Landwirtschaft, Industrie und Dienstleistungssektor
5. Wirtschaftsgeographische Lage

ad 1.: Potentialfaktor regionale Wohnbevölkerung

Die regionalen Wohnbevölkerungen können sich hinsichtlich ihrer alters- und geschlechtsspezifischen Erwerbsquoten deutlich unterscheiden. Damit spiegeln regionale Erwerbsquoten den unterschiedlichen Auslastungsgrad des Erwerbspotentials der jeweiligen Regionen wider, d.h. die unterschiedliche Nachfrage nach Arbeitskräften (Arbeitsplatzangebot). Hinsichtlich der Entwicklung der regionalen Erwerbsquote geht der Potentialfaktorenansatz davon aus, daß erstens mit steigender regionaler Wirtschaftskraft auch die regionale Erwerbsquote aufgrund verstärkter Arbeitsnachfrage zunimmt. Zweitens folgt aus einer hohen regionalen Erwerbsquote auch eine hohe Zuwanderungsattraktivität der betreffenden Region durch entsprechende Wohnsitzverlegungen mobiler Arbeitnehmer.

Hinsichtlich der vier Eigenschaften des Potentialfaktors regionale Wohnbevölkerung kommen Biehl et al. zu folgendem Ergebnis:

- Immobilität: Die Immobilität der regionalen Erwerbsbevölkerung ist in wirtschaftsstarken Regionen höher ausgeprägt als in wirtschaftsschwachen Regionen, da nur in letzteren aufgrund mangelnder Arbeitskräftenachfrage ein Wanderungsanreiz besteht. Inwiefern die Immobilität der Bevölkerung wirtschaftsschwacher Gebiete eingeschränkt ist, hängt nach Biehl et al. sowohl von dem Verhältnis zwischen dem Zeitaufwand von Pendlerbewegungen und den Kosten einer Wohnsitzverlegung als auch von der Qualifikation der Erwerbsbevölkerung ab. Insofern die Pendlerkosten niedriger als die Kosten einer Wohnsitzverlegung ausfallen und es sich

[156] Blum erachtet die Eigenschaften Polyvalenz und Unteilbarkeit als unwesentlich hinsichtlich der Charakterisierung eines Potentialfaktors und hält in dieser Beziehung nur Immobilität und Limitationalität für relevant. Vgl. Blum (1982), S. 8ff.

um vergleichsweise gering Qualifizierte handelt, kann von einem hohen Immobilitätsgrad ausgegangen werden.

- Unteilbarkeit: Die regionale Erwerbsbevölkerung läßt sich nicht jederzeit und mit nur geringen zusätzlichen Kosten der veränderten regionalen Arbeitskräftenachfrage anpassen, was zu einer Unterauslastung des regionalen Erwerbspotentials führt. Eine fallweise Anpassung wird insbesondere durch die vergleichsweise hohen Wohnsitzverlagerungskosten verhindert.
- Limitationalität: Ist das Erwerbspotential einer Region ausgelastet wirkt es insgesamt limitierend auf das regionale Entwicklungspotential, was beispielsweise auch weitere Unternehmenszuwanderungen nicht kompensieren können. Die Limitationalität kann nur langfristig durch Arbeitskräftezuwanderungen abgebaut werden.
- Polyvalenz: Die regionale Erwerbsbevölkerung ist aufgrund der unterschiedlichen Qualifikationen der entsprechenden Arbeitskräfte als polyvalent anzusehen. Der Polyvalenzgrad kann jedoch in stark spezialisierten Regionen (z.B. Agrar- und Bergbauregionen) wegen der einseitigen Qualifikationsstruktur deutlich eingeschränkt sein[157].

ad 2.: Potentialfaktor regionale Infrastruktur

Jochimsen (1966) definiert *Infrastruktur* als Gesamtheit aller materiellen, institutionellen und personellen Einrichtungen, „die den Wirtschaftseinheiten zur Verfügung stehen und mit beitragen, den Ausgleich der Entgelte für gleiche Faktorbeiträge bei zweckmäßiger Allokation der Ressourcen, d.h. vollständige Integration und höchstmögliches Niveau der Wirtschaftstätigkeit zu ermöglichen[158]". Die *materielle* Infrastruktur umfaßt alle Anlagen, Ausrüstungen und Betriebsmittel, die durch die Eigenschaften öffentlicher Güter gekennzeichnet sind („Social Overhead Capital"), d.h. sie sind unteilbar und haben eine lange Ausreifungs- und Nutzungsdauer (insbesondere Netzeinrichtungen wie Kommunikations-, Energie-, Straßen– oder Eisenbahnnetze). Dritte lassen sich nur unter relativ hohem Kostenaufwand vom Infrastrukturkonsum ausschließen. Der ausgeprägte Öffentlichgut-Charakter untermauert die These, daß es hierbei zum Versagen des Preismechanismus kommt[159]. Die materielle Infrastruktur gehört zum volkswirtschaftlichen Kapitalstock und stellt einen intermediären Produktionsfaktor dar. Einige Infrastruktureinrichtungen werden jedoch nicht ausschließlich für produktive Zwecke,

157 Vgl. Biehl et al. (1975), S. 33ff.
158 Jochimsen (1966), S. 100.
159 Vgl. Tuchtfeldt (1970), S. 128f.; Fürst/Klemmer/Zimmermann (1976), S. 159f.

sondern auch für den privaten Konsum genutzt (z.B. Straßen). Die *institutionelle* Infrastruktur wird durch die rechtlich-soziale Ordnung einer Volkswirtschaft in Verbindung mit allen Normen, Traditionen und Gewohnheiten sowie organisatorischen Strukturen und institutionalisierten Verfahren gebildet. Damit besteht in der institutionellen Infrastruktur sowohl ein Regelwerk der Gesellschaft als auch ein Produzent staatlicher Grundfunktionen (z.B. Verwaltungsleistungen). Die institutionelle Infrastruktur ist zwar konsumtiv und auch produktiv einsetzbar, trägt aber im Gegensatz zur materiellen Infrastruktur überwiegend keinen Investitionscharakter[160]. Die *personelle* Infrastruktur wird durch den Teil des gesamtwirtschaftlichen Kapitalstocks gebildet, der in den Fähigkeiten und im Wissen der Arbeitskräfte gebunden ist („Human Capital"), und darüber hinaus durch deren Leistungsmotivation sowie Gesundheitszustand gekennzeichnet ist.

Biehl et al. schließen sich dieser Begriffsdefinition an und bestimmen darauf aufbauend in empirischer Form den Potentialcharakter bzw. die Wachstumswirksamkeit regionaler Infrastruktur[161]. Stellten vorausgegangene empirische Wirkungsanalysen vor allem die materielle Infrastruktur in den Mittelpunkt der Untersuchung, betrachten Biehl et al. „...die gesamte Infrastrukturausstattung[162] einer Region als unmittelbar oder mittelbar produktionsrelevant...[163]". Unmittelbare Produktionsrelevanz, d.h. eine Wachstumswirkung i.e.S., besitzt eine verbesserte Infrastrukturausstattung deshalb, weil sie durch Kapazitätserhöhungen (z.B. im Bereich des Eisenbahnnetzes), Rationalisierungen aufgrund wirtschaftlicherer Faktorkombinationen oder durch die Existenz positiver Externalitäten (z.B. Transportkostenreduzierung durch die Verfügbarkeit eines Autobahnanschlusses) zu einer Produktivitätssteigerung der eingesetzten Produktionsfaktoren Arbeit und Kapital führt. In diesem Zusammenhang ist die Infrastruktur gemäß der obigen Definition im Sinne einer in den Produktionsprozeß eingehenden Vorleistung zu verstehen[164]. Darüber hinaus gehen von Infrastruktureinrichtungen neben den un-

---

[160] Vgl. Fürst/Klemmer/Zimmermann (1976), S. 160; Tuchtfeldt (1970), S. 126.

[161] Vgl. Biehl et al. (1975), S. 40, Fußnote 1. Allerdings bezieht sich die gesamte Infrastruktur im Sinne von Biehl auf die Unterscheidung zwischen konsumtiver und produktiver Infrastruktur. Hinsichtlich der Klassifizierung von Jochimsen beschränkt sich die Untersuchung genau wie bei Buhr (1975) nur auf die materielle Infrastruktur.

[162] Zwar konstatieren Biehl et al., daß alle Infrastrukturkategorien entweder mittelbar oder unmittelbar produktionsrelevant sind, beziehen sich in ihrer Untersuchung jedoch nur auf die materielle Infrastruktur. Eine empirische Untersuchung von Grüske (1992) geht der Bedeutung außerökonomischer und weicher Faktoren für die regionale Wirtschaftsentwicklung nach, die Jochimsen (1966) bereits als institutionelle oder personelle Infrastruktur klassifizierte. Die Untersuchung für Deutschland ergab erhebliche Unterschiede hinsichtlich der regionalen Arbeits- und Wirtschaftskultur. Vgl. Grüske, K.-D. (1992), Außerökonomische Faktoren und regionale wirtschaftliche Entwicklung, in: Görgen, E./Tuchtfeldt, E. (Hrsg.), Die Zukunft der wirtschaftlichen Entwicklung – Perspektiven und Probleme, Stuttgart 1992, S. 449-474.

[163] Biehl et al. (1975), S. 45.

[164] Vgl. Fürst/Klemmer/Zimmermann (1976), S. 161f.

mittelbar produktionsrelevanten, d.h. den Wachstumseffekten, auch mittelbar produktionsrelevante Effekte[165] aus, die auch schon von Buhr (1975) im Zusammenhang mit Infrastrukturinvestitionen festgestellt wurden. Dazu zählen Anreiz-, Mobilitäts-, Einkommens sowie Versorgungseffekte[166]. Von besonderer Bedeutung für die längerfristige Entwicklungsperspektive einer Region sind jedoch insbesondere die Anreiz- und Mobilitätswirkungen von Infrastrukturinvestitionen. Gerade Investitionen in Verkehrs- und Kommunikationsinfrastruktureinrichtungen beeinflussen die räumliche Mobilität der Produktionsfaktoren sowie auch der Güter. Arbeitskräftewanderungen und Unternehmensinvestitionen oder -standortverlagerungen setzen jedoch erst dann ein, sofern in hinreichendem Maße Anreizeffekte in der betreffenden Region wahrgenommen werden. Dabei orientieren sich Arbeitskräfte an der haushaltgerichteten Infrastruktur (z.B. an der regionalen Wohn-, Bildungs- und Freizeitinfrastruktur), hingegen werden unternehmerische Wanderungsentscheidungen vor allem durch die infrastrukturelle Erschließung von Versorgungs-, Kommunikations- und Verkehrseinrichtungen bestimmt.

Hinsichtlich der vier Potentialfaktoreigenschaften stellen Biehl et al. folgendes fest:

- Immobilität: Die verschiedenen Infrastrukturkategorien unterscheiden sich hinsichtlich der Eigenschaft Immobilität: Einige Infrastrukturinvestitionen sind nach ihrer Tätigung nur noch mit nahezu prohibitiv hohen Kosten transferierbar und von daher hochgradig immobil (z.B. Verkehrsinfrastruktur). Andere Infrastruktureinrichtungen wie die Bildungsinfrastruktur weisen jedoch einen niedrigeren Immobilitätsgrad und damit auch geringere Standortverlagerungskosten auf.
- Unteilbarkeit: Insbesondere die Infrastruktureinrichtungen mit Netzcharakter erweisen sich als unteilbar, denn so verbindet eine Straße zwei Orte erst dann und ist für die Allgemeinheit von Nutzen, wenn sie vollständig fertiggestellt ist. Kapazitätsanpassungen in Abhängigkeit der Nachfragesituation können in bezug auf Infrastruktureinrichtungen nur mit enormen zusätzlichen Kosten erfolgen, was darüber hinaus zur Unteilbarkeit dieses Potentialfaktors beiträgt.

---

165 Vgl. Biehl et al. (1975), daß von einer Verbesserung der Wohn-, Bildungs-, Gesundheits- oder Freizeitinfrastruktur nicht nur sogenannte Konsum- oder Wohlstandseffekte ausgehen, sondern daß sie sowohl mittelbar (Entscheidungskalkül hochqualifizierter Arbeitskräfte) als auch unmittelbar (bessere Ausbildung steigert Arbeitsproduktivität, Verringerung krankheitsbedingter Ausfälle etc.) produktionsrelevant sind. Vgl. Biehl et al. (1975), S. 46.

166 Vgl. Buhr (1975), S. 19ff.

- Limitationalität: Das Entwicklungspotential einer Region kann durch den Potentialfaktor Infrastruktur limitiert werden. Das Ausmaß der Limitationalität der einzelnen Infrastrukturkategorien wird durch deren Substitutionsgrad bestimmt. So läßt sich eine nur unzureichend ausgebaute Straßeninfrastruktur nicht durch eine vergleichsweise gute Wohn- oder Freizeitinfrastruktur substituieren und limitiert von daher das regionale Entwicklungspotential beträchtlich.
- Polyvalenz: Infrastruktureinrichtungen stellen gemäß Jochimsen (1966)[167] Vorleistungen für alle Wirtschaftsaktivitäten dar, ermöglichen des weiteren interregionale Wanderungen von Arbeit und Kapital und sind auch konsumtiv nutzbar. Aufgrund der Eigenschaften Immobilität und Unteilbarkeit kann eine vollständige Auslastung der regionalen Infrastruktur nicht immer sichergestellt werden, wohingegen aufgrund der Polyvalenz die Möglichkeit zur Beanspruchung durch verschiedene Nutzer gegeben ist[168].

ad 3.: Potentialfaktor Agglomeration

Der Begriff Agglomeration beschreibt sowohl den Zustand der „andauernden Verdichtung von Menschen und Arbeitsstätten in einer geringen Zahl wachsender und expandierender Siedlungsschwerpunkte[169]“ als auch den Prozeß, welcher zu dieser ungleichgewichtigen Siedlungsstruktur führt. Der Agglomerationsprozeß ist durch die Determinanten naturbedingte Standortvorteile sowie endogene Agglomerationsvorteile, d.h. sowohl durch externe bzw. interne Agglomerationsvorteile als auch durch Fühlungsvorteile, geprägt.

Zunächst verursachen *naturbedingte Standortvort*eile unterschiedliche Bedingungen zur räumlichen Verdichtung im Raum. Hierzu gehören u.a. die Bodenqualität, Bodenschatzvorkommen, die Besiedelbarkeit von Flächen (z.B. unter besonderer Berücksichtigung der Wasserversorgung,) und die Lage an natürlichen Verkehrsleitlinien wie Flüssen. Die Grenzen der Besiedelbarkeit sind darüber hinaus durch nationale Gesetze (z.B. Eigentumsrecht) und internationale Gesetze (z.B. Einwanderungsgesetze) beschränkt. Der Agglomerationsprozeß wird danach durch *endogene Vorteile* solcher Ballungszentren, d.h. durch interne und externe Kostenersparnisse sowie durch Fühlungsvorteile, verstärkt[170]. Diese erstmals von Weber (1909) beschriebenen Vorteile der räumlichen Konzentration von Unter-

167 Vgl. Jochimsen (1966), S. 100ff.
168 Vgl. Biehl et al. (1975), S. 48ff.; Biehl (1995), S. 56ff.
169 Boustedt (1975), S. 63, 67.
170 Vgl. Boustedt (1975), S. 67.

nehmen, Haushalten und öffentlichen Einrichtungen werden auch als positive Agglomerationseffekte für Produzenten und Konsumenten bezeichnet und wurden bereits im Zusammenhang mit der Theorie der Wachstumspole ausführlich erläutert (vgl. Abschnitt 5.2.1, Seite 129)[171].

Neben positiven Wirkungen kann ein Agglomerationsprozeß jedoch auch negative Effekte auslösen, die mit seinem Fortschreiten überproportional ansteigen, während positive Effekte relativ abschwächen. Beispielhaft für negative Agglomerationseffekte stehen Schäden an Umwelt, Lebensqualität und Gesundheit aufgrund verstärkter Luft- und Wasserverschmutzung, steigende Lebenshaltungskosten (z.B. im Bereich der Miet- und Eigentumswohnungen) oder auch steigende Kriminalität. Vor diesem Hintergrund arbeitet die Raumordnungspolitik mit einem Agglomerationsoptimum, jenseits von dem der gesamtwirtschaftliche Nettoeffekt ein negatives Vorzeichen aufweist. Die Agglomerationskosten wiesen dementsprechend mit zunehmender Verdichtung einen U-förmigen Verlauf auf. Die Existenz eines Agglomerationsoptimums erscheint zwar plausibel, seine Bestimmung erweist sich aufgrund fehlender Informationen über Grenznutzen- und Grenzkostenverläufe in der Praxis als schwierig[172]. So konnten mittels empirischer Studien bislang einzig die positiven Effekte (fallende Agglomerationskosten) nachgewiesen werden[173]. Der Potentialfaktor Agglomeration erfüllt die vier Potentialfaktoreigenschaften wie folgt:

- Immobilität: Die von Agglomerationen ausgehenden Effekte sind an räumliche Strukturen, d.h. an eine entsprechend verdichtete Siedlungsstruktur gebunden. Veränderungen bzw. räumliche Verlagerungen einer vorhandenen Siedlungsstruktur sind zumindest mittelfristig mit prohibitiv hohen Kosten verbunden.
- Unteilbarkeit: Eine Trennung von Ballungsräumen, d.h. eine Reduzierung des Agglomerationsgrads, verursacht hohe Separationskosten im Sinne verminderter externer Kostenersparnisse im Produktionsbereich, die sich insbesondere durch Urbanisierungs- bzw. Verstädterungsvorteile generieren lassen, (z.B. durch den Verlust von Agglomerationspotential in schrumpfenden Industriegebieten durch Abwanderung von Arbeitskräften sowie durch Unternehmensstandortverlagerungen)[174].

---

171 Vgl. Weber, A. (1909), Über den Standort der Industrien, Tübingen.

172 Vgl. Holtzmann (1997), S. 45; Krätzschmar (1995), S. 48.

173 Vgl. Fürst/Klemmer/Zimmermann (1976), S. 86f. Zu empirischen Studien vgl. Buttler, F. (1973), Entwicklungspole und räumliches Wirtschaftswachstum, Tübingen.

174 Vgl. Biehl et al. (1975), S. 54f.

- Limitationalität: Zumindest als bedingt limitational sind die Agglomeration und die mit ihr verbundenen Effekte einzustufen, da „ihre Nutzungsmöglichkeit nicht durch andere Faktoren ersetzt werden kann, ohne auf die durch sie möglichen Wohlfahrtssteigerungen zu verzichten[175]“.

- Polyvalenz: Die durch Agglomerationen entstehenden Vorteile (interne und externe Kostenersparnisse sowie Fühlungsvorteile) sind allen Wirtschaftssubjekten zugänglich, wobei die Urbanisierungsseffekte einen höheren Polyvalenzgrad als die Lokalisierungseffekte aufweisen, weil sie branchenübergreifend internalisiert werden können[176]. Zudem können sich die „Ressourcen (innerhalb der Siedlungsstruktur) ... mehr oder weniger sektoralen Strukturveränderungen aufgrund ihrer mehrseitigen Verwendungsfähigkeit anpassen ...[177]“. Der Potentialfaktor Agglomeration ist beispielsweise dann nicht voll ausgeschöpft, „wenn ein altes, hochverdichtetes Industriegebiet mit wenig wettbewerbsfähiger intrasektoraler Struktur gute Voraussetzungen für eine verstärkte tertiäre Nutzung bietet..., entsprechende wirtschaftliche Tätigkeiten aber noch nicht ausgeübt werden[178]“.

ad 4.: Potentialfaktor sektorale Wirtschaftsstruktur

Die sektorale Wirtschaftsstruktur ist durch die relativen Anteile der drei Sektoren Landwirtschaft, Industrie und Dienstleistungen an den mobilen Produktionsfaktoren Arbeit und Privatkapital gekennzeichnet. Besonderes Augenmerk richten Biehl et al. auf den regionalen Strukturwandel, d.h. intersektorale Anteilsverschiebungen im Zeitverlauf. Damit rückt die Potentialfaktorargumentation in den Kontext des dynamischen regionalen Wachstums und konzentriert sich im Gegensatz zu den vorhergehenden Faktoren nicht nur auf bestehende Strukturen. Die sektorale Wirtschaftsstruktur spiegelt nicht nur den Verlauf der bisherigen wirtschaftlichen Entwicklung in einer Region wider, sondern dient auch als Indikator der künftigen relativen Wettbewerbsfähigkeit einer Region. Denn nur ein sektoral und branchenmäßig optimaler Einsatz der in Menge und Qualität gegebenen Produktionsfaktoren führt zu einem maximalen gesamtwirtschaftlichen Einkommen.

---

175 Vgl. Ungar (1994), S. 82.
176 Vgl. Ungar (1994), S. 82.
177 Biehl et al. (1975), S. 53.
178 Biehl et al. (1975), S. 54.

Der sektorale Strukturwandel wird sowohl durch regionales als auch gesamtwirtschaftliches Wachstum beeinflußt[179]. Die Geschwindigkeit des regionalen Strukturwandels kann sich jedoch von der gesamtwirtschaftlichen Entwicklung unterscheiden. So wurde infolge der Ölkrise in den siebziger Jahren das ohnehin schwache Regionalwachstum in den Altindustrieregionen (z.B. Ruhrgebiet) aufgrund veränderter Nachfragestrukturen durch eine gesamtwirtschaftliche Rezession noch stärker dezimiert[180]. Problematisch erweist sich außerdem eine staatliche Beeinträchtigung des regionalen Strukturwandels durch Erhaltungsinterventionen für künftiges Wachstum in der betreffenden Region[181]. So weist Holtzmann (1997) in einer empirischen Untersuchung der Wachstumswirkungen der Europäischen Regionalpolitik nach, daß ein hoher Landwirtschaftsanteil die Regionalentwicklung einschneidend negativ beeinflußt und somit die Subventionen im Rahmen des Europäischen Ausgleich- und Garantiefonds für die Landwirtschaft (EAGFL) das regionale Wachstum hemmen[182].

Die vier Potentialfaktorkriterien können in bezug auf die sektorale Wirtschaftsstruktur nur in einem übertragenen Sinne angewendet werden, da diese „eine strukturelle Relation zwischen Ressourcenkombinationen" darstellt[183]:

- Immobilität: Die sektorale Wirtschaftsstruktur einer Region wird aus weitgehend mobilen Ressourcen gebildet, ist jedoch selbst nicht in der Lage, interregional zu wandern und erfüllt somit das Immobilitätskriterium. Strukturelle Veränderungen innerhalb einer Region finden nur indirekt über interregionale Faktorwanderungen oder intraregionale Faktorverschiebungen statt. Biehl et al. gehen davon aus, daß solche Strukturveränderungen aufgrund der relativ hohen Mobilitätskosten aller die Struktur bildenden Faktoren nur langfristig stattfinden können.
- Unteilbarkeit: Unternehmen ein Branche sind stärker miteinander verflochten als Unternehmen verschiedener Branchen, ebenso wie die intrasektorale Verflechtung stärker ausfällt als die zwischen verschiedenen Sektoren. Demnach wandern Arbeitskräfte infolge veränderter Nachfragestrukturen am schnellsten innerhalb der eigenen Branche (geringer Unteilbarkeitsgrad). Eine branchenübergreifende Verschiebung von Arbeitskräften erfordert bereits höhere Mobilitätskosten,

179 Vgl. Biehl et al. (1975), S. 57f.
180 Vgl. Ungar (1994), S. 86.
181 Vgl. Biehl (1995), S. 60f.; Ungar (1994), S. 86.
182 Vgl. Holtzmann (1997), S. 416.
183 Vgl. Biehl et al. (1975), S. 58.

z.B. für Umschulungen oder Weiterbildungsmaßnahmen, (mittlerer Unteilbarkeitsgrad). Die kurzfristige Wanderung zwischen Sektoren, beispielsweise von der Landwirtschaft in die Computerindustrie, ist mit enorm hohen Mobilitätskosten verbunden. Aus diesem Grunde bleibt nach Biehl et al. das Verhältnis der drei Sektoren zueinander kurz- bis mittelfristig konstant (hoher Unteilbarkeitsgrad)[184].

- Limitationalität: Eine gegebene Sektoralstruktur ist trotz der tendenziell substituierbaren Produktionsfaktoren Arbeit und Kapital selbst nicht substituierbar und kann infolgedessen zum Engpaßfaktor für das regionale Entwicklungspotential werden. Verändern sich die Nachfragestrukturen der Konsumenten beispielsweise in Richtung technologisch höherwertiger Güter, so limitiert eine auf traditionelle Industriezweige oder Landwirtschaft ausgerichtete regionale Wirtschaftsstruktur das Wachstum in dieser Region.
- Polyvalenz: Die sektorale Wirtschaftsstruktur einer Region ist in dem Sinne polyvalent, als eine günstige Struktur die Voraussetzungen für einen problemlosen intrasektoralen Strukturwandel schafft, ohne intersektorale Verschiebungen zu realisieren. Z.B. erleichtert ein hoher regionaler Industrialisierungsgrad die Reaktion auf eine veränderte Nachfrage nach Industrieprodukten. Der Polyvalenzgrad einer regionalen Sektoralstruktur erweist sich vor allem in monostrukturierten Regionen (z.B. Agrar- und Altindustrieregionen) als sehr niedrig. Ein am Strukturwandel orientierter, gut ausgebauter Dienstleistungssektor ermöglicht einer Region hingegen auch künftige interregionale Wettbewerbsfähigkeit. Insgesamt ist die Polyvalenz der Sektoralstruktur schwächer ausgeprägt als bei dem Potentialfaktor Infrastruktur.

ad 5.: Potentialfaktor wirtschaftsgeographische Lage

Das Entwicklungspotential einer Region wird neben den Potentialfaktoren Wohnbevölkerung, Infrastruktur, Siedlungsstruktur und Sektoralstruktur auch durch die wirtschaftsgeographische Lage bestimmt. Das Lagepotential einer Region wird sowohl durch topographische bzw. geographische Gegebenheiten als auch durch die Entfernung zu allen übrigen Regionen unter Berücksichtigung des jeweiligen ökonomischen Gewichts beeinflußt. Bei der Überwindung dieser interregionalen Distanzen entstehen für die betreffenden regionalen Produzenten und Konsu-

[184] Vgl. Biehl et al. (1975), S. 58f.

menten Kommunikationskosten in Form von Transport-, Informations- und Zeitkosten. Je größer die Entfernung einer Region zu wirtschaftsstarken oder stark verdichteten Räumen ist, um so höher fallen die aufzuwendenden Kommunikationskosten für den interregionalen Güter- und Faktorhandel aus und um so weniger wettbewerbsfähig erweist sich die betreffende Region gegenüber zentraler gelegenen Gebieten auf den relevanten Absatz- und Beschaffungsmärkten. Verfügt die periphere Region jedoch selbst über einen hohen Verdichtungsgrad und damit die Vorteile großer Absatz- und Beschaffungsmärkte sowie entsprechende Möglichkeiten zur Nutzung von Skaleneffekten, Fühlungsvorteilen und schnelleren Informationsflüssen, dann wirkt sich dies wiederum reduzierend auf die Kommunikationskosten aus[185].

Hinsichtlich der vier Potentialfaktoreigenschaften läßt sich für die geographische Lage folgendes festhalten:

- Immobilität: Die geographische Position einer Region im räumlichen Gefüge ist nicht veränderbar. Lediglich die interregionalen Distanzen können über eine gut ausgebaute Transportinfrastruktur verringert werden.
- Unteilbarkeit: Die Kapazität der geographischen Lage einer Region ist vorgegeben, d.h. diese läßt sich nicht anpassen, insofern weitere Wirtschaftssubjekte in die Region zuwandern.
- Limitationalität: Die geographische Lage ist nur begrenzt, z.B. durch Verkehrsinfrastruktur, substituierbar und kann von daher das regionale Entwicklungspotential limitieren.
- Polyvalenz: Die geographische Position einer Region verlangt a priori keine bestimmte Spezialisierung einer interregionalen Arbeitsteilung[186].

5.4 Zusammenfassung

Konvergenz versus Divergenz

Die Diskussion der theoretischen Ansätze kommt im Hinblick auf die Frage, ob sich der ökonomische Entwicklungsstand unterschiedlich ausgestatteter Regionen ohne staatliche Eingriffe aufeinander zu oder voneinander weg bewegt, zu keinem eindeutigen Ergebnis. Mehrheitlich tendieren die Theorien zu einer Divergenzprognose. Während die neoklassischen Ansätze eine konvergente ökonomische Ent-

---

[185] Vgl. Hußmann (1976), S. 66f.; Biehl (1976), S. 64.

[186] Vgl. Biehl (1976), S. 63.

wicklung prognostizieren, beschreiben alle anderen theoretischen Ansätze eine divergente bzw. eine unter bestimmten Annahmen nicht zwangsläufig konvergente Regionalentwicklung.

Gemäß der neoklassischen Denkschule wird ein interregionaler Einkommensausgleich über Spezialisierung und Handel in Verbindung mit einem Faktorpreisausgleich (Außenhandelstheorie) bzw. über die höhere Grenzproduktivität des Kapitals und infolgedessen höhere Akkumulationsraten der schwächeren oder kapitalärmeren Region (Wachstumstheorie) erreicht. Der Erklärungsgehalt der beiden sehr stark formalisierten und in sich geschlossenen Modellen ist insgesamt gering, vor allem weil sie durch sehr strikte Annahmen charakterisiert sind und daher viele Facetten regionaler Wirtschaftsentwicklung außer acht lassen. Hinzu kommt, daß die Außenhandels- und Wachstumstheorie für marktwirtschaftlich geprägte Strukturen und nicht für Umbruchökonomien entwickelt wurden. Eine Prognose für die Regionalentwicklung in Polen, Ungarn und der Tschechischen Republik ist deshalb nicht möglich.

Divergenzthesen werden von den partialanalytischen Ansätzen hervorgebracht (Theorie der Wachstumspole, Entwicklungsachsenansatz, Ansatz nach Myrdal, Hirschman, Kaldor und Drei-Sektoren-Hypothese). Die Argumentationen dieser Theorien bauen auf der Existenz positiver Agglomerationseffekte sowie der Berücksichtigung von Transportkosten auf. Diese Ansätze geben zwar im Vergleich zur Neoklassik ein umfassenderes Abbild der Realität, sind in ihren Argumentationsketten allerdings wenig stringent, empirisch schwer nachweisbar und für die drei betrachteten Transformationsökonomien ebenfalls wenig aussagekräftig.

Nach den Ansätzen der endogenen Wachstumstheorie und Neuen Außenhandelstheorie verläuft die Entwicklung anfänglich unterschiedlich ausgestatteter Regionen nicht zwangsläufig konvergent. Hierfür ausschlaggebend sind Produktivitätsfortschritte bzw. die Produktion neuen Wissens aufgrund von Kapitalinvestitionen, zu dem schließlich alle Unternehmen infolge interregionalen Handels, interregionaler Faktorbewegungen und Wissensdiffusion Zugang haben. Je ungehinderter sich das in einer Region produzierte Wissen interregional ausbreiten kann, um so weniger divergent verläuft die wirtschaftliche Entwicklung zwischen zwei Regionen. Ähnlich den Polarisationstheorien beschreibt die Neue Außenhandelstheorie nach Krugman einen kumulativen Wachstumsprozeß, der durch das Wechselspiel steigender Nachfrage und steigender Produktion angetrieben wird. Dieses Modell betont die Pfadabhängigkeit der Entstehung industrieller Zentren. Damit wird auch durch die Neue Außenhandelstheorie die Konvergenzthese der Neoklassik als obsolet erklärt und vielmehr eine räumlich ungleichgewichtige Entwicklung prognostiziert. Allerdings werden weder von der endogenen Wachstumstheorie noch von der Neuen Außenhandelstheorie Transformationsspezifika berücksichtigt, was eine Übertragung ihrer Aussagen auf die drei Visegràdstaaten schwierig macht.

Sowohl die Theorie des Institutionenwettbewerbs der Standorte als auch der Potentialfaktorenansatz beabsichtigen weniger eine Erklärung regionaler Konvergenz- und Divergenzprozesse und treffen damit auch keine auf die Visegràdländer anwendbare Aussage. Ausgangspunkt für deren Suche nach den wesentlichen Determinanten regionalen Wachstums bilden vielmehr räumlich ungleichgewichtige Entwicklungsprozesse.

Bestimmungsfaktoren regionaler Entwicklung aus theoretischer Sicht

Ein Gesamtbild der Bestimmungsfaktoren regionaler Entwicklung ergibt sich insbesondere aus dem Potentialfaktorenansatz Biels, der regionales Wachstum auf viele derjenigen Faktoren zurückführt, die von den übrigen theoretischen Ansätzen jeweils nur partiell aufgegriffen werden. Im folgenden werden die wesentlichen Faktoren, die in der Regel durch mehrere Theorien benannt wurden, sowie der Wirkungszusammenhang zwischen dem jeweiligen Faktor und dem regionalen Wachstum noch einmal zusammenfassend dargestellt.

Die *regionale Wohnbevölkerung* als Träger des regionalen Arbeitskräftepotentials wird gemäß des Potentialfaktorenansatzes nach Biehl et al. durch die jeweilige regionale Erwerbsquote spezifiziert. Eine hohe Erwerbsquote spiegelt sowohl einen hohen Auslastungsgrad des regionalen Arbeitskräftepotentials als auch eine hohe Zuwanderungsattraktivität der betreffenden Region wider.

Insbesondere die neuen wachstumstheoretischen Ansätze heben den Faktor *Humankapital* als bestimmend für die regionale Entwicklung hervor. Eine Region, die über eine höhere Anzahl qualifizierter Arbeitskräfte, also ein hohes regionales Bildungsniveau, verfügt, weist einen komparativen Vorteil gegenüber anderen Regionen auf.

Die Wachstumswirkungen des Faktors *Infrastruktur* konstatieren mehrere theoretische Ansätze. Entscheidend für die langfristige regionale Entwicklung sind demnach vor allem die Anreiz-, Mobilitäts- und Wachstumswirkungen von Infrastrukturinvestitionen. Als wesentlicher Infrastrukturbereich wird insbesondere die Transportinfrastruktur erachtet, deren Bedeutung für die Höhe der Kosten für Faktorwanderungen und Güteraustausch von der Neuen Außenhandelstheorie (Krugman-Ansatz), aber auch durch den Entwicklungsachsenansatz (von Pottier) betont wird. Gemäß der Theorie des Institutionenwettbewerbs der Standorte sowie des Potentialfaktorenansatzes gewinnt eine Region für die mobilen Faktoren an Zuwanderungsattraktivität, wenn sie über eine gut entwickelte haushaltgerichtete

(Gesundheit, Bildung, Freizeit) und unternehmensgerichtete Infrastruktur (Versorgung, Kommunikation) verfügt.

Als wesentliche Einflußgröße auf das wirtschaftliche Wachstum einer Region wird sowohl von den Modellen der neuen Wachstumstheorie, den Polarisationstheorien als auch dem Potentialfaktorenansatz die regionale *Agglomeration* und die damit verbundenen Vorteile erachtet (externe und interne Kostenersparnisse sowie Fühlungsvorteile). Demnach verfügt eine Region, die durch große Agglomerationen gekennzeichnet ist, über entsprechend größere komparative Vorteile und damit insgesamt über ein größeres wirtschaftliches Entwicklungspotential.

Die *sektorale Wirtschaftsstruktur* und der ökonomische Entwicklungsstand einer Region stehen gemäß der Drei-Sektoren-Hypothese nach Fourastié sowie des Biehl'schen Potentialfaktorenansatzes in einem regelmäßigen Zusammenhang, wonach mit steigendem BIP pro Kopf Agrar- und Industriesektor an Gewicht verlieren, während die Anteile des tertiären Sektors wachsen. Die Wachstumswirkung dynamischer Branchen und Industriekomplexe bildet die Grundlage der Theorie der Wachstumspole sowie des polarisationstheoretischen Ansatzes von Myrdal, Hirschman und Kaldor, die in ihren Argumentationen die beiden Faktoren sektorale Wirtschaftsstruktur und Agglomeration verbinden.

Der Einfluß der *geographischen Lage* einer Region auf deren Wachstumspotential wird insbesondere von der Neuen Außenhandelstheorie (Krugman-Ansatz) und vom Potentialfaktorenansatz betont. Die Ursache der Lagevor- bzw. -nachteile liegt in den für Unternehmen anfallenden Transportkosten sowie in der Größe der eigenen bzw. übrigen Absatz- und Beschaffungsmärkte begründet. Zwar steigen Transportkosten mit zunehmender Entfernung zu verdichteten Wirtschaftsräumen, diese Standortnachteile peripherer Regionen können jedoch zumindest teilweise durch einen vergleichsweise hohen Besiedlungsgrad kompensiert werden.

6. Empirische Untersuchung der Bestimmungsfaktoren regionaler Entwicklung in Polen, Ungarn und der Tschechischen Republik

Mit der Ableitung derjenigen Faktoren, die entsprechend der regionalökonomischen Theorien das wirtschaftliche Entwicklungsniveau einer Region maßgeblich beeinflussen, wurde die Grundlage für eine umfassende empirische Untersuchung geschaffen, in deren Rahmen die theoretisch abgeleiteten Bestimmungsfaktoren regionaler Entwicklung durch geeignete Indikatoren quantifiziert und auf ihren praktischen Erklärungsnutzen hin für die drei Visegrádstaaten überprüft werden. Dafür bietet die Statistik die Regressionsanalyse[187] als das am weitesten verbreitete multivariate Verfahren an, welches die statistische Abhängigkeit einer Variable (abhängige Variable) von einer oder mehreren anderen Variablen (unabhängige Variablen) untersucht mit dem Ziel, den Erklärungsbeitrag der gesamten Regressionsgleichung sowie der einzelnen Variablen zu bestimmen. Der Erklärungsbeitrag einer Regressionsgleichung wird durch das Bestimmtheitsmaß R^2 bzw. das korrigierte Bestimmtheitsmaß $\overline{R}^2$ (multiple Regression), welche Werte zwischen 0 und 1 annehmen können, widergespiegelt. Das Ziel der Regressionsanalyse ist zunächst, das Bestimmtheitsmaß und damit die Güte der Schätzgleichung zu maximieren. Neben dem Bestimmtheitsmaß muß jedoch auch überprüft werden, inwieweit die Regressionsgleichung die Annahmen der klassischen Regressionsanalyse, insbesondere Non-Autokorrelation sowie Non-Multikollinearität, erfüllt.

Vor diesem Hintergrund werden in Abschnitt 6.1. die methodischen Grundlagen der Regressionsanalyse als Schätzverfahren hinsichtlich des verwendeten Datenmaterials (6.1.1) sowie der Variablenauswahl (6.1.2) dargestellt. Im Anschluß daran werden in Abschnitt 6.1.3 die technische Durchführung der Regressionsanalyse sowie in Abschnitt 6.1.4 die Bildung der Regressionsmodelle erläutert. Die Auswertung der jeweiligen Ergebnisse für das Untersuchungsjahr 1996 (alte Territorialstruktur) sowie das Untersuchungsjahr 1999 (neue Territorialstruktur) findet in den Abschnitten 6.2 bzw. 6.3 statt. Ein letzter Abschnitt dient dem Vergleich der Ergebnisse der beiden Regressionsanalysen mit dem Ziel, Aussagen hinsichtlich des Erklärungswertes der theoretisch abgeleiteten Bestimmungsfaktoren für die drei Visegrádstaaten zu treffen. Basierend auf den Aussagen der Regressionsanalyse in Verbindung mit den Ergebnissen der Clusteranalyse (Kapitel 4), die Hinweise für die Auswahl zu fördernder Regionen liefern, sollen im Anschluß regionalpolitische Handlungsempfehlungen formuliert werden (Kapitel 7).

[187] Zur Zielsetzung und Vorgehensweise der Regressionsanalyse vgl. Gujarati (1995), S. 19f.

6.1 Die Regressionsanalyse als Schätzverfahren

6.1.1 Regionale Abgrenzung und Datenmaterial

Die Regressionsanalyse wird für die polnischen, ungarischen und tschechischen Regionen durchgeführt. Die zugrundeliegende Datenbasis stellen die statistischen Angaben der jeweiligen Statistischen Jahrbücher bzw. eigens von den Statistischen Behörden angeforderte Datenerhebungen zu den Regionen der drei untersuchten Länder dar, und zwar für die zwei Untersuchungsjahre 1996 sowie 1999. Damit finden in der Regressionsanalyse sowohl die alte Territorialstruktur (Angaben für 1996) als auch die neue Territorialstruktur (Angaben für 1999) Berücksichtigung.

In die Regressionsanalyse für das Untersuchungsjahr 1996 werden insgesamt 49 polnische Woiwodschaften, zwanzig ungarische Komitate incl. Budapest sowie acht tschechische kraj einbezogen. Für das Untersuchungsjahr 1999 berücksichtigt die Regressionsanalyse 31 Regionen, davon sechzehn polnische Woiwodschaften, sieben statistische Planungsregionen in Ungarn (Zusammenschluß der zwanzig Komitate) und wiederum acht tschechische kraj[188].

Die Untersuchungsjahre werden nicht nur derart ausgewählt, daß sowohl die alten als auch die neuen Territorialstrukturen in die Analyse eingehen können. Darüber hinaus ist eine uneingeschränkte Verfügbarkeit der Daten für alle Variablen auf regionaler Ebene der drei Länder unabdingbare Voraussetzung. Die immer noch begrenzte Datenlage auf dieser Ebene in Polen, Ungarn und in der Tschechischen Republik macht eine umfassende Zeitreihenanalyse nahezu unmöglich. In allen drei Ländern erfolgt noch immer unterstützt durch die Europäische Union eine sukzessive Anpassung der methodischen Grundlagen für Datenerhebung sowie -aufarbeitung an das Europäische Statistische System[189].

6.1.2 Auswahl der abhängigen und unabhängigen Variablen

Abhängige Variable

Als Indikator für das entsprechende ökonomische Entwicklungsniveau der betrachteten Regionen, d.h. als abhängige Variable, wird das jeweilige regionale Pro-Kopf-Einkommen in die Regressionsanalyse einbezogen, wobei analog zur Disparitätenmessung (Kapitel 3) beide Einkommenskonzepte, d.h. das ECU- sowie das Kaufkraftparitätenkonzept, berücksichtigt werden. Damit kann der gege-

[188] Zur Entwicklung und zum Stand der territorialen Strukturen in Polen, Ungarn und der tschechischen Republik vgl. Kapitel 3.1, S. 20ff.

[189] Für die Datenbeschaffung gelten die Anmerkungen zur Clusteranalyse analog, vgl. Kapitel 4.1.2, S. 85.

benenfalls unterschiedliche Einfluß der Einkommenskonzepte auf die Erklärungsbeiträge der Schätzgleichungen ermittelt werden.

Unabhängige Variablen

Die Auswahl der unabhängigen Variablen greift die Ergebnisse des fünften Kapitels auf, wonach folgende strategische Faktoren das wirtschaftliche Entwicklungsniveau einer Region maßgeblich beeinflussen:

- Regionale Wohnbevölkerung
- Verschiedene Infrastrukturkategorien
- Humankapitalausstattung
- Siedlungsstruktur
- Sektorale Wirtschaftsstruktur
- Wirtschaftsgeographische Lage einer Region

Um darüber hinaus die spezifische ökonomische Situation der mitteleuropäischen Volkswirtschaften im Übergang von der Plan- zur Marktwirtschaft zu untersuchen, wird der Stand der regionalen Transformationsfortschritte als weiterer strategischer Faktor in die Regressionsanalyse aufgenommen. Die genannten strategischen Bestimmungsfaktoren regionaler Entwicklung werden inhaltlich durch einen oder mehrere Indikatoren, d.h. unabhängige Variablen, spezifiziert. In der folgenden Tabelle werden die theoretisch zu erwartenden Wirkungsrichtungen der einzelnen Indikatoren auf die regionale Wirtschaftsentwicklung dargestellt und damit die entsprechenden Arbeitshypothesen zur statistischen Untersuchung formuliert. Inwieweit sich die hypothetischen Wirkungsrichtungen bestätigen und wie stark die tatsächlichen Einflüsse auf der Basis des zugrundeliegenden Datenmaterials sind, wird im Rahmen der Ergebnisdarstellung in den Abschnitten 6.2 für das Untersuchungsjahr 1996 sowie 6.3 für das Untersuchungsjahr 1999 erläutert.

- **Regionale Wohnbevölkerung**

Indikator Operationalisierung	**Hypothetische Wirkungsrichtung auf das regionale Entwicklungsniveau**
Regionale Erwerbsquote Verhältnis zwischen den Erwerbstätigen einer Region sowie deren Bevölkerung im erwerbsfähigen Alter zwischen 15 und 64 Jahren	**Positiv:** Wirtschaftliches Wachstum ist insgesamt mit einer verstärkten Arbeitskräftenachfrage verbunden, d.h. die Anzahl der Erwerbstätigen und damit die Erwerbsquote nehmen aufgrund eines verstärkten Zuwande-

rungsanreizes vor allem für höherqualifizierte Arbeitskräfte zu. Demnach geht von der regionalen Erwerbsquote ein positiver Einfluß aus.

- **Regionale Ausstattung mit Humankapital**

Indikator Operationalisierung	**Hypothetische Wirkungsrichtung auf das regionale Entwicklungsniveau**
Dichte der nach Bildungskategorien gewichteten Schüler und Studentenzahlen pro Region Der Indikator entspricht dem Verhältnis aus der Summe der gewichteten Bildungskategorien sowie der regionalen Fläche. Die Gewichtung der Bildungskategorien Volksschule, Gymnasium, Berufsschule/Technikum, Fachschule sowie Hochschule erfolgt anhand der landesspezifischen Kosten pro Ausbildungsplatz in der entsprechenden Kategorie.	**Positiv:** Je qualifizierter das regionale Arbeitskräftepotential ist, um so attraktiver ist der Standortwert einer Region zu beurteilen vor allem im Hinblick auf mögliche Kapitalzuflüsse. Außerdem kann der Strukturwandel einer Region durch diese Faktoren beschleunigt werden. Dementsprechend besteht zwischen der Bildungsinfrastruktur und dem regionalen Pro-Kopf-Einkommen ein positiver Zusammenhang.

- **Infrastruktur**

Indikatoren Operationalisierung	**Hypothetische Wirkungsrichtung auf das regionale Entwicklungsniveau**
Auslastung und Dichte des regionalen Straßennetzes Der Indikator wird durch das arithmetische Mittel der bevölkerungsbezogenen Auslastung des gewichteten Straßennetzes (absolute Wohnbevölkerung pro gewichtete Straßenkilometer) und der Dichte des gewichteten Straßennetzes (gewichtete Strassenkilometer pro absolute Fläche) gebildet. Die Gewichtung erfolgt in Abhängigkeit ihrer Qualität: Autobahnen mit 1, Fernstraßen mit 0,75, Landstraßen mit 0,5, sonstige mit 0,25.	**Positiv:** Vor dem Hintergrund der mit einem zunehmenden Ausbau der Straßeninfrastruktur verbundenen Kapazitäts-, Mobilitäts- und Anreizeffekte sowie reduzierten Transaktionskosten des interregionalen und internationalen Güteraustausches wirken eine diesbezüglich höhere Auslastung und Dichte positiv auf das regionale Pro-Kopf-Einkommen und zwar um so mehr, je niedriger die regionale Wohnbevölkerung und Fläche im Verhältnis zur Straßenausstattung ausfallen.

Auslastung und Dichte des regionalen Eisenbahnetzes Der Indikator setzt sich zusammen aus der bevölkerungsbezogenen Auslastung des gewichteten regionalen Eisenbahnnetzes (absolute Wohnbevölkerung pro gewichtete Eisenbahnkilometer der Region) sowie der Dichte des gewichteten Eisenbahnnetzes (gewichtete Eisenbahnkilometer pro Fläche der Region). Die gewichteten Eisenbahnkilometer bilden die Summe aus nicht-elektrifizierten sowie elektrifizierten Streckenkilometern, wobei der elektrifizierte Anteil mit dem Faktor 1,5 multipliziert wird.	**Positiv:** Analog zur Straßeninfrastruktur wirkt ein dichteres und modernes Eisenbahnnetz positiv auf das regionale Pro-Kopf-Einkommen und zwar um so stärker, je kleiner die regionale Wohnbevölkerung und Fläche im Verhältnis zum Eisenbahnnetz ausfallen.
Dichte des regionalen Telekommunikationsnetzes Anzahl der Telefonanschlüsse pro Einwohner	**Positiv:** Ein weit verzweigtes und den heutigen technischen Anforderungen gerechtes regionales Telekommunikationsnetz führt zu einer Reduzierung von Transaktionskosten für die Unternehmen, es schafft Voraussetzungen für die Durchführung neuer Vertriebs- und Marketingstrategien z.B. im Hinblick auf Electronic Commerce und Internet und für eine veränderte Arbeitsplatzgestaltung (z.B. Verlagerung der Arbeitsplätze nach Hause). Die Wirkungsrichtung der Telekommunikationsinfrastruktur auf das Entwicklungsniveau einer Region ist demnach positiv.
Auslastung des regionalen Wohnungsbestands Arithmetisches Mittel aus dem bevölkerungsbezogenen Wohnungsbestand mit Anschluß ans öffentliche Wassernetz, dem bevölkerungsbezogenen Wohnungsbestand mit Fernheizung sowie dem Wohnungsbestand mit Bad/WC	**Positiv:** Die Bedeutung der Wohnungsinfrastruktur für die interregionale Mobilität der Arbeitskräfte in den mitteleuropäischen Ländern ist insbesondere aus transformationstheoretischer Sicht unbestritten. Je größer das regionale Angebot an gut ausgestatteten Wohnungen ist, um so stärker wächst die Zuwanderungsattraktivität

	der Region. Des weiteren trägt eine höhere Wohnqualität zur verbesserten Regeneration der Leistungsfähigkeit der Arbeitskräfte bei und wirkt somit mittelbar über den Produktionsfaktor Arbeitskraft auf die regionale Wirtschaftsentwicklung. Diese Wirkungszusammenhänge indizieren einen positiven Einfluß der regionalen Wohnungsinfrastruktur auf das regionale Pro-Kopf-Einkommen.
Dichte des regionalen Angebots an Krankenhausbetten Anzahl der Krankenhausbetten pro Quadratkilometer	**Positiv:** Allgemein stellt eine gut ausgestattete Gesundheitsinfrastruktur die Verminderung von Arbeitsausfällen durch Krankheit und Invalidität sicher. Prophylaxemaßnahmen und ausreichende Informationen zum Thema Gesundheit dienen der Erhaltung des Faktors Arbeitskraft. Damit übt die Gesundheitsinfrastruktur über die Arbeitskräfte einen mittelbaren positiven Einfluß auf das Entwicklungsniveau einer Region aus.

- **Regionale Siedlungsstruktur**

Indikator Operationalisierung	**Hypothetische Wirkungsrichtung auf das regionale Entwicklungsniveau**
Gewichtete Bevölkerungsanteile unterschiedlicher Gemeindeklassen innerhalb einer Region Der Indikator wird aus den gewichteten prozentualen Anteilen folgender Gemeindeklassen einer Region gebildet: Gemeinden bis 1.999, zwischen 2.000 und 9.999, zwischen 10.000 und 49.999, zwischen 50.000 und 99.999 sowie mit mehr als 100.000 Einwohnern. Diese fünf Klassen werden aufsteigend mit den Faktoren 1 bis 5 gewichtet und deren Einzelwerte summiert. Dieser Indi-	**Positiv:** Je näher der Wert für den Indikator bei 500 liegt, desto größer ist der Agglomerationsgrad einer Region. Die Vorteile daraus wachsen mit der Stärke des Agglomerationsgrads, damit übt die regionale Siedlungsstruktur einen positiven Einfluß auf das regionale Pro-Kopf-Einkommen aus.

kator erreicht somit mindestens den Wert 100 sowie maximal den Wert 500.

- **Sektorale Wirtschaftsstruktur**

Indikatoren Operationalisierung	**Hypothetische Wirkungsrichtung auf das regionale Entwicklungsniveau**
Anteil der Landwirtschaft an der regionalen Gesamtbeschäftigung Prozentualer Anteil der in der Landwirtschaft Beschäftigten an allen Beschäftigten der Region	**Negativ:** Eine stark landwirtschaftliche Ausrichtung der regionalen Wirtschaft zeigt, daß diese Region im Strukturwandel noch weit zurückliegt. Somit wirkt eine hoher Anteil Landarbeiter an der regionalen Gesamtbeschäftigung negativ auf das Pro-Kopf-Einkommen.
Anteil der Dienstleistungen an der regionalen Gesamtbeschäftigung Prozentualer Anteil der im Dienstleistungssektor Beschäftigten an allen Beschäftigten der Region	**Positiv:** Die sektorale Wirtschaftsstruktur bildet den Erfolg einer Region im Strukturwandel ab, d.h. ein hoher Beschäftigungsanteil im Dienstleistungssektor beeinflußt das regionale Pro-Kopf-Einkommen positiv.

- **Geographische Lage einer Region**

Indikatoren Operationalisierung	**Hypothetische Wirkungsrichtung auf das regionale Entwicklungsniveau**
Entfernung der Regionen zur Hauptstadt des entsprechenden Landes Mittlere Entfernung der Region zur jeweiligen Hauptstadt gemessen in Luftlinienkilometern	**Negativ:** Der Indikator mißt die relative Lage einer Region zum jeweils wichtigsten nationalen Agglomerationszentrum, das international von Bedeutung ist. Die geographische Nähe zu den ökonomischen Zentren mit der landesweit wichtigsten Konzentration von Anbietern und Nachfragern, Arbeitskräften, infrastrukturellen Einrichtungen und Dienstleistungsschwerpunkten (Agglomerationsvorteile) erhöht die Zuwanderungsattraktivität (reduzierte Transport- und Wanderungskosten) einer Region. Hingegen können Regionen,

die sich in weiter Entfernung zu Agglomerationsräumen befinden nur in geringem Maße an den dort generierten Agglomerationsvorteilen partizipieren. Aufgrund der mit zunehmender Distanz steigenden Transportkosten besteht zwischen diesem Indikator und dem regionalen Pro-Kopf-Einkommen ein negativer Zusammenhang.

Entfernung der Region nach Berlin als größtem Agglomerationszentrum des wichtigsten Handelspartners der drei Länder

Mittlere Entfernung der Regionen nach Berlin gemessen in Luftlinienkilometern

Negativ: Dieser Indikator beschreibt die räumliche Lage der Regionen der drei Länder im Verhältnis zur Europäischen Union. Deutschland ist in beiden Untersuchungsjahren der wichtigste Handelspartner der drei Länder, mehr als ein Drittel der gesamten Importe stammt aus Deutschland und etwa ebenso viel wurde dahin exportiert. Die räumliche Nähe der mitteleuropäischen Regionen zum größten deutschen Agglomerationszentrum erhöht aufgrund der niedrigen Transaktionskosten deren Standortwert für potentielle Investoren. Die räumliche Nähe zu Deutschland ist für Produktionsverlagerungen bzw. Zuliefererbeziehungen insbesondere klein- und mittelständischer Unternehmen mit entscheidend. Daher beeinflußt auch dieser Indikator das regionale Pro-Kopf-Einkommen negativ.

- **Fortschritte der Regionen im Transformationsprozeß**

Indikatoren Operationalisierung	**Hypothetische Wirkungsrichtung auf das regionale Entwicklungsniveau**
Anteil des Privatsektors an der regionalen Gesamtbeschäftigung Prozentualer Anteil der im Privatsektor Beschäftigten an allen Beschäftigten in der Region	**Positiv:** Je stärker der private Sektor einer Region entwickelt ist, um so mehr Unternehmen arbeiten in dieser Region nach marktwirtschaftlichen Kriterien und sind somit frei von staatlichen Subventionszwängen. Gleichzeitig entsteht mit einem wachsenden Privatsektor ein konkurrierendes Anbieter- und Zuliefererangebot, wodurch sich die Standortattraktivität einer Region für Investoren und qualifizierte Arbeitskräfte erhöht. Dies verdeutlicht den positiven Zusammenhang zwischen dem Anteil des Privatsektors an der regionalen Gesamtbeschäftigung sowie dem Pro-Kopf-Einkommen einer Region.
Anteil der ausländischen Unternehmen an der regionalen Gesamtbeschäftigung Anteil der Beschäftigten in vollständig oder teilweise in ausländischem Besitz befindlichen Unternehmen an allen Beschäftigten in einer Region	**Positiv:** Die Investitionen ausländischer Unternehmen führen nicht nur zu einer Vergrößerung des regionalen Kapitalstocks, sondern auch zu einem Know-how- und Technologiezufluß in die Region, was sich insbesondere in der Qualifizierung der Arbeitskräfte widerspiegelt, so daß die Präsenz von Auslandsunternehmen die Standortattraktivität sowohl für Folgeinvestoren als auch für potentielle Zulieferer erhöht und insgesamt der positive Einfluß ausländischer Unternehmen auf das regionale Pro-Kopf-Einkommen begründet wird. Auch hier gilt, je stärker bereits marktwirtschaftliche Strukturen die regionale Wirtschaft charakterisieren, um so höher ist wiederum deren Standort- und Zuwanderungswert zu beurteilen.

6.1.3 Methode der Regressionsanalyse

Der komplette Ablauf der statistischen Untersuchung[190] wird in Abbildung 6.1 auf der nächsten Seite dargestellt.

Die Regressionsanalyse ermöglicht die empirische Überprüfung des theoretisch ermittelten Zusammenhangs zwischen den unabhängigen Variablen und dem regionalen Pro-Kopf-Einkommen als abhängiger Variable und erfolgt hier als Querschnittsanalyse für die Untersuchungsjahre 1996 und 1999. Die Entscheidung für eine Querschnittsanalyse begründet sich insbesondere durch die begrenzte Datenlage für die mitteleuropäischen Länder, welche eine Zeitreihenanalyse, die die Veränderung des Einflusses strategischer Faktoren über mehrere Perioden zeigt, zu diesem Zeitpunkt nahezu unmöglich macht[191].

Der eigentlichen Regressionsanalyse geht in einem ersten Schritt eine multiple Korrelationsanalyse voraus mit dem Ziel, besonders schwache Zusammenhänge zwischen dem Pro-Kopf-Einkommen sowie den unabhängigen Variablen aufzudecken und somit die Aufnahme erklärungsschwacher Variablen in die Regressionsmodelle selbst zu vermeiden.

Darüber hinaus muß sichergestellt werden, daß die Ergebnisse der Regressionsanalyse nicht durch starke Korrelationen zwischen den verschiedenen unabhängigen Variablen untereinander verfälscht werden. Um dies auszuschließen, erfolgt wiederum eine multiple Korrelationsanalyse. Jene unabhängigen Variablen, die eine signifikant starke Korrelation mit mehreren anderen unabhängigen Variablen aufweisen, der zugehörige Pearson Correlation Coefficient übersteigt den Wert 0,8[192], können bei der sich anschließenden Modellbildung nicht zusammen in dasselbe Modell aufgenommen werden. Für alle nicht stark korrelierenden Variablen besteht diese Einschränkung nicht.

---

190 Sowohl die multiplen Korrelationsanalysen als auch die Regressionsanalyse selbst werden mit dem ökonometrischen Programmpaket Eviews 3.0 for Windows durchgeführt.

191 Selbst in den drei ausgewählten Staaten (Polen, Ungarn und Tschechische Republik) bestehen noch immer erhebliche Mängel in der statistischen Datenerhebung und –aufarbeitung. Die angewandten statistischen Methoden entsprechen noch nicht den Eurostat-Methoden. Derzeit erfolgt in den Ländern mittels finanzieller Unterstützung der Europäischen Union eine sukzessive Anpassung an das europäische statistische System. Darüber hinaus begannen alle drei Staaten erst Mitte der neunziger Jahre, regionale BIP pro Kopf–Daten (in ECU bzw. in KKP) zu ermitteln. Diese Defizite müssen sowohl bei der Durchführung der empirischen Analysen als auch bei der Auswertung ihrer Ergebnisse in Rechnung gestellt werden.

192 Zum Pearson Correlation Coefficient gelten analog die Anmerkungen der Clusteranalyse. Vgl. Kapitel 4.1.4, S. 90.

Abbildung 6.1: Vorgehensweise der Regressionsanalyse

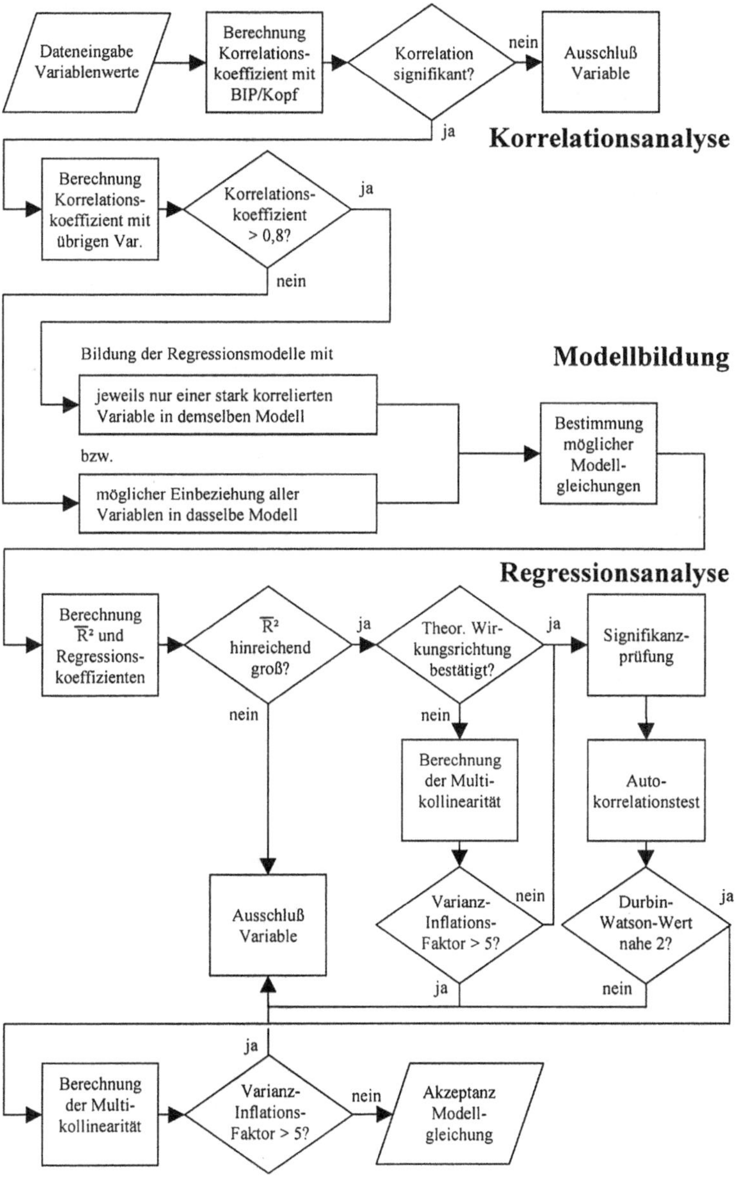

Quelle: Eigene Darstellung

Die in Abschnitt 6.1.5 näher zu erläuternde Bildung der Regressionsmodelle basiert auf gegenwärtig praktizierten regionalpolitischen Ansatzpunkten (z.B. EU-Regionalpolitik, Konzept der passiven Sanierung interregionaler Entwicklungsunterschiede) sowie den Untersuchungsergebnissen der Disparitäten- und Clusteranalyse (Kapitel 3 bzw. 4). Darauf aufbauend werden mögliche Modellgleichungen bestimmt. Hierbei wird nicht nur ein linearer Einfluß der unabhängigen Variablen auf das regionale Pro-Kopf-Einkommen getestet, vielmehr werden auch die durch eine Logarithmierung verursachten Veränderungen überprüft. In diesem Zusammenhang ist zwischen sogenannten „log-log-Modellen" (Logarithmierung der abhängigen und unabhängigen Variablen), „lin-log-Modellen" (Logarithmierung einzelner oder aller unabhängigen Variablen sowie „log-lin-Modellen" (Logarithmierung der abhängigen Variable) zu unterscheiden. Eine wahllose Logarithmierung erhöht nicht nur den Untersuchungsaufwand beträchtlich, sondern ist ökonomisch auch wenig sinnvoll. Deshalb werden nur diejenigen unabhängigen Variablen logarithmiert, bei denen ein degressiver Einfluß auf das regionale Pro-Kopf-Einkommen unterstellt werden kann, d.h. bei Erhöhung dieser Variable um eine Einheit ist ceteris paribus zunächst ein starker Einfluß festzustellen, der jedoch mit der weiteren Zunahme dieser Variable immer schwächer wird. Unabhängige Variablen, welche diese Eigenschaft erfüllen, sind alle Infrastrukturkategorien, die Erwerbsquote sowie die Siedlungs- und Bildungsstruktur[193].

Im Rahmen der eigentlichen Regressionsanalyse werden für die einzelnen Modellgleichungen sowohl die angepaßten Bestimmtheitsmaße $\overline{R}^2$ als auch die Regressionskoeffizienten der unabhängigen Variablen berechnet. Eine solche Modellgleichung ist dann als optimal anzusehen und wird akzeptiert, insofern sie im Vergleich zu den anderen getesteten Gleichungen ein hinreichend großes angepaßtes Bestimmtheitsmaß $\overline{R}^2$ aufweist. Des weiteren wird geprüft, ob die Vorzeichen der Regressionskoeffizienten die theoretisch prognostizierte Wirkungsrichtung widerspiegeln. Ist dies nicht der Fall, kann unter Umständen eine zu hohe Multikollinearität vorliegen, der Varianz-Inflations-Faktor übersteigt den Wert 5, was zum Ausschluß der Modellgleichung führen muß.

Im Anschluß daran werden Signifikanzprüfungen der positiven bzw. negativen Regressionskoeffizienten der unabhängigen Variablen durchgeführt. Je höher hierbei das Signifikanzniveau gewählt wird, um so geringer ist auch die kritische Wahrscheinlichkeit und damit das Risiko eines Fehlers vom Typ I, d.h. der Ablehnung einer wahren Hypothese. Deshalb ist ein Signifikanzniveau von $\alpha = 1\%$

193 Vgl. Holtzmann (1997), S. 384. Die beschriebene Vorgehensweise erfolgt in Anlehnung an die Argumentation von Holtzmann, der in seiner empirischen Untersuchung ausgewählter Einflußfaktoren auf das regionale Wachstum auch eben diese in logarithmierter Form überprüft hat.

dem von $\alpha = 5$ % vorzuziehen. Es gilt dabei jedoch zu bedenken, daß sich mit damit gleichzeitig das Risiko eines Fehlers vom Typ II erhöht, d.h. der Akzeptanz einer falschen Hypothese. Insofern die empirische Untersuchung feststellt, daß sich ein theoretisch als relevant erachteter Faktor als insignifikant erweist, wird die Hypothese zur Vermeidung des Fehlers vom Typ I nicht sofort abgelehnt. Um den Fehler vom Typ II auszuschließen, müssen insbesondere die theoretischen Aussagen vor dem Hintergrund überdacht werden, daß es sich bei den regionalökonomisch relevanten Theorien um keine allgemeingültigen Modelle handelt[194].

In einem letzten Schritt werden die bis dahin ausgewählten Modellgleichungen sowohl einem Autokorrelations- als auch einem Multikollinearitätstest unterzogen. Entscheidend für die Akzeptanz der Modellgleichungen ist somit nicht nur ein hinreichend großes angepaßtes Bestimmtheitsmaß $\overline{R}^2$, vielmehr müssen sie auch weitgehend die besonders sensiblen Annahmen der Regressionsanalyse erfüllen.

Die Durbin-Watson-Statistik, der bekannteste Autokorrelationstest, kann Werte zwischen 0 und 4 annehmen. Erfüllt die Modellgleichung die Annahme der Non-Autokorrelation, d.h. die Störwerte sind unkorreliert, so liegt der Wert bei 2. Werte zwischen 0 und 2 stehen für eine positive, Werte zwischen 2 und 4 für eine negative Autokorrelation.

Im Hinblick auf die Multikollinearitätsprüfung gilt zu bedenken, daß die in den Modellgleichungen als unabhängige Variablen verwendeten Faktoren i.d.R. nicht vollständig unabhängig voneinander sind. Mittels der Kollinearitätsmaße Toleranz $1 - R^2_i$ sowie Varianz-Inflations-Faktor $1/(1 - R^2_i)$ wird das Ausmaß der Multikollinearität in den vorliegenden Modellen geprüft. Je kleiner die Toleranz, desto größer ist das Ausmaß der Multikollinearität. Der Varianz-Inflations-Faktor signalisiert bei einem Wert von 5 perfekte Multikollinearität. In diesen Fällen ist die Modellgleichung auszuschließen.

6.1.4 Bildung der Regressionsmodelle

Die zu schätzenden Regressionsmodelle werden aufbauend auf den in Abschnitt 6.1.3 dargestellten unabhängigen Variablen gebildet. Dabei basiert die Schätzung verschiedener Variablenkombinationen in einem Modell auf regionalpolitischen Ansatzpunkten wie der Europäischen Regionalpolitik und dem Konzept passiver Sanierung interregionaler Ungleichgewichte. Darüber hinaus fließen auch die Erkenntnisse aus Disparitäten- und Clusteranalyse in die Modellbildung ein, die bereits Hinweise auf wesentliche regionalpolitische Steuergrößen lieferten.

---

194 Vgl. Kapitel 5, S. 157ff.

Die Formulierung verschiedener Regressionsmodelle ist zudem auch aus statistischen Gründen vorteilhaft, da ein Gesamtmodell, welches alle theoretisch abgeleiteten Variablen enthält, wegen zu starker Korrelationen zwischen einzelnen Variablen, z.B. den Anteilen der drei Sektoren an der regionalen Gesamtbeschäftigung, abgelehnt werden muß. Derartig hohe Abhängigkeiten werden auch zwischen weiteren unabhängigen Variablen deutlich, beispielsweise zwischen der Dichte des regionalen Angebotes an Krankenhausbetten sowie der Dichte der nach Bildungskategorie gewichteten Schüler und Studenten, zwischen den gewichteten Bevölkerungsanteilen unterschiedlicher Gemeindeklassen und der Dichte des regionalen Telefonnetzes oder zwischen den Beschäftigungsanteilen des landwirtschaftlichen und den des privaten Sektors.

Für andere unabhängige Variablen wie die Dichte und Auslastung des regionalen Eisenbahnnetzes und der Anteil von Auslandsunternehmen an der regionalen Gesamtbeschäftigung wird bereits in der multiplen Korrelationsanalyse nur ein geringfügiger Zusammenhang mit dem Pro-Kopf-Einkommen nachgewiesen. Einen vergleichsweise hohen Korrelationskoeffizienten verzeichnet der Anteil des Privatsektors an der regionalen Gesamtbeschäftigung mit dem Pro-Kopf-Einkommen. Allerdings zeigt sich hier eine negative Wirkungsrichtung, welche der theoretisch prognostizierten widerspricht. Diese Ergebnisse sind neben regionalpolitischen Aspekten maßgeblich bei der Gestaltung der Regressionsmodelle zu berücksichtigen.

Die drei mitteleuropäischen Staaten beabsichtigen eine schnelle Aufnahme in die Europäische Union und damit auch eine Beteiligung an den Europäischen Strukturfonds. So sind die regionalpolitischen Prioritäten der Europäischen Union im Hinblick auf einen interregionalen Ausgleich innerhalb der Mitgliedsstaaten für diese von besonderer Bedeutung. Die danach als maßgeblich erachteten Entwicklungsfaktoren sind insbesondere die Basisinfrastruktur, d.h. Transport-, Telekommunikations- sowie Gesundheitsinfrastruktur, die Humankapitalausstattung sowie der produktive Sektor mit Fokus auf alle Dienstleistungsbranchen. Ein Regressionsmodell, das auf den genannten Prioritäten der aktuellen EU-Regionalpolitik basiert, muß jedoch aus statistischen Gründen verworfen werden, da die Indikatoren für die Straßen-, Eisenbahn-, Gesundheits- sowie Bildungsinfrastruktur eine zu hohe Multikollinearität aufweisen. Der für die Variablen berechnete Varianz-Inflations-Faktor überstieg den kritischen Wert 5 jeweils deutlich. Aus diesem Grunde wird im folgenden ein pragmatischer Ansatz gewählt, indem zwei Modelle zur EU-Regionalpolitik geschätzt wurden.

Modell 1: Regionalpolitischer Ansatz der EU 1

Abhängige Variable	**Unabhängige Variablen**
• BIP pro Kopf in ECU bzw. in KKP	• Auslastung und Dichte des regionalen Straßennetzes (STRASS)
	• Dichte des regionalen Telekommunikationsnetzes (TELEKOM)
	• Regionale Erwerbsquote (ERWERB)
	• Anteil der Dienstleistungen an der regionalen Gesamtbeschäftigung (DILEIS)

Dieses Modell berücksichtigt die Indikatoren zur Transport- und Telekommunikationsinfrastruktur, die Erwerbsquote sowie den Beschäftigungsanteil des tertiären Sektors. Die Europäische Kommission stellte in ihrem „Sixth Periodic Report on the Social and Economic Situation and Development of the Regions of the European Union" im Hinblick auf die Transportinfrastruktur fest, daß „...even in an age of information technology and significant advances in telecommunication, transport facilities for both passengers and freight are often critical for regional competitiveness and prosperity.[195]"

Darüber hinaus stuft die Europäische Kommission die Telekommunikationsinfrastruktur als strategischen Faktor ein, weil „...modern telecommunication systems are capable of eliminating distance altogether as an obstacle to the development of a wide range of economic activities, especially in more advanced, and rapidly-growing, services.[196]"

Die regionalpolitischen Maßnahmen im Rahmen der Ziel 2–Förderung durch die Strukturfonds unterstützen insbesondere jene Regionen, die sich im Strukturwandel befinden. Die Europäische Regionalpolitik beabsichtigt dabei eine Reduzierung sektoraler Abhängigkeiten in Verbindung mit einer wirtschaftlichen Diversifizierung der regionalen Wirtschaftsstruktur, wobei die Rolle des tertiären Sektors besonders betont wird. Eine Erhöhung der Erwerbsquote wird vor allem durch die im Rahmen des Europäischen Sozialfonds finanzierten Maßnahmen zur

[195] European Commission (1999), S. 121.
[196] European Commission (1999), S. 127

Verbesserung der Qualifikationen des regionalen Arbeitskräftepotentials angestrebt[197].

Modell 2: Regionalpolitischer Ansatz der EU 2

Abhängige Variable	Unabhängige Variablen
• BIP pro Kopf in ECU bzw. in KKP	• Anteil der Dienstleistungen an der regionalen Gesamtbeschäftigung (DILEIS) • Dichte des regionalen Telekommunikationsnetzes (TELEKOM) • Dichte der nach Bildungskategorien gewichteten Schüler und Studenten einer Region (BILDUNG)

Im Gegensatz zum ersten Modell wird hier neben den Variablen Dienstleistungsbeschäftigung und Telekommunikationsinfrastruktur auch der Faktor Humankapital berücksichtigt. Somit kann diejenige Facette europäischer Regionalpolitik untersucht werden, die aus dem ersten Modell aufgrund zu hoher Multikollinearität ausgeschlossen werden mußte. Dies ist insbesondere vor dem Hintergrund der Prioritätenliste der Europäischen Kommission zu sehen, die betont, daß „Basic education is essential to improving the capabilities of the future work force across the Union. It gives young people a better chance of finding their first job ...[198]".

Modell 3: Ergebnisse der Disparitäten- und Clusteranalyse

Sowohl die Disparitätenanalyse (Kapitel 3) als auch die Clusteranalyse (Kapitel 4) liefern Erkenntnisse über die Bestimmungsfaktoren regionaler Entwicklung. Diese Ergebnisse bilden die Grundlage für die Auswahl der unabhängigen Variablen im Rahmen des dritten Regressionsmodells. In allen drei Staaten wird die führende Position jener Regionen deutlich, die große Agglomerationszentren umfassen, woraus sich ein Zusammenhang zwischen der jeweiligen Siedlungsstruktur einer Region und deren Entwicklungsniveau erkennen läßt. Darüber hinaus geben die Disparitäten- und Clusteranalyse bereits deutliche Hinweise auf den Zusammenhang zwischen der geographischen Position einer Region und deren Entwicklungsniveau, sowohl im Hinblick auf ihre Position im Verhältnis zu dem wichtigsten nationalen Agglomerationszentrum als auch zu wichtigen EU-Zentren. Die

---

197 Der Indikator Dichte der nach Bildungskategorie gewichteten Schüler und Studenten kann in diesem Modell aufgrund zu hoher Multikollinearität nicht geprüft werden. Deshalb wird auf den Indikator Erwerbsquote zurückgegriffen.

198 European Commision (1999), S. 130.

Disparitäten- und Clusteranalyse belegen aber auch insbesondere für Polen und Ungarn deutliche West-Ost-Gefälle im Wohlfahrtsniveau. Offensichtlich profitiert die wirtschaftliche Entwicklung in den Westteilen der beiden Länder aufgrund ihrer jeweiligen Nähe zu den EU-Mitgliedsländern Deutschland und Österreich. Deshalb gehen in das dritte Regressionsmodell die Indikatoren Entfernung zur Hauptstadt sowie Entfernung nach Berlin als weitere unabhängige Variablen ein.

Des weiteren legen Disparitäten- und Clusteranalyse den negativen Einfluß einer starken landwirtschaftlichen Ausrichtung der regionalen Wirtschaftsstrukturen auf das entsprechende Entwicklungsniveau offen. So finden sich typische Agrarregionen sowohl in der am Pro-Kopf-Einkommen gemessen schwächsten Gruppe (Disparitätenanalyse) als auch in beiden Untersuchungsjahren 1996 und 1999 im vierten Cluster (Clusteranalyse), welches die niedrigste Wohlfahrtsposition aufwies.

Abhängige Variable	**Unabhängige Variablen**
• BIP pro Kopf in ECU bzw. in KKP	• Gewichtete Bevölkerungsanteile der Gemeindeklassen einer Region (SIEDLST) • Mittlere Entfernung jeder Region zur jeweiligen Hauptstadt des Landes (ENTFHA) • Mittlere Entfernung jeder Region nach Berlin als wichtigstem Agglomerationszentrum des größten Handelspartners (ENTFB) • Anteil der Landwirtschaft an der regionalen Gesamtbeschäftigung (AGRARS) • Regionale Erwerbsquote (ERWERB) • Dichte des regionalen Angebots an Krankenhausbetten (KHSBET)

Schließlich wurde im Rahmen der Disparitäten- und Clusteranalyse auch der Zusammenhang zwischen der Erwerbsquote und dem wirtschaftlichen Entwicklungsniveau deutlich. Eine niedrige Erwerbsquote ging in aller Regel mit einem niedrigen Pro-Kopf-Einkommen einher, während Regionen mit hoher Erwerbsquote auch überdurchschnittlich hohe Pro-Kopf-Einkommen verzeichneten.

Die Clusteranalyse untersucht den Indikator Gesundheitsinfrastruktur als Bestandteil der öffentlichen Infrastruktur und kommt zu dem Ergebnis, daß wirtschaftlich besser entwickelte Regionen in der Regel auch über eine qualitativ und quantitativ bessere Gesundheitsversorgung verfügen. Die Bedeutung der regionalen Basisinfrastruktur, d.h. auch der Gesundheitsinfrastruktur, als strategischer Faktor regionaler Entwicklung wird auch durch das regionalpolitische Konzept der Europäischen Union als wesentliche Priorität hervorgehoben. Da sich das Modell wegen zu hoher Multikollinearitätswerte auf eine einzige Infrastrukturkategorie beschränken muß, fließt die regionale Gesundheitsinfrastruktur als sechste unabhängige Variable ein[199].

Modell 4: Konzept der passiven Sanierung

Abhängige Variable	Unabhängige Variablen
• BIP pro Kopf in ECU bzw. in KKP	• Regionale Verfügbarkeit von Personenkraftfahrzeugen pro Kopf (PKWVERF) • Auslastung des regionalen Wohnungsbestandes (WOHNUNG) • Dichte der nach Bildungskategorie gewichteten Schüler- und Studentenzahlen pro Region (BILDUNG)

Dem ökonomischen Ausgleich zwischen Regionen mit unterschiedlichen Entwicklungsständen wurde im Laufe des Transformationsprozesses in den drei Staaten bislang wenig Bedeutung beigemessen. Diese Vernachlässigung liegt zum großen Teil darin begründet, daß die zur Verfügung stehenden Finanzmittel zunächst durch die makroökonomische Stabilisierung absorbiert wurden und die ökonomische Restrukturierung gleichzeitig zu weit verbreiteten Unternehmensschließungen und im Zuge dessen verminderten Steuereinnahmen führte. Dementsprechend waren die nationalen Fonds für Regionalpolitik in den ersten Transformationsjahren durch rigorose Kürzungen gekennzeichnet, weshalb aktive regionalpolitische Maßnahmen durch die Länder selbst nicht erfolgten. Vielmehr vertrauten die Entscheidungsträger in der Vergangenheit auf die selbständige Entfaltung marktwirtschaftlicher Kräfte sowie wachstumsstimulierender Impulse und somit auf eine *passive Sanierung* regionaler Ungleichgewichte durch die Wanderung von Arbeitskräften aus wirtschaftlich unterentwickelten Regionen in die Wachstumszentren des jeweiligen Landes. Von einer solchen Arbeitskräftewanderung gehen theoretisch mittelbare Effekte auf die wirtschaftliche Situation

---

199 Zu den Ergebnissen der Disparitäten- und Clusteranalyse vgl. Kapitel 3.3, S. 35ff.; Kapitel 4.2, S. 92ff.; Kapitel 4.3, S. 106ff.

einer Region aus. Zunächst führt sie in den Abwanderungsregionen zu einer Entlastung der Arbeitsmärkte. Gleichzeitig wirkt sich eine verstärkte Abwanderung von erwerbslosen Personen positiv auf das regionale Pro-Kopf-Einkommen aus, da das weitgehend gleichgebliebene Regionalprodukt auf eine geringere Anzahl Einwohner zu verteilen ist. Darüber hinaus stimulieren Pendlereinkünfte den regionalen Dienstleistungssektor in den Bereichen Handel, Bauwirtschaft und Handwerk und damit letztlich auch das Regionalprodukt. Die Zuwanderungsregionen profitieren insofern, als aufgrund weitgehend leergeräumter Arbeitsmärkte der Nachfrageüberschuß ansässiger Produzenten durch das zusätzliche Arbeitskräfteangebot abgebaut werden kann und die Unternehmen damit in der Lage sind, ihre Kapazitäten besser auszuschöpfen, was schlußendlich in einen positiven Effekt für das Regionalprodukt der Wachstumszentren mündet.

Wie sowohl die Disparitätenanalyse und insbesondere auch die Clusteranalyse aufgedeckt haben, hat das Konzept einer passiven Sanierung regionaler Ungleichgewichte durch Arbeitskräftemigration nicht funktioniert. Sowohl Einkommens- als auch Arbeitsmarktdisparitäten waren im untersuchten Zeitraum in allen drei Ländern von Bestand, teilweise kam es sogar zu einer Verstärkung der interregionalen Differenzen. Das Scheitern der passiven Sanierung wird im Rahmen des vierten Regressionsmodells hinterfragt. Da von einem positiven Einfluß der Arbeitskräftewanderung auf das regionale Pro-Kopf-Einkommen ausgegangen wird, muß auch zwischen den die Wanderung begünstigenden Faktoren und dem regionalen Pro-Kopf-Einkommen ein positiver Zusammenhang bestehen. Es wird im folgenden zwischen jenen Faktoren unterschieden, die Pendlerbewegungen fördern, und solchen, die eine dauerhafte Verlegung des Wohnsitzes positiv beeinflussen.

Wesentliche Voraussetzungen für Pendlerbewegungen bilden insbesondere eine breite Verfügbarkeit von Personenkraftfahrzeugen, eine entsprechend ausgebaute Straßeninfrastruktur sowie eine gute Eisenbahnanbindung der Region an Agglomerationszentren. Allerdings ist ein umfassend ausgebautes Straßennetz zwar notwendig, aber allein noch nicht hinreichend für Pendlerbewegungen, wohingegen die Anzahl der Personenkraftwagen pro Kopf entscheidender und insgesamt ein sowohl notwendiges als auch ein hinreichendes Kriterium für die Mobilität von Arbeitskräften darstellt. Deshalb wird dieser Faktor als unabhängige Variable in das vierte Regressionsmodell aufgenommen. Die mangelnde Verfügbarkeit an Pkw kann teilweise durch entsprechende Eisenbahnanbindungen der Region an wichtige Zentren kompensiert werden, wobei eine Ermittlung und Bewertung sämtlicher interregionaler Eisenbahnverbindungen jedoch mit einem prohibitiv hohem Arbeitsaufwand verbunden und daher nahezu unmöglich ist .

Die dauerhafte Verlegung des Wohnsitzes in eine andere Region wird im wesentlichen durch zwei Faktoren beeinflußt. Zunächst werden Arbeitskräfte nur dann bereit sein zu wandern, wenn in den Zielregionen ausreichend bezahlbarer Wohnraum zur Verfügung steht, der einem Mindestmaß an Qualitätsansprüchen genügt. Das setzt funktionsfähige regionale Miet- und Immobilienmärkte voraus, die sich durch eine hinreichende Transparenz und Effizienz auszeichnen, so daß die Informations- und Suchkosten der Wohnungsinteressenten minimiert werden. Daher geht in das vierte Regressionsmodell eine weitere unabhängige Variable ein, welche die bevölkerungsbezogene Auslastung des regionalen Wohnungsbestands sowohl in qualitativer als auch in quantitativer Hinsicht widerspiegelt. Darüber hinaus wird die Migrationswilligkeit der regionalen Arbeitskräfte auch durch deren berufliche Qualifikationen beeinflußt. Aus diesem Grunde wird die Dichte der nach Bildungskategorie gewichteten Schüler- und Studentenzahlen einer Region in das Modell aufgenommen.

6.2 Ergebnisse der Regressionsanalyse für das Untersuchungsjahr 1996

Die folgende Tabelle auf den Seiten 223 bis 226 dokumentiert die Ergebnisse für die im Rahmen der Regressionsanalyse für das Untersuchungsjahr 1996 akzeptierten 24 Modellgleichungen. Jedem der im Abschnitt 6.1.4 beschriebenen vier Regressionsmodelle sind sechs Schätzgleichungen zuzuordnen, die sich durch den gewählten Funktionstyp (linear, log-lin, lin-log, log-log) unterscheiden. Die abhängige Variable Pro-Kopf-Einkommen wird für alle vier Modelle auf Basis des ECU- sowie des KKP-Einkommenskonzepts geschätzt. Aus Tabelle 6.1 sind neben der theoretisch erwarteten sowie der empirisch nachgewiesenen Wirkungsrichtung, das angepaßte Bestimmtheitsmaß $\overline{R}^2$, die Regressionskoeffizienten der unabhängigen Variablen, deren Signifikanzniveaus, die Werte des Autokorrelationstests, der Durbin-Watson-Statistik sowie der Kollinearitätsmaße Toleranz und Varianz-Inflations-Faktor (VIF) zu entnehmen.

Modell 1: Regionalpolitischer Ansatz der EU 1

Jede der sechs Modellgleichungen weist ein angepaßtes Bestimmtheitsmaß $\overline{R}^2$ auf, dessen Wert zwischen 0,667 und 0,718 liegt. Dabei zeichnen sich die Modellgleichungen 4 bis 6 nach dem Kaufkraftparitätenkonzept im Vergleich zu den entsprechenden Gleichungen 1 bis 3 nach dem ECU-Konzept durch eine leicht erhöhte Anpassungsgüte aus. Insgesamt wird der höchste Erklärungsbeitrag von Modellgleichung 4 erreicht, welche durch eine Logarithmierung der unabhängigen Variablen Straßen- und Telekommunikationsnetz sowie durch die Verwendung des KKP-Konzepts gekennzeichnet ist. Der niedrigste Erklärungsbeitrag ergibt sich für Modellgleichung 3, bei der nur für die Variable Beschäftigungsanteil des Dienstleistungssektors ein linearer Zusammenhang mit dem Pro-Kopf-Einkommen angenommen wird und der das Pro-Kopf-Einkommen in ECU zugrunde liegt.

Tabelle 6.1: Ergebnisse der Regressionsanalyse für das Untersuchungsjahr 1996 – die vier Modelle im Vergleich

Modell	Modell-gleichung	Abhängige Variable	Unabhängige Variablen	Theoretische Wirkungs-richtung	Empirische Wirkungs-richtung	$\bar{R}^2$	Regressions-koeffizienten	Signifikanzniveau			Autokor-relation	Multikollinearität	
									Signifikant bei		Durbin-Watson	Toleranz	VIF
									α=1%	α=5%			
1	1	BIPECU	LOGSTRASS	positiv	positiv	0,676	503,759	0,000	ja	ja	1,643	0,368	2,72
			LOGTELEKOM	positiv	negativ		-97,912	0,698	nein	nein		0,677	1,48
			ERWERB	positiv	positiv		4.446,095	0,000	ja	ja		0,655	1,53
			DILEIS	positiv	positiv		3.919,267	0,000	ja	ja		0,407	2,46
	2	BIPECU	LOGSTRASS	positiv	positiv	0,675	495,661	0,001	ja	ja	1,634	0,329	3,04
			TELEKOM	positiv	negativ		-287,945	0,857	nein	nein		0,524	1,91
			ERWERB	positiv	positiv		4.503,979	0,000	ja	ja		0,666	1,50
			DILEIS	positiv	positiv		3.906,986	0,000	ja	ja		0,405	2,47
	3	BIPECU	LOGSTRASS	positiv	positiv	0,666	508,372	0,000	ja	ja	1,640	0,365	2,74
			LOGTELEKOM	positiv	negativ		-111,452	0,663	nein	nein		0,677	1,48
			LOGERWERB	positiv	positiv		2.730,063	0,000	ja	ja		0,662	1,51
			DILEIS	positiv	positiv		4.010,996	0,000	ja	ja		0,398	2,51
	4	BIPKKP	LOGSTRASS	positiv	positiv	0,718	1.266,746	0,000	ja	ja	1,645	0,355	2,82
			LOGTELEKOM	positiv	negativ		-870,556	0,131	nein	nein		0,657	1,52
			ERWERB	positiv	positiv		11.399,390	0,000	ja	ja		0,615	1,63
			DILEIS	positiv	positiv		10.511,060	0,000	ja	ja		0,369	2,71
	5	BIPKKP	LOGSTRASS	positiv	positiv	0,716	1.301,194	0,000	ja	ja	1,616	0,315	3,18
			TELEKOM	positiv	negativ		-4.767,698	0,194	nein	nein		0,512	1,95
			ERWERB	positiv	positiv		11.721,480	0,000	ja	ja		0,619	1,62
			DILEIS	positiv	positiv		10.564,950	0,000	ja	ja		0,366	2,73
	6	BIPKKP	LOGSTRASS	positiv	positiv	0,703	1.295,731	0,000	ja	ja	1,636	0,355	2,82
			LOGTELEKOM	positiv	negativ		-921,579	0,119	nein	nein		0,656	1,52
			LOGERWERB	positiv	positiv		6.824,680	0,000	ja	ja		0,636	1,57
			DILEIS	positiv	positiv		10.675,200	0,000	ja	ja		0,369	2,71

Modell	Modellgleichung	Abhängige Variable	Unabhängige Variablen	Theoretische Wirkungsrichtung	Empirische Wirkungsrichtung	$\overline{R}^2$	Regressionskoeffizienten	Signifikanzniveau	Signifikant bei α=1%	Signifikant bei α=5%	Autokorrelation Durbin-Watson	Multikollinearität Toleranz	Multikollinearität VIF
2	7	BIPECU	LOGTELEKOM	positiv	negativ	0,649	-282,098	0,256	nein	nein	1,637	0,739	1,35
			DILEIS	positiv	positiv		3.549,079	0,000	ja	ja		0,526	1,90
			LOGBILDUNG	positiv	positiv		755,894	0,000	ja	ja		0,430	2,32
	8	BIPECU	TELEKOM	positiv	negativ	0,645	-950,743	0,541	nein	nein	1,596	0,599	1,67
			DILEIS	positiv	positiv		3.456,695	0,000	ja	ja		0,515	1,94
			LOGBILDUNG	positiv	positiv		751,231	0,000	ja	ja		0,408	2,45
	9	BIPECU	LOGTELEKOM	positiv	negativ	0,619	-211,994	0,408	nein	nein	1,353	0,754	1,32
			DILEIS	positiv	positiv		3.826,324	0,000	ja	ja		0,525	1,90
			BILDUNG	positiv	positiv		2,705	0,000	ja	ja		0,493	2,03
	10	BIPKKP	LOGTELEKOM	positiv	negativ	0,684	-1.340,706	0,021	nein	ja	1,728	0,699	1,43
			DILEIS	positiv	positiv		9.560,130	0,000	ja	ja		0,482	2,07
			LOGBILDUNG	positiv	positiv		1.906,162	0,000	ja	ja		0,399	2,51
	11	BIPKKP	LOGTELEKOM	positiv	negativ	0,677	-1.218,444	0,036	nein	ja	1,384	0,717	1,39
			DILEIS	positiv	positiv		10.043,110	0,000	ja	ja		0,477	2,09
			BILDUNG	positiv	positiv		7,191	0,000	ja	ja		0,430	2,33
	12	BIPKKP	TELEKOM	positiv	negativ	0,673	-6.324,231	0,084	nein	nein	1,658	0,578	1,73
			DILEIS	positiv	positiv		9.452,303	0,000	ja	ja		0,474	2,11
			LOGBILDUNG	positiv	positiv		1.936,969	0,000	ja	ja		0,376	2,66

Modell	Modellgleichung	Abhängige Variable	Unabhängige Variablen	Theoretische Wirkungsrichtung	Empirische Wirkungsrichtung	$\bar{R}^2$	Regressionskoeffizienten	Signifikanzniveau	Signifikant bei α=1%	Signifikant bei α=5%	Autokorrelation Durbin-Watson	Multikollinearität Toleranz	Multikollinearität VIF
3	13	BIPECU	LOGSIEDLST	positiv	positiv	0,804	999,419	0,007	ja	ja	2,035	0,648	1,54
			ENTFHA	negativ	negativ		-1,707	0,026	nein	ja		0,566	1,76
			ENTFB	negativ	negativ		-1,072	0,001	ja	ja		0,729	1,37
			AGRARS	negativ	negativ		-3.673,632	0,000	ja	ja		0,346	2,89
			ERWERB	positiv	positiv		5.380,409	0,000	ja	ja		0,436	2,29
			KHSBET	positiv	positiv		85,954	0,000	ja	ja		0,531	1,88
	14	BIPECU	SIEDLST	positiv	positiv	0,803	3,254	0,008	ja	ja	2,035	0,589	1,70
			ENTFHA	negativ	negativ		-1,627	0,033	nein	ja		0,578	1,73
			ENTFB	negativ	negativ		-1,056	0,001	ja	ja		0,727	1,37
			AGRARS	negativ	negativ		-3.647,460	0,000	ja	ja		0,349	2,86
			ERWERB	positiv	positiv		5.358,332	0,000	ja	ja		0,438	2,28
			KHSBET	positiv	positiv		81,211	0,001	ja	ja		0,501	1,99
	15	BIPECU	LOGSIEDLST	positiv	positiv	0,800	1.017,673	0,007	ja	ja	2,088	0,647	1,55
			ENTFHA	negativ	negativ		-1,619	0,038	nein	ja		0,559	1,79
			ENTFB	negativ	negativ		-1,137	0,000	ja	ja		0,719	1,39
			AGRARS	negativ	negativ		-3.723,130	0,000	ja	ja		0,341	2,93
			LOGERWERB	positiv	positiv		3.445,336	0,000	ja	ja		0,428	2,33
			KHSBET	positiv	positiv		89,476	0,000	ja	ja		0,529	1,89
	16	BIPKKP	SIEDLST	positiv	positiv	0,862	5,526	0,027	nein	ja	2,211	0,607	1,65
			ENTFHA	negativ	negativ		-2,779	0,073	nein	nein		0,589	1,70
			ENTFB	negativ	negativ		-3,236	0,000	ja	ja		0,618	1,62
			AGRARS	negativ	negativ		-9.295,809	0,000	ja	ja		0,261	3,83
			ERWERB	positiv	positiv		14.721,590	0,000	ja	ja		0,335	2,99
			KHSBET	positiv	positiv		228,343	0,000	ja	ja		0,445	2,25
	17	BIPKKP	LOGSIEDLST	positiv	positiv	0,861	1.653,752	0,029	nein	ja	2,206	0,671	1,49
			ENTFHA	negativ	negativ		-2,897	0,064	nein	nein		0,579	1,73
			ENTFB	negativ	negativ		-3,269	0,000	ja	ja		0,619	1,62
			AGRARS	negativ	negativ		-9.341,014	0,000	ja	ja		0,260	3,85
			ERWERB	positiv	positiv		14.757,830	0,000	ja	ja		0,334	2,99
			KHSBET	positiv	positiv		237,835	0,000	ja	ja		0,466	2,15
	18	BIPKKP	LOGSIEDLST	positiv	positiv	0,851	1.701,453	0,030	nein	ja	2,255	0,671	1,49
			ENTFHA	negativ	negativ		-2,765	0,090	nein	nein		0,571	1,75
			ENTFB	negativ	negativ		-3,447	0,000	ja	ja		0,613	1,63
			AGRARS	negativ	negativ		-9.432,682	0,000	ja	ja		0,267	3,74
			LOGERWERB	positiv	positiv		9.282,082	0,000	ja	ja		0,345	2,89
			KHSBET	positiv	positiv		248,859	0,000	ja	ja		0,466	2,15

Modell	Modell-gleichung	Abhängige Variable	Unabhängige Variablen	Theoretische Wirkungs-richtung	Empirische Wirkungs-richtung	$\bar{R}^2$	Regressions-koeffizienten	Signifikanzniveau			Autokor-relation	Multikollinearität	
									Signifikant bei		Durbin-Watson	Toleranz	VIF
									α=1%	α=5%			
4	19	BIPECU	LOGPKWVERF	positiv	positiv	0,829	1.827,861	0,000	ja	ja	1,694	0,318	3,14
			WOHNUNG	positiv	positiv		8.710,589	0,000	ja	ja		0,377	2,65
			BILDUNG	positiv	positiv		2,427	0,000	ja	ja		0,488	2,05
	20	BIPECU	LOGPKWVERF	positiv	positiv	0,827	1.913,132	0,000	ja	ja	1,713	0,324	3,09
			LOGWOHNUNG	positiv	positiv		1.906,219	0,000	ja	ja		0,431	2,32
			BILDUNG	positiv	positiv		2,544	0,000	ja	ja		0,479	2,09
	21	LOGBIPECU	PKWVERF	positiv	positiv	0,818	0,003	0,000	ja	ja	1,525	0,311	3,21
			LOGWOHNUNG	positiv	positiv		0,814	0,000	ja	ja		0,326	3,07
			LOGBILDUNG	positiv	positiv		0,053	0,110	nein	nein		0,533	1,88
	22	BIPKKP	LOGPKWVERF	positiv	positiv	0,901	4.007,910	0,000	ja	ja	1,743	0,284	3,52
			WOHNUNG	positiv	positiv		24.388,570	0,000	ja	ja		0,296	3,38
			BILDUNG	positiv	positiv		6,773	0,000	ja	ja		0,337	2,97
	23	BIPKKP	LOGPKWVERF	positiv	positiv	0,896	4.310,403	0,000	ja	ja	1,738	0,284	3,52
			LOGWOHNUNG	positiv	positiv		5.189,556	0,000	ja	ja		0,353	2,83
			BILDUNG	positiv	positiv		7,115	0,000	ja	ja		0,331	3,02
	24	LOGBIPKKP	LOGPKWVERF	positiv	positiv	0,880	0,557	0,000	ja	ja	1,667	0,275	3,63
			LOGWOHNUNG	positiv	positiv		0,908	0,000	ja	ja		0,263	3,80
			BILDUNG	positiv	positiv		0,000	0,005	ja	ja		0,673	1,48

Quelle: Eigene Darstellung

Bei einem Signifikanzniveau von α = 1% weisen die partiellen Regressionskoeffizienten aller unabhängigen Variablen mit Ausnahme des regionalen Telefonnetzes einen statistisch signifikanten Einfluß auf das regionale Pro-Kopf-Einkommen auf. Sowohl die Variablen Straßennetz, Erwerbsquote als auch die Variable Beschäftigungsanteil des Dienstleistungssektors zeigen die theoretisch abgeleitete positive Wirkungsrichtung auf das regionale Entwicklungsniveau. Entgegen der theoretischen Voraussagen wird für das Telekommunikationsnetz empirisch ein negativer Zusammenhang mit dem Pro-Kopf-Einkommen festgestellt, allerdings erweist sich keines der sechs negativen Vorzeichen für α = 1% bzw. α = 5% als statistisch signifikant.

Die sechs geschätzten Modellgleichungen erreichen Durbin-Watson-Werte zwischen 1,617 (Modellgleichung 5) und 1,645 (Modellgleichung 4). Damit liegt bei allen Gleichungen eine leicht positive Autokorrelation vor, welche die Akzeptanz der Gleichungen nicht einschränken soll. Das Kollinearitätsmaß Toleranz schwankt in den sechs Fällen zwischen 0,315 für das Straßennetz (Modellgleichung 5) sowie 0,677 für das Telekommunikationsnetz (Modellgleichungen 1 und 3). Entsprechend nimmt der Varianz-Inflations-Faktor Werte zwischen 1,48 und 3,18 an. Damit liegt zwar Multikollinearität vor, die jedoch weit entfernt von einen vollständigen Erklärbarkeit einer unabhängigen Variable durch eine oder mehrere andere unabhängige Variablen ist.

Modell 2: Regionalpolitischer Ansatz der EU 2

Die Erklärungsbeiträge der Modellgleichungen 7 bis 12, die weitere Facetten der europäischen Regionalpolitik prüfen, unterschreiten mit angepaßten Bestimmtheitsmaßen $\bar{R}^2$ zwischen 0,619 und 0,684 leicht die Erklärungsbeiträge der Modellgleichungen 1 bis 6. Auch hier führt die Verwendung des Kaufkraftparitätenkonzepts gegenüber dem ECU-Konzept zu einer leichten Erhöhung der Anpassungsgüte der Schätzgleichungen. Modellgleichung 10 weist mit 0,684 das höchste angepaßte Bestimmtheitsmaß auf. Bei dieser Gleichung wird eine Logarithmierung für die unabhängigen Variablen Telekommunikationsnetz und Bildungsstruktur durchgeführt, die abhängige Variable Pro-Kopf-Einkommen wird in Kaufkraftparitäten gemessen. Den niedrigsten Erklärungsbeitrag verzeichnet Modellgleichung 9 mit einem angepaßten Bestimmtheitsmaß von 0,619. In dieser Gleichung wird die abhängige Variable in ECU verwendet und nur eine einzige unabhängige Variable, das Telekommunikationsnetz, logarithmiert.

Für die Variablen Bildungsstruktur sowie Beschäftigungsanteil des Dienstleistungssektors ist bei einem Signifikanzniveau von α = 1% in allen sechs Modellgleichungen ein signifikanter Einfluß auf das regionale Entwicklungsniveau empirisch nachweisbar. Die unabhängige Variable Telekommunikationsnetz erweist sich in lediglich zwei der sechs Modellgleichungen als statistisch signifikant, allerdings nur bei einem schwächeren Signifikanzniveau von α = 5%. Alle Modellgleichungen bestätigen den theoretisch abgeleiteten positiven Zusammenhang zwischen der Bildungsstruktur bzw. dem Beschäftigungsanteil des tertiären Sektors und dem Pro-Kopf-Einkommen als Indikator für das regionale Entwicklungsniveau. Wie bereits in den Modellgleichungen 1 bis 6 ergibt sich entgegen der theoretischen Prognose ein negatives Vorzeichen für den partiellen Regressionskoeffizienten der Variable Telekommunikationsnetze. Allerdings sind nur zwei dieser negativen Vorzeichen bei α = 5% als statistisch signifikant anzusehen.

Die Durbin-Watson-Statistik spiegelt mit Werten zwischen 1,353 (Modellgleichung 9) und 1,728 (Modellgleichung 10) eine leicht positive Autokorrelation für alle sechs Modellgleichungen wider. Damit weist die Modellgleichung mit dem höchsten angepaßten Bestimmtheitsmaß gleichzeitig die geringste Autokorrelation und jene mit dem niedrigsten angepaßten Bestimmtheitsmaß die höchste Autokorrelation auf. Darüber hinaus liegt bei Modellgleichung 10 eine geringere Autokorrelation vor als bei den Modellgleichungen 1 bis 6 des ersten Regressionsmodells. Die sechs Modellgleichungen unterscheiden sich hinsichtlich des Grades der Multikollinearität ihrer unabhängigen Variablen. Die höchste Multikollinearität ist in Modellgleichung 10 für die Variable Bildungsstruktur mit einer Toleranz von 0,376 und einem entsprechenden Varianz-Inflations-Faktor von 2,66 festzustellen. Die Variable Telekommunikationsnetze weist, wie bereits in den Modellgleichungen 1 bis 6, die niedrigste Multikollinearität (Toleranz 0,754, Varianz-Inflations-Faktor 1,32) auf. Im Vergleich zu den ersten sechs Modellgleichungen ist das Ausmaß der Multikollinearität bei den Modellgleichungen 7 bis 12 jedoch deutlich geringer.

Modell 3: Ergebnisse der Disparitäten- und Clusteranalyse

Die Gleichungen 13 bis 18 zeigen mit angepaßten Bestimmtheitsmaßen $\overline{R}^2$ zwischen 0,800 sowie 0,851 einen deutlich höheren Erklärungsbeitrag als sämtliche zwölf Gleichungen der ersten beiden Regressionsmodelle. Die Verwendung des Kaufkraftparitätenkonzepts verbessert hier in stärkerem Maße die Anpassungsgüte als bei den ersten beiden Modellen. Das höchste angepaßte Bestimmtheitsmaß verzeichnet Modellgleichung 16, welche sowohl durch die Verwendung des Kaufkraftparitätenkonzepts als auch durch die Annahme eines linearen Zusammenhanges zwischen der abhängigen Variable sowie den entsprechenden unabhängigen Variablen charakterisiert ist (keine Logarithmierung). Gleichung 15 weist mit $\overline{R}^2$ = 0,800 den niedrigsten Erklärungsbeitrag aller sechs Modellgleichungen auf. Hierbei wird die abhängige Variable Pro-Kopf-Einkommen in ECU gemessen, auf der Seite der unabhängigen Variablen sind die Indikatoren Siedlungsstruktur sowie Erwerbsquote logarithmiert.

Vier der sechs Variablen (Dichte der Krankenhausbetten, Entfernung nach Berlin, Beschäftigungsanteil der Landwirtschaft, Erwerbsquote) erweisen sich bei einem Signifikanzniveau von $\alpha = 1\%$ in allen sechs Gleichungen als statistisch signifikant. Die Variable Siedlungsstruktur zeigt hingegen statistische Signifikanz bei einem Signifikanzniveau von $\alpha = 1\%$ nur in drei von sechs Modellgleichungen, den Gleichungen 13 bis 15 bei Verwendung des ECU-Konzepts. In den Gleichungen 16 bis 18, in denen das Kaufkraftparitätenkonzept verwendet wurde, kann statistische Signifikanz nur noch bei dem schwächeren Signifikanzniveau von $\alpha = 5\%$ nachgewiesen werden. Eine noch schwächere Signifikanz wird für die unabhängige Variable Entfernung zur Hauptstadt festgestellt, die sich lediglich in den Gleichungen 13 bis 15 bei $\alpha = 5\%$ als statistisch signifikant erweist. Insgesamt bestätigen alle Modellgleichungen die jeweilige theoretisch abgeleitete Wirkungsweise für die sechs unabhängigen Variablen, d.h. sowohl der positive Zusammenhang zwischen Gesundheitsinfrastruktur, Siedlungsstruktur sowie Erwerbsquote und regionalem Pro-Kopf-Einkommen als auch der negative Einfluß der Variablen Entfernung zur Hauptstadt, Entfernung nach Berlin und Beschäftigungsanteil der Landwirtschaft auf das BIP pro Kopf ist empirisch bewiesen. Für die Variable Entfernung zur Hauptstadt gilt dies jedoch nur bedingt, da in drei der sechs Gleichungen die statistische Signifikanz des positiven Regressionskoeffizienten fehlt.

Hinsichtlich der Eigenschaften Autokorrelation und Multikollinearität ist für die Gleichungen 13 bis 18 folgendes festzuhalten: Die Durbin-Watson-Statistik mißt Werte zwischen 2,03 (Modellgleichung 13) und 2,25 (Modellgleichung 18) für die geschätzten Gleichungen. Damit verzeichnen die sechs Gleichungen des dritten Regressionsmodells im Vergleich zu den Gleichungen der ersten beide Regressionsmodelle eine deutlich geringere, allerdings leicht negative Autokorrelation. Bei den Gleichungen 13 bis 15, deren Durbin-Watson-Statistik Werte um 2 annimmt, läßt sich sogar von Non-Autokorrelation sprechen.

Anhand der Kollinearitätsmaße Toleranz und Varianz-Inflations-Faktor lassen sich für die sechs unabhängigen Variablen deutliche Unterschiede hinsichtlich des Ausmaßes der Multikollinearität feststellen. So schwanken die Toleranzwerte zwischen 0,260 für die Variable Beschäftigungsanteil der Landwirtschaft und 0,729 für die Variable Entfernung nach Berlin. Entsprechend nimmt der Varianz-Inflations-Faktor Werte zwischen 3,85 und 1,37 an. Darüber hinaus ist erkennbar, daß sich für die unabhängigen Variablen Gesundheitsinfrastruktur, Entfernung zur Hauptstadt, Entfernung nach Berlin sowie Siedlungsstruktur deutlich niedrigere Multikollinearitätswerte ergeben als für die Variablen Erwerbsquote sowie Beschäftigungsanteil der Landwirtschaft. Insgesamt muß für das dritte Regressionsmodell im Vergleich zu den anderen Modellen die bislang höchste Multikollinearität festgehalten werden.

Modell 4: Konzept der passiven Sanierung

Die Erklärungsbeiträge der Gleichungen 19 bis 24 des vierten Regressionsmodells liegen mit angepaßten Bestimmtheitsmaßen $\bar{R}^2$ zwischen 0,818 und 0,901 deutlich über dem der Gleichungen 1 bis 18. Wie bereits für die ersten drei Modelle festgestellt wurde, führt die Verwendung des Kaufkraftparitätenkonzepts für die abhängige Variable BIP pro Kopf zu einer Verbesserung der Anpassungsgüte der Regressionsgleichungen. Die Steigerung des Bestimmtheitsmaßes bei Verwendung des KKP-Konzepts anstatt des ECU-Konzepts übersteigt hier allerdings deutlich jene, die für die Modellgleichungen 1 bis 18 notiert wurden.

Den höchsten Erklärungsbeitrag zeigt Modellgleichung 22 mit einem angepaßten Bestimmtheitsmaß von 0,901. In dieser Gleichung wird die abhängige Variable in Kaufkraftparitäten gemessen, eine Logarithmierung wird auf der Seite der unabhängigen Variablen lediglich für den Indikator Verfügbarkeit von Pkw pro Kopf vorgenommen. Die niedrigste Anpassungsgüte verzeichnet hingegen Gleichung 21, bei der sowohl eine Logarithmierung der abhängigen Variable als auch eine teilweise Logarithmierung der unabhängigen Variablen erfolgte (Wohnungsbestand, Bildungsstruktur). Das Pro-Kopf-Einkommen wird in dieser Gleichung in ECU dargestellt.

Zwei der drei unabhängigen Variablen (Pkw-Verfügbarkeit, Wohnungsbestand) erweisen sich bei einem Signifikanzniveau von $\alpha = 1\%$ als statistisch signifikant. Die Variable Bildungsinfrastruktur kann nur in fünf der sechs Modellgleichungen als empirisch signifikant nachgewiesen werden (bei $\alpha = 1\%$), denn in Modellgleichung 21 zeigt sie weder für $\alpha = 1\%$ noch für $\alpha = 5\%$ statistische Signifikanz. Die theoretisch abgeleitete positive Wirkung wird empirisch für alle drei unabhängigen Variablen bestätigt, wobei allerdings der positive Regressionskoeffizient der Variable Bildungsstruktur in Modellgleichung 21 insignifikant ist.

Die Durbin-Watson-Statistik, das Autokorrelationsmaß, nimmt für die Modellgleichungen 18 bis 24 Werte zwischen 1,525 und 1,743 an. Demzufolge liegt bei allen sechs Gleichungen des vierten Regressionsmodells eine leicht positive Autokorrelation vor. Die Höhe der Autokorrelation ist mit jener der Gleichungen 1 bis 12 vergleichbar. Anhand der Kollinearitätsmaße Toleranz und Varianz-Inflations-Faktor lassen sich für die drei unabhängigen Variablen ähnlich deutliche Unterschiede hinsichtlich des Ausmaßes der Multikollinearität wie bei den vorangehenden Gleichungen konstatieren. So bewegen sich die Toleranzwerte zwischen 0,263 für die Variable Wohnungsbestand und 0,673 für die Variable Bildungsstruktur. Dementsprechend schwankt der Varianz-Inflations-Faktor zwischen 3,80 und 1,48. Das Ausmaß der Multikollinearität ist für die unabhängigen Variablen des vierten Regressionsmodells dem der Unabhängigen in Regressionsmodell 3 vergleichbar.

6.3 Ergebnisse der Regressionsanalyse für das Untersuchungsjahr 1999

In der Tabelle auf den Seiten 233 bis 236 sind die Ergebnisse der Regressionsanalyse für das Untersuchungsjahr 1999 festgehalten. Die unabhängige Variable Erwerbsquote kann aufgrund zu hoher Multikollinearitätswerte, die einen Varianz-Inflations-Faktor deutlich über dem Wert 5 aufweisen, nicht mehr in den Modellen 1 und 3 berücksichtigt werden. Jedem der vier Regressionsmodelle sind wiederum sechs Schätzgleichungen zugeordnet, die sich durch den gewählten Funktionstyp (linear, log-lin, lin-log, log-log) voneinander unterscheiden. Die Schätzungen erfolgen für die abhängige Variable Pro-Kopf-Einkommen auf Basis des ECU- sowie des KKP-Einkommenskonzepts geschätzt. Die Tabelle gibt Aufschluß über die theoretisch erwarteten sowie empirisch nachgewiesenen Wirkungsrichtungen der Variablen, das angepaßte Bestimmtheitsmaß $\overline{R}^2$, die Regressionskoeffizienten der unabhängigen Variablen, deren Signifikanzniveau, die Werte des Autokorrelationstests, der Durbin-Watson-Statistik, sowie der Kollinearitätsmaße Toleranz und Varianz-Inflations-Faktor.

Modell 1: Regionalpolitischer Ansatz der EU 1

Die sechs Modellgleichungen, welche die unabhängigen Variablen Straßen- und Telekommunikationsnetz sowie Beschäftigungsanteil des Dienstleistungssektors beinhalten, realisieren angepaßte Bestimmtheitsmaße $\overline{R}^2$ zwischen 0,681 und 0,749. Damit fallen hier sowohl das minimale als auch das maximale angepaßte Bestimmtheitsmaß für das erste Modell höher aus als im Jahr 1996. Wie bereits für das Untersuchungsjahr 1996, verbesserte sich auch hier die Anpassungsgüte durch die Verwendung des Bruttoinlandsprodukts in KKP anstatt in ECU leicht. Den höchsten Erklärungsbeitrag liefert Modellgleichung 4a, welche durch eine teilweise Logarithmierung der unabhängigen Faktoren (Straßen- und Telekommunikationsnetz) sowie durch die Verwendung des KKP-Konzepts gekennzeichnet ist. Das niedrigste angepaßte Bestimmtheitsmaß ergibt sich für Modellgleichung 3a, bei der nur für die Variable Beschäftigungsanteil des Dienstleistungssektors ein linearer Zusammenhang angenommen wird und der das Pro-Kopf-Einkommen in ECU zugrunde liegt.

Nur die partiellen Regressionskoeffizienten der Variable Straßennetz weisen in allen sechs Modellgleichungen bei einem Signifikanzniveau von $\alpha = 1\%$ einen statistisch signifikanten Einfluß auf das regionale Entwicklungsniveau auf. Für die Variable Beschäftigungsanteil des tertiären Sektors kann immerhin bei dem schwächeren Signifikanzniveau von $\alpha = 5\%$ ein signifikanter Zusammenhang mit dem regionalen Pro-Kopf-Einkommen nachgewiesen werden. Im Untersuchungsjahr 1996 hingegen zeigen beide Variablen einen statistisch signifikanten Einfluß auf das regionale Pro-Kopf-Einkommen bei $\alpha = 1\%$. Der Indikator Telekommunikationsnetz verzeichnet in drei der sechs Modellgleichungen statistische

Signifikanz bei α = 1%. Im Jahr 1996 konnte für diese Variable in keinem der sechs Modellgleichungen ein statistisch signifikanter Einfluß auf das Pro-Kopf-Einkommen nachgewiesen werden. Für die Variablen Straßennetz und Beschäftigungsanteil des Dienstleistungssektors bestätigt sich die theoretisch abgeleitete positive Wirkungsrichtung auf das regionale Entwicklungsniveau. Entgegen den theoretischen Voraussagen wird in allen sechs Modellgleichungen für die Variable Telekommunikationsnetz, wie bereits im Untersuchungsjahr 1996, ein negativer Zusammenhang empirisch festgestellt. Allerdings erweisen sich nur drei der sechs negativen Vorzeichen für α = 1% bzw. α = 5% als signifikant.

Die sechs geschätzten Modellgleichungen erreichen Durbin-Watson-Werte zwischen 1,194 (Modellgleichung 5a) und 1,578 (Modellgleichung 4a). Damit weisen alle Modellgleichungen eine positive Autokorrelation auf. Die positive Autokorrelation fällt im Untersuchungsjahr 1999 höher aus als drei Jahre zuvor. Das Kollinearitätsmaß Toleranz schwankt in den vorliegenden Gleichungen zwischen 0,261 für das Straßennetz (Modellgleichung 6a) sowie 0,946 für das Telekommunikationsnetz (Modellgleichung 1a). Demgemäß nimmt der Varianz-Inflations-Faktor Werte zwischen 1,06 und 3,84 an. Gegenüber dem Untersuchungsjahr 1996 unterscheiden sich die unabhängigen Variablen stärker hinsichtlich ihrer Multikollinearität. So unterschreitet hier der minimale Multikollinearitätswert den kleinsten Wert im Untersuchungsjahr 1996, während der maximale Wert deutlich über dem der 1996er Untersuchung liegt.

Modell 2: Regionalpolitischer Ansatz der EU 2

Die Erklärungsbeiträge der Modellgleichungen 7a bis 12a, die weitere strategische Faktoren europäischer Regionalpolitik untersuchen, fallen mit angepaßten Bestimmtheitsmaßen $\overline{R}^2$ zwischen 0,622 und 0,72 etwas geringer aus als die Erklärungsbeiträge der Modellgleichungen 1a bis 6a. Gleichzeitig übersteigen sie aber jene für denselben Modellansatz auf Basis der 1996er Daten. Die Verwendung des Kaufkraftparitätenkonzepts für die abhängige Variable erhöht auch hier die Anpassungsgüte. Das höchste angepaßte Bestimmtheitsmaß verzeichnet Modellgleichung 10a mit 0,72. Diese Gleichung ist durch eine Logarithmierung der Variable Telekommunikationsnetz auf Seite der unabhängigen Variablen charakterisiert, während die abhängige Variable Pro-Kopf-Einkommen in Kaufkraftparitäten gemessen wird. Den niedrigsten Erklärungsbeitrag zeigt Modellgleichung 12a mit einem Bestimmtheitsmaß von 0,622. Hier wird die abhängige Variable ebenso in Kaufkraftparitäten abgebildet, darüber hinaus werden zwei unabhängige Variablen logarithmiert (Telekommunikationsnetz und Bildungsstruktur). Damit weist erstmalig eine Gleichung, bei der das BIP pro Kopf in KKP verwendet wurde, den niedrigsten Erklärungsbeitrag auf.

Tabelle 6.2: Ergebnisse der Regressionsanalyse für das Untersuchungsjahr 1999 – die vier Modelle im Vergleich

Modell	Modell-gleichung	Abhängige Variable	Unabhängige Variablen	Theoretische Wirkungs-richtung	Empirische Wirkungs-richtung	$\bar{R}^2$	Regressions-koeffizienten	Signifikanzniveau	Signifikant bei α=1%	Signifikant bei α=5%	Autokor-relation Durbin-Watson	Multikollinearität Toleranz	Multikollinearität VIF
1	1a	BIPECU	STRASS	positiv	positiv	0,716	0,816	0,000	ja	ja	1,483	0,320	3,13
			LOGTELEKOM	positiv	negativ		-374,113	0,157	nein	nein		0,946	1,06
			DILEIS	positiv	positiv		4.106,268	0,016	nein	ja		0,445	2,24
	2a	BIPECU	STRASS	positiv	positiv	0,702	0,802	0,000	ja	ja	1,376	0,332	3,02
			TELEKOM	positiv	negativ		-1.485,211	0,390	nein	nein		0,920	1,09
			DILEIS	positiv	positiv		4.156,233	0,018	nein	ja		0,442	2,26
	3a	BIPECU	LOGSTRASS	positiv	positiv	0,681	826,644	0,000	ja	ja	1,477	0,342	2,92
			LOGTELEKOM	positiv	negativ		-437,580	0,125	nein	nein		0,906	1,10
			DILEIS	positiv	positiv		4.491,691	0,013	nein	ja		0,436	2,29
	4a	BIPKKP	LOGSTRASS	positiv	positiv	0,749	2.845,612	0,000	ja	ja	1,578	0,275	3,63
			LOGTELEKOM	positiv	negativ		-2.935,464	0,000	ja	ja		0,616	1,62
			DILEIS	positiv	positiv		11.370,440	0,016	nein	ja		0,440	2,27
	5a	BIPKKP	STRASS	positiv	positiv	0,746	2,730	0,000	ja	ja	1,194	0,270	3,70
			TELEKOM	positiv	negativ		-14.649,920	0,004	ja	ja		0,691	1,45
			DILEIS	positiv	positiv		11.283,510	0,018	nein	ja		0,441	2,27
	6a	BIPKKP	LOGSTRASS	positiv	positiv	0,731	3.028,674	0,000	ja	ja	1,475	0,261	3,84
			TELEKOM	positiv	negativ		-18.246,470	0,001	ja	ja		0,584	1,71
			DILEIS	positiv	positiv		11.806,300	0,016	nein	ja		0,439	2,28

Modell	Modellgleichung	Abhängige Variable	Unabhängige Variablen	Theoretische Wirkungsrichtung	Empirische Wirkungsrichtung	$\overline{R}^2$	Regressionskoeffizienten	Signifikanzniveau	Signifikant bei α=1%	Signifikant bei α=5%	Autokorrelation Durbin-Watson	Multikollinearität Toleranz	Multikollinearität VIF
2	7a	BIPECU	LOGTELEKOM	positiv	negativ	0,669	-314,870	0,266	nein	nein	1,416	0,987	1,01
			DILEIS	positiv	positiv		5.471,130	0,002	ja	ja		0,458	2,18
			BILDUNG	positiv	positiv		5,168	0,001	ja	ja		0,453	2,21
	8a	BIPECU	TELEKOM	positiv	negativ	0,655	-812,357	0,659	nein	nein	1,286	0,961	1,04
			DILEIS	positiv	positiv		5.416,721	0,003	ja	ja		0,453	2,21
			BILDUNG	positiv	positiv		5,046	0,002	ja	ja		0,467	2,14
	9a	BIPECU	LOGTELEKOM	positiv	negativ	0,629	-428,788	0,167	nein	nein	1,555	0,912	1,10
			DILEIS	positiv	positiv		6.468,227	0,000	ja	ja		0,461	2,17
			LOGBILDUNG	positiv	positiv		614,073	0,008	ja	ja		0,540	1,85
	10a	BIPKKP	LOGTELEKOM	positiv	negativ	0,720	-2.472,370	0,003	ja	ja	1,261	0,737	1,36
			DILEIS	positiv	positiv		15.195,930	0,001	ja	ja		0,450	2,22
			BILDUNG	positiv	positiv		16,944	0,000	ja	ja		0,393	2,54
	11a	BIPKKP	TELEKOM	positiv	negativ	0,673	-12.188,920	0,027	nein	ja	1,095	0,804	1,24
			DILEIS	positiv	positiv		15.998,970	0,002	ja	ja		0,444	2,25
			BILDUNG	positiv	positiv		16,368	0,000	ja	ja		0,430	2,33
	12a	BIPKKP	LOGTELEKOM	positiv	negativ	0,622	-2.711,813	0,005	ja	ja	1,576	0,731	1,37
			DILEIS	positiv	positiv		19.939,830	0,000	ja	ja		0,447	2,24
			LOGBILDUNG	positiv	positiv		1.637,058	0,015	nein	ja		0,566	1,77

Modell	Modell-gleichung	Abhängige Variable	Unabhängige Variablen	Theoretische Wirkungs-richtung	Empirische Wirkungs-richtung	$\overline{R}^2$	Regressions-koeffizienten	Signifikanzniveau			Autokor-relation	Multikollinearität	
									Signifikant bei		Durbin-Watson	Toleranz	VIF
									α=1%	α=5%			
3	13a	BIPECU	SIEDLST	positiv	positiv	0,841	700,690	0,003	ja	ja	1,415	0,345	2,89
			ENTFHA	negativ	negativ		-4,064	0,001	ja	ja		0,460	2,17
			ENTFB	negativ	negativ		-0,754	0,106	nein	nein		0,870	1,15
			AGRARS	negativ	negativ		-3.143,542	0,000	ja	ja		0,497	2,01
			KHSBET	positiv	positiv		190,494	0,033	nein	ja		0,321	3,11
	14a	BIPECU	LOGSIEDLST	positiv	positiv	0,841	2.071,975	0,004	ja	ja	1,440	0,401	2,49
			ENTFHA	negativ	negativ		-4,229	0,001	ja	ja		0,436	2,29
			ENTFB	negativ	negativ		-0,806	0,086	nein	nein		0,852	1,17
			AGRARS	negativ	negativ		-3.197,126	0,000	ja	ja		0,486	2,06
			KHSBET	positiv	positiv		218,956	0,009	ja	ja		0,345	2,89
	15a	BIPECU	LOGSIEDLST	positiv	positiv	0,821	1.963,588	0,026	nein	ja	1,568	0,314	3,18
			ENTFHA	negativ	negativ		-4,422	0,002	ja	ja		0,416	2,40
			ENTFB	negativ	negativ		-1,043	0,034	nein	ja		0,849	1,17
			AGRARS	negativ	negativ		-2.794,989	0,002	ja	ja		0,474	2,11
			LOGKHSBET	positiv	positiv		464,235	0,049	nein	ja		0,246	4,07
	16a	BIPKKP	LOGSIEDLST	positiv	positiv	0,873	1.694,047	0,325	nein	nein	1,485	0,547	1,83
			ENTFHA	negativ	negativ		-12,584	0,000	ja	ja		0,396	2,52
			ENTFB	negativ	negativ		-3,067	0,016	nein	ja		0,758	1,32
			AGRARS	negativ	negativ		-9.290,008	0,000	ja	ja		0,439	2,28
			KHSBET	positiv	positiv		894,693	0,000	ja	ja		0,257	3,88
	17a	BIPKKP	SIEDLST	positiv	positiv	0,873	523,989	0,369	nein	nein	1,478	0,473	2,11
			ENTFHA	negativ	negativ		-12,348	0,000	ja	ja		0,413	2,42
			ENTFB	negativ	negativ		-3,015	0,018	nein	ja		0,769	1,30
			AGRARS	negativ	negativ		-9.210,509	0,000	ja	ja		0,447	2,24
			KHSBET	positiv	positiv		885,917	0,000	ja	ja		0,237	4,22
	18a	LOGBIPKKP	SIEDLST	positiv	positiv	0,820	0,082	0,246	nein	nein	1,494	0,463	2,16
			ENTFHA	negativ	negativ		-0,002	0,000	ja	ja		0,416	2,40
			ENTFB	negativ	negativ		-0,000	0,017	nein	ja		0,766	1,31
			AGRARS	negativ	negativ		-1,330	0,000	ja	ja		0,363	2,75
			KHSBET	positiv	positiv		0,035	0,204	nein	nein		0,416	2,40

Modell	Modell-gleichung	Abhängige Variable	Unabhängige Variablen	Theoretische Wirkungs-richtung	Empirische Wirkungs-richtung	$\overline{R}^2$	Regressions-koeffizienten	Signifikanzniveau			Autokor-relation	Multikollinearität	
									Signifikant bei		Durbin-Watson	Toleranz	VIF
									α=1%	α=5%			
4	**19a**	BIPECU	PKWVERF	positiv	positiv	0,873	5,425	0,000	ja	ja	2,134	0,429	2,32
			LOGWOHNUNG	positiv	positiv		3.044,005	0,000	ja	ja		0,396	2,53
			LOGBILDUNG	positiv	positiv		782,235	0,000	ja	ja		0,324	3,08
	20a	LOGBIPECU	LOGPKWVERF	positiv	positiv	0,843	0,425	0,000	ja	ja	1,977	0,423	2,36
			LOGWOHNUNG	positiv	positiv		0,784	0,000	ja	ja		0,406	2,46
			LOGBILDUNG	positiv	positiv		0,146	0,000	ja	ja		0,499	2,00
	21a	LOGBIPECU	LOGPKWVERF	positiv	positiv	0,842	0,438	0,000	ja	ja	1,972	0,415	2,41
			WOHNUNG	positiv	positiv		0,932	0,000	ja	ja		0,413	2,42
			LOGBILDUNG	positiv	positiv		0,140	0,000	ja	ja		0,519	1,93
	22a	BIPKKP	LOGPKWVERF	positiv	positiv	0,918	5.660,020	0,000	ja	ja	1,744	0,255	3,93
			WOHNUNG	positiv	positiv		8.886,210	0,000	ja	ja		0,384	2,60
			BILDUNG	positiv	positiv		13,306	0,000	ja	ja		0,299	3,34
	23a	BIPKKP	LOGPKWVERF	positiv	positiv	0,913	5.547,689	0,000	ja	ja	1,743	0,269	3,71
			LOGWOHNUNG	positiv	positiv		7.298,611	0,000	ja	ja		0,402	2,49
			BILDUNG	positiv	positiv		13,701	0,000	ja	ja		0,299	3,34
	24a	BIPKKP	PKWVERF	positiv	positiv	0,904	19,994	0,000	ja	ja	1,542	0,264	3,79
			WOHNUNG	positiv	positiv		9.211,503	0,000	ja	ja		0,403	2,48
			BILDUNG	positiv	positiv		11,715	0,000	ja	ja		0,361	2,77

Quelle: Eigene Darstellung

Für die Variablen Bildungsstruktur sowie Beschäftigungsanteil des Dienstleistungssektors ist bei einem Signifikanzniveau von $\alpha = 1\%$ in allen sechs Modellgleichungen ein signifikanter Einfluß auf das regionale Entwicklungsniveau empirisch bewiesen. Die unabhängige Variable Telekommunikationsnetz erweist sich erneut nur in drei der sechs Modellgleichungen als statistisch signifikant, in den Gleichung 10a und 12a bei einem Signifikanzniveau von $\alpha = 1\%$ sowie in Gleichung 11a bei dem schwächeren Signifikanzniveau von $\alpha = 5\%$. Dies stimmt weitgehend mit den Ergebnissen der Regressionsanalyse für das Jahr 1996 überein (Modellansatz 2). Des weiteren belegen alle Modellgleichungen den theoretisch abgeleiteten positiven Zusammenhang zwischen der Bildungsstruktur bzw. dem Beschäftigungsanteil des tertiären Sektors und dem regionalen Pro-Kopf-Einkommen in empirischer Hinsicht. Wie bereits in den Modellgleichungen 1a bis 6a ergibt sich jedoch entgegen der theoretischen Prognose ein negatives Vorzeichen für die partiellen Regressionskoeffizienten der Variable Telekommunikationsnetz. Allerdings sind wiederum nur drei dieser negativen Vorzeichen auch statistisch signifikant. Dies deckt sich mit den Ergebnissen der 1996er Regressionsanalyse.

Die Durbin-Watson-Statistik spiegelt mit Werten zwischen 1,095 (Modellgleichung 11a) und 1,576 (Modellgleichung12a) eine für die Mehrzahl der Gleichungen nur leicht positive Autokorrelation wider. Damit weist die Modellgleichung mit dem niedrigsten Bestimmtheitsmaß auch die geringste Autokorrelation auf. Die Durbin-Watson-Statistik verzeichnet eine etwas höhere positive Autokorrelation, als beim zweiten Modellansatz für das Jahr 1996 festgestellt wird. Die sechs Modellgleichungen unterscheiden sich hinsichtlich des Grades der Multikollinearität ihrer unabhängigen Variablen: Die höchste Multikollinearität ergibt sich in Modellgleichung 10a für die Variable Bildungsstruktur mit einer Toleranz von 0,393 und einem entsprechenden Varianz-Inflations-Faktor von 2,54. Die Variable Telekommunikationsnetz weist hingegen, wie bereits in den Modellgleichungen 1a bis 6a, die niedrigste Multikollinearität auf (Toleranz 0,987 und Varianz-Inflations-Faktor 1,01). Im Vergleich zu den ersten sechs Modellgleichungen ist das Ausmaß der Multikollinearität bei den Gleichungen 7a bis 12a geringer. Darüber hinaus liegt auch eine deutlich niedrigere Multikollinearität der unabhängigen Variablen im Vergleich zu 1996 vor.

Modell 3: Ergebnisse der Disparitäten- und Clusteranalyse

Die Gleichungen 13a bis 18a zeigen mit angepaßten Bestimmtheitsmaßen $\overline{R}^2$ zwischen 0,820 sowie 0,873 einen deutlich höheren Erklärungsbeitrag als die ersten beiden Regressionsmodelle (Gleichungen 1a bis 12a) der 1999er Regressionsanalyse. Die Verwendung des Pro-Kopf-Einkommens in Kaufkraftparitäten verbesserte hier ebenso wie bei den ersten beiden Modellen die Anpassungsgüte leicht. Trotz der Tatsache, daß in das dritte Regressionsmodell 1999 nur fünf statt sechs unabhängige Variablen eingehen, werden für die sechs Gleichungen höhere angepaßte Bestimmtheitsmaße realisiert als im Rahmen der Untersuchung für das Jahr 1996. Das höchste angepaßte Bestimmtheitsmaß ergibt sich für die Modellgleichung 16a, welche sowohl durch die Verwendung des Kaufkraftparitätenkonzepts als auch durch die Logarithmierung der Variable Siedlungsstruktur gekennzeichnet ist, während für alle anderen unabhängigen Variablen von einem linearen Zusammenhang mit dem Pro-Kopf-Einkommen ausgegangen wird. Gleichung 18a verzeichnet mit $\bar{R}^2 = 0{,}82$ das niedrigste angepaßte Bestimmtheitsmaß. Die abhängige Variable Pro-Kopf-Einkommen ist hier wiederum in KKP gemessen und darüber hinaus logarithmiert.

Zwei der sechs Variablen (Entfernung zur Hauptstadt, Beschäftigungsanteil der Landwirtschaft) weisen bei einem Signifikanzniveau von $\alpha = 1\%$ in allen sechs Gleichungen statistische Signifikanz auf. Die Regressionsanalyse für 1996 konstatierte noch für vier unabhängige Variablen statistische Signifikanz bei $\alpha = 1\%$, zu denen jedoch die Variable Entfernung zur Hauptstadt nicht zählte. Die Variable Dichte der Krankenhausbetten zeigt sich in drei von sechs Modellgleichungen (Gleichungen 14a, 16a und 17a) bei einem Signifikanzniveau von $\alpha = 1\%$ und in den Modellgleichungen 13a und 15a bei einem schwächeren Niveau von $\alpha = 5\%$ als statistisch signifikant. Im Jahr 1996 ließ sich noch in allen Gleichungen statistische Signifikanz bei $\alpha = 1\%$ nachweisen. Die Variable Siedlungsstruktur tritt nur in zwei Gleichungen (Gleichungen 13a und 14a) bei $\alpha = 1\%$ als statistisch signifikant in Erscheinung. Darüber hinaus ist diese unabhängige Variable in Gleichung 15a bei dem schwächeren Niveau von $\alpha = 5\%$ statistisch signifikant. In allen anderen Gleichungen kann kein signifikanter Zusammenhang zwischen der Siedlungsstruktur und dem Pro-Kopf-Einkommen einer Region bestätigt werden. Hingegen zeigt diese Unabhängige im Jahr 1996 ausnahmslos statistische Signifikanz. Die unabhängige Variable Entfernung nach Berlin erweist sich in den Gleichungen 15a bis 18a als statistisch signifikant, allerdings nur bei $\alpha = 5\%$. Alle sechs Modellgleichungen belegen für die unabhängigen Variablen die theoretische abgeleitete Wirkungsweise, d.h. sowohl der positive Zusammenhang zwischen der Dichte der Krankenhausbetten bzw. der Siedlungsstruktur sowie regionalem Pro-Kopf-Einkommen als auch der negative Einfluß der Variablen Entfernung zur Hauptstadt, Entfernung nach Berlin und Beschäftigungsanteil der Landwirtschaft auf das BIP pro Kopf ist damit empirisch bewiesen. Dabei ist jedoch für die Siedlungsstruktur, Entfernung nach Berlin und die Dichte der Krankenhausbetten die fehlende statistische Signifikanz der positiven bzw. negativen Regressionskoeffizienten in drei, zwei bzw. einer der sechs Gleichungen in Rechnung zu stellen.

Die Durbin-Watson-Statistik mißt für die geschätzten Gleichungen Werte zwischen 1,415 (Modellgleichung 13a) und 1,570 (Modellgleichung 15a). Damit verzeichnen die sechs Gleichungen des dritten Regressionsmodells im Vergleich zu den Gleichungen 1a bis 12a eine niedrigere positive Autokorrelation. Allerdings übersteigen die Autokorrelationswerte der sechs Gleichungen deutlich die für 1996 festgestellten Werte, die teilweise sogar Non-Autokorrelation signalisieren. Anhand der Kollinearitätsmaße Toleranz und Varianz-Inflations-Faktor lassen sich für die fünf unabhängigen Variablen deutliche Unterschiede hinsichtlich des Ausmaßes der Multikollinearität nachweisen. So schwanken die Toleranzwerte zwischen 0,237 für die Variable Dichte der Krankenhausbetten und 0,870 für die Variable Entfernung nach Berlin. Entsprechend nimmt der Varianz-Inflations-Faktor Werte zwischen 4,22 und 1,15 an. Beide Variablen realisieren in allen sechs Modellgleichungen die höchste bzw. niedrigste Multikollinearität. Darüber hinaus ist offensichtlich, daß sich für alle anderen unabhängigen Variablen deutlich niedrigere Multikollinearitätswerte als für die Variable Dichte der Krankenhausbetten ergeben. Im Vergleich der drei Regressionsmodelle muß für das dritte Regressionsmodell, hier insbesondere für die Variable Dichte der Krankenhausbetten, die bislang höchste Multikollinearität festgestellt werden. Das Ausmaß der Multikollinearität ist jedoch mit dem für das dritte Regressionsmodell 1996 berechneten Werten vergleichbar.

Modell 4: Konzept der passiven Sanierung

Der Erklärungsbeitrag der vorliegenden Modellgleichungen rangiert mit angepaßten Bestimmtheitsmaßen $\overline{R}^2$ zwischen 0,842 und 0,917 deutlich über dem der Gleichungen 1a bis 18a. Dies entspricht den Ergebnissen der Regressionsanalyse für das Untersuchungsjahr 1996. Darüber hinaus fallen die angepaßten Bestimmtheitsmaße sogar noch etwas höher aus, als es für die sechs Gleichungen des vierten Regressionsmodells für 1996 der Fall ist. Wie bereits für die anderen Modelle festgestellt, führt die Verwendung des Kaufkraftparitätenkonzepts für die abhängige Variable zu einer Erhöhung der Anpassungsgüte der Regressionsgleichungen. Die Erhöhung des Bestimmtheitsmaßes übersteigt hier allerdings deutlich jene der ersten drei 1999er Modelle. Den höchsten Erklärungsbeitrag realisiert Modellgleichung 22a mit einem angepaßten Bestimmtheitsmaß von 0,917. In dieser Gleichung wird die abhängige Variable in Kaufkraftparitäten gemessen, auf der Seite der unabhängigen Variablen wird lediglich der Indikator Verfügbarkeit von Pkw pro Kopf logarithmiert. Die niedrigste Anpassungsgüte weist Modellgleichung 21a auf, bei der sowohl eine Logarithmierung der abhängigen Variable als auch eine teilweise Logarithmierung der unabhängigen Variablen erfolgte.

Bei einem Signifikanzniveau von $\alpha = 1\%$ ist für alle drei unabhängigen Variablen eine statistische Signifikanz empirisch bestätigt. Hingegen zeigt sich die Variable Bildungsstruktur im Untersuchungsjahr nur in fünf der sechs Modellgleichungen bei $\alpha = 1\%$ bzw. $\alpha = 5\%$ als statistisch signifikant. Auch die theoretisch prognostizierte positive Wirkungsweise aller drei unabhängigen Variablen kann im Rahmen der Regressionsanalyse empirisch belegt werden.

Die Durbin-Watson-Statistik nimmt für die Modellgleichungen 18a bis 24a Werte zwischen 1,542 und 2,134 an. Bei drei der sechs Gleichungen des vierten Regressionsmodells (22a bis 24a) liegt eine leicht positive Autokorrelation vor, während die Gleichungen 20a und 21a Non-Autokorrelation aufweisen. Bei Gleichung 19a ist eine leicht negative Autokorrelation festzustellen. Das geringe Ausmaß der Autokorrelation unterscheidet sich maßgeblich von den Autokorrelationswerten der Gleichungen 1a bis 18a. Des weiteren verzeichnen die Gleichungen des vierten Regressionsmodells 1999 auch eine niedrigere Autokorrelation als jene sechs Gleichungen des vierten Modellansatzes für 1996. Die Multikollinearität fällt im Hinblick auf die drei unabhängigen Variablen unterschiedlich aus. So bewegen sich die Toleranzwerte zwischen 0,255 für die Variable Pkw-Verfügbarkeit und 0,519 für die Variable Bildungsstruktur. Entsprechend rangiert der Varianz-Inflations-Faktor zwischen 3,93 und 1,93. Die realisierte Multikollinearität ist mit den Werten auf Basis der 1996er Daten (Modell 4) vergleichbar.

6.4 Zusammenfassung

In der folgenden Tabelle werden sowohl die theoretisch angenommene als auch die empirisch nachgewiesene Wirkungsrichtung für die Untersuchungsjahre 1996 sowie 1999 dokumentiert. Darüber hinaus enthält die Tabelle auch das Ausmaß der statistischen Signifikanz der entsprechenden Regressionskoeffizienten für alle zwölf unabhängigen Variablen ab, wobei beträchtliche Unterschiede deutlich werden.

Tabelle 6.3: Vorzeichen und Signifikanz der unabhängigen Variablen

Unabhängige Variablen	Theoretische Wirkungsrichtung	Verwendungshäufigkeit	davon positives Vorzeichen	davon signifikant (α=5%) 1996	davon signifikant (α=5%) 1999	davon negatives Vorzeichen	davon signifikant (α=5%) 1996	davon signifikant (α=5%) 1999	Empirische Wirkungsrichtung
STRASS	positiv	12	12	6	6	0	0	0	**positiv**
TELEKOM	positiv	24	0	0	0	24	2	6	**negativ**
ERWERB	positiv	12	12	12	0	0	0	0	**positiv ***
DILEIS	positiv	24	24	12	12	0	0	0	**positiv**
BILDUNG	positiv	24	24	11	12	0	0	0	**positiv**
SIEDLST	positiv	12	12	6	3	0	0	0	**positiv**
ENTFHA	negativ	12	0	0	0	12	3	6	**negativ**
ENTFB	negativ	12	0	0	0	12	6	4	**negativ**
AGRARS	negativ	12	0	0	0	12	6	6	**negativ**
KHSBET	positiv	12	12	6	5	0	0	0	**positiv**
PKWVERF	positiv	12	12	6	6	0	0	0	**positiv**
WOHNUNG	positiv	12	12	6	6	0	0	0	**positiv**

* Die Variable ERWERB wurde aufgrund zu hoher Multikollinearität im Jahr 1999 in den Modellen 1 und 3 nicht berücksichtigt.

Quelle: Eigene Darstellung

Die für die Untersuchungsjahre 1996 und 1999 durchgeführten Regressionsanalysen bestätigen für sämtliche zwölf unabhängigen Variablen die theoretisch prognostizierten Wirkungszusammenhänge mit dem BIP pro Kopf als abhängige Variable. Einzige Ausnahme bildet die Variable Telekommunikationsnetz. Entgegen der theoretisch abgeleiteten Wirkungsrichtung wird für Untersuchungsjahre ein negativer Einfluß auf das regionale Pro-Kopf-Einkommen empirisch nachgewiesen, wobei sich das negative Vorzeichen allerdings nur in zwei von zwölf (1996) bzw. in sechs von zwölf (1999) Modellgleichungen als statistisch signifikant erweist.

In beiden Untersuchungsjahren erweisen sich bei einem Signifikanzniveau von $\alpha = 1\%$ bzw. $\alpha = 5\%$ die positiven Regressionskoeffizienten der Variablen Straßennetz, Verfügbarkeit von Pkw pro Kopf sowie Wohnungsbestand in allen Modellgleichungen als statistisch signifikant. Dasselbe wird auch für den negativen Regressionskoeffizienten der Variable Anteil des Landwirtschaftssektors an der regionalen Gesamtbeschäftigung empirisch belegt. Hinsichtlich der verbleibenden Variablen gibt es deutliche Signifikanzunterschiede zwischen der 1996er und der 1999er Regressionsanalyse. So können im Jahr 1996 sowohl die positiven Regressionskoeffizienten der Variablen Erwerbsquote[200], Anteil des Dienstleistungssektors an der regionalen Gesamtbeschäftigung, Dichte der Krankenhausbetten sowie Entfernung nach Berlin als statistisch signifikant bei $\alpha = 1\%$ bzw. $\alpha = 5\%$ nachgewiesen werden. Die Signifikanz des Zusammenhangs der drei Variablen mit dem regionalen Pro-Kopf-Einkommen ist jedoch im Jahr 1999 weniger offensichtlich. Auch die Regressionskoeffizienten der Variablen Bildungsstruktur, Siedlungsstruktur, Entfernung zur Hauptstadt sowie Telekommunikationsnetz zeigen für beide Untersuchungsjahre eine unterschiedliche Signifikanz. Darüber hinaus ist hervorzuheben, daß insbesondere der empirisch festgestellte negative Zusammenhang zwischen dem Telekommunikationsnetz und dem regionalem Pro-Kopf-Einkommen nur in zwei (1996) bzw. sechs (1999) von zwölf Modellgleichungen als statistisch signifikant bestätigt wird. Während sich der positive Einfluß der Siedlungsstruktur einer Region auf deren Pro-Kopf-Einkommen im Untersuchungsjahr 1996 noch in allen Modellgleichungen als signifikant zeigt, kann diese eindeutige Signifikanz für 1999 nicht mehr festgestellt werden. Im Gegensatz dazu wird in diesem Untersuchungsjahr der negative Zusammenhang zwischen der Entfernung zur Hauptstadt sowie dem Pro-Kopf-Einkommen als statistisch signifikant für alle Modellgleichungen bestätigt. Im Jahr 1996 sind insgesamt nur drei der sechs negativen Regressionskoeffizienten auch als statistisch signifikant anzusehen.

---

[200] Die Variable Erwerbsquote muß im Jahr 1999 aufgrund zu hoher Multikollinearität aus den Modellen 1 und 3 ausgeschlossen werden. Daher ist ein Vergleich der Ergebnisse beider Untersuchungsjahre für diese Variable nicht möglich.

Tabelle 6.4: Erklärungsbeiträge der vier Regressionsmodelle im Vergleich

Modell 1 (STRASS, TELEKOM, ERWERB*, DILEIS)

Modellgleichung	$\bar{R}^2$ 1996	Modellgleichung	$\bar{R}^2$ 1999
1	0,676	1a	0,716
2	0,675	2a	0,702
3	0,666	3a	0,681
4	0,718	4a	0,749
5	0,716	5a	0,746
6	0,703	6a	0,731

Modell 2 (TELEKOM, DILEIS, BILDUNG)

Modellgleichung	$\bar{R}^2$ 1996	Modellgleichung	$\bar{R}^2$ 1999
7	0,649	7a	0,669
8	0,645	8a	0,655
9	0,619	9a	0,629
10	0,684	10a	0,720
11	0,677	11a	0,673
12	0,673	12a	0,622

Modell 3 (SIEDLST, ENTFHA, ENTFB, AGRARS, ERWERB*, KHSBET)

Modellgleichung	$\bar{R}^2$ 1996	Modellgleichung	$\bar{R}^2$ 1999
13	0,804	13a	0,841
14	0,803	14a	0,841
15	0,800	15a	0,821
16	0,862	16a	0,873
17	0,861	17a	0,873
18	0,851	18a	0,820

Modell 4 (PKWVERF, WOHNUNG, BILDUNG)

Modellgleichung	$\bar{R}^2$ 1996	Modellgleichung	$\bar{R}^2$ 1999
19	0,829	19a	0,873
20	0,827	20a	0,843
21	0,818	21a	0,842
22	0,901	22a	0,918
23	0,896	23a	0,913
24	0,880	24a	0,904

* Variable ERWERB aufgrund zu hoher Multikollinearität im Jahr 1999 in Modellen 1 und 3 nicht berücksichtigt

Quelle: Eigene Darstellung

Die vorliegende Tabelle 6.4 ermöglicht einen Vergleich der Erklärungsbeiträge aller Modellgleichungen für die Untersuchungsjahre 1996 und 1999. Die angepaßten Bestimmtheitsmaße bewegen sich in beiden Jahren ungefähr zwischen 60% und 90%. Darüber hinaus ergibt sich sowohl für 1996 als auch für 1999 dieselbe Reihenfolge der Modelle hinsichtlich ihres Erklärungswertes. Die Modelle 1 und 2, die den regionalpolitischen Ansatz der Europäischen Union widerspiegeln, weisen in beiden Jahren deutlich niedrigere Erklärungsbeiträge auf als die Modelle 3 (Ergebnisse der Disparitäten- und Clusteranalyse) sowie 4 (Konzept der passiven Sanierung). Gleichzeitig wird deutlich, daß im Rahmen der 1999er Regressionsanalyse für alle vier Modelle höhere angepaßte Bestimmtheitsmaße ermittelt werden können, als dies für das Jahr 1996 möglich ist. Allerdings bleiben die 24 Modellgleichungen des Untersuchungsjahres 1999 im Hinblick auf die Autokorrelations- und Multikollinearitätswerte gegenüber den Modellgleichungen des Jahres 1996 zurück. Darüber hinaus fiel auch die statistische Signifikanz der einzelnen unabhängigen Variablen deutlich schwächer aus als im Jahr 1996. Hierbei ist allerdings in Rechnung zu stellen, daß aufgrund der territorialen Neugliederung der Länder nur 31 statt 77 Regionen in die Analyse aufgenommen wurden. Dabei ist nicht auszuschließen, daß die verminderte Fallzahl die Analyse z.B. aufgrund einer geringeren Anzahl von Freiheitsgraden beeinträchtigen kann.

Hervorgehoben werden muß, daß der positive Einfluß der Variablen Straßennetz, Verfügbarkeit von Personenkraftfahrzeugen, Wohnungsbestand, Bildungsstruktur[201] sowie Beschäftigungsanteil des Dienstleistungssektors auf das regionale Pro-Kopf-Einkommen in allen Modellgleichungen beider Untersuchungsjahre als eindeutig signifikant nachgewiesen ist. Dasselbe gilt für den negativen Zusammenhang zwischen dem Beschäftigungsanteil des Landwirtschaftssektors und dem regionalen Pro-Kopf-Einkommen. Anhand dieser Ergebnisse kann zum einen der insbesondere durch die EU-Regionalpolitik betonte Einfluß der strategischen Faktoren Transportinfrastruktur, Humankapital und Dienstleistungssektor auf das wirtschaftliche Entwicklungsniveau einer Region empirisch bestätigt werden.

Darüber hinaus zeigte sich im Rahmen beider Untersuchungen, daß zwischen dem regionalen Beschäftigungsanteil des Landwirtschaftssektors sowie dem regionalen Pro-Kopf-Einkommen ein statistisch signifikanter negativer Wirkungszusammenhang besteht. Hier muß insbesondere die umfangreiche Unterstützung des polnischen Agrarsektors in Frage gestellt werden, da sich basierend auf den Ergebnissen der Regressionsanalysen eine Verkleinerung des Agrarsektors in Verbindung mit einem Wandel der regionalen Wirtschaftsstrukturen positiv auf die Entwicklung der betreffenden Regionen auswirkt. Im Gegensatz dazu geht von einer strukturerhaltenden Politik im Sinne des Europäischen Ausrichtungs- und

---

201 Sowohl 1996 als auch 1999 erweisen sich elf der zwölf positiven Regressionskoeffizienten bei einem Signifikanzniveau von $\alpha = 1\%$ als statistisch signifikant. Im Jahr 1999 zeigt darüber hinaus das zwölfte positive Vorzeichen bei einem Signifikanzniveau von $\alpha = 5\%$ statistische Signifikanz.

Garantiefonds für die Landwirtschaft (EAGFL) eher eine behindernde Wirkung auf die Regionalentwicklung aus[202].

Ein eindeutig signifikanter positiver Zusammenhang ist auch zwischen den migrationsbegünstigenden Faktoren Wohnungsinfrastruktur sowie Verfügbarkeit von Personenkraftfahrzeugen und dem regionalen Pro-Kopf-Einkommen nachgewiesen. Hieraus ergeben sich wesentliche Ansatzpunkte für eine auf passiver Sanierung aufbauende kurzfristige regionalpolitische Strategie in den drei mitteleuropäischen Ländern. Gerade in Wachstumsmetropolen wird durch die Privatisierung des Wohnungswesens die Immobilität der Bevölkerung aufgebrochen, während im wirtschaftlich wenig entwickelten ländlichen Raum durch Entwertung des Hausbesitzes die Immobilität der dort ansässigen Arbeitskräfte noch verstärkt wird. Eine regionalpolitische Strategie muß in der gezielten Förderung des Wohnungsbaus sowie der Wohnungssanierung in den wesentlichen Wachstumsregionen bestehen, um durch eine Ausweitung des Wohnangebots die Mietpreise und letztlich die Mobilität der Arbeitskräfte günstig zu beeinflussen. Die Notwendigkeit solcher Maßnahmen belegt das Beispiel der Skoda-Werke im tschechischen Mladá Boleslav nahe Prag, denen es trotz attraktiver Arbeitsplatzangebote nicht gelang, Arbeitskräfte aus den östlichen Landesteilen anzuziehen[203].

Für die Variablen Erwerbsquote, Entfernung nach Berlin, Entfernung zur Hauptstadt, Siedlungsstruktur sowie Dichte der Krankenhausbetten kann nur ein begrenzt signifikanter Einfluß auf das regionale Pro-Kopf-Einkommen in einem der beiden Untersuchungsjahre nachgewiesen werden. Der theoretisch abgeleitete positive Wirkungszusammenhang zwischen der Variable Erwerbsquote sowie dem regionalen Pro-Kopf-Einkommen wird zwar auf der Grundlage der 1996er Daten als statistisch signifikant bestätigt. Für 1999 kann jedoch aufgrund zu hoher Multikollinearitätswerte für diese Variable keine Aussage getroffen werden. Auch der positive bzw. negative Einfluß der Variablen Siedlungsstruktur, Dichte der Krankenhausbetten und Entfernung nach Berlin erweist sich im Rahmen der Regressionsanalyse 1996 als eindeutig statistisch signifikant. Im Jahr 1999 zeigt sich zwar nur ein Teil der positiven bzw. negativen Regressionskoeffizienten als statistisch signifikant, dennoch hat sich der theoretisch abgeleitete Wirkungszusammenhang zwischen den drei Variablen und dem regionalen Pro-Kopf-Einkommen bestätigt. Insbesondere für die Variable Siedlungsstruktur muß die neue territoriale Gliederung und der damit verbundene Ausgleich der regionalen Bevölkerungsverteilung auf die unterschiedlichen Gemeindeklassen in Rechnung gestellt werden. Der Urbanitätsgrad schwankt dementsprechend nicht mehr so

202 Untersuchungen für die EU-Mitgliedsländer von Latella (1990) sowie Holtzmann (1997) kommen zu eben diesem Ergebnis.

203 Vgl. Harris (1998), S. 66.

stark zwischen den einzelnen Regionen wie vor den territorialen Neugliederungen.

Die Ergebnisse der Regressionsanalysen 1996 und 1999 machen deutlich, daß im Kernbereich künftiger regionalpolitischer Strategien der drei untersuchten Länder weder die einseitige Förderung von Schlüsselfaktoren wie Basisinfrastruktur, Bildung oder Dienstleistungssektor stehen, noch eine sinnvolle Spezifikation der geographischen Zielgebiete fehlen darf. Außerdem ist zu berücksichtigen, daß bei einer Strategieentwicklung mit Fokus auf die vom EU-Strukturfonds betonten und geförderten Faktoren Negativbeispiele der Praxis einbezogen werden müssen. Solch ein Beispiel stellt der massive Straßenausbau in der portugiesischen Region Norte dar, wo selbst diese gezielte Förderung der Basisinfrastruktur keine Kompensation der durch die periphere Lage bedingten Nachteile bewirken konnte und daher, entgegen der politischen Absicht, der Abwanderungstrend aus dieser Region nicht gestoppt werden konnte[204].

[204] Vgl. Rozek (1995), S. 306ff.

7. Vergleich der regionalpolitischen Konzepte Polens, Ungarns und der Tschechischen Republik mit den empirischen Untersuchungsergebnissen

Regionalpolitik spielte in den neunziger Jahren in allen drei Visegràdstaaten nur eine untergeordnete Rolle. Dies lag beispielsweise in der durch Solidarnocz geprägten „Politik und Gesellschaft von unten" (Polen) oder in der neoliberalen Wirtschaftspolitik (Tschechische Republik) begründet. Die Verabschiedung regionalpolitischer Gesetzgebungen, die Reform bzw. Neuorientierung der administrativen Territorialstrukturen sowie die Entwicklung eines regionalpolitischen Konzepts erfolgten in Polen und der Tschechischen Republik erst nach der Aufnahme der EU-Beitrittsverhandlungen im Jahr 1998 und somit auf Drängen der Europäischen Kommission hin. Mithin führten die EU-gesteuerten Institutionalisierungsprozesse zu einer weitgehenden Übernahme regionalpolitischer Grundsätze und Regeln der EU, was im übrigen auch für Ungarn zutrifft. Wobei Ungarn sich von den anderen beiden Ländern insofern unterschied, als hier bereits Mitte der neunziger Jahre eigenständig sowohl legislative als auch institutionelle Schritte zur Implementierung einer regionalen Wirtschaftspolitik unternommen wurden. Die Orientierung der drei Länder an den regionalpolitischen Grundsätzen der EU spiegelt sich insbesondere hinsichtlich der gewählten regionalpolitischen Prioritäten und Zielgebiete wider. So wählte keines der drei Länder regionalpolitisch einen alternativen Weg unabhängig vom EU-Regime, indem beispielsweise der Ausbau prosperierender Wachstumszentren zu Lasten ländlicher Gebiete, die bereits durch starke Bevölkerungsschrumpfung und -alterung gekennzeichnet sind, forciert wird.

In Anbetracht denkbarer Alternativen zur EU-dominierten regionalpolitischen Ausrichtung der drei betrachteten Länder erfolgt in Kapitel 7 ein Vergleich zwischen den im Rahmen der Regressionsanalyse herausgearbeiteten strategischen Entwicklungsfaktoren und den politischen Prioritäten der gegenwärtigen regionalen Entwicklungsstrategien Polens, Ungarns und der Tschechischen Republik. Hierzu stellt Abschnitt 7.1 zunächst die aktuellen regionalpolitischen Konzepte und institutionellen Entwicklungen der drei untersuchten Länder seit der politischen Wende im Jahr 1989 dar, wobei insbesondere auf die landesspezifischen Regionalentwicklungsprioritäten und Zielgebiete eingegangen wird. Der sich anschließende Abschnitt 7.2 dient dem eigentlichen Vergleich der empirisch als relevant ermittelten Einflußfaktoren regionaler Entwicklung und den regionalpolitischen Zielsetzungen der einzelnen Länder mit der Maßgabe, sowohl länderübergreifende Probleme als auch landesspezifische Besonderheiten herauszuarbeiten. Darüber hinaus steht mit der Funktionsfähigkeit der regionalen Selbstverwaltungen auch ein weiterer regionalpolitisch relevanter Faktor, welcher aufgrund mangelnder Quantifizierbarkeit nicht in die Regressionsanalyse einbezogen werden konnte, zur Diskussion (7.3).

7.1 Aktuelle regionalpolitische Entwicklungsstrategien

7.1.1 Regionalpolitische Konzepte und Institutionen

In den Zeiten des planwirtschaftlichen Systems waren alle mittel- und osteuropäischen Länder durch eine ähnlich zentralistische sowie sektororientierte Regionalpolitik gekennzeichnet, die insbesondere auf die Förderung schwerindustrieller Gebiete fokussierte. Dabei wurden gezielt bestimmte rurale Gebiete sowie urbane Zentren ungeachtet ökologischer und soziologischer Folgen industrialisiert, um deren sozioökonomische Strukturen zu proletarisieren. Diese Form der Regionalpolitik, die das Rückgrat der sozialistischen Industrialisierungspolitik darstellte, mündete schließlich in eine Deregionalisierung, da traditionell regional integrierte Wirtschaftsstrukturen durch regionenübergreifende Verbindungen zwischen den Einheiten der vertikal integrierten sozialistischen Staatsbetriebe ersetzt wurden[205]. Seitdem gehören zum Erbe sozialistischer Regionalentwicklungspolitik in allen drei Ländern nicht nur umweltbelastete Schwerindustriezentren, Regionen mit einzelnen monostrukturierten Zentren und wirtschaftlich rückständige rurale Gebiete, sondern auch die ablehnende Haltung der neuen politischen Entscheidungsträger gegenüber regionalpolitischen Maßnahmen jeglicher Form. Regionalpolitik wird in den mitteleuropäischen Ländern heute oft noch mit dem praktizierten Staatsinterventionismus verbunden, den es seit 1989 grundsätzlich zu überwinden gilt. Dies führte neben der Konzentration auf die makroökonomische Stabilisierung der Volkswirtschaften dazu, daß insbesondere Polen und die Tschechische Republik erst mit dem Beginn der EU-Beitrittsverhandlungen im Frühjahr 1998 und damit unter dem Druck der Europäischen Kommission maßgebliche institutionelle Reformen im Hinblick auf die Ausgestaltung regionalpolitischer Rahmenbedingungen unternommen haben[206].

Polen

In den ersten Transformationsjahren wurden in Polen Fragen regionaler Entwicklung von der Wirtschaftspolitik vollständig ignoriert. Der regionale Aspekt der Transformation erschien lediglich in offiziellen Deklarationen und beeinflußte die wirtschaftspolitischen Maßnahmen der Regierung in keiner Weise. Tatsächlich überließ die polnische Regierung die aufkommenden regionalen Probleme allein den Marktkräften. So erwähnte auch der „Balcerowicz-Plan“, das erste wichtige wirtschaftspolitische Dokument Polens aus dem Jahr 1991, regionale Fragen kaum. Im Gegensatz zu den Kommunen, die mit der Wiedereinführung des zweistufigen Verwaltungssystems im Jahr 1990 den Selbstverwaltungsstatus erlangten, wurde der regionalen Ebene der Woiwodschaften keine Beachtung geschenkt.

---

205 Vgl. Krätke et al. (1997), S. 44 und auch Murray, R. (1992), Flexible Specialisation and Development Strategy: The Relevance for Eastern Europe, in: Ernste, H./Meier, V. (Hrsg.), Regional Development and Contemporary Industrial Response, London/New York.

206 Vgl. hierzu auch Kapitel 3.2, S. 28ff.; Brusis (1999), S. 6ff.

Die wenigen wirtschaftspolitischen Maßnahmen des Ministeriums für Arbeit und Sozialpolitik, die unter dem Vorzeichen der Regionalpolitik in Polen durchgeführt wurden, erfolgten immer dann, wenn transformationsbedingt ernsthafte Probleme, insbesondere überdurchschnittlich hohe Arbeitslosigkeit sowie industrieller Rückgang, entstanden. Dabei wurden in aller Regel rein passive Instrumente wie offene Subventionen, Kreditbürgschaften oder auch Steuererlässe für die von der Schließung bedrohten Staatsbetriebe eingesetzt. Im besonderen Maße profitierten davon Bergbau, Stahl- sowie Rüstungsindustrie, allesamt Krisenindustrien, und somit jene Regionen, in denen diese Branchen dank der sozialistischen Industrialisierungspolitik bereits ansässig waren. In der ersten Hälfte der neunziger Jahre bestimmte vor allem das Diktat der starken Gewerkschaften (z.B. Gewerkschaften aus Bergbau und Montanindustrie) die Regionalpolitik Polens[207]. Zwar wurden mit Hilfe von EU-Mitteln aus dem PHARE-Fonds im Jahr 1993 in sechs besonders von Arbeitslosigkeit betroffenen Regionen Pilotprogramme („PHARE-Struder") eingeführt, deren Implementierung der staatlich kontrollierten „Polnischen Agentur für Regionalentwicklung" oblag, doch erwuchs daraus kein koordinierter regionalpolitischer Ansatz.

Bis 1996 wurden die regionalpolitischen Zuständigkeiten zwischen dem „Ministerium für Arbeit und Sozialpolitik" sowie der „Zentralen Planungsbehörde" geteilt. Mit Beginn des Jahres 1997 und der Regierungsübernahme durch das Mitte-Rechts-Bündnis unter Jerzy Buzek wurde letztere durch eine „Regierungsbehörde für Strategische Studien" ersetzt, welche seitdem für die staatliche Raumpolitik zuständig ist. Insgesamt war die polnische Regionalpolitik bis zum Jahr 1998, dem Beginn der Beitrittsverhandlungen mit der Europäischen Union, durch fehlende strategische Konzepte, reaktives Verhalten, Einflußnahme von Interessengruppen sowie eine starke institutionelle und damit sektorale Fragmentierung auf nationaler Ebene geprägt. Im Gegensatz zu den anderen Beitrittskandidatenländern verfügt Polen über keinen ausschließlich für regionalpolitische Maßnahmen vorgesehenen Regionalentwicklungsfonds, allerdings verwalten die entsprechenden Ministerien regional differenzierte Sektoralprogramme. Demgegenüber entstand auf lokaler und regionaler Ebene bis 1996 ein weitläufiges Netzwerk von lokalen und regionalen Entwicklungsagenturen, die in den meisten Fällen durch die Woiwoden oder lokalen Selbstverwaltungen gegründet und mit Anfangskapital ausgestattet wurden. Die Beziehungen zwischen den einzelnen Agenturen unterscheiden sich jedoch von Woiwodschaft zu Woiwodschaft, sind teilweise atomistisch und hierarchisch bzw. bipolar und netzwerkartig strukturiert, was sich nicht zuletzt im Hinblick auf die Erfolge lokaler bzw. regionaler Entwicklungspolitik bemerkbar macht[208]. Die durch Solidarnocz begründete Idee einer „Politik

[207] Vgl. Gorzelak (1999), S. 140f.; Gorzelak (2000), S. 11; Kozak (2000), S. 2; Bachtler/Downes (1998), S. 108f.

[208] Vgl. Kozak (2000), S. 3f.; Brusis (1999), S. 14.

und Zivilgesellschaft von unten" erleichterte offenbar die spezifische Kultur lokaler Selbstverantwortung sowie lokalen Selbstvertrauens in Polen. Andererseits blieb die Frage regionaler Selbstverwaltung in der politischen Debatte zwischen Solidarnocz-Nachfolgern, die sich für eine umfassende Dezentralisierung aussprachen, und den postkommunistischen Parteien, die einer Kompetenzübertragung auf die regionale Ebene ablehnend gegenüberstanden, bis 1998 unbeantwortet. Erst nach Beginn der EU-Beitrittsverhandlungen verabschiedete Polen ein Gesetz über die regionale Selbstverwaltung auf der Ebene der Woiwodschaften, in dem gleichzeitig auch die Reduzierung von 49 auf sechzehn Woiwodschaften festgelegt wurde.

Erst im Rahmen der EU-Beitrittsverhandlungen wurde ein Gesetzesentwurf[209] zur Regionalentwicklung in Polen erstellt, der gemäß dem Prinzip der Partnerschaft, welches insbesondere durch die Europäische Regionalpolitik gefordert wird, die interministeriellen Beziehungen bzw. die Kontakte zwischen nationaler und regionaler Ebene auf dem Feld der Regionalpolitik regelt. Entsprechend den an eine künftige Teilnahme am EU-Strukturfonds geknüpften Anforderungen wurden auch die ministeriellen Kompetenzen definiert. Zuständig sind den drei EU-Strukturfonds entsprechend das Ministerium für Wirtschaft (Europäischer Fond für regionale Entwicklung), das Ministerium für Arbeit und Sozialpolitik (Europäischer Sozialfonds), das Ministerium für Landwirtschaft und Lebensmittelproduktion (Europäischer Ausrichtungs- und Garantiefonds für die Landwirtschaft) sowie das Innenministerium für grenzüberschreitende regionale Kooperationen. Damit initiierte erst der durch die Europäische Kommission ausgeübte Druck im Rahmen der Beitrittsverhandlungen regionalpolitisches Denken in Polen. So diskutiert das von der „Regierungsbehörde für Strategische Studien" im Jahr 1999 erstellte „Konzept staatlicher Raumpolitik" erstmals die wesentlichen räumlichen und regionalen Probleme in Polen, betont die Rolle der wenigen Wachstums- und Innovationszentren und konstatiert gleichzeitig die Zunahme interregionaler Unterschiede[210].

Ungarn

Mehr als die anderen Beitrittskandidatenländer verfügt Ungarn über regionalpolitische Erfahrungen aus der Vorwendezeit. Die Tradition regionaler Entwicklungspolitik reicht bis in die frühen siebziger Jahre zurück, obgleich damals im wesentlichen sektorale Interessen regionale Belange dominierten. Im Jahr 1985 wurden erstmals die langfristigen regionalpolitischen Ziele und Aufgaben in Ungarn durch einen Parlamentserlaß bestimmt. Jedoch blieben die regionalpolitischen Maßnahmen bis 1989 räumlich auf nur zwei der zwanzig Komitate begrenzt und

---

209 Dieser Gesetzesentwurf war zum Zeitpunkt der Erstellung der vorliegenden Arbeit noch nicht vom Parlament verabschiedet.

210 Vgl. Brusis (1999), S. 10.

aufgrund der beschränkten institutionellen und finanziellen Mittel ohne spürbaren Einfluß auf die betreffenden wirtschaftlichen Strukturen. Insgesamt verfolgte auch Ungarn bis zur politischen Wende eine vergleichsweise bürokratisch geprägte Regionalpolitik, die im wesentlichen auf den Ausgleich zwischen wirtschaftlich stark und schwach entwickelten Gebieten abzielte.

Mit der Einführung politischer und ökonomischer Reformen Anfang der neunziger Jahre änderte sich in Ungarn das Klima für eine Regionalpolitik im eigentlichen Sinne deutlich. Eine regionalpolitische Übergangsphase, die bis Mitte der neunziger Jahre währte, ist vor allem durch die Schaffung institutioneller Voraussetzungen gekennzeichnet, so wurden bereits im Jahr 1990 ein eigenes Ministerium für Umwelt und Regionalpolitik und im Folgejahr ein spezieller Regionalentwicklungsfonds gegründet. Der „Entschluß zur Regionalpolitik", der im Jahr 1993 verabschiedet wurde, stellte eine erste klare Definition der regionalpolitischen Ziele und Instrumente im Ungarn der Nachwendezeit dar. Die Hauptaufgaben der ungarischen Regionalpolitik wurden insbesondere im regionalen Krisenmanagement sowie der ökonomischen Neugestaltung und Durchführung selektiver Infrastrukturprojekte in peripheren und vom wirtschaftlichen Rückgang bedrohten Gebieten gesehen. Trotz dieser neuen Gesetzesmaßnahmen mangelte es in dieser Phase weiterhin an einem umfassenden regionalpolitischen Konzept. Regionalpolitische Aktivitäten blieben reaktiv und auf ad hoc-Maßnahmen beschränkt. Dennoch sind die Jahre bis 1995 durch eine wachsende politische Übereinkunft im Hinblick auf die Notwendigkeit gekennzeichnet, wachsende ökonomischen Disparitäten zwischen den Komitaten durch geeignete öffentliche Maßnahmen abzubauen, die Rolle der Komitate auf dem Feld der Regionalpolitik zu stärken sowie eine effizientere Basis zur Koordinierung aller regionalpolitischen Maßnahmen zu etablieren.

Mit dem „Gesetz zur Regionalentwicklung und Raumplanung" im Jahr 1996, dem ersten dieser Art in den mittel- und osteuropäischen Staaten, wurde der Grundstein für eine neue, dezentralisierte und weitgehend mit den EU-Strukturfonds-Regelungen konforme Regionalpolitik in Ungarn gelegt. Im Gegensatz zu den zentralistisch geprägten regionalpolitischen Versuchen in der ersten Hälfte der neunziger Jahre zielt dieses neue Konzept weniger auf den interregionalen Ausgleich als vielmehr auf die ökonomische Restrukturierung. Zu den im Gesetz genannten Schlüsselzielen gehören unter anderem die Unterstützung einer marktwirtschaftlichen Entwicklung in allen Regionen des Landes, die Schaffung der notwendigen Voraussetzungen für ein anhaltendes und selbsttragendes Wachstum in den Regionen, die Reduzierung der Differenzen zwischen Budapest und den verbleibenden Landesteilen bzw. zwischen stark und weniger stark entwickelten Regionen, aber auch die Begünstigung von regionalen und lokalen Initiativen im Einklang mit nationalen Entwicklungszielen. Damit stellt dieses Gesetz einen entscheidenden Fortschritt für die Regionalpolitik Ungarns dar und, noch wichtiger, wurde es unabhängig von den EU-Beitrittsverhandlungen und dem damit verbundenen Anpassungsdruck an EU-Recht geschaffen. Dennoch ist eine starke Anlehnung an das Regelwerk der EU-Regionalpolitik festzustellen. Sowohl westeuropäische Erfahrungen auf diesem Gebiet als auch die wesentlichen Grundprinzipien europäischer Strukturpolitik wie Dezentralisierung, Subsidiarität, Partnerschaft, Programmierung, Additionalität, Transparenz und Konzentration wurden bei der Gesetzesgestaltung berücksichtigt. Positiv hervorzuheben ist, daß das Gesetz die Aufgaben- und Kompetenzbereiche des Parlaments, der Regierung sowie der regionalen Organisationen klar definiert und abgrenzt, darüber hinaus mit dem Ziel der stärkeren räumlichen Kohäsion innerhalb des Landes eine klare ökonomische Entwicklungsperspektive vermittelt. Das „Nationale Regionalentwicklungskonzept", welches im Jahr 1998 durch das Parlament verabschiedet wurde, kompensiert zu einem gewissen Grade das Fehlen einer regionalpolitischen Hauptstrategie, bestimmt es doch in einer weitaus konkreteren Form als das Gesetz von 1996 die Grundprinzipien, Richtlinien und Ziele ungarischer Regionalentwicklungspolitik. Dieses Konzept soll richtungsweisend für sämtliche staatliche und nichtstaatliche Aktivitäten auf dem Gebiet der zukünftigen Regionalentwicklung sein.

Trotz dieser positiven Entwicklung existieren immer noch Probleme im Hinblick auf die Koordinationsmechanismen zwischen den beteiligten Akteuren, aber auch in bezug auf die politische Beteiligung der noch immer schwachen Ebene der Regionen. Im Gegensatz zu Polen erfolgte in Ungarn keine Territorialreform, die bestehenden neunzehn Komitate plus Budapest werden lediglich zu sogenannten statistischen Planungsregionen zusammengefaßt. Während die Komitate durch das Gesetz von 1996 in regionalpolitischer Hinsicht gestärkt wurden, besteht eine regionalpolitische Zusammenarbeit zwischen den Komitaten auf regionaler Ebene nur auf freiwilliger Basis[211]. Da auf nationaler Ebene verschiedene Ministerien über regionalpolitische Kompetenzen verfügen und sich die interministerielle Budgetkoordinierung oftmals als ineffizient erweist, bleiben sektorale Interessen häufig noch dominant. Die Ausgangslage Ungarns unterscheidet sich von der polnischen Situation deutlich. Während die ungarische Regierung bereits frühzeitig die wesentlichen regionalpolitischen Ziele und Prioritäten definierte, befindet sich die polnische Regierung noch immer in der Konzeptionierungsphase[212].

Tschechische Republik

In der Tschechischen Republik fanden regionalpolitische Fragestellungen während der ersten Transformationsjahre, insbesondere unter der Regierung von

---

211 Im Jahr 1999 erfolgte jedoch eine Ergänzung des Gesetzes von 1996, die insbesondere die Rolle der Regionalen Entwicklungsräte definierte und letztlich stärkte.

212 Vgl. Bachtler/Downes (1998), 85ff.; Horvath (1999), S. 12ff.; Horvath (2000), S. 13ff.; Rave (1999), S. 18ff.; Brusis (1999), S. 7ff.

Vaclav Klaus zwischen 1992 und 1996, keinerlei Berücksichtigung bei der Formulierung wirtschaftspolitischer Strategien.

Eine interregionale Umverteilungspolitik mit dem Ziel, Allokationen des Marktes hinsichtlich der Produktionsfaktoren zu verändern, widersprach dem Konzept neoliberaler Wirtschaftspolitik, welches von der Klaus-Regierung vertreten wurde. Bereits zu Beginn der Regierungszeit wurden die „Prinzipien einer regionalen Wirtschaftspolitik" verabschiedet, die als wesentliche regionalpolitische Priorität die Unterstützung von Regionen mit hoher Arbeitslosigkeit hervorhoben. Diesem Prinzip folgend initiierte die tschechische Regierung einige Programme geringen finanziellen Umfangs, die auf die Unterstützung unternehmerischer Aktivitäten sowie des infrastrukturellen Ausbaus in solchen Regionen abzielten. Jedoch blieben dieses vereinzelte regionalpolitische Maßnahmen, die nicht Bestandteil eines umfassenden regionalpolitischen Konzepts waren. Entsprechend dem neoliberalen Denken wurde eine Konzentration der Kompetenzen auf nationaler Ebene angestrebt und eine Stärkung der Regionen im Sinne selbstverwalteter Einheiten von der Regierung Klaus nicht gewollt.

Sowohl der politische Machtwechsel und damit die Abkehr vom Neoliberalismus als auch die wachsende Arbeitslosigkeit als Folge wirtschaftlicher Stagnation in den Jahren 1997 und 1998 und verspäteter Restrukturierung führten zu einem veränderten regionalpolitischen Klima in der Tschechischen Republik. Die sozialdemokratische Minderheitsregierung deklarierte Regionalpolitik als eine der wesentlichen Prioritäten ihres wirtschaftspolitischen Programms und schuf eigens ein neues Ministerium für Regionalentwicklung, Wohnungsmarktpolitik und Tourismus. Offensichtlich wurden aber wichtige Schritte im Hinblick auf die Schaffung von konzeptionellen sowie gesetzlichen Grundlagen erst auf Druck der Europäischen Union im Rahmen der Beitrittsverhandlungen eingeleitet. So verabschiedete die Regierung im April 1998 eine Entscheidung zu den Prinzipien der tschechischen Regionalpolitik, welche in erster Linie die Anpassung des tschechischen Ansatzes an die Prinzipien europäischer Strukturpolitik beabsichtigte. Dementsprechend wurden auch die drei Hauptziele formuliert: ausgewogene und harmonische Regionalentwicklung, Abbau von interregionalen Entwicklungsunterschieden sowie die Aktivierung des wirtschaftlichen Potentials der Regionen. Auf der Grundlage dieser Regierungsentscheidung wurde im Jahr 1999 ein „Gesetz zur Unterstützung regionaler Entwicklung" entworfen, welches die gesetzliche Basis für alle regionalpolitischen Aktivitäten in der Tschechischen Republik bilden und die grundlegenden Aufgaben und Regeln regionaler Entwicklungspolitik sowie die entsprechenden institutionellen Strukturen spezifizieren soll[213]. Mit regionalpolitischen Kompetenzen sind neben dem Ministerium für Regional-

[213] Dieses Gesetz war zum Zeitpunkt der Erstellung der vorliegenden Arbeit noch nicht in Kraft.

entwicklung auch weitere Ministerien betraut, z.B. das Ministerium für Landwirtschaft sowie das Ministerium für Arbeit und Soziales[214].

Analog zur Entwicklung in Polen, führte erst der Druck zur Anpassung an die EU-Gesetzgebung dazu, daß sich die tschechische Regierung mit Fragen regionaler Entwicklungspolitik befaßte und daher noch immer in der Konzeptionierungsphase befindet. Als Folge dessen läuft der Regionalentwicklungsplan der Tschechischen Republik ebenso wie derjenige Polens Gefahr, weniger landesspezifische Anforderungen, die sich insbesondere vor dem Transformationshintergrund ergeben, zu berücksichtigen und sich gegebenenfalls zu stark an den Förderkriterien des EU-Strukturfonds zu orientieren. Außerdem existieren ähnliche Koordinationsprobleme zwischen den Ministerien, wie sie bereits für Ungarn festgestellt wurden. So wird die koordinierende Funktion des Ministeriums für Regionalentwicklung dadurch erheblich eingeschränkt, daß nur sehr begrenzte finanzielle und institutionelle Ressourcen zur Durchführung regionalpolitischer Maßnahmen zur Verfügung stehen mit der Folge, daß auch weiterhin die Sektoralministerien bei der Beantwortung regionalpolitischer Fragestellungen eine dominante Rolle spielen. Darüber hinaus hindert das Nichtvorhandensein regionaler Selbstverwaltungen und damit das Fehlen eigener regionaler, vor allem finanzieller, Ressourcen die Durchführung von Entwicklungsmaßnahmen durch die betreffenden Regionen selbst.

7.1.2 Regionalpolitische Prioritäten und Zielgebiete der drei Visegràdländer im Vergleich

Polen, Ungarn und die Tschechische Republik haben im Jahr 2000 ihre wesentlichen regionalpolitischen Prioritäten bis zum EU-Beitritt in den sogenannten „Vorläufigen Nationalen Entwicklungsplänen" festgelegt. Hierbei handelt es sich in allen drei Ländern um die bislang einzigen Dokumente, die in weitaus detaillierterer Form als die entsprechenden Gesetze sowohl die grundsätzliche regionalpolitische Strategie als auch die Entwicklungsprioritäten für die Jahre bis zum EU-Beitritt definieren. Die „Vorläufigen Nationalen Entwicklungspläne" stehen in engem Zusammenhang mit der EU-gesteuerten Vorbereitung auf die Teilnahme an den Europäischen Strukturfonds, stellen sie doch die wesentliche Voraussetzung für die Erstellung der späteren „Gemeinschaftlichen Förderkonzepte" dar, in denen die Strategien und Prioritäten für Aktionen des Europäischen Strukturfonds und des entsprechenden Mitgliedsstaates, dessen spezifische Ziele, die Beteiligung des EU-Strukturfonds an den jeweiligen Aktionen sowie die übrigen Finanzmittel angegeben sind.

---

214 Vgl. Bachtler/Downes (1998), S. 39f.; Brusis (1999), S. 7ff.; OECD (1996), S. 156ff.; Blazek/Boeckhout (2000), S. 3ff.; Cervený/Andrle (2000), S. 14.

Polen

Regionalpolitische Maßnahmen werden in Polen in den nächsten Jahren mit dem übergeordneten Zielkomplex durchgeführt, die Wettbewerbsfähigkeit der polnischen Wirtschaft zu stärken sowie den Lebensstandard im Hinblick auf den EU-Beitritt zu verbessern. Bei der Zielerreichung sollen regionalpolitische Aktivitäten in sechs prioritären Feldern erfolgen:

- *Modernisierung und strukturelle Anpassung des Industrie- und Dienstleistungssektors:*
  - ↳ beschleunigte Restrukturierung der drei Problembranchen der verarbeitenden Industrie (Kohlebergbau, Stahlindustrie und Waffenindustrie), Förderung kleiner und mittelständischer Unternehmen, erhöhte Investitionen in den Bereichen Bildung sowie Forschung und Entwicklung
- *Strukturelle Anpassung des Agrarsektors sowie Entwicklung ländlicher Gebiete:*
  - ↳ gezielte Verbesserung der öffentlichen Infrastruktur in ländlichen Gemeinden und Kleinstädten, Schaffung alternativer bzw. zusätzlicher Arbeitsmöglichkeiten für Landarbeiter, Modernisierungsinvestitionen in landwirtschaftlichen Produktionsbetrieben
- *Modernisierung und Erweiterung des Transportnetzes:*
  - ↳ Ausbau und Modernisierung von Straßen- und Eisenbahnnetz, Verbesserung des Zugangs zu polnischen Häfen, Ausbau der nationalen Flughäfen
- *Verbesserung der Umweltsituation:*
  - ↳ Verbesserung von Wasser- und Luftqualität, Verbesserung der Müllverarbeitung
- *Entwicklung von Humanressourcen und Verbesserung der Beschäftigungssituation:*
  - ↳ Reform des polnischen Bildungssystems, Entwicklung eines Systems für Berufsausbildung sowie Umschulung, Verbesserung der institutionellen Dienstleistungen des Arbeitsmarktes, Weiterbildung des Personals der nationalen und lokalen Verwaltungen
- *Stärkung des regionalen Entwicklungspotentials sowie Verhinderung des wirtschaftlichen Zurückfallens peripherer Gebiete:*
  - ↳ Infrastrukturinvestitionen, Unterstützung kleiner und mittelständischer Unternehmen, Unterstützung von Technologiezentren und –parks sowie Forschungseinrichtungen, Tourismusförderung, Unterstützung von Berufsausbildung, verstärkte Durchführung von Umschulungen und Weiterbildungsmaßnahmen, Weiterbildung des Verwaltungspersonals auf

dem Gebiet regionaler Förderung, Unterstützung landwirtschaftlicher Gebiete sowie Durchführung von Revitalisierungsmaßnahmen in Städten, die ihre ökonomische Basis verloren haben, Anstoß und Intensivierung grenzüberschreitender Kooperationen zwischen den Regionen[215].

Dabei sollen regionalpolitische Anstrengungen innerhalb Polens insbesondere in folgenden Regionentypen unternommen werden, wobei jedoch eine Quantifizierung der Förderkriterien im „Vorläufigen Nationalen Entwicklungsplan" noch nicht näher spezifiziert wurde:

- *Altindustrieregionen*, die einer umfassenden Restrukturierung ihrer sektoralen Wirtschaftsstrukturen gegenüberstehen
- *Landwirtschaftsregionen*, die durch chronische Rezession gekennzeichnet sind und in denen bis Anfang der neunziger Jahre ineffiziente Staatsfarmen dominierten
- *Unterentwickelte ländliche Regionen*
- *Industriell monostrukturierte Städte* und Subregionen, deren Arbeitsmärkte unter dem Kollaps der ehemals dominierenden Großbetriebe leiden
- *Regionen an den westlichen und östlichen Landesgrenzen*[216].

Ungarn

Die regionalpolitische Strategie Ungarns konzentriert sich auf folgende vier Schlüsselziele:

- Verbesserung der Wettbewerbsfähigkeit der ungarischen Wirtschaft
- Verbesserung der Lebensqualität
- Ausgewogene Territorialentwicklung mit besonderem Augenmerk auf den ökonomischen Ausgleich zwischen West- und Ostungarn
- Institutionenbildung im Hinblick auf die Teilnahme an den EU-Politiken

Das ungarische Konzept zeigt zwei inhaltliche Prioritätenbereiche auf, innerhalb derer in den kommenden Jahren regionalpolitische Maßnahmen erfolgen sollen:

- *Lokale Wirtschaftsentwicklung:*
    - ↳ Stärkung unternehmerischer Netzwerke kleiner und mittelständischer Unternehmen, verbesserter Zugang für kleine und mittelständische Unternehmen zu Informationen im Bereich des EU-Binnenmarktes, Entwicklung von Unternehmenskultur durch Einführung moderner Ge-

[215] Vgl. Polish Ministry of Economy (1999), S. 23ff.
[216] Vgl. Polish Ministry of Economy (1999), S. 48ff.

schäftspraktiken, Produktionstechniken und eines zeitgemäßen Serviceangebots, Entwicklung einer regionalen Tourismusbranche mit Fokus auf Gesundheits- und Aktivurlaub sowie Konferenztourismus, Stärkung der Zusammenarbeit von Forschungsinstitutionen und kleinen und mittelständischen Unternehmen, Entwicklung einer unternehmensbezogenen Infrastruktur mit Industrieparks, Logistikzentren, Inkubatoren sowie Innovationszentren

- *Entwicklung der Humanressourcen:*

  ↳ Modernisierung des Berufsausbildungssystems incl. Berufsberatung, verbesserter Zugang zu Schul- und Berufsausbildung für sozial benachteiligte Gruppen (z.B. Roma), Erhöhung der Studentenzahlen insbesondere in strukturschwachen Regionen, Subventionierung der anfallenden Reisekosten bei Pendlern, Kreditierung zinsfreier Existenzgründerdarlehen, Gewährung von Zuschüssen für unternehmensinterne Weiterbildungen und Sprachkurse sowie für die Durchführung von und Teilnahme an Managementkursen[217].

Die Auswahl der Zielgebiete ungarischer Regionalpolitik orientiert sich stark an den Prinzipien der Europäischen Union, wobei darüber hinaus landesspezifische Erfordernisse bei der Festlegung berücksichtigt werden. Das Entwicklungsniveau der jeweiligen Regionen wird anhand eines komplexen Indikatorensystems quantitativ ermittelt. Nur solche Regionen, deren Indikatorwerte beträchtlich unter dem nationalen Durchschnitt liegen, profitieren künftig von regionalpolitischen Maßnahmen und gehören zu den vier folgenden Hauptfördertypen:

- *Sozio-ökonomisch unterentwickelte Regionen,* deren Indikatorwerte allesamt unter dem nationalen Durchschnitt liegen
- *Altindustrieregionen,* die von Restrukturierung und industriellem Rückgang betroffen sind und sich durch eine doppelt so hohe Zahl der Industriebeschäftigten gegenüber dem nationalen Mittelwert, einen Rückgang des Industriebeschäftigungsanteils an der regionalen Gesamtbeschäftigung sowie überdurchschnittlich hohe Arbeitslosenraten auszeichnen
- *Unterentwickelte ländliche Gebiete* mit einem Verhältnis zwischen urbaner und ruraler Bevölkerung, welches niedriger ausfällt als der Landesdurchschnitt, die darüber hinaus einen überdurchschnittlich hohen Anteil aktiver Landarbeiter, ein Personeneinkommensteueraufkommen von weniger als 75% des nationalen Mittels sowie eine Arbeitslosenquote, die 133% des Landesdurchschnittes übersteigt, aufweisen

217 Vgl. Hungarian Ministry of Economy (2000), S. 42ff.

- *Regionen mit hoher Langzeitarbeitslosigkeit*, die den nationalen Durchschnitt um mehr als ein Drittel übersteigt[218]

Tschechische Republik

Das strategische Ziel tschechischer regionaler Wirtschaftspolitik besteht in den kommenden Jahren darin, das nationale Pro-Kopf-Einkommen bis zu einem Niveau von rund 75% des EU-Mittelwertes zu steigern, die Verstärkung interregionaler Disparitäten zu verhindern sowie den Zustand der Umwelt signifikant zu verbessern. Dabei konzentriert sich die tschechische Regionalpolitik auf sechs prioritäre Entwicklungsziele:

- *Forcierung der Herausbildung ökonomischer Basen und Stärkung von deren Wettbewerbsfähigkeit in den Regionen:*
  - ↳ Qualitative Verbesserung des unternehmerischen Umfeldes sowie Stimulierung von Unternehmensentwicklungen in den Regionen, Unterstützung von regionalen Wissenschafts-, Forschungs- und Entwicklungseinrichtungen, Unterstützung kleiner und mittelständischer Betriebe, Entwicklung einer regionalen Tourismusindustrie, technische und wirtschaftliche Assistenz regionaler Betriebe, effiziente Energienutzung durch Industrieunternehmen
- *Entwicklung technischer Infrastruktur in den Regionen:*
  - ↳ Modernisierung sowie Ausbau der Transportinfrastruktur, Verbesserung des Zugangs der Regionen zu Transportwegen, Reduzierung negativer Umwelteffekte des Transports, Ausbau der technischen Infrastruktur in den Gemeinden und Städten
- *Entwicklung der Humanressourcen in den Regionen:*
  - ↳ Schaffung eines Konzeptes des lebenslangen Lernens, Verbesserung der Qualifikation der Arbeitskräfte im Hinblick auf die Erfordernisse des Arbeitsmarktes, Optimierung des Gesundheitswesens, Reform der öffentlichen Verwaltung
- *Verbesserung der regionalen Umwelt:*
  - ↳ Durchführung von Wasser-, Luft- und Klimaschutzmaßnahmen, verstärkte Herausbildung eines Umweltbewußtseins bei der regionalen Bevölkerung, Entwicklung moderner Müllentsorgungskonzepte

---

[218] Vgl. Horvath (2000), S. 11f.

- *Entwicklung des ländlichen Raums sowie Herausbildung einer multifunktionellen Landwirtschaft:*
  - ↳ Nachhaltige Entwicklung ländlicher Gebiete, Diversifizierung landwirtschaftlicher Aktivitäten, Verbesserung der Wettbewerbsfähigkeit von Land- und Forstwirtschaft sowie im Bereich Wasserversorgung
- *Regionalspezifische Prioritäten:*
  - ↳ Ausbau und Modernisierung der Transportinfrastruktur sowie Verbesserung des regionalen Zugangs zum tschechischen Transportnetzwerk in allen acht Regionen; Unterstützung sämtlicher unternehmerischer Aktivitäten, insbesondere kleiner und mittelständischer Unternehmen in Nordböhmen und Nordmähren, Tourismusentwicklung in Süd- und Nordböhmen, Wiederbelebung und Entwicklung ländlicher Gebiete in Süd- und Nordböhmen[219]

Die Tschechische Republik unterscheidet zwei wesentliche regionalpolitische Zielgebiete, deren Entwicklungsniveaus ebenfalls auf der Grundlage eines Indikatorensystems quantifiziert und den nationalen Durchschnittswerten gegenübergestellt werden:

- *Strukturell betroffene Regionen*, die insbesondere durch eine Konzentration der Bergbauindustrie in Verbindung mit deutlich überdurchschnittlicher Arbeitslosigkeit und starker Umweltverschmutzung charakterisiert sind und die über einen überdurchschnittlichen Beschäftigtenanteil in der Industrie, eine überdurchschnittlich hohe Arbeitslosenquote sowie über eine unterdurchschnittliche Unternehmerdichte verfügen
- *Wirtschaftlich schwach entwickelte Regionen*, die durch den Agrarsektor geprägt sind sowie eine überdurchschnittliche Arbeitslosenquote und einen überdurchschnittlichen Beschäftigtenanteil in der Landwirtschaft, jeweils unterdurchschnittliche Pro-Kopf-Steuer-Einnahmen, Durchschnittslöhne und Bevölkerungsdichte aufweisen[220]

Hinsichtlich der inhaltlichen Prioritäten gibt es weitreichende Gemeinsamkeiten zwischen den drei Ländern, insbesondere die polnische und ungarische Strategie stimmen in ihren Entwicklungszielen weitgehend überein. Polen und die Tschechische Republik benennen sechs maßgebliche Felder mit Fokus auf die Unterstützung des industriellen Sektors, insbesondere von Problembranchen sowie kleinen und mittelständischen Unternehmen, auf die strukturelle Anpassung des ländlichen Raumes, auf die Entwicklung der Transportinfrastruktur, die Verbesserung der Umwelt sowie die Entwicklung der regionalen Humanressourcen.

---

[219] Vgl. Czech Ministry of Economy (2000), S. 64ff.
[220] Vgl. Hrich/Larischová (1999), S. 52f.

Zusätzlich bestimmen sowohl Polen als auch die Tschechische Republik ein regionenspezifisches Einsatzfeld, in dem die besonderen Bedürfnisse einzelner Regionen zusammengefaßt werden. Im Gegensatz dazu sieht das ungarische Konzept mit der lokalen Wirtschaftsentwicklung, die ebenfalls auf die Herausbildung wettbewerbsfähiger Unternehmensstrukturen abzielt, sowie der Entwicklung regionaler Humanressourcen nur zwei prioritäre regionalpolitische Einsatzfelder vor. Trotz der unterschiedlichen Prioritätenanzahl gibt es hinsichtlich der Subziele zwischen den drei regionalpolitischen Strategien deutliche Gemeinsamkeiten. Dabei wird vor allem die inhaltliche Orientierung der drei Konzepte an den klassischen förderfähigen Maßnahmen der EU offensichtlich, die insbesondere regionalpolitische Anstrengungen in den Bereichen Transportinfrastruktur, Entwicklung der Humanressourcen und Bekämpfung von Arbeitslosigkeit, Unterstützung kleiner und mittlerer Unternehmen sowie Hilfen für den ländlichen Raum umfassen. Ebenso erfolgt auch die Auswahl der Zielregionen mit einer deutlichen Orientierung an EU-Kriterien, sowohl hinsichtlich der Vorgehensweise über ein Indikatorensystem zur Identifizierung förderungsbedürftiger Regionen als auch der Typisierung der Regionen. So entsprechen die Regionentypen weitgehend den drei regionalpolitischen Zielgebieten der EU, zu denen Regionen mit deutlichem Entwicklungsrückstand (Ziel 1-Regionen), ländliche und Industrieregionen mit strukturellen Schwierigkeiten (Ziel 2-Regionen) sowie Regionen mit überdurchschnittlichen Arbeitslosenquoten (Ziel 3-Regionen) gehören[221].

7.2 Kritische Beurteilung der regionalpolitischen Prioritäten und Zielgebiete vor dem Hintergrund der empirischen Untersuchungsergebnisse

Die in Abschnitt 7.1 dargelegten regionalpolitischen Prioritäten der drei Visegrádländer werden im folgenden den Ergebnissen der empirischen Untersuchung strategischer Regionalentwicklungsfaktoren gegenübergestellt[222]. Besonderes Augenmerk gilt dabei erstens der Fragestellung, inwiefern die sich als statistisch signifikant erwiesenen Faktoren in den entsprechenden Konzepten Berücksichtigung finden. Zweitens werden regionalpolitische Handlungsempfehlungen für die Phase bis zum EU-Beitritt abgeleitet, welche die transformationsspezifische Situation der Länder, insbesondere die daraus resultierend begrenzten Finanzmittel für wirtschaftspolitische Maßnahmen in den Regionen, in Rechnung stellen.

Regionale Wohnbevölkerung als Träger des regionalen Arbeitskräftepotentials

Die regionale Wohnbevölkerung als Träger des regionalen Arbeitskräftepotentials übt einen statistisch signifikanten Einfluß auf das wirtschaftliche Entwicklungsniveau einer Region aus, wie die Regressionsanalyse mittels des Indikators regio-

---

221 Vgl. Europäische Kommission (1999), S. 5ff.

222 Vgl. hierzu Kapitel 6, S. 177ff.

nale Erwerbsquote belegt. Die theoretisch prognostizierte positive Wirkungsrichtung konnte empirisch nachgewiesen werden, d.h. um so höher die Erwerbsquote innerhalb einer Region, desto höher fällt auch deren Pro-Kopf-Einkommen aus.

Die regionalpolitischen Bestrebungen der drei Visegràdstaaten zielen zum großen Teil darauf ab, insbesondere in Regionen mit überdurchschnittlich hoher Arbeitslosigkeit neue Arbeitsplätze zu schaffen und somit die regionale Erwerbstätigkeit zu erhöhen. Grundsätzlich ist dieser Strategie aus empirischer Sicht zuzustimmen. Insgesamt sind Maßnahmen, die der Aus- und Weiterbildung sowie Umschulung gering oder einseitig qualifizierter Arbeitskräfte dienen, ohne spezielle geographische Einschränkung zu empfehlen. Diese Schlußfolgerung wird durch eine empirische Arbeitsmarktanalyse von Góra/Sztanderska (1998) gestützt, die für den Fall der polnischen Woiwodschaften zeigen, daß „Outflows" aus der Arbeitslosigkeit in ein Beschäftigungsverhältnis weniger durch den regionalen Wohnort der Arbeitskräfte, sondern durch deren Bildung und Alter beeinflußt wird[223]. Das Ziel oben genannter Maßnahmen sollte demnach vordergründig darin bestehen, Arbeitslosigkeit und vor allem Langzeitarbeitslosigkeit abzubauen, unabhängig davon, ob die umgeschulten Arbeitskräfte anschließend in der Region selbst oder in anderen Regionen eine Erwerbstätigkeit aufnehmen. Insbesondere in ländlich geprägten Regionen kann eine bessere Qualifikation die Mobilität der Arbeitskräfte in Form von Pendlerbewegungen oder auch Abwanderungen beträchtlich erhöhen. Mittelfristig muß hierin der Ansatzpunkt für den nachhaltigen Abbau von Arbeitslosigkeit in besonders benachteiligten Regionen gesehen werden. Denn es ist vergleichsweise unrealistisch, beispielsweise in den Regionen Ostpolens vor dem Hintergrund schlecht ausgestatteter Infrastruktur, alternder Bevölkerung, einseitig und gering qualifizierter Arbeitskräfte und einer ausgeprägt peripheren Lage wesentliche Initialzündungen aufgrund öffentlicher Investitionen zu erwarten. Auch die Politik der Sonderwirtschaftszonen war in den ostpolnischen Woiwodschaften, z.B. in dem rein landwirtschaftlich geprägten Suwalskie, weitgehend erfolglos, anstatt der erwarteten internationalen Investitionen konnte diese Sonderwirtschaftszone lediglich lokale Kleinunternehmen anziehen und schuf somit nur Arbeitsplätze im zweistelligen Bereich. Die EU-Vergangenheit bestätigt diese Argumentation: Trotz massiver Strukturfördermaßnahmen über Jahrzehnte gehören der italienische Mezzogiorno sowie weite Teile Griechenlands noch immer zu den strukturschwächsten Gebieten der Europäischen Union.

Humankapital

Anhand des Indikators Dichte der nach Bildungskategorie gewichteten Schüler und Studenten wurde der Zusammenhang zwischen dem Humankapital einer Region und deren wirtschaftlichem Entwicklungsniveau empirisch als signifikant

223 Vgl. Góra/Sztanderska (1998), S. 13f.

nachgewiesen. Das Ergebnis bestätigte den theoretisch abgeleiteten positiven Wirkungszusammenhang, d.h. je höher die Konzentration höher qualifizierter Bevölkerung innerhalb einer Region, um so höher ist auch deren Pro-Kopf-Einkommen.

Dieses Resultat wird von den regionalpolitischen Konzepten aller drei Visegràdstaaten berücksichtigt, indem die Förderung der Humanressourcen als wesentliche regionalpolitische Priorität eingestuft wurde. Diese Priorität ist in enger Verbindung mit den bereits diskutierten Maßnahmen zur Schaffung von Arbeitsplätzen zu sehen. Zur Verbesserung ihrer Humanressourcen sehen die drei Länder vielfältige Maßnahmen vor. Im Fokus regionalpolitischen Handelns werden insbesondere die Reformierung der jeweiligen Bildungssysteme sowie die Entwicklung und Modernisierung der Berufsausbildung stehen. Vor allem sozial benachteiligten Gruppen, z.B. den ungarischen Roma, soll ein verbesserter Zugang zu höherer Bildung ermöglicht werden. Aus empirischer Sicht sind die vorgesehenen Bildungsreformen zu empfehlen. Darüber hinaus rechtfertigt die Tatsache, daß der Anteil der Hochschulabsolventen an der Bevölkerung im erwerbsfähigen Alter mit 11% in der Tschechischen Republik und in Polen sowie mit 15% in Ungarn weit unter dem EU-Durchschnitt von 21% liegt, solche Maßnahmen deutlich. Interregional treten insbesondere in Ungarn und der Tschechischen Republik Differenzen zwischen den Hauptstadtregionen, in denen knapp ein Viertel der erwerbsfähigen Bevölkerung höhere Bildungsabschlüsse vorweist, und allen anderen Regionen auf[224]. Vor dem Hintergrund knapper Finanzmittel ist bei der Implementierung regionalpolitischer Aus- und Weiterbildungsmaßnahmen neben der inhaltlichen Ausrichtung wiederum die geographische Auswahl der Fördergebiete entscheidend. Da in den meisten Regionen der drei Länder offenbar ein deutliches Defizit im Bereich der Hochschulabsolventen besteht, muß regionalpolitisches Handeln in diesen Regionen den Ausbau bestehender universitärer Standorte hervorheben. Dem Beispiel des Budapester Infoparks[225] folgend können Technologieparks oder –inkubatoren in Zusammenarbeit mit ansässigen Forschungseinrichtungen Arbeitsplätze für höher Qualifizierte schaffen und die entsprechende Standortattraktivität für Hochschulabsolventen und Unternehmen gleichermaßen fördern. Nicht jede Region erfüllt die Anforderungen für den Aufbau eines Technologie- und Gründerzentrums. Während sich in stark urbanisierten Regionen, die insgesamt über eine höhere ökonomische Leistungsfähigkeit, aber auch über die entsprechende Basisinfrastruktur sowie ausreichend qualifizierte Fachkräfte verfügen, in der Regel gute Startvoraussetzungen finden, sind von einer Ansiedlung von Hochschulen in Verbindung mit Technologiezentren „auf der grünen Wiese“ kaum Wachstums- und Beschäftigungsimpulse zu erwarten. So erweisen sich beispielsweise in Nordrhein-Westfalen gerade die Techno-

224 Vgl. European Commission (2000 forthcoming), Second Cohesion Report, Brussels.
225 Vgl. o.V. (2001a), S. 148ff.

logiezentren als unrentabel und wenig strukturwirksam, die der gezielten Förderung strukturschwacher Regionen dienen[226].

Transportinfrastruktur und Verfügbarkeit von PKW

Der theoretisch prognostizierte positive Wirkungszusammenhang zwischen der Transportinfrastruktur einer Region und ihrer Wirtschaftsentwicklung konnte empirisch belegt werden, d.h. eine Region wird ein um so höheres Pro-Kopf-Einkommen aufweisen, je entwickelter deren Transportinfrastruktur ist. Im Rahmen der Regressionsanalyse wurde dieser Faktor stellvertretend für alle Transportkategorien anhand des Indikators Auslastung und Dichte des regionalen Straßennetzes abgebildet. Darüber hinaus erwies sich auch der positive Zusammenhang zwischen der regionalen Verfügbarkeit von Personenkraftwagen und dem entsprechenden Pro-Kopf-Einkommen als signifikant.

Aufbauend auf diesem Zusammenhang räumen insbesondere das polnische und das tschechische Konzept dem Ausbau und der Modernisierung des gesamten Transportnetzes, d.h. neben der Straßeninfrastruktur auch des Eisenbahnnetzes, des Flugverkehrs und der Binnenschiffahrt flächendeckend eine besondere Priorität ein. Dies auch vor dem Hintergrund zu sehen, daß die drei EU-Beitrittskandidaten in diesem regionalpolitischen Feld bereits durch Mittelzuweisungen im Rahmen von ISPA, einem eigens für die EU-Heranführung der Länder eingerichteten strukturpolitischen Fonds, profitieren, so daß die deutlich von der europäischen Förderpolitik bestimmte Prioritätensetzung der Länder wenig verwunderlich ist. Für den Erfolg dieser Maßnahmen dürfte hierbei die geographische Auswahl der Projekte entscheidend sein, so sollten sich die Länder basierend auf einer Strategie der konzentrischen Kreise zunächst auf die Einbindung ihrer Zentren in europäische Transportstrukturen, auf den Ausbau grenzüberschreitender Transportwege und auf die Anbindung untergeordneter urbaner Zentren an die wesentlichen Agglomerationen konzentrieren, bevor mit einer entsprechenden Erweiterung dieser Infrastrukturkategorie in bevölkerungsarmen und strukturschwachen Gebieten begonnen wird. Ein effizienter Mitteleinsatz macht erforderlich, daß mit einer gegebenen Investitionsssumme auch die maximale Bevölkerungszahl erreicht wird. Aus diesem Grunde ist empfehlenswert, daß die transportmäßige Verflechtung der Agglomerationszentren mit deren Umland an erster Stelle steht, da damit die Mobilität der Arbeitskräfte verbessert und regionale Arbeitsmarktprobleme (z.B. der Mangel an qualifizierten Arbeitskräften in den Hauptstädten) teilweise gelöst werden können. Dies wird auch durch die Erfahrungen der Europäischen Union bekräftigt: Mit dem verbesserten Zugang zum Süden Italiens durch enorme Investitionen in die Transportinfrastruktur gingen letztlich Kontereffekte für den produktiven Sektor einher. So war es nun den wesentlich wettbe-

[226] Vgl. Benzler/Wink (2000), S. 427, Feldmann (2000), S. 165ff.

werbsfähigeren Unternehmen aus Norditalien möglich, die süditalienischen Märkte besser zu erschließen[227].

Neben der Bevölkerungszahl selbst sollte auch die Verfügbarkeit von Personenkraftwagen pro Kopf bei der geographischen Auswahl ein entscheidender Indikator sein, um Mißerfolge wie in der portugiesischen Region Norte, die das Agglomerationszentrum Porto umfaßt, zu vermeiden. Dort erfolgte ein umfassender Ausbau der Straßeninfrastruktur mit modernen Autobahnen und Stadtringsystemen bis weit ins Hinterland, die jedoch aufgrund der allzu geringen Verfügbarkeit von Kraftfahrzeugen bei weitem nicht ausgelastet sind[228].

Telekommunikationsinfrastruktur

Für die Telekommunikationsinfrastruktur wurde theoretisch ein positiver Einfluß auf das ökonomische Entwicklungsniveau einer Region vorhergesagt, welcher sich im Rahmen der empirischen Analyse anhand des Indikators Telefonanschlüsse pro Einwohner für die Regionen der drei Visegràdstaaten jedoch als nicht statistisch signifikant herausstellte.

Dennoch schreiben alle drei Länder dieser Infrastrukturkategorie als Teil der technischen Infrastruktur, insbesondere für den ländlichen Raum, eine maßgebliche Bedeutung zu. Dieser Faktor darf trotz des fehlenden empirischen Nachweises gerade vor dem Hintergrund der wachsenden Anzahl von Unternehmensverflechtungen, Filialsystemen und moderner Vertriebswege z.B. im Bereich des Electronic Business in einem regionalpolitischen Konzept nicht außer acht gelassen werden. Allerdings sollte beim Ausbau der Telekommunikations- und Datennetze eine geographische Differenzierung in Abhängigkeit von der gegebenen oder zu erwartenden Nutzerdichte erfolgen. Hierbei bieten sich insbesondere Investitionen innerhalb urbaner Zentren, insbesondere in Universitätsstädten, die Standorte für Technologieparks bilden können, als wesentliche Komponente regionalpolitischer Anstrengungen an. Im Gegensatz zur Transportinfrastruktur sind zur Kommunikationsinfrastruktur alternative Lösungen gegeben, z.B. können in bevölkerungsarmen Regionen die Funktionen der fehlenden Festnetzanschlüsse durch Mobilnetzanschlüsse zumindest teilweise kompensiert werden. Wird der Ausbau der Telekommunikationsinfrastruktur als maßgeblicher Katalysator für die Entwicklung moderner Dienstleistungsbranchen, z.B. der Internetbranche, gesehen, dann ist diesem Argument der Mangel an entsprechend qualifizierten Arbeitskräften in solchen Regionen entgegenzusetzen, wodurch auch hier enge Interdependenzen zwischen mehreren regionalpolitischen Ansatzpunkten wie der Durchführung von Qualifizierungsmaßnahmen im Zusammenhang mit der Förderung von Arbeitnehmermobilität deutlich werden.

---

227 Vgl. Martin (1999), S. 164f.

228 Vgl. Biehl (1991), S. 9ff.

Gesundheitsinfrastruktur

Der Gesundheitsinfrastruktur wurde basierend auf den theoretischen Aussagen ein positiver, allerdings mittelbar über die Qualität der Arbeitskräfte wirkender Einfluß auf das wirtschaftliche Entwicklungsniveau einer Region bescheinigt. Dies belegte die Regressionsanalyse anhand des Indikators Dichte der Krankenhausbetten in statistisch signifikanter Weise. Demnach fällt das Pro-Kopf-Einkommen einer Region um so höher aus, je besser diese mit Krankenhausbetten ausgestattet ist.

Von den drei untersuchten Länder legt nur die Tschechische Republik im Zusammenhang mit der Entwicklung des Humankapitals die Optimierung des Gesundheitswesens als Priorität fest, jedoch nur mit untergeordnetem Rang. Sowohl Polen als auch Ungarn vernachlässigen in ihren regionalpolitischen Konzepten gesundheitspolitische Ansatzpunkte und fokussieren ihre Humankapitalstrategie lediglich auf die allgemeine Verbesserung des Ausbildungsstands der einheimischen Arbeitskräfte. Eine Erweiterung der regionalpolitischen Strategien beider Länder um die Verbesserung der Gesundheitssysteme ist generell zu empfehlen, insbesondere in Anbetracht des Phänomens sinkender Lebenserwartung in einigen Regionen der mitteleuropäischen Länder während der letzten zehn Jahre, was u.a. auch als Folge rückständiger und ineffizienter medizinischer Versorgung angesehen werden kann. Auch die Weltbank betont den Einfluß einer verbesserten Gesundheit auf das ökonomische Wachstum, der durch die Studie von Rivera/Currais (1999) empirisch nachgewiesen werden konnte[229]. Demnach lassen sich durch eine verbesserte Gesundheitsversorgung nicht nur Produktionsverluste reduzieren, eine bessere Lernfähigkeit der Schüler sicherstellen, sondern es können auch finanzielle Ressourcen für die sonst anfallenden Krankheitsbehandlungen für alternative Zwecke eingesetzt werden[230].

Wohnungsinfrastruktur

Der theoretisch vorhergesagte positive Einfluß der Wohnungsinfrastruktur auf das entsprechende Entwicklungsniveau ist im Rahmen der Regressionsanalyse anhand der Variable bevölkerungsbezogene Auslastung des regionalen Wohnungsbestands empirisch bewiesen worden. Das Pro-Kopf-Einkommen einer Region ist demnach um so höher, je größer das Verhältnis zwischen der Anzahl der regionalen Wohnungen mit höherwertigen Qualitätsmerkmalen und der regionalen Bevölkerung ausfällt.

Keines der drei Visegràdländer berücksichtigt den Faktor Wohnungsinfrastruktur im Rahmen seines regionalpolitischen Konzepts. Lediglich in der Tschechischen

---

229 Vgl. Rivera/Currais (1999), S. 761ff.

230 Vgl. World Bank (1993), S. 5ff.

Republik erfolgte eine institutionelle Vereinigung der Ressorts Regionalpolitik sowie Wohnungspolitik innerhalb eines Ministeriums, was jedoch ohne weiteren Einfluß auf die regionalpolitischen Prioritäten blieb. In Anbetracht der niedrigen interregionalen Mobilität der Arbeitskräfte, welche maßgeblich durch fehlende Wohnungsangebote in Regionen mit entspannten Arbeitsmärkten bedingt ist, ist das Außerachtlassen dieses empirisch nachgewiesenen strategischen Faktors regionaler Entwicklung um so mehr zu hinterfragen. So nimmt die Zahl der Wohnungsfertigstellungen seit dem politischen Umbruch in allen drei Ländern stetig ab und gleichzeitig die quantitative Wohnungsnot insbesondere in den Ballungszentren kontinuierlich zu, was dort vor allem auf die Zweckentfremdung von Wohnraum durch Unternehmen des sich ausdehnenden tertiären Sektors zurückzuführen ist. Sowohl der private Wohnungsneubau als auch der Neubau privater Mietwohnungen blieb während der gesamten neunziger Jahre verschwindend gering. Dies läßt sich hauptsächlich auf den Kapitalmangel privater Haushalte, die vergleichsweise geringe Mietzahlungsfähigkeit breiter Bevölkerungsschichten, fehlende staatliche Anreize sowie einen immer noch starken Mieterschutz zurückführen. Gleichzeitig geht der staatliche Anteil preisgünstiger Mietwohnungen aufgrund von Restitution und Privatisierung zurück. Insbesondere Ungarn vollzog eine forcierte Privatisierungspolitik ehemals kommunaler Wohnungsbestände in Verbindung mit weitreichenden Deregulierungen innerhalb des Wohnungssektors sowie einer Marginalisierung von staatlichen Mietwohnungen und somit des gesamten Mietwohnungsbestands mit der Folge, daß heute rund 95% aller Wohnungen Eigentümerwohnungen incl. Nutzung durch dieselben sind. Ein entsprechender privater Mietwohnungsmarkt konnte sich bislang nicht herausbilden. Hierin liegt das gravierende Problem, wodurch die interregionale Mobilität der Arbeitskräfte enorm geschwächt wird[231].

Aus empirischer Sicht ist ein integrierter Ansatz, der auch wohnungspolitische Aspekte aus regionalökonomischer Perspektive berücksichtigt, empfehlenswert. Im Fokus einer solchen Politik sollte insbesondere in Polen sowie der Tschechischen Republik, die im Gegensatz zu Ungarn noch über einen wesentlich höheren Anteil staatlich kontrollierter und somit wesentlich preisgünstigerer Mietwohnungen verfügen, die verstärkte Liberalisierung des Wohnungssektors stehen. Hierbei ist ein spezielles Augenmerk auf eine Änderung des Mietrechts zu legen, da trotz bereits erfolgter Beschneidung der Mieterrechte dem Mieterschutz in allen drei Ländern noch eine hohe Bedeutung zukommt. So ist beispielsweise im Falle einer Kündigung eine vergleichbare Ersatzwohnung durch den Vermieter zu beschaffen. Darüber hinaus wird vor allem in Polen und Ungarn das Interesse potentieller Investoren im Mietwohnungssektor immer noch durch staatliche Regulierungen eingeschränkt. Marktmieten und Mieterhöhungen können in beiden Ländern nur

[231] Vgl. Sailer-Fliege (1999), S. 75ff.; Kóvacs/Wießner (1999), S. 67ff.; Grime/Kovács/Duke (1999), S. 5ff.; Fóti (1997), S. 8.

für Neubauwohnungen frei vereinbart werden, deren Bau ohne jegliche staatliche Unterstützung erfolgte. In Anbetracht des enormen ungedeckten Wohnungbedarfs, der allein in Polen zwischen 1,5 und 2 Millionen Einheiten beträgt[232], sollten verstärkt staatliche Fördermaßnahmen für den privaten Wohnungsbau erfolgen. Diese können zum einen in der Unterstützung privaten Wohnungsneubaus zur Eigennutzung insbesondere durch Haushalte mittlerer Einkommensschichten und zum anderen in der Förderung des Mietwohnungsbaus durch Investoren bestehen. Aus geographischer Sicht bietet sich eine staatliche Wohnungsbauförderung vor allem in den wichtigen Agglomerationszentren und deren infrastrukturell angeschlossenem Umland an, da die dortigen Arbeitsmärkte noch immer absorptionsfähig für zuwandernde Arbeitskräfte aus wirtschaftlich schwachen Regionen sind.

Agglomeration

Der Zusammenhang zwischen dem strategischen Faktor Agglomeration sowie dem regionalen Pro-Kopf-Einkommen wurde anhand des Indikators gewichtete Bevölkerungsanteile unterschiedlicher Gemeindeklassen pro Region empirisch überprüft. Die Untersuchung konnte den theoretisch vorausgesagten positiven Einfluß des Faktors auf das wirtschaftliche Entwicklungsniveau einer Region als statistisch signifikant für die drei Visegràdstaaten bestätigen, d.h. je stärker die Konzentration von Bevölkerung und Wirtschaftssubjekten innerhalb einer Region ausgeprägt ist, um so höher ist auch deren Pro-Kopf-Einkommen.

Mit Ausnahme der Tschechischen Republik, die zumindest bedingt regionalpolitische Maßnahmen für die Region Prag als wichtigste Agglomeration vorsieht, berücksichtigt keines der Konzepte dieses Ergebnis. Vielmehr favorisieren sie bei der geographischen Auswahl der Regionen eine gegenteilige Strategie, die an den EU-typischen Förderkriterien orientiert und damit insbesondere auf strukturschwache, gering besiedelte Gebiete ausgerichtet ist. In Anbetracht des maßgeblichen Ziels aller drei Länder, das wirtschaftliche Entwicklungsniveau an den EU-Durchschnitt anzugleichen, ist ein effizienter Einsatz der zur Verfügung stehenden knappen öffentlichen Mittel unerläßlich, d.h. regionalpolitische Maßnahmen müssen sich auf jene Projekte und Standorte konzentrieren, von welchen die höchsten Investitionserträge zu erwarten sind.

Gerade die größten Agglomerationszentren Warschau, Budapest und Prag weisen weitgehend leergeräumte Arbeitsmärkte auf. Darüber hinaus befinden sich in Polen beispielsweise mit Poznan und Krakow weitere ausbaufähige Agglomerationen, die ebenfalls durch günstige Arbeitsmarktverhältnisse geprägt sind. Durch eine Verbesserung der Transportanbindungen des Umlands an diese Agglomerationszentren können durch Pendlerzuströme insbesondere die Arbeitsmärkte der

[232] Vgl. o.V. (1999), S. 579.

Metropolen profitieren. Darüber hinaus entstehen auch „Spill-over-Effekte“ für das Umland, da zum einen die Pendler nach wie vor in ihren jeweiligen Wohnregionen konsumieren (z.B. Wohnungen, Dienstleistungen), zum anderen das Umland selbst durch eine verbesserte Transportinfrastruktur an Standortattraktivität für Unternehmensansiedlungen gewinnt. Dies führt in einem ersten Schritt zu einer weiteren Akzentuierung der bestehenden Agglomerationszentren, deren negative Effekte, beispielsweise hinsichtlich der Umweltbelastung, nicht außer acht gelassen werden dürfen. Stellt man jedoch die derzeitige Bevölkerungszahl und –dichte der mitteleuropäischen Zentren den entsprechenden Vergleichswerten der EU-Zentren gegenüber, so ist von einer Überlastung der mitteleuropäischen Metropolen nicht auszugehen. So weisen Budapest und Warschau gerade einmal ein Zehntel der Bevölkerungsdichte Berlins, Londons oder Brüssels auf, während die Bevölkerungsdichte Prags rund die Hälfte ausmacht[233]. Außerdem bieten sich vor dem Hintergrund bereits gewerblich überlasteter historischer Zentren für Unternehmen alternative Standortkapazitäten, vor allem in den Randlagen der Metropolen, die durch die Entwicklung einer polyzentrischen Stadtstruktur erschlossen werden können.

Nicht zuletzt ist angesichts des angestrebten EU-Beitritts die Einbindung der mitteleuropäischen Hauptstädte in gesamteuropäische Strukturen durch ein verbessertes Standortmarketing im Wettbewerb um internationale Organisationen zu forcieren. Dies ist insbesondere entscheidend, da die Integration in den europäischen Binnenmarkt für die heutigen Agglomerationszentren Mitteleuropas durchaus ambivalente Effekte in sich bergen kann: „The abolition of barriers to inter-European trade and to inter-European movement of factors will weaken the deglomeration effect of national agglomeration and will thus enforce international, or more precisely, inter-European, agglomeration. It will strengthen the attractiveness of the highly industrialised centres both for labour and capital. Towns and regions with artificial advantages due to national agglomeration will become disadvantageous[234]“. Um derartige Entwicklungen zu vermeiden, sollte die Brückenkopfposition der drei Hauptstadtregionen und darüber hinaus der übrigen wichtigen Agglomerationszentren aufgrund ihrer spezifischen geographischen Lage im Hinblick auf die zweite Runde der Osterweiterung der Europäischen Union gefestigt und ausgebaut werden[235].

Sektorale Wirtschaftsstruktur

Der Einfluß des Faktors sektorale Wirtschaftsstruktur auf das wirtschaftliche Entwicklungsniveau einer Region wurde mittels der regionalen Beschäftigungsanteile des Agrar- sowie des Dienstleistungssektors im Rahmen der Regressions-

---

233 Vgl. European Commission (2000 forthcoming), Second Cohesion Report (Annex), Brussels.

234 Giersch (1949), S. 91.

235 Vgl. Drbohlav/Sýkora (1997), S. 215ff.

analyse als statistisch signifikant nachgewiesen. Für beide Indikatoren konnte die theoretisch prognostizierte Wirkungsrichtung festgestellt werden. Das bedeutet, eine starke landwirtschaftliche Ausrichtung der regionalen Wirtschaft beeinflußt das entsprechende Pro-Kopf-Einkommen deutlich negativ, während ein zunehmend stärkerer tertiärer Sektor einen insgesamt positiven Einfluß auf das regionale Entwicklungsniveau ausübt.

Die regionalpolitischen Strategien der drei Visegràdländer gehen nur teilweise mit den Ergebnissen der empirischen Untersuchung konform. Ungeachtet des negativen Zusammenhangs zwischen Landwirtschaft und wirtschaftlichem Entwicklungsniveau einer Region stellen alle drei Strategien die Unterstützung des primären Sektors und der entsprechend ausgerichteten Regionen als besonders bedeutsam heraus. Auf diese Weise folgen die mitteleuropäischen Länder der Förderpolitik der Europäischen Union, die im Rahmen der Strukturfonds ländlichen Gebieten mit überdurchschnittlich hoher landwirtschaftlicher Ausrichtung, unterdurchschnittlicher Bevölkerungsdichte sowie mit einer alternden und abwandernden Bevölkerung beträchtliche Mittel einräumt. Trotz der Tatsache, daß diese Förderpolitik durch empirische Studien[236] als ineffektiv bestätigt wurde, wird sie offenbar relativ unkritisch von den beitrittswilligen Ländern übernommen. Gerade in den drei Visegràdländern sind die Stützungsmaßnahmen für den Agrarsektor weitgehend mit der „Gemeinsamen Agrarpolitik“ der Europäischen Union vergleichbar. Aufgrund massiver Einkommensverluste im ländlichen Raum sind seit 1992 verstärkt interventionistische Elemente des Agrarsektors eingeführt worden, was offenbar mit der Absicht geschehen ist, das institutionelle Instrumentarium bei dem bevorstehenden EU-Beitritt bereits besser den EU-Anforderungen angeglichen zu haben[237]. Auch die von der Europäischen Union im Jahr 1999 für den Agrarsektor dieser Länder als Heranführungshilfe (SAPARD) zur Verfügung gestellten Mittel sind bei der sektoralen Prioritätenwahl in Rechnung zu stellen[238]. Geplant sind hierbei insbesondere Maßnahmen zum Ausbau der öffentlichen Infrastruktur, aber auch Modernisierungsinvestitionen in landwirtschaftlichen Produktionsbetrieben selbst. Mit einer derartigen künstlichen Erhaltung des Agrarsektors und somit auch der ländlichen Strukturen sind, wie die Ergebnisse der Regressionsanalyse zeigen, eher Kontereffekte für die wirtschaftliche Entwicklung in den entsprechenden Regionen zu erwarten. Die drei Länder begründen ihre Prioritätenwahl mit dem Ziel, den landwirtschaftlichen Sektor wettbewerbsfähig zu machen. Dies ist jedoch gerade im Hinblick auf den EU-Beitritt Polens mit einem Anteil der Agrarbeschäftigten von 28% an der polnischen Gesamtbeschäftigung vergleichsweise unrealistisch. Denn die Europäische Union selbst unternimmt erhebliche Anstrengungen zum Schutz der bestehenden europäischen

[236] Vgl. Latella (1990), S. 227ff.; Holtzmann (1997), S. 416.

[237] Vgl. Quaisser (1998), 26f.; Swinnen (1993), S.187ff.; Nicholls (1997), S. 29f.

[238] Vgl. Official Journal of the European Communities (1999), S. L161/87.

Landwirtschaft, welche sich zudem aufgrund der BSE- und Maul- und Klauenseuche-Krise in einer gegenwärtig besonders schwierigen Lage befindet. Wird darüber hinaus wiederum das wesentliche regionalpolitische Ziel der drei Länder für die nächsten Jahre berücksichtigt, den nationalen Konvergenzprozeß voranzutreiben, dann ist der Einsatz öffentlicher Mittel in nachweislich ineffektive Strukturen mehr als fraglich und sollte daher korrigiert werden.

Ein entscheidender Ansatzpunkt für regionalpolitisches Handeln ist vor allem in der bestehenden Immobilität der regionalen Arbeitskräfte aufgrund starrer Wohnungs- und Immobilienmärkte zu sehen. Ziel einer regionalen Politik muß es sein, dem vorhandenen Arbeitskräftepotential in den ländlichen Gebieten innerhalb der nächsten Jahre stärkere Mobilität zu verleihen. Politisches Handeln muß sich hierbei insbesondere auf die Liberalisierung der Wohnungs- und Immobilienmärkte konzentrieren sowie Finanzmittel gezielt zur Wohnungsbauförderung einsetzen. Darüber hinaus ist zu überlegen, wanderungswilligen Arbeitskräften aus den ländlichen Regionen finanzielle Starthilfen als Gegenwert für den oft wertlos gewordenen Hausbesitz zu gewähren, um deren Migrationskosten zu mindern. Diese Empfehlung ist eng verbunden mit dem bereits diskutierten Ausbau der bestehenden Agglomerationszentren, deren Arbeitsmärkte durchaus absorptionsfähig sind, entsprechende Zuwanderungen allerdings durch ein mangelndes Wohnungsangebot beschränkt werden.

Die verstärkte Herausbildung eines funktionierenden Dienstleistungssektors erachten alle drei Visegràdstaaten als wesentliche Priorität im Rahmen ihrer regionalpolitischen Strategien. Dennoch sollte hier eine regional differenzierte Förderung erfolgen, die von den Ländern teilweise bereits angestrebt wird. Insbesondere die wachsenden Agglomerationszentren der drei Visegràdländer weisen schon heute gut entwickelte Dienstleistungssektoren auf. Damit bieten sie mit dem entsprechend ausgebildeten Arbeitskräftepotential die Basis für eine gezielte Förderung bestimmter Dienstleistungsbereiche wie zukunftsorientierter Hightech-Branchen. Beispielsweise befindet sich im insgesamt rohstoffarmen Ungarn mit der Gründung des Infoparks Budapest, der in Zusammenarbeit mit der dortigen Technischen Universität entstand und in dem sich namhafte internationale Investoren wie IBM, Hewlett Packard und Siemens mit großen Kapitalengagements ansiedelten, ein Aushängeschild[239]. Im westungarischen Györ ist der im Jahr 1997 gegründete Industriepark mittlerweile so gut besetzt, u.a. mit Großbetrieben wie Audi, Philips, VAW und Amoco, daß bereits qualifizierte Arbeitskräfte knapp werden[240]. Ähnlich erfolgreich operieren der Industriepark in der westböhmischen Agglomeration Plzen sowie die Sonderwirtschaftszone in der polnischen Metropole Krakow, die unterem anderem den amerikanischen High-

239 Vgl. o.V. (2001a), S. 148ff.
240 Vgl. o.V. (1998e), S. 39.

tech-Hersteller Motorola, der vor Ort ein Zentrum für Programmierung und die Montage von Halbleitern aufbaute, anziehen konnte. Beide Agglomerationen bieten nicht nur die infrastrukturellen Vorteile größerer Verdichtungsräume, sondern verfügen auch als Universitätsstandorte über zahlreich vorhandene hochqualifizierte Fachkräfte[241]. Im Gegensatz dazu brachten die in den frühen neunziger Jahren gegründeten Sonderwirtschaftszonen, welche durch Steuererlässe oder -erleichterungen insbesondere Investitionen in die östlichen strukturschwachen Landesteile Polens und Ungarns attrahieren sollten, wenig Erfolg im Wettbewerb um Großinvestoren[242]. Die Vorteilhaftigkeit verdichteter Räume als Standorte für technologieorientierte Unternehmensgründungen wird durch die Beispiele innovativer Cluster in den USA wie dem Silicon Valley bestätigt. So besitzen „...high-technology industrial agglomerations .. a major self-perpetuating growth function by providing an abundance of new technically experienced entrepreneurs“[243]. Agglomerationen sind offensichtlich aufgrund besserer Ressourcen für Forschung und Entwicklung sowie Innovation und besserer Ausstattung mit qualifizierten Arbeitskräften anregender für Innovationen, welche das regionale Wachstum und die Schaffung von Arbeitsplätzen stimulieren[244].

Schlußfolgernd daraus sowie vor dem Hintergrund knapper öffentlicher Mittel muß sich eine regionale Förderpolitik des Dienstleistungsbereichs neben den wichtigen Agglomerationszentren gezielt auf jene Standorte konzentrieren, die aufgrund ansässiger Universitäten, Hochschulen und anderer Forschungseinrichtungen über ein entsprechend hoch qualifiziertes Arbeitskräftepotential verfügen. Dennoch darf die Förderung der Dienstleistungsbranchen im ländlichen Raum nicht außer acht gelassen werden, wobei sie ebenfalls branchenorientiert ausgerichtet sein sollte. Das bedeutet, innerhalb solcher Regionen muß es vor allem um die Erschließung touristischer Potentiale in Verbindung mit dem Aufbau einer funktionierenden Hotel- und Gaststättenbranche sowie einer Belebung des örtlichen Handwerks und Handels gehen.

Geographische Lage

Der Einfluß der geographischen Lage einer Region als strategischer Faktor regionaler Entwicklung wurde anhand der Variablen Entfernung der Region zur Hauptstadt des Landes sowie Entfernung der Region nach Berlin als wichtigstem Agglomerationszentrum des größten Handelspartners empirisch überprüft. Dabei konnte der theoretisch prognostizierte negative Wirkungszusammenhang zwi-

241 Vgl. von Schuttenbach/Matusiak (1998), S. 20. o.V.(1998f), S. 9; o.V. (1998g), S. 12; Repetzki (1997), S. 10; Vratnik (1997), S. 35ff.

242 Vgl. o.V. (1998h), S. 9.

243 Vgl. Oppenländer (2000), S. 34ff.; Oakey/Rothwell/Cooper (1988), S. 176.

244 Vgl. Egeln/Spielkamp (1998), S. 75ff.; Oppenländer (2000), S. 36; Grabow/Floeting (1998), S. 15ff.; Audretsch/Weigand (1999), S. 141f.

schen den beiden Variablen sowie dem regionalen Pro-Kopf-Einkommen als statistisch signifikant nachgewiesen werden. Demnach fällt das Pro-Kopf-Einkommen einer Region um so niedriger aus, je weiter sie sich sowohl von der nationalen Hauptstadt als auch von Berlin entfernt befindet.

Die Besonderheit dieses strategischen Faktors liegt darin begründet, daß er im Gegensatz zu allen anderen nicht durch regionalpolitische Maßnahmen beeinflußbar ist. Dennoch bieten die Ergebnisse der empirischen Untersuchung einen deutlichen Ansatzpunkt für die regionalpolitischen Konzepte der drei Visegràdländer, insbesondere im Hinblick auf die geographische Auswahl der potentiell zu begünstigenden Regionen. Hierbei sollte der nachweislich negative Zusammenhang zwischen dem Entwicklungsniveau einer Region und deren Lage im Raum, welcher auch nur bedingt durch andere Faktoren, z.B. durch eine Verbesserung der Transportinfrastruktur, zu kompensieren ist, maßnahmenübergreifend berücksichtigt werden. Wie in den Ausführungen zum Thema Infrastruktur dargestellt, lassen alle drei Konzepte diesen Wirkungszusammenhang bei der Strategieentwicklung außer acht. Im Gegensatz dazu konzentrieren sich die angestrebten regionalpolitischen Maßnahmen eben auf jene peripheren Regionen, die sich in den Visegràdstaaten vor allem in den östlichen Landesteilen an den Grenzen zu Weißrußland, zur Ukraine, zur Slowakei und zu Rumänien befinden. Dies ist insbesondere im Hinblick auf die Tschechische Republik verwunderlich, als hierfür ein empirischer Nachweis des negativen Einflusses der geographischen Position der acht tschechischen Regionen auf deren Pro-Kopf-Einkommen existiert und im „Vorläufigen Nationalen Entwicklungsplan" sogar Erwähnung findet[245].

Basierend auf den Ergebnissen der Regressionsanalyse, ebenso wie vor dem Hintergrund der nationalen Konvergenzziele sowie in Anbetracht der für regionalpolitische Zwecke zur Verfügung stehenden begrenzten öffentlichen Mittel empfiehlt sich gerade in der Phase bis zum endgültigen EU-Beitritt eine stärkere Konzentration auf jene Regionen, die aus sich selbst heraus bereits Wachstumspotential aufweisen, und wo somit ein effizienter Einsatz der Gelder aus den Regionalentwicklungsfonds zu erwarten ist. Diese Empfehlung wird gestützt sowohl durch die regionalpolitischen Erfahrungen der Europäischen Union in den Kohäsionsländern als auch durch die Mißerfolge bereits erfolgter regionalpolitischer Maßnahmen in den östlichen Landesteilen der drei Länder (z.B. durch die Einrichtung von Sonderwirtschaftszonen). Darüber hinaus ist zu bedenken, daß es sich bei den östlicher Regionen eben nicht nur um Regionen handelt, die eine ungünstige geographische Lage aufweisen, vielmehr sind sie auch durch siedlungsstrukturelle (z.B. geringer Anteil urbaner Bevölkerung) und sektorale Nachteile (z.B. starke Spezialisierung auf die Landwirtschaft) gekennzeichnet.

---

245 Vgl. Blazek (1999), S. 183ff.; Blazek/Boeckhout (2000), S. 5.

Perspektivisch gesehen können die östlichen Landesteile der drei Visegràdländer nach Abschluß der zweiten Erweiterungsrunde der Europäischen Union und dem damit verbundenen Beitritt der Grenzländer Slowakei und Rumänien in ihrer wirtschaftlichen Entwicklung profitieren, da sie dann räumlich relativ näher zum Zentrum rücken. Außerdem bieten die Kandidaten der zweiten Runde für die wirtschaftlich höher entwickelten Visegràdländer neue Absatzmärkte, die auch den grenzüberschreitenden Handel und damit die wirtschaftlichen Strukturen Ostpolens, Ostungarns sowie in den Ostteilen Tschechiens beleben werden.

7.3 Bedeutung regionaler Selbstverwaltung für den regionalpolitischen Erfolg

Sowohl die Implementierung der „Vorläufigen Nationalen Entwicklungspläne" als auch die spätere Teilnahme an den Europäischen Strukturfonds setzen neben einer leistungsfähigen nationalen Verwaltung in den drei Visegràdstaaten auch funktionsfähige regionale Administrationen voraus. So sehen alle drei Länder vor, den regionalen Selbstverwaltungen Kompetenzen in den Bereichen der Projektauswahl, der Allokation finanzieller Ressourcen, der ständigen Überwachung und Evaluierung der Projektumsetzung hinsichtlich deren Effektivität und Effizienz zu übertragen. Die Europäische Regionalpolitik folgt dem Prinzip der Partnerschaft, was bedeutet, daß es sich bei allen regionalpolitischen Aktionen um konzertierte Aktionen durch die Europäische Kommission, die nationale Ebene sowie die regionalen und lokalen Behörden der Mitgliedsstaaten handelt. So obliegt ein Teil der Programmverantwortung nach der Genehmigung der „Einheitlichen Programmplanungsdokumente" durch die Europäische Kommission, welche die Bestandteile eines gemeinschaftlichen Förderkonzepts sowie der operationellen Programme zusammenfassen, den Regionen selbst. Beispielsweise übernehmen die Verwaltungen der deutschen Bundesländer oder von ihnen beauftragte Stellen (z.B. Länderinvestitionsbanken) die Administration der Strukturfondsprogramme. Das bedeutet, die regionalen Verwaltungen nehmen die Förderanträge der örtlichen Projektträger (z.B. Kommunen, Unternehmen) entgegen, erteilen eigenständig die Bewilligungsbescheide, zahlen EU-Gelder (gegebenenfalls plus eigene Fördermittel) aus und kontrollieren die Ordnungsmäßigkeit der Mittelverwendung[246].

Angesichts der hier dargelegten Anforderungen stehen die drei Visegràdländer im Hinblick auf ihre Verwaltungssysteme gegenwärtig zwei wesentlichen Problemkomplexen gegenüber: Zum einen sind sie gezwungen, die Befugnisse und Aufgaben von Zentralregierung, regionaler sowie lokaler Selbstverwaltung neu zu definieren, klar voneinander abzugrenzen und gesetzlich zu verankern. In diesem

246 Vgl. Cuny (1997), S. 229.

Zusammenhang ist ebenso die Verteilung der Finanzmittel, d.h. entsprechender Eigenmittel der einzelnen Ebenen und Transferzahlungen durch die nationale Ebene, zu berücksichtigen. Zum anderen berührt die Übernahme von regionalpolitischen Kompetenzen auch die personelle Leistungsfähigkeit der entsprechenden Verwaltungsstufen. Da die regionale Ebene gegenwärtig in allen drei Ländern praktisch neu implementiert wurde bzw. noch wird, steht das Verwaltungspersonal aufgrund mangelnder Erfahrungen im Tagesgeschäft besonderen Schwierigkeiten gegenüber.

Die Institutionalisierungsprozesse auf regionaler Ebene sind in den drei Visegràdländern bislang unterschiedlich fortgeschritten. Im Vergleich zur Tschechischen Republik und Ungarn wurden in Polen die Kompetenzbereiche der regionalen Selbstverwaltungen bereits 1998 durch entsprechende Rechtsvorschriften gesetzlich definiert. Alle Legislativ- und Kontrollorgane der sechzehn regionalen Selbstverwaltungen sind befugt, Verordnungen und Bestimmungen zu erlassen, die für die Gesamtheit oder einen Teil ihres Gebietes gelten. In den ausschließlichen Zuständigkeitsbereich der Regionalparlamente fallen z.B. die Planung regionaler Entwicklungsstrategien, das Erlassen von Vorschriften zu Steuern und lokalen Zöllen bzw. die Zuteilung der Einnahmen der Gemeinde- und Kreishaushalte. Die sechzehn selbstverwalteten Woiwodschaften sollen im Gegensatz zur Gemeinde- und Kreisebene eine Entwicklungsfunktion übernehmen und damit regionales Wachstum fördern. Ihre Rolle ist eher wirtschaftlich als administrativ geprägt und ihre Regionalentwicklungsaufgaben konzentrieren sich auf drei wesentliche Bereiche: Wirtschaftsentwicklung und Regionalförderung, regionale öffentliche Dienstleistungen wie Bildungs- und Hochschulwesen und spezialisierte Gesundheitsdienste sowie die nachhaltige Entwicklung des kulturellen Umfelds und der natürlichen Umwelt. Dabei stehen den Woiwodschaften sowohl Eigenmittel als auch Transferzahlungen von der nationalen Ebene zur Verfügung. Die regionalen Eigeneinnahmen beziehen sich auf die Vermögenssteuern, anteilige Einkommen- und Körperschaftssteuern sowie nicht zweckgebundene, gesetzlich geregelte Einnahmen. Transferzahlungen können vor allem zur Sicherstellung bestimmter Dienstleistungen, z.B. in den Bereichen Bildungswesen und Straßennetz, oder zur Umsetzung langfristiger Entwicklungsprogramme erfolgen.

Ungarn ist dasjenige mitteleuropäische Land, in dem die lokalen Gebietskörperschaften die größte Unabhängigkeit sowie die weitreichendsten Kompetenzen genießen (z.B. Bereitstellung öffentlicher Dienstleistungen), während die Ebene der Komitate nach 1990 in ihrer Macht beträchtlich beschnitten wurde. Es gibt keine per Gesetz festgelegten ausschließlichen Aufgaben der Komitate. Diese Ebene ist im Gegensatz zur lokalen Ebene nicht berechtigt, darüber zu entscheiden, welche Dienstleistungen sie erbringen will und welche nicht. Bestimmte obligatorische, allerdings nicht ausschließliche Kompetenzen, besitzen die Komitate in den Bereichen Raumordnung, Umweltfragen und Fremdenverkehr. Hinzu kommt, daß der Komitatsebene keine Steuereinnahmen zur Verfügung stehen, so daß sie nahezu ausschließlich auf Zuschüsse und Unterstützung durch die Zentralregierung angewiesen ist. Die eigentliche regionale Ebene der sieben statistischen Planungsregionen, die künftig für das Management regionalpolitischer Maßnahmen zuständig sein soll, besitzt bislang überhaupt keine Verwaltungsorgane und somit auch keinerlei Kompetenzen. Ein Selbstverwaltungsstatus ist für diese Ebene auch nicht vorgesehen. Aus regionalpolitischen Erfahrungen, insbesondere durch die Europäische Union im Rahmen der Ziel 1-Förderung, ist die Umsetzung regionalpolitischer Maßnahmen innerhalb größerer regionaler Einheiten vorteilhafter. Die Teilnahme an den EU-Strukturfonds sieht eine Übereinstimmung zwischen den für Ziel 1-Beihilfen in Frage kommenden Regionen und regionalen Verwaltungseinheiten nicht vor. Dennoch zeigt gerade das Beispiel Griechenlands, wo Ziel 1-Regionen nur als statistische Einheiten existieren, daß die EU-Fördermittel hier weniger effizient und erfolgreich eingesetzt werden konnten als in jenen Ländern, wo Zielregionen und administrative Einheiten übereinstimmen. Die ungarischen Entscheidungsträger sollten ihre administrative Kompetenzverteilung deshalb überdenken, zumal davon auszugehen ist, daß sich bei der gemeinsamen Ausführung der regionalpolitischen Aufgaben durch mehrere Komitate innerhalb einer statistischen Planungsregion unweigerlich Koordinationsprobleme finanzieller und inhaltlicher Art aufgrund unklarer Zuständigkeiten oder kollidierender Interessenlagen einstellen werden.

In der Tschechischen Republik legt die nationale Verfassung bislang lediglich fest, daß die regionalen Befugnisse durch die Dezentralisierung der zentralstaatlichen Aufgaben entstehen sollen und die lokalen Selbstverwaltungen nicht in ihren Kompetenzen beschneiden dürfen. Entsprechende Gesetze über Befugnisse, Organisation sowie Mittel- und Vermögensverwaltung der regionalen Gebietskörperschaften sollten ursprünglich im Laufe des Jahres 1999 verabschiedet werden und im Jahr 2000 in Kraft treten. Da dies bislang noch nicht erfolgte, ist davon auszugehen, daß die selbstverwalteten Regionen frühestens im Jahr 2001 geschaffen werden. Das Fehlen einer funktionsfähigen regionalen Ebene stellt in der Tschechischen Republik ein beträchtliches Hindernis für die Umsetzung des „Vorläufigen Nationalen Entwicklungsplans" dar, die ab dem Jahr 2002 beginnen soll[247].

Alle drei Länder sehen in der künftigen Reform ihrer öffentlichen Verwaltungen ein wesentliches Subziel bei der Verbesserung der jeweiligen Humanressourcen. Derartige Reformen im öffentlichen Sektor blieben bislang zugunsten einer forcierten Entwicklung des Privatsektors in Polen, Ungarn und der Tschechischen Republik aus mit der Folge, daß die Arbeitsbedingungen im öffentlichen Dienst

---

[247] Europäische Union, Ausschuß der Regionen (2000), S. 16ff.; SIGMA/OECD (1999a), S. 21ff.; SIGMA/OECD (1999b), S. 16f.; SIGMA/OECD (1999c), S. 15ff.

im Vergleich zur Privatwirtschaft wesentlich weniger attraktiv ausfallen, als es in den meisten EU-Mitgliedsstaaten der Fall ist. Dies erstreckt sich sowohl auf die Bezahlung als auch auf die beruflichen Entwicklungsmöglichkeiten im öffentlichen Bereich. So erhält ein in der öffentlichen Verwaltung der Tschechischen Republik beschäftigter Arbeitnehmer mit Universitätsabschluß durchschnittlich lediglich ein Drittel des seiner Position entsprechenden Gehalts der Privatwirtschaft[248]. Vergleichsweise niedrige Verdienste in Verbindung mit unsicheren Karriereaussichten sind demnach maßgeblich verantwortlich für die hohen „Outflows“ qualifizierten Personals sowie für die Schwierigkeit, sogenannte „Young Professionals“ anzuziehen. Gerade die nach westlichen Maßstäben hochqualifizierten Hochschulabsolventen schenken dem öffentlichen Bereich als potentiellem Arbeitgeber gegenwärtig kaum Beachtung[249]. Dies kann beträchtliche Auswirkungen auf die Funktionsfähigkeit der regionale Ebene in allen drei Ländern haben, insofern nicht kurzfristig entscheidende Maßnahmen im Hinblick auf das Management der Humanressourcen im öffentlichen Bereich unternommen werden.

Gelingt es den drei Länder nicht, Personal mit zeitgemäßen Qualifikationen und Sprachkenntnissen zu rekrutieren, ist künftig nicht nur die Arbeitsfähigkeit der Regionalverwaltungen im Bereich der Regionalentwicklung eingeschränkt, sondern auch die Effizienz der umzusetzenden Projekte innerhalb der Region in Frage gestellt, selbst dann, wenn die Bestimmungsfaktoren regionaler Entwicklung durch die regionalpolitischen Entscheidungsträger richtig identifiziert und in die Regionalentwicklungspläne integriert werden. Die Humankapitalausstattung des öffentlichen Bereichs stellt für regionalpolitische Erfolge eine conditio sine qua non dar. Demzufolge obliegt allen drei Länder zunächst die Aufgabe, vor Durchführung regionalpolitischer Maßnahmen in den ausgewählten Zielregionen, einen adäquaten und regionalpolitisch leistungsfähigen Personalbestand in den Regionen aufzubauen. Dies wird um so entscheidender im Hinblick auf die EU-Beitrittsfähigkeit der Länder. Zwar werden diesbezüglich auf den entsprechenden nationalen Ebenen bereits insbesondere durch die Europäische Union im Rahmen des PHARE-Programms finanzierte Trainingseinheiten durchgeführt. So sind für den Zeitraum von 2000 bis 2002 für Polen 121 Mio. Euro, für Ungarn 23 Mio. Euro und für die Tschechische Republik 29 Mio. Euro aus dem PHARE-Fonds für die Bildung der Institutionen vorgesehen, d.h. auch für Qualifizierungsmaßnahmen des Verwaltungspersonals. Da aber die regionalen Verwaltungen insbesondere in Ungarn und der Tschechischen Republik noch nicht funktionsfähig sind, bleibt die Frage in bezug auf entsprechende Vorbereitungsmaßnahmen auf dieser Administrationsstufe bislang offen.

---

248 Vgl. Nunberg (2000), S. 72.
249 Vgl. Nunberg (2000), S. 90f.

7.4 Zusammenfassung

Der Vergleich der regionalpolitischen Konzepte der drei Länder mit den Ergebnissen der empirischen Untersuchungen im Hinblick auf die zu fördernden Faktoren legt deutliche Abweichungen offen. Auffallend ist die starke Orientierung aller drei Konzepte an den regionalpolitischen Vorgaben der EU-Strukturfonds, was insbesondere auf den Mangel an eigenständigen Regionalentwicklungsstrategien vor Beginn der EU-Beitrittsverhandlungen zurückzuführen ist. Dies hat zur Folge, daß die im Rahmen der Regressionsmodelle 1 und 2 (Regionalpolitischer Ansatz der EU, vgl. Kapitel 6.3, S. 183) geprüften Faktoren wie Transportinfrastruktur, Dienstleistungssektor sowie Humanressourcen besonders betont werden, was aus empirischer Sicht durchaus zu befürworten ist. Darüber hinaus zielen die Konzepte aber auch auf die Förderung des ländliches Raums allgemein und des Agrarsektors im besonderen ab. Vor dem Hintergrund der empirischen Ergebnisse sind diese Förderungsschwerpunkte jedoch als ineffizient abzulehnen, da ein hoher Anteil an Landarbeitern einen signifikant negativen Einfluß auf das regionale Pro-Kopf-Einkommen ausübt. Weitere Faktoren, die sich auf Basis der Ergebnisse der Regressionsanalyse als strategisch entscheidend für die regionale Entwicklung erweisen, finden gar keine (z.B. Wohnungsinfrastruktur) oder nur eine untergeordnete Berücksichtigung (z.B. Gesundheitsinfrastruktur).

Wenig Übereinstimmung wird des weiteren vor allem hinsichtlich der Auswahl der potentiellen Fördergebiete festgestellt. Während alle drei Entwicklungspläne künftige regionalpolitische Maßnahmen maßgeblich in strukturschwachen, d.h. wenig besiedelten und in der Regel peripher gelegenen, Gebieten konzentrieren wollen und den weiteren Ausbau der bestehenden Agglomerationszentren überhaupt nicht thematisieren, signalisieren die empirischen Ergebnisse die umgekehrte Vorgehensweise. So beeinflussen sowohl der regionale Urbanisierungsgrad als auch die geographische Nähe zur jeweiligen Hauptstadt und zum Territorium der Europäischen Union das Entwicklungsniveau einer Region signifikant positiv, was auch vor dem Hintergrund der nationalen Konvergenzziele sowie in Anbetracht der für regionalpolitische Zwecke zur Verfügung stehenden begrenzten öffentlichen Mittel für eine stärkere Ausrichtung auf Regionen spricht, die aus sich selbst heraus bereits Wachstumspotential aufweisen und wo somit ein effizienter Einsatz der Gelder aus den Regionalentwicklungsfonds zu erwarten ist. Basierend auf den Aussagen der Clusteranalyse bietet sich hier eine Mittelkonzentration in den Clustern 1 und 2 an (gemäß der neuen Territorialstruktur auf Basis der 1999er Daten). Dazu gehören neben den drei Hauptstadtregionen auch die polnischen Woiwodschaften Wielkopolskie und Malopolskie, welche die urbanen Zentren Poznan bzw. Krakow umschließen, die westungarischen Regionen Mittel-

und Westtransdanubien sowie der vergleichsweise starke gesamte tschechische Wirtschaftsraum[250].

Zu einseitig fokussiert Regionalpolitik in den Konzepten der drei Visegrädländer auf die Verbesserung der Standortqualität strukturschwacher Regionen, um dort mobiles Kapital anzuziehen. Ein entscheidender Ansatzpunkt für regionalpolitisches Handeln sollte auch in der z.Zt. noch verbreitet anzutreffenden Immobilität der regionalen Arbeitskräfte gesehen werden. Deshalb darf es nicht nur Ziel einer regionalen Politik sein, das Qualifikationsniveau der Arbeitskräfte zu fördern, um potentielle Investoren anzulocken, sondern auch dem vorhandenen Arbeitskräftepotential vor allem in den ländlichen Gebieten innerhalb der nächsten Jahre stärkere Mobilität zu verleihen. Ebenso entscheidend für die Stärkung der Arbeitskräftemobilität ist die beschleunigte Liberalisierung der Wohnungs- und Immobilienmärkte, um migrationswilligen Arbeitskräften die Wanderung überhaupt zu ermöglichen und gleichzeitig die immer noch vorhandene Absorptionsfähigkeit der Arbeitsmärkte in den Zentren für regionalpolitische Zwecke zu nutzen. Dieser Ansatzpunkt erfährt bislang in keinem der regionalpolitischen Konzepte Berücksichtigung.

Nicht zuletzt entscheidet über den regionalpolitischen Erfolg oder Mißerfolg auch die Funktionsfähigkeit der regionalen Selbstverwaltungen, die jedoch in den drei betrachteten Ländern noch erheblich zu wünschen übrig läßt. Da hierbei vor allem in der Tschechischen Republik und in Ungarn noch grundsätzliche Entscheidungen im Hinblick auf die legislativen und exekutiven Kompetenzen sowie die Eigenmittel der regionalen Ebene ausstehen, ist zu diesem Zeitpunkt eine Umsetzung eines regionalpolitischen Konzepts unabhängig von dessen Inhalt mehr als utopisch. Dementsprechend muß das prioritäre Ziel der drei Visegrädländer zunächst in der Stärkung der regionalen Administrationsebene bestehen, dem entsprechende Anstrengungen, hinreichend qualifiziertes Personal zu rekrutieren und auszubilden, folgen müssen.

Insgesamt ist allen drei Ländern eine stärkere Individualität in bezug auf die Ausgestaltung ihrer regionalpolitischen Spielräume zu empfehlen. Verständlicherweise werden die im Rahmen von PHARE, SAPARD und ISPA fließenden Mittel in den Visegrädstaaten mehr als gebraucht, sollten deshalb aber nicht zu einer einseitigen Orientierung an der EU-Regionalpolitik führen.

---

[250] In der Tschechischen Republik zeichnet sich auf Basis der 1999er Daten bereits eine Verschlechterung der ökonomischen Performance der Altindustrieregionen Nordböhmen und Nordmähren im Vergleich zu 1996 ab. Hier sollte aus Sicht der vorliegenden Untersuchung eine konsequente Restrukturierung und Privatisierung der zum Teil immer noch staatlich betriebenen Unternehmen forciert werden. Vgl. Kapitel 4.3, S. 106.

8. Zusammenfassung und Ausblick

Der wesentliche Verdienst der vorliegenden Arbeit besteht zum einen in der gezielten quantitativen Zeitreihenanalyse interregionaler Entwicklungsunterschiede in Polen, Ungarn und der Tschechischen Republik, die in bisherigen Studien lediglich verbal-deskriptiv diskutiert wurden, und zum anderen in der theoretischen und empirischen Identifizierung von strategischen Regionalentwicklungsfaktoren und deren Wirkungszusammenhängen. Mittels statistischer Kennziffern wurde die Zunahme interregionaler Einkommens- und Arbeitslosigkeitsdisparitäten in allen drei Ländern für die zugrundeliegenden Betrachtungszeiträume konkret ermittelt (Kapitel 3). Damit wurde erstmals ein umfassender quantitativer Nachweis für die interregionalen Disparitäten auch unter Berücksichtigung des Einflusses statistischer Methoden sowie veränderter Territorialstrukturen geliefert, selbst bei einem Anstieg der national durchschnittlichen Pro-Kopf-Einkommen bzw. einer Reduzierung der national durchschnittlichen Arbeitslosenquoten ist auch künftig von keinem Rückgang der interregionalen Einkommens- und Arbeitslosigkeitsdisparitäten auszugehen. Darüber hinaus liefert diese Arbeit erstmals eine umfassende länderübergreifende Klassifizierung regionaler Problemtypen, die aufgrund ihrer empirisch ermittelten Charakteristika als Grundlage für das geographische Handlungsfeld regionaler Politik in den betrachteten Ländern dienen können (Kapitel 4). Dabei hat sich die Clusteranalyse als multivariates Verfahren zur Gruppenbildung bewährt. Des weiteren leistet die Arbeit einen entscheidenden Beitrag zur wissenschaftlichen Fundierung regionaler Wirtschaftspolitik, indem sie erstmals für den betrachteten geographischen Untersuchungsraum einen empirischen Nachweis der spezifischen Relevanz strategischer Regionalentwicklungsfaktoren bietet (Kapitel 6) und diesen den aktuellen regionalpolitischen Konzepten der drei Länder gegenüberstellt (Kapitel 7). Damit wurde die in Kapitel 1 entwickelte Zielsetzung der Arbeit in ihrer Gesamtheit sowie in jedem ihrer Einzelaspekte erreicht.

Angesichts der hiermit vorliegenden Untersuchungsergebnisse ist es verwunderlich, daß die mitteleuropäischen Länder Polen, Ungarn und die Tschechische Republik ihre eigenen regionalen Probleme derzeit eher im Kontext der EU-Strukturpolitik sehen, als sich einen Schritt darüber hinaus zu wagen und individuelle Strategien zu entwickeln, welche über die Grenzen der in den „Vorläufigen Nationalen Entwicklungsplänen" manifestierten regionalpolitischen Denkweise hinaus gehen. Konkrete Ansatzpunkte hierfür wurden von der vorliegenden Arbeit aufbauend auf den empirischen Untersuchungsergebnissen der Kapitel 4 und 6 (Cluster- und Regressionsanalyse) im vorangehenden Kapitel 7 erarbeitet: Demnach müssen regionalpolitische Konzepte in diesen drei Ländern in einem nationalen Gesamtkontext unter Berücksichtigung des Zusammenspiels der empirisch nachgewiesenen strategischen Faktoren formuliert und umgesetzt werden, wobei im Hinblick auf die potentiellen Zielgebiete regionaler Wirtschaftspolitik die vorteilhafte ökonomische Position der bestehenden Wachstumszentren in den drei Ländern auszunutzen und auszubauen ist. So konnte im Rahmen der Regressionsanalyse (Kapitel 6) der signifikant positive Einfluß des regionalen Urbanisierungsgrads, der geographischen Nähe einer Region sowohl zur jeweiligen Hauptstadt als auch zum Territorium der Europäischen Union auf das regionale Entwicklungsniveau empirisch nachgewiesen werden. Gemäß dieser Untersuchungsergebnisse und auch vor dem Hintergrund begrenzter öffentlicher Mittel für diesen Politikbereich sollten die drei Länder einen Mitteleinsatz insbesondere in den Regionen des ersten und zweiten Clusters (entsprechend der Territorialstruktur 1999) favorisieren, d.h. neben den drei Hauptstadtregionen auch in den polnischen Woiwodschaften Wielkopolskie und Malopolskie, in den westungarischen Regionen Mittel- und Westtransdanubien sowie in den westlichen Regionen der Tschechischen Republik[251]. Entgegen dieser empirischen Erkenntnisse wird ein konsequenter Ausbau der bestehenden Agglomerationszentren von den „Vorläufigen Nationalen Entwicklungsplänen" aller drei Länder nicht in Betracht gezogen, vielmehr wird beabsichtigt, regionalpolitische Instrumente insbesondere in strukturschwachen Landesteilen einzusetzen. Im Hinblick auf die geographische Schwerpunktsetzung regionalpolitischen Handelns wird aus Sicht der vorliegenden Untersuchungsergebnisse ein regionalpolitisches Umdenken empfohlen, zumal sich die drei Volkswirtschaften spätestens mit ihrem EU-Beitritt einem europäischen Standortwettbewerb der Agglomerationen stellen müssen.

Inhaltlich sollten von allen drei Ländern verstärkt angrenzende Politikbereiche unter regionalpolitischen Aspekten betrachtet werden. Ein eindeutig signifikant positiver Zusammenhang wurde im Rahmen der Regressionsanalyse (Kapitel 6) zwischen dem migrationsfördernden Faktor Wohnungsinfrastruktur und dem regionalen Pro-Kopf-Einkommen nachgewiesen. Daraus lassen sich bereits wesentliche Grundlagen für eine auf passiver Sanierung aufbauende kurzfristige regionalpolitische Strategie in den drei Ländern ableiten. Eine solche Politik sollte sich auf die verstärkte Liberalisierung des Wohnungssektors konzentrieren und hierbei ein spezielles Augenmerk auf die Änderung des immer noch stark mieterorientierten Mietrechts legen. Durch eine entsprechende Stimulanz privaten Wohnungsbaus kann die Absorptionsfähigkeit der Arbeitsmärkte in den Agglomerationszentren für zuwandernde Arbeitskräfte aus strukturschwachen Gebieten genutzt werden. Die Verbesserung der Arbeitskräftemobilität sollte auch bei den traditionellen regionalpolitischen Instrumenten wie Ausbau der Transportinfrastruktur sowie Verbesserung des Humankapitalbestands im Vordergrund stehen.

---

251 Zwar findet sich der gesamte tschechische Wirtschaftsraum mit Ausnahme der Hauptstadt Prag 1999 im zweiten Cluster wieder, es läßt sich jedoch eine deutlich schlechtere Performance der Altindustrieregionen Nordböhmen und Nordmähren gegenüber 1996 erkennen. Deshalb empfiehlt sich aus Sicht der vorliegenden Untersuchung in diesen beiden Regionen die konsequente Restrukturierung und Privatisierung der teilweise noch immer in Staatsbesitz befindlichen Unternehmen. Vgl. Kapitel 4.3, S. 106.

Im Hinblick auf die transportbezogene Erschließung der Länder bietet sich ein Vorgehen basierend auf einer Strategie der konzentrischen Kreise an, d.h. zunächst ist die Verflechtung der bestehenden Agglomerationszentren mit deren Umland sowie ihre Einbindung in europäische Transportstrukturen voranzutreiben. Mit der Mobilisierung der Arbeitskräfte durch verbesserte Qualifizierungen als ein weiterer wesentlicher Aspekt einer modernen Regionalpolitik können umfangreiche öffentliche Finanztransfers in wirtschaftsschwache Regionen vermieden werden, von denen nicht sicher ist, ob sie überhaupt und gegebenenfalls wann sie entsprechende private Kapitalinvestitionen nach sich ziehen. So eignet sich beispielsweise nicht jede Region für den Aufbau eines Technologie- und Gründerzentrums, wie die Erfolglosigkeit der Politik der Sonderwirtschaftszonen trotz Steuererlässen bzw. –erleichterungen in Ostpolen belegt, wo anstatt erwarteter internationaler Investoren im Laufe der Jahre lediglich lokale Kleinunternehmer angezogen wurden. Darüber hinaus ist zu kritisieren, daß alle drei Länder ungeachtet des empirisch signifikant negativen Zusammenhangs zwischen dem Beschäftigungsanteil der Landwirtschaft und dem wirtschaftlichen Entwicklungsniveau einer Region in der Unterstützung des primären Sektors ein besonderes regionalpolitisches Anliegen sehen. Ausgehend von diesem Punkt sollte die unkritische Übernahme traditioneller EU- Politikfelder, deren Ineffektivität mehrfach durch empirische Studien[252] aufgezeigt wurde, von den drei Ländern grundsätzlich in Frage gestellt werden.

Für mehr Eigenständigkeit und die Abkehr von einer konventionellen Regionalpolitik im Sinne der EU sprechen neben den empirischen Untersuchungsergebnissen der vorliegenden Arbeit auch die Erfahrungen der südeuropäischen Kohäsionsländer Griechenland, Portugal und Spanien zwei bzw. anderthalb Jahrzehnte nach deren Beitritt zur damaligen Europäischen Gemeinschaft. Während Portugal seitdem einen dynamischen Wachstumsprozeß mit deutlich über dem Gemeinschaftsdurchschnitt liegenden Wachstumsraten sowie einen starken Zustrom mobiler Produktionsfaktoren erfuhr[253], kam es in Griechenland nach einem EG-durchschnittlichen Wachstum Ende der achtziger Jahre zu einem deutlichen Einbruch. Entsprechend unterschiedlich entwickelten sich auch die durchschnittlichen Pro-Kopf-Einkommen in beiden Staaten[254]. Aus der Tabelle 8.1 auf der Seite 283 wird deutlich, daß sich die Zunahme ökonomischer Aktivitäten vor allem auf die Agglomerationsräume Lissabon und Athen konzentriert, während die Pro-Kopf-Einkommen in den ländlichen Gebieten trotz regionalpolitischer Maßnahmen der EU auf relativ niedrigem Niveau verharren[255]. So ergab ein Studie über die Auswirkungen der europäischen Regionalpolitik in der portugiesischen Region Norte,

[252] Vgl. Untersuchungen von Latella (1990) und Holtzmann (1997).
[253] Vgl. Kulke (1993), S. 168, 180, 193ff.
[254] Vgl. Hallet (1997a), 43ff.
[255] Vgl. Sänger (1993), S. 31, Syrett (1995), S. 105f.

daß ungeachtet des erfolgten Infrastrukturausbaus peripherer Gebiete innerhalb der Region letztlich bereits entwickelte Standorte wie die Hafenstadt Porto von Investoren bevorzugt wurden. Dies mündete in eine zunehmende Entleerung des landwirtschaftlichen Hinterlandes in Verbindung mit einer Verschärfung interregionaler Disparitäten[256]. Spanien unterscheidet sich insofern von beiden genannten Ländern, als das durchschnittliche Pro-Kopf-Einkommen bis 1997 lediglich eine geringfügige Steigerung aufweist. Die interregionalen Einkommensunterschiede sind gegenüber 1987, analog zu Griechenland, nahezu konstant geblieben, was ebenfalls für eine wenig erfolgreiche EU-Regionalpolitik spricht.

Ein regionalpolitisches Umdenken der mitteleuropäischen Länder in Richtung einer selektiven Förderung weniger Wachstumspole ist somit aus Sicht sowohl der EU als auch der drei Visegràdstaaten selbst ratsam, zumal da sie sich hochgesteckte Konvergenzziele im Hinblick auf die Annäherung ihrer nationalen Pro-Kopf-Einkommen an den EU-Durchschnitt gesetzt haben. Diese Strategie kann jedoch mit einem Abbau der interregionalen Disparitäten kollidieren, wie eine Simulation des „Trade-Off" zwischen regionalem Ausgleich und allokativer Effizienz für Spanien auf Basis geschätzter Produktionsfunktionen (incl. der öffentlichen Investitionen) für den Zeitraum 1981 bis 1990 ergibt. Demnach führt eine rein redistributive öffentliche Investitionspolitik zwar zu einer Reduzierung der interregionalen Disparitäten um 13,5% bei gleichzeitigem Rückgang des spanischen BIP um 1,6%. Im Gegensatz dazu erhöhen sich im Falle einer ausschließlich effizienzorientierten Politik (Investitionsallokation nach Rentabilität) das nationale BIP um 1,6% und die interregionalen Disparitäten um 18,3%[257].

Die regionalen Probleme der drei mitteleuropäischen Kandidatenländer hören nicht an den Grenzen der entsprechenden Staatsgebiete auf. Künftig werden sich alle Regionen, d.h. auch die heute vermeintlich führenden Wachstumszentren des ersten und zweiten Clusters wie die drei Hauptstädte, die polnischen Zentren Poznan und Krakow sowie sämtliche westliche Grenzregionen der drei Länder eingeschlossen, im gesamteuropäischen Kampf um mobile Produktionsfaktoren wiederfinden. Denn die durch globale Unternehmensstrategien internationaler Konzerne verursachte Tendenz zur internationalen Arbeitsteilung und Spezialisierung löst auch einen weltweiten Wettbewerb zwischen einzelnen Wirtschaftsstandorten aus, die somit um so mehr gefordert sind, innovative räumliche Nutzungskonzepte und spezifische Standortprofile zu entwickeln[258].

---

256 Vgl. Rozek (1995), S. 315ff.
257 Vgl. Hallet (1997a), S. 20.
258 Vgl. Balderjahn (1995), S. 2.

Tabelle 8.1: Entwicklung der interregionalen Einkommensdisparitäten (in KKP) in den südeuropäischen Kohäsionsländern 1987 bis 1997 (EU-Durchschnitt = 100%)

Land / Region	1987 *	1997 *	Land / Region	1987 *	1997 *	Land / Region	1987 *	1997 *
Spanien	**73%**	**80%**	**Portugal**	**57%**	**73%**	**Griechenland**	**58%**	**66%**
Galicia	56%	64%	Norte	50%	64%	A. Makedonia/Thraki	54%	60%
Austurias	69%	76%	Centro	44%	63%	Kentriki Makedonia	57%	66%
Cantabria	69%	77%	Lisboa/Vale do Tejo	86%	92%	Dytiki Makedonia	65%	60%
Pais Vasco	89%	94%	Alentejo	37%	64%	Thessalia	53%	61%
Navarra	93%	97%	Algarve	46%	74%	Ipeiros	44%	43%
Rioja	82%	90%	Acores	42%	51%	Ionia Nisia	53%	60%
Aragon	79%	90%	Madeira	42%	56%	Dytiki Ellada	48%	56%
Madrid	90%	101%				Sterea Ellada	70%	64%
Castilla y León	67%	77%				Peleponnisos	58%	57%
Castilla- la Mancha	58%	67%				Attiki	62%	75%
Extremadura	47%	55%				Voreio Aigaio	43%	51%
Cataluna	86%	100%				Notio Aigaio	67%	73%
Comm. Valenciana	73%	76%				Kriti	56%	71%
Baleares	94%	101%						
Andalucia	55%	58%						
Murcia	69%	68%						
Ceuta y Melilla	65%	69%						
Canarias	72%	76%						
Variationskoeffizient	**0,19**	**0,18**		**0,31**	**0,22**		**0,14**	**0,14**

* Durchschnitt für das Jahr 1987 auf Basis von zwölf Mitgliedsländern, für das Jahr 1997 auf Basis von fünfzehn Mitgliedsländern

Quelle: Eurostat, eigene Berechnungen

Damit die gegenwärtigen Wachstumshochburgen des Ostens auch in einem näher zusammengerückten Europa weiterhin zur ersten Liga im Standortwettbewerb zählen, wird es um so wichtiger, ihren Ausbau weiter voranzubringen. In diesem Zusammenhang wird auch künftig die Funktionsfähigkeit der regionalen Selbstverwaltungen, welche jedoch in allen drei betrachteten Ländern noch beträchtlich zu wünschen übrig läßt, über regionalpolitischen Erfolg und Mißerfolg entscheiden. Insbesondere in Ungarn und der Tschechischen Republik sind bis heute sowohl die legislativen als auch die exekutiven Kompetenzen der regionalen Administrationsebene unklar. Darüber hinaus verfügt diese Ebene bislang über keine Eigenmittel, was ihre Rolle im interregionalen Standortwettbewerb erheblich schwächt. Schließlich kann die Funktionsfähigkeit der regionalen Verwaltungen nur mit hinreichend für marktwirtschaftliche Zwecke qualifiziertem Personal sichergestellt werden, dessen Rekrutierung sich in allen drei Ländern aufgrund finanzieller Nachteile des öffentlichen Sektors derzeit als äußerst problematisch erweist.

Für die Europäische Union stellen sich bezüglich ihrer Ausdehnung nach Osten momentan zwei wesentliche Problemkomplexe: Kosten und Migration. Der Mittelbedarf der europäischen Strukturpolitik wird sich wesentlich erhöhen, insbesondere jener der Ziel 1-Gebiete, falls die Beitrittsländer vollständig - wie im Falle der ehemaligen DDR - zu Förderregionen erklärt werden[259]. Schätzungen hinsichtlich des potentiellen zusätzlichen Mittelbedarfs schwanken zwischen 8 Mrd. ECU und 26 Mrd. ECU für die Strukturpolitik in einer erweiterten Union. Eine Strukturpolitik nach gängigen Regeln wäre somit nicht mehr finanzierbar. Denn es gilt zu berücksichtigen, daß die relativ wirtschaftsschwachen Beitrittsländer nur wenig zu den EU-Einnahmen beitragen werden. Eine Aufstockung des EU-Haushalts zur Ressourcenbereitstellung für die Strukturfonds dürfte allerdings an der Bereitschaft der Nettozahler-Länder scheitern, die bereits im Rahmen der Delors II-Verhandlungen eingeschränkt war. Allerdings zwingt eine Kappung der Strukturfondsmittel infolge beibehaltener Transfermechanismen zu einer europaweiten Umverteilung der Ressourcen für die Ziel 1-Gebiete. Denn mit der Osterweiterung reduziert sich das durchschnittliche Pro-Kopf-Einkommen der gesamten Europäischen Union automatisch, womit bisherige Fördergebiete die 75%-Marke zwangsläufig überschreiten und aus der Förderung herausfallen[260].

Insbesondere Deutschland und Österreich befürchten enorme Zuwanderungen aus den mittel- und osteuropäischen Anrainerstaaten nach deren Beitritt zur Europäischen Union. Die Schätzungen gehen dabei von einer Migration in Höhe von 3 bis

---

259 Vgl. Mallosek (1996), S. 17; Courchene (1993), S. 122; Laaser (1993), S. 132; Eser/Hallet (1993), S. 205f.

260 Vgl. Hasse (1992), S. 180; Martin (1998), S. 106ff.

10 Mio. aus[261]. Darauf aufbauend hat Deutschland bereits im Hinblick auf die Freizügigkeit im erweiterten Binnenmarkt eine Übergangsfrist von fünf Jahren durchgesetzt, die unter Umständen auf insgesamt sieben Jahre verlängert werden kann. Angesichts dieser Befürchtungen und auch der erwarteten Zusatzkosten einer Strukturpolitik im nach Osten erweiterten Europa sollte die Förderung der bestehenden Wachstumspole als Gravitationszentren regionaler Entwicklung in den mittel- und osteuropäischen Ländern ebenfalls im Interesse der Europäischen Union sein, da sie zum einen bereits kurzfristig Früchte tragen und zum anderen die prognostizierten Wanderungsbewegungen nach Westen und die damit für die Kandidatenländer verbundene Gefahr des „Brain Drain“ mindern kann[262]. Längerfristig ist von Ausstrahlungseffekten des regionalen Wachstums der Agglomerationszentren auf umliegende Regionen auszugehen. Auch die potentielle Brükkenkopfposition der mitteleuropäischen Zentren im Rahmen einer zweiten Erweiterungsrunde darf nicht außer acht gelassen werden. Darüber hinaus wird die wesentliche Rolle der nationalen Zentren durch die Erfahrungen der Süderweiterung bestätigt, entgegen aller Migrationsbefürchtungen blieben hier die prognostizierten Wanderungsströme in die traditionellen EU-Mitgliedsländer aus. Griechen, Portugiesen und Spanier zog es eher in die jeweiligen nationalen Agglomerationszentren[263]. Auch diese Tatsache spricht für eine stärkere regionalpolitische Berücksichtigung der mitteleuropäischen Metropolen in den Konzepten der drei Visegrádstaaten sowie aus dem Blickwinkel der EU, zumal es im zukünftigen Europa aufgrund sinkender Distanzkosten und offener Märkte weniger um einen Wettbewerb der Volkswirtschaften, sondern vielmehr um einen Wettbewerb der europäischen Agglomerationen gehen wird[264].

Offensichtlich bleibt auf Seite der Europäischen Union neben der Kosten- und Migrationsproblematik die Frage nach einer Reform der Europäischen Regionalpolitik wenig beachtet, trotz der Tatsache, daß seit einigen Jahren bereits eine Diskussion über die Effektivität und Effizienz von regionalpolitischen Maßnahmen währt. Seit 1975 - dem Gründungsjahr europäischer Regionalpolitik - „entstand ein Politikgebilde, das eindeutig interventionistischer Art ist, d.h. durch selektive finanzielle Anreize und restringierende Eingriffe in die nationalen Förderpolitiken die Raum- und Regionalstruktur Europas beeinflussen will, sich aber aufgrund ... seiner laufenden additiven Aufstockung durch beachtliche Heteroge-

---

261 Vgl. Straubhaar (2001), S. 1.

262 Eine empirische Untersuchung der durch Wanderungen aus Osteuropa nach Deutschland verursachten Brain-Drain-Effekte von Straubhaar/Wolburg (1999) kommt zu dem Ergebnis, daß die Ost-West-Wanderung durch einen überdurchschnittlich hohen Anteil an qualifizierten Arbeitskräften charakterisiert ist, wodurch Deutschland von der Migration profitiert, die osteuropäischen Länder aufgrund einer Verminderung ihres durchschnittlichen Humankapitalbestands jedoch verlieren. Vgl. Straubhaar/Wolburg (1999), S. 574ff.

263 Vgl. Straubhaar (2001), S. 1.

264 Vgl. Straubhaar (1999), S. 574f.

nität und Inkonsistenzen auszeichnet[265]." Stellen einige Studien bereits die Effektivität[266] der EU-Regionalpolitik im Hinblick auf deren Zielerreichung in Frage, so besteht hinsichtlich der ineffizienten Ausführung dieses Politikinstruments allgemein Einigkeit[267]. Für Italien und Portugal erstellte Fallstudien kommen zu dem Ergebnis, daß von der Förderung benachteiligter Regionen (Mezzogiorno in Italien, Norte in Portugal) in diesen Ländern schließlich die bestehenden Zentren (Norditalien und Agglomeration Porto) profitierten[268].

Die Ineffizienzen sind vor allem auf ordnungspolitische Defizite in der Organisationsstruktur der europäischen Regionalpolitik zurückzuführen. Die praktizierte zentralistische Zuweisung regionalpolitischer Kompetenzen verstößt sowohl gegen das fiskalische Äquivalenzprinzip als auch gegen das Subsidiaritätsprinzip. Ersteres soll aus Effizienzgründen sicherstellen, daß die Entscheidungsträger einer Ebene auch Kosten und Nutzen einer Maßnahme tragen. Gemäß des Subsidiaritätsprinzips darf die nächst höhere Ebene erst eingreifen, wenn ein Land bzw. eine Region nicht in der Lage ist, seinen bzw. ihren regionalpolitischen Aufgaben nachzukommen. Demnach dürften europäische Transfers nur in die Regionen fließen, welche gemessen am EU-Durchschnitt besondere Probleme haben, die von den Mitgliedsstaaten allein nicht bewältigt werden können. Mittlerweile ist es hauptsächlich die Europäische Kommission, welche die zu begünstigenden Regionen bestimmt. Eine Abstimmung zwischen nationalen und europäischen Fördergebieten erfolgt kaum, so kann man schon lange nicht mehr von bloßer Unterstützung nationaler regionalpolitischer Maßnahmen durch die Gemeinschaftsebene sprechen. Aus Vereinheitlichungsgedanken werden von der Kommission eher gleichförmige Problemlösungen für die betroffenen Regionen favorisiert, wobei zwangsläufig die Frage zu stellen ist, inwiefern solche Pauschallösungen den differenzierten Problemlagen in Europa gerecht werden können. Hinzu treten auch Informationsdefizite über die tatsächlichen Schwierigkeiten vor Ort seitens der Entscheidungsträger der Kommission, wodurch kompetente Beurteilungen von Mitteleinsatz, Maßnahmenplanung und –umsetzung teilweise verhindert werden.

Auch dem anfangs erwähnten Prinzip der fiskalischen Äquivalenz wird die zentralistisch gestaltete Regionalpolitik keineswegs gerecht. Der räumliche Kreis der Nutzer europäischer Fördergelder deckt sich derzeit kaum mit dem räumlichen Kreis der Entscheidungsträger. Die Zentralisierung der Regionalpolitik wäre nur dann gerechtfertigt, wenn sich daraus Größenvorteile generieren ließen. Allerdings stehen diesem Vorteil enorm hohe Verwaltungs- und Entscheidungskosten

265 Klemmer (1998), S. 505.
266 Vgl. Holtzmann (1997), S. 673, 677.
267 Vgl. Klemmer (1998), S. 506ff.; Waniek (1992), S. 23; Prud`homme (1995), S. 27f.
268 Vgl. Tömmel (1986), S. 133; Tömmel (1994), S. 368, Bonaduce/Magnatti (1996), S. 201ff.; Rozek (1995), S. 306ff.

entgegen, die durch die Einrichtung weiterer Fonds (Kohäsionsfonds, Fischereifonds) bereits gestiegen sind. Der Europäische Rechnungshof attestierte in einer Stellungnahme eine mangelnde Koordinierung zwischen den drei Strukturfonds. Dabei steht im Zentrum der Kritik, daß strukturpolitische Interventionen durch die Fonds in einer Region häufig völlig isoliert voneinander erfolgten[269].

Eine nicht zu unterschätzende Gefahr der europäischen Regionalpolitik liegt darin, daß sie es unter Umständen weniger vermag, regionale Einkommensunterschiede zu beseitigen als Transferabhängigkeiten zu schaffen. Denn die begünstigten Regionen unterliegen aufgrund der Transfers nicht mehr dem akuten Zwang, Schwachstellen vor Ort zu beseitigen und nötige Anpassungen der regionalen Wirtschaftsstruktur zu realisieren. Da die europäischen Gelder wachstumsschädliches Verhalten abfedern werden, könnten sich die Entscheidungsträger vielmehr veranlaßt fühlen, statt einer investitions- eine konsumorientierte Ausgabenpoltik zu betreiben. Der italienische Süden leidet beispielsweise seit der Nachkriegszeit an einer persistenten Transferabhängigkeit. Massive finanzielle Unterstützung des Mezzogiorno haben nicht zu überdurchschnittlichen Wachstumsschüben geführt. Mit immer noch niedrigem Produktivitätsniveau, gleichzeitig in Relation zur Produktion hohen Konsumausgaben, kann der italienische Süden auch nach Jahrzehnten der Unterstützung sein gewachsenes Leistungsbilanzdefizit nur mittels Transfers ausgleichen[270].

Vor diesem Hintergrund sollte die Aufnahme der mitteleuropäischen Kandidatenländer Polen, Ungarn und Tschechische Republik mitsamt ihren regionalen Problemen als Chance für eine Erneuerung des regionalpolitischen EU-Regelwerks einerseits und andererseits auch als Chance für die potentiellen Neumitglieder für mehr nationalen Spielraum bei der Ausgestaltung einer regionalen Wirtschaftspolitik gesehen werden. Erste politische Signale sind hierfür bereits sichtbar wie der Entwurf des deutschen Bundeskanzlers Gerhard Schröder zum Umbau der Europäischen Union, der auch die Forderung nach einer Rückübertragung europäischer Kompetenzen im Bereich der Regionalpolitik auf die nationale Ebene fordert, um den Mitgliedsstaaten mehr Eigenständigkeit und wirtschaftspolitische Individualität zu ermöglichen[271]. Diese Selbstkritik muß für die mitteleuropäischen Beitrittskandidaten ein Indiz dafür sein, daß regionalpolitische Ruder herumzureißen und auf eigene Strategien und Konzepte zu bauen.

---

269 Vgl. Waniek (1994), S. 46ff.; Waniek (1992), S. 23ff.; Klemmer (1998), S. 505ff.
270 Vgl. Heinemann (1995), S. 4.
271 Vgl. o.V. (2001b), S. 17.

Abraham, T., Eser, T.W. (1999),
Regionalentwicklung in Mittel- und Osteuropa im Spannungsfeld von Transformation und Integration am Beispiel Polens, in: Raumforschung und Raumordnung, 57.Jg., Heft 2/3 1999, S. 83-95.

Akademie für Raumforschung und Landesplanung (1970),
Handwörterbuch der Raumforschung und Raumordnung, Band III, Hannover.

Alexander, M. (1991),
Geschichtlicher Überblick, in: Wöhlke, W. (Hrsg.), Länderbericht Polen, Bundeszentrale für politische Bildung, Schriftenreihe Band 296, Bonn 1991, S. 17-45.

Arnold, H. (1995),
Disparitäten in Europa: Die Regionalpolitik der Europäischen Union, Basel/Boston.

Audretsch, D.B., Weigand, C. (1999),
Innovation, Raumstruktur und Internationalisierungsstrategien, in: Mayer, O. G., Scharrer, H.-E. (Hrsg.), Internationale Unternehmensstrategien und nationale Standortpolitik, Baden-Baden 1999, S. 129-150.

Bachtler, J. (1995),
European Integration and Regional Development in Central and Eastern Europe, in: Karl, H., Heinrichsmeyer, W. (Hrsg.), Regionalentwicklung im Prozeß der Europäischen Integration, Bonn 1995, S. 197-209.

Bachtler, J. (1998),
Economics of Transition: Transition and Regional Policy in East-Central Europe, in: DIW/ Cooperation Bureau for Economic Research on Eastern Europe, o.Jg., No.18, Berlin 1998, S. 7.

Bachtler, J., Downes, R. (1998),
Regional Development in the Transition Countries, EPRC-Paper, Glasgow.

Backhaus, K. et al. (1982),
Multivariate Analysemethoden, 2. Auflage, Berlin.

Backhaus, K. et al. (1996),
Multivariate Analysemethoden, 8. Auflage, Berlin.

Balderjahn, I. (1995),
Marketing für Regionen. Ein Konzept für die Neuen Bundesländer?, Potsdam.

Barjak, F., Franz, P., Heimpold, G., Rosenfeld, M. T. W. (2000),
Regionalanalyse Ostdeutschland: Die wirtschaftliche Situation der Länder, Kreise und kreisfreien Städte im Vergleich, in: Wirtschaft im Wandel, 6.Jg., 2/2000, S.31-55.

Barro, R. J., Sala-i-Martin, X. (1990),
Public Finance in Models of Economic Growth, National Bureau of Economic Research Working Paper 3362/1990, Cambridge, Mass.

Benzler, G., Wink, R. (2000),
Technologie- und Gründerzentren - ein Relikt?, in: Wirtschaftsdienst, 80.Jg., 7/2000, S. 423-430.

Benzler, S. (1994),
Transformation als Dauerzustand?, in: Bullmann, U. (Hrsg.), Die Politik der dritten Ebene, Baden-Baden 1994, S. 310-330.

Biehl, D. (1976),
Bestimmungsfaktoren des regionalen Entwicklungspotentials - Lage, Verkehrsinfrastruktur und Umwelt als Anwendungsbeispiele des Potentialfaktorkonzeptes, in: Die Weltwirtschaft, o.Jg., 1/1976, S. 60-65.

Biehl, D. (1986),
The Contribution of Infrastructure to Regional Development, Final Report by the Infrastructure Study Group to the Commision of the European Union, Brussels.

Biehl, D. (1991),
The Role of Infrastructure in Regional Development, in: Vickerman, R.W. (Hrsg.), Infrastructure and Regional Development, London, S. 9-35.

Biehl, D., Hußmann, E., Rautenberg, K., Schnyder, S., Südmeyer, V. (1975),
Bestimmungsgründe des regionalen Entwicklungspotentials, Tübingen.

Biehl, D., Hußmann, E., Schnyder, S. (1972),
Zur regionalen Einkommensverteilung in der Europäischen Wirtschaftsgemeinschaft, in: Die Weltwirtschaft, o.Jg., 1/1972, S. 64-78.

Biehl, D., Ungar, P. (1995),
Disparitäten, regionale, in: Akademie für Raumforschung und Landesplanung (Hrsg.), Handwörterbuch der Raumordnung, Hannover 1995, S. 185-189.

Blazek, J. (1999),
Regional Development and Regional Policy in CEECs in the Perspective of the EU Eastern Enlargement, in: Hampl, M. (Hrsg.), Geography of Societal Transformation in the Czech Republic, Prague 1999, S. 183-199.

Blazek, J., Boeckhout, S. (2000 forthcoming),
Regional Policy in the Czech Republic and EU-accession, in: Bachtler, J., Downes, R., Gorzelak, G. (Hrsg.), EU-Enlargement, Cohesion and Regional Policy, Aldershot 2000, S. 1-15.

Blum, U. (1982),
Regionale Wirkungen von Infrastrukturinvestitionen, Karlsruhe.

Boeri, T., Scarpetta, S. (1995),
Regional Dimensions of Unemployment in Central and Eastern Europe and Social Barriers to Restructuring, EUI Working Paper ECO, 17/1995, Firenze.

Bonaduce, A., Magnatti, P. (1996),
Regional Policies in Italy, in: Heinelt, H., Smith, R. (Hrsg.), Policy networks and European Structural Funds, Aldershot 1996, S. 198-226.

Boustedt, O. (1975),
Grundriß der empirischen Regionalforschung, Teil III: Siedlungsstrukturen, Hannover.

Bowdler, N. (1998),
End Game?, in: Business Central Europe, 6.Jg., 50/1998, S. 31-32.

Braun, C. (1990),
Regional- und Standortgrobplanung in der Europäischen Gemeinschaft – Neue Möglichkeiten zur Auswertung von Regionaldaten, Münster.

Bröcker, J. (1994),
Die Lehren der neuen Wachstumstheorie für die Raumentwicklung und die Regionalpolitik, in: Blien, U., Herrmann, H., Koller, M. (Hrsg.), Regionalentwicklung und regionale Arbeitsmarktpolitik, Nürnberg 1994, S. 30-50.

Bröcker, J. (1998),
Implikationen der "neuen Wachstumstheorie" für die Regional- und Standortpolitik, in: Ministerium für Wirtschaft, Technologie und Verkehr des Landes Schleswig-Holstein (Hrsg.), Regionale und nationale Handlungsmöglichkeiten der Wirtschaftspolitik bei fortschreitender Globalisierung, Kiel 1997, S. 24-31.

Brusis, M. (1999),
Institution Building for Regional development : A Comparison of Bulgaria, the Czech Republic, Estonia, Hungary, Poland and Slovakia, in: Brusis, M. (Hrsg.), Central and Eastern Europe on the Way into the European Union: Regional Policy-Making in Bulgaria, the Czech Republic, Estonia, Hungary, Poland and Slovakia, CAP Working-Paper, Munich 1999, S. 1-31.

Bülow, R. (1996),
Faktoren- und Clusteranalyse – Zwei multivariate statistische Analyseverfahren am Beispiel der Hauptkomponentenanalyse des Clusterverfahrens nach Ward und der K-Means-Methode, Bochum.

Buhr, W. (1975),
Die Rolle der materiellen Infrastruktur im regionalen Wirtschaftswachstum, Berlin.

Burda, M. (1996),
Structural Change and Unemployment in Central and Eastern Europe: Some Key Issues, in: Lehmann, H., Wadsworth, J. (Hrsg.), Labour Markets by Design?, München 1996, S. 9-29.

Burda, M., Lubyova, M. (1995),
The Impact of Active Labour Market Policies - A Closer Look at the Czech and Slovak Republics, in: Newbery, D. (Hrsg.), Tax and Benefit Reform in Central and Eastern Europe, London 1995, S. 173-205.

Buttler, F. (1997),
Entwicklungspole und räumliches Wirtschaftswachstum, Tübingen.

Central Statistical Office of Poland (1997ff.),
Statistical Yearbook of the Voivodships, Warsaw.

Cervený, M., Andrle, A. (2000 forthcoming),
Czech Republic, in: Bachtler, J., Downes, R., Gorzelak, G. (Hrsg.), EU-Enlargement, Cohesion and Regional Policy, Aldershot 2000, S. 1-15.

Courchene, T. (1993),
Stabiles Geld – solide Finanzen: Die öffentlichen Finanzen der Gemeinschaft im Hinblick auf Wirtschafts- und Währungsunion, Luxemburg.

Cséfalvay, Z., Fassmann, H., Rohn, W. (1997),
Neue regionale Disparitäten in Ungarn, in: Fassmann, H. (Hrsg.), Die Rückkehr der Regionen, Wien 1997, S. 141-184.

Cuny, R.H. (1997),
Reform der Europäischen Strukturfonds, in: Wirtschaftsdienst, 77.Jg., 4/1997, S. 227-333.

Czech Central Statistical Office (1997ff.),
Statistical Yearbook of the Czech Republic, Prague.

Czech Ministry of Economy (2000),
Czech Republic – Preliminary National Development Plan 2000-2002, unpublished document, Prague.

Czyz, T. (1999),
Die neue territoriale Verwaltungsreform und die räumliche Struktur in Polen, in: Europa Regional, 7.Jhg., 1/1999, S. 33-44.

Despiney, B. (1999),
Les disparités régionales en Pologne à la veille de son adhésion à l'Union européenne, in: Le courrier des pays de l'Est, o.Jg., Mensuel N° 437, 1999, S. 45-59.

Drbohlav, D., Sýkora, L. (1997),
Gateway Cities in the Process of Regional Integration in Central and Eastern Europe: The Case of Prague, in: Biffl, G. (Hrsg.), Migration, Free Trade and Integration in Central and Eastern Europe, Wien 1997, S. 215-231.

Dziembowska-Kowalska, J. (1995/1996),
„Theo, wir fahr'n nach Lodz": Chancen der Restrukturierung einer alten Industrieregion in Polen, in: Jahrbuch für Regionalwissenschaft, 16./17.Jg. 1995/1996, S. 130-166.

Egeln, J., Spielkamp, A. (1998),
Sind Städte die Zentren der Innovation?, in: Egeln, J., Seitz, H. (Hrsg.), Städte vor neuen Herausforderungen, Baden-Baden 1998, S. 75-102.

Ehrlich, E., Révész, G. (1995),
Hungary and its prospects 1985-2005, Budapest.

Engyedi, G. (1994),
Regional and Urban Development in Hungary until 2005, in: Hajdú, Z., Horváth, G. (Hrsg.), European Challenges and Hungarian Responses in Regional Policy, Pécs 1994, S. 239-253.

Eser, T., Hallet, M. (1993),
Der mögliche Beitrag der EG-Regionalpolitik bei einer Osterweiterung der EG: Hilfe oder Hindernis?, in: Osteuropa-Wirtschaft. 38. Jg., 3/1993, S. 195-217.

Europäische Kommission (1981),
Die Regionen Europas, Erster Periodischer Bericht über die soziale und wirtschaftliche Lage in den Regionen der Gemeinschaft, Luxemburg.

Europäische Union, Ausschuß der Regionen (2000),
Vorbereitung auf die Erweiterung der Europäischen Union: Dezentralisierung in den Bewerberländern der ersten Runde, Luxemburg.

European Commission (1992),
Employment Observatory Central & Eastern Europe, Number 1, Brussels.

European Commission (1999),
Sixth Periodic Report on the Social and Economic Situation and Development of the Regions of the European Union, Luxemburg.

European Commission (2000 forthcoming),
Second Cohesion Report, Brussels.

Eurostat (1998a),
Das BIP pro Kopf 1995 in nahezu jeder 4.Region unter 75% des EU-Durchschnitts, in: STATISTIK KURZGEFASST Regionen, 1/1998, Luxemburg 1998, S. 1-11.

Eurostat (1998b),
Weiterhin große regionale Schwankungen der Arbeitslosigkeit in der Europäischen Union, in: STATISTIK KURZGEFASST Regionen, 3/1998, Luxemburg 1998, S. 1-12.

Fassmann, H. (1998),
Transformationsprozesse und regionale Disparitäten, in: Gorzka, G., Kiera, H.-G. (Hrsg.), Der Immobilienmarkt in Osteuropa, Berlin 1998, S. 25-56.

Fazekas, K. (1994),
Types of Micro-Regions, Dispersion of Unemployment and Local Employment Development in Hungary, Institute of Economics of the Hungarian Academy of Science, Discussion Paper No. 19, Budapest.

Feldmann, F. (2000),
Betriebs- und regionalwirtschaftliche Effekte von Technologieparks, Lohmar/Köln.

Fels, G., Schatz, K.-W., Wolter, F. (1971),
Der Zusammenhang zwischen Produktionsstruktur und Entwicklungsniveau – Der Versuch einer Strukturprognose für die westdeutsche Wirtschaft, in: Weltwirtschaftliches Archiv, Bd.106, 1/1971, S. 240-278.

Förster, H. (1999),
Entwicklungsprobleme altindustrialisierter Gebiete im Transformationsprozeß, in: Pütz, R. (Hrsg.), Ostmitteleuropa im Umbruch. Wirtschafts- und sozialgeographische Aspekte der Transformation. Mainz 1999, S. 21-35.

Fóti, K. (1997),
On the Roots of Regional Labour Market Diversification in Hungary and ist Manifestation on the example of two Hungarian Regions, Ifo-Discussion Paper 45/1997, München.

Fürst, D., Klemmer, P., Zimmermann, K. (1976),
Regionale Wirtschaftspolitik, Tübingen.

Gabler Verlag (1988),
Gabler Wirtschaftslexikon, 12. Auflage, Wiesbaden.

Gajdos, P., Pasiak, J. (1997),
The Socio-Spatial Connections in Regional Development of the Slovak Republic, in: Musil, J., Strubelt, W. (Hrsg.), Räumliche Auswirkungen des Transformationsprozesses in Deutschland und bei den östlichen Nachbarn, Opladen 1997, S. 61-85.

Giersch, H. (1949),
Economic Union between Nations and the Location of Industries, in: The Review of Economic Studies, Vol. XVII (I), 42/1949, S. 87-97.

Giersch, H. (1963),
Das ökonomische Grundproblem der Regionalpolitik, in: Jahrbücher der Sozialwissenschaft, Bd. 14, 3/1963, S. 386-400.

Góra, M., Lehmann, H., (1995),
How Divergent is Regional Labour Market Adjustment in Poland?, in: OECD (Hrsg.), The Regional Dimension of Unemployment in Transition Countries, Paris 1995, S. 126-144.

Góra, M., Sztanderska, U. (1998),
Regional Differences in Labour Market Adjustment in Poland: Earnings, Unemployment Flows and Rates, IFO Discussion Paper 48/1998, München.

Gorzelak, G. (1996),
The Regional Dimension of Transformation in Central Europe, London.

Gorzelak, G. (2000 forthcoming),
Poland, in: Bachtler, J., Downes, R., Gorzelak, G. (Hrsg.), EU-Enlargement, Cohesion and Regional Policy, Aldershot 2000, S. 1-15.

Gorzelak, G., Fazekas, K. (1995),
Restructuring and the Labour Market in Regions Dominated by Heavy Industry in Central and Eastern Europe, in: OECD (Hrsg.), The Regional Dimension of Unemployment in Transition Countries, Paris 1995, S. 314-337.

Gottvald, J., Simek, M. (1998),
Institutions and Regional Labour Markets in the Czech Republic, in: Van der Laan, L., Ruesga, S. M. (Hrsg.), Institutions and Regional Labour Markets in Europe, Aldershot 1998, S. 239-274.

Grabow, B., Floeting, H. (1998),
Städte in der Dienstleistungs- und Informationsgesellschaft, in: Egeln, J., Seitz, H. (Hrsg.), Städte vor neuen Herausforderungen, Baden-Baden 1998, S. 15-52.

Gramatzki, H.-E. (1991),
Räumliche Wirtschaftsentwicklung und -struktur, in: Wöhlke, W. (Hrsg.), Länderbericht Polen, Bundeszentrale für politische Bildung, Schriftenreihe Band 296, Bonn 1991, S.286-293.

Grime, K., Kovács, Z., Duke, V. (1999),
The Effects of Privatisation in Central and Eastern Europe: Evidence from Households in Three Central European Capitals, unpublished document, S. 1-18.

Grüske, K.-D. (1992),
Außerökonomische Faktoren und regionale wirtschaftliche Entwicklung, in: Görgen, E., Tuchtfeldt, E. (Hrsg.), Die Zukunft der wirtschaftlichen Entwicklung – Perspektiven und Probleme, Stuttgart 1992, S. 449-474.

Gujarati, D.N. (1995),
Basic Econometrics, 3. Edition, New York et al.

Hallet, M. (1997a),
National and Regional Development in Central and Eastern Europe: Implications for EU-Structural Assistance, in: European Commission Directorate-General for Economic and Financial Affairs (Hrsg.), Economic Papers, Number 120, Brussels, March 1997, S. 1-46.

Hallet, M. (1997b),
Wirkungen wirtschaftlicher Integration auf periphere Regionen, Trier.

Harris, F. (1998),
Mladá Boleslav, in: Business Central Europe, 6.Jg., 48/1998, S. 66.

Hasse, R. (1992),
Die ordnungspolitische Herausforderung Osteuropas, in: Hamburger Jahrbuch für Wirtschafts- und Gesellschaftspolitik, Jahrbuch 37, S. 173-190.

Heinemann, F. (1995),
EU-Osterweiterung und Kohäsionspolitik, Mannheim.

Holtzmann, H.-D. (1997),
Regionalpolitik der Europäischen Union – Eine Erfolgskontrolle in theoretischer und empirischer Sicht, Berlin.

Hoover, E.M. (1937),
Location Theory and the Shoe and Leather Industries, Cambridge, Mass.

Horváth, G. (1999),
Regional and Cohesion Policy in Hungary, in: Brusis, M. (Hrsg.), Central and Eastern Europe on the Way into the European Union: Regional Policy-Making in Bulgaria, the Czech Republic, Estonia, Hungary, Poland and Slovakia, CAP Working-Paper, Munich 1999, S. 90-130.

Horváth, G. (2000 forthcoming),
Hungary, in: Bachtler, J., Downes, R., Gorzelak, G. (Hrsg.), EU-Enlargement, Cohesion and Regional Policy, Aldershot 2000, S. 1-16.

Hrich, J., Larischová, K. (1999),
Regionale Entwicklungsdisparitäten und Regionalpolitik in der Tschechischen Republik, in: Brusis, M. (Hrsg.), Central and Eastern Europe on the Way into the European Union: Regional Policy-Making in Bulgaria, the Czech Republic, Estonia, Hungary, Poland and Slovakia, CAP Working-Paper, Munich 1999, S. 45-64.

Hungarian Central Statistical Office (1997ff.),
Regional Statistical Yearbook, Budapest.

Hungarian Ministry of Economy (2000),
Hungary - Preliminary National Development Plan 2000-2002, unpublished document, Budapest.

Hußmann, E. (1976),
Das Lagepotential der Arbeitsmarktregionen der Bundesrepublik, in: Die Weltwirtschaft, o.Jg., 1/1976, S. 66-79.

Illner, M. (1997),
Regional Structure and Post-communist Transformation - the Case of the Czech Republic, in: Musil, J., Strubelt, W. (Hrsg.), Räumliche Auswirkungen des Transformationsprozesses in Deutschland und bei den östlichen Nachbarn, Opladen 1997, S. 29-44.

Isard, W. (1956),
Location and Space Economy: A General Theory Relating to Industrial Location, Market Areas, Land Use, Trade and Urban Structure, New York.

Jackman, R. (1995),
Regional Policy in an Enlarged Europe, in: Oxford Review of Economic Policy, Vol.11, 2/1995, S. 113-125.

Jochimsen, R. (1966),
Theorie der Infrastruktur, Grundlagen der marktwirtschaftlichen Entwicklung, Tübingen.

Klaus, J. (1977),
Stadtentwicklungspolitik, Bern/Stuttgart.

Klemmer, P. (1998),
Handbuch Europäische Wirtschaftspolitik, München.

Klett, B. (1993),
Osteuropa auf Reformkurs - Polen, in: Deutsche Bank Research, 6/1993, Frankfurt/Main.

Klett, B., Riegert, C. (1993),
Osteuropa auf Reformkurs - Tschechische Republik, in: Deutsche Bank Research, 8/1993, Frankfurt/Main.

Klodt, H., Paqué, K.-H. (1993),
Am Tiefpunkt der Transformationskrise: Industrie und lohnpolitische Weichenstellungen in den jungen Bundesländern, Kiel Discussion Paper 213/1993, Kiel.

Korcelli, P. (1997),
Regionale Muster der Transition: Polen, in: Fassmann, H. (Hrsg.), Die Rückkehr der Regionen, Wien 1997, S. 187-243.

Kovács, Z., Wießner, R. (1999),
Stadt- und Wohnungsmarktentwicklung in Budapest, in: Beiträge zur regionalen Geographie, o.Jg., 48/1999, S. 1-77.

Kozak, M. (2000 forthcoming),
Poland's Regional Development in the 90-ties, in: Bachtler, J., Downes, R., Gorzelak, G. (Hrsg.), EU-Enlargement, Cohesion and Regional Policy, Aldershot 2000, S. 1-15.

Krätke, S., Heeg, S., Stein, R. (1997),
Regionen im Umbruch - Probleme der Regionalentwicklung an den Grenzen zwischen Ost und West, Frankfurt am Main.

Krätzschmar, S. (1995),
Theorie und Empirie der Regionalpolitik, Fuchsstadt.

Krieger, C., Thoroe, C.S., Weskamp, W. (1985),
Regionales Wirtschaftswachstum und sektoraler Strukturwandel in der Europäischen Gemeinschaft, Tübingen.

Krieger-Boden, C. (1995a),
Die räumliche Dimension in der Wirtschaftstheorie - Ältere und neue Erklärungsansätze, Kiel.

Krieger-Boden, C. (1995b),
Neue Argumente für Regionalpolitik? Zur Fundierung der Regionalpolitik in älteren und neueren regionalökonomischen Theorien, in: Die Weltwirtschaft, o.Jg., 2/1995, S. 193-215.

Krivý, V. (1997),
Regional Disparities in Slovakia, in: Musil, J., Strubelt, W. (Hrsg.), Räumliche Auswirkungen des Transformationsprozesses in Deutschland und bei den östlichen Nachbarn, Opladen 1997, S. 45-60.

Krugman, P. R. (1991),
Geography and Trade, Leuven.

Krugman, P. R. (1993),
On the Relationship between Trade Theory and Location Theory, in: Review of International Economics, Bd. 2, 1/1993, S. 110-122.

Kühne, O. (1999),
Die regionale Entwicklung des Arbeitsmarktes im Transformationsprozeß Polens, in: Europa Regional, 8.Jhg., 1/2000, S. 33-42.

Kuklinski, A., Mync, A., Szul, R. (1997),
The Regional Impact of the Transformation Process in Poland, in: Becker, A. (Hrsg.), Regionale Strukturen im Wandel, Opladen 1997, S. 167-249.

Kulke, E. (1993),
Regionale Wirtschaftsentwicklung in Portugal, in: Schätzl, L. (Hrsg.), Wirtschaftsgeographie der Europäischen Gemeinschaft, Opladen, S. 168-196.

Kwiatkowski, E., Janusz, T., Steiner, V. (1995),
Unemployment in Light Industry Regions: An Overview of Central and Eastern Europe and a Case Study of the Lodz Region in Poland, in: OECD (Hrsg.), The Regional Dimension of Unemployment in Transition Countries, Paris 1995, S. 269-313.

Laaser, C. (1993),
Europäische Integration und nationale Wirtschaftspolitik, Tübingen.

Lammich, S. (1982), (Bearb.),
Die Staats- und Verwaltungsordnung der Volksrepublik Polen, Berlin.

Latella, F. (1990),
Backward Areas and Community Policies, in: Journal of Regional Policy, o.Jg., 2/1990, S. 227-258.

Lehmann, H., Kwiatkowski, E., Schaffer, M.E. (1991),
Polish Regional U/V Ratios and the Regional Pre-Reform Employment Structure, London.

Mallosek, J. (1996),
Reform der EU-Strukturpolitik im Hinblick auf die Osterweiterung, in: Orientierungen zur Wirtschafts- und Gesellschaftspolitik, Bd. 69, 3/1996, S. 17-21.

Martin, R. (1998),
Financing EU Cohesion Policy in Central and Eastern Europe – A Budgetary Timebomb?, in: Intereconomics, Vol. 33, 6/1998, S. 103-111.

Martin, R. (1999),
Public Policies in the European Union – A Source of Divergence?, London.

Murray, R. (1992),
Flexible Specialisiation and Development Strategy: The Relevance for Eastern Europe, in: Ernste, H., Meier, V. (Hrsg.), Regional Development and Contemporary Industrial Response, London/New York 1992.

Musil, J., Kotacka, L., Rysavý, Z. (1997),
Regional Effects of the Transformation Process in the Czech Republic after 1989, in: Becker, A. (Hrsg.), Regionale Strukturen im Wandel, Opladen 1997, S. 261-325.

Myrdal, G. (1959),
Ökonomische Theorie und unterentwickelte Regionen, Stuttgart.

Nicholls, A. (1997),
Subsidised subsistence, in: Business Central Europe, 5.Jg., 38/1997, S. 29-30.

Nunberg, B. (2000),
Ready for Europe – Public Administration Reform and European Accession in Central and Eastern Europe, World Bank Technical Paper 466/2000, Washington.

o.V. (1998a),
Mehr ausländische Firmengründungen, in: Nachrichten für Außenhandel, o.Jg., 25.03.1998, S. 11.

o.V. (1998b),
Direktinvestitionen immer noch verhalten, in: Nachrichten für Außenhandel, o.Jg., 07.01.1998, S. 10.

o.V. (1998c),
Ungarn - Greenfield Investitionen nehmen zu, in: bfai-Info Osteuropa, 4.Jg., 15/1998, S. 12-13.

o.V. (1998d),
Ungarn - Ungarn Wirtschaftsentwicklung 1997, in: Bundesstelle für Außenhandelsinformation, Köln 1998, S. 6.

o.V. (1998e),
Ungarn - Angebot an Industrieparks wird immer größer, in: bfai-Info Osteuropa, 4.Jg., 3/1998, S. 39-40.

o.V. (1998f),
Krakau lockt mehr ausländische Investoren, in: Nachrichten für Außenhandel, o.Jg., 03.09.1998, S. 9.

o.V. (1998g),
Industrial Parks Open Road to Foreign Capital, in: The Prague Post, o.Jg., 16.09.1998, S. 12.

o.V. (1998h),
Investitionen in Sonderzonen, in: Nachrichten für Außenhandel, o.Jg., 03.07.1998, S. 9.

o.V. (1999),
Wohnungswirtschaft Polens: Ungedeckter Wohnungsbedarf weiterhin hoch, in: DIW Wochenbericht, 66.Jg.,31/1999, S. 579-587.

o.V. (2001a),
Die Erben des Gulasch-Kommunismus setzen auf Hightech-Zukunft, in: Der Spiegel, o.Jg., 24.02.2001, S. 148-152.

o.V. (2001b),
Radikale Schritte, in: Der Spiegel, o.Jg., 30.04.2001, S. 17.

Oakey, R., Rothwell, R., Cooper, S. (1988),
The Management of Innovation in High-Technology Small Firms, London.

OECD (1995),
Review of Industry and Industrial Policy in Hungary, Paris.

OECD (1996),
Regional Problems and Policies in the Czech and the Slovak Republic, Paris.

OECD (1998),
OECD Economic Surveys Czech Republic 1998, Paris.

Official Journal of the European Communities (1999),
Council Regulation (EC) No. 1268/1999 of 21 June 1999 on Community Support for Pre-accession Measures for Agriculture and Rural Development in the Applicant Countries of Central and Eastern Europe in the Pre-accession Period, Brussels.

Ohlin, B. (1933),
Interregional and International Trade, Cambridge, Mass.

Oppenländer, K. H. (2000),
Innovation und regionales Wachstum, in: Häfliger, G. E., Meier, J. D. (Hrsg.), Aktuelle Tendenzen im Innovationsmanagement, Festschrift für Werner Popp zum 65. Geburtstag, Berlin, S. 27-42.

Oswald, B. (1980),
Erfolgskontrolle in der Regionalpolitik – Eine theoretische und empirische Analyse für Bayern, Göttingen.

Peters, H.-R. (1995),
Wirtschaftspolitik, München.

Polish Agency for Foreign Investment (1997),
Regional Investment Update No. 8, Warsaw.

Polish Ministry of Economy (1999),
Poland – Preliminary National Development Plan 2000-2002, unpublished document, Warsaw.

Prud'homme, R. (1995),
New Goals for Regional Policy, in: OECD Observer, o.Jg., No. 193/1995, S. 26-28.

Quaisser, W. (1998),
Der Agrarsektor in der Transformation von Wirtschaftssystemen – Grundlegende Probleme und Implikationen für die Osterweiterung der Europäischen Union, in: Buchhofer, E., Quaisser, W. (Hrsg.), Agrarwirtschaft und ländlicher Raum Ostmitteleuropas in der Transformation, München 1998, S. 5-33.

Raiser, M. (1994),
Ein tschechisches Wunder? Zur Rolle politikinduzierter Anreizstrukturen im Transformationsprozeß, Kiel.

Rave, S. (1999),
Regional Development in Hungary and Its Preparation for the Structural Funds, Centre for Regional Studies of Hungarian Academy of Sciences Discussion Paper 29/1999, Pécs.

Repetzki, B. (1997),
Weitere Sonderwirtschaftszonen genehmigt, in: Nachrichten für Außenhandel, o.Jg., 05.11.1997, S. 10.

Richardson, H.W. (1973),
Regional Growth Theory, London.

Rivera, B., Currais, L. (1999),
Economic Growth and health: direct impact or reverse causation?, in: Applied Economic Letters, o.Jg., 6/1999, S. 761-764.

Rozek, M. (1995),
Die Entwicklung der Strukturpolitik in den Europäischen Gemeinschaften - Ziele und Auswirkungen des EFRE auf die regionale Infra- und Industriestruktur am Beispiel der Region Norden in Portugal, Frankfurt am Main.

Sailer-Fliege, U. (1999),
Wohnungsmärkte in der Transformation, in: Pütz, R. (Hrsg.), Ostmitteleuropa im Umbruch. Wirtschafts- und sozialgeographische Aspekte der Transformation. Mainz 1999, S. 69-95.

Sänger, R. (1993),
Die Auswirkungen der Europäischen Strukturfonds auf die regionale Entwicklung Portugals, in: Aus Politik und Zeitgeschichte, B 20-21, 14.05.1993, S. 30-36.

Scarpetta, S., Huber, P. (1995),
Regional Economic Structures and Unemployment in Central and Eastern Europe: An Attempt to Identify Common Patterns, in: OECD (Hrsg.), The Regional Dimension of Unemployment in Transition Countries, Paris 1995, S. 206-220.

Schätzl, L. (1993),
Regionalentwicklung der EG im Überblick, in: Schätzl, L. (Hrsg.), Wirtschaftsgeographie der Europäischen Gemeinschaft, Opladen 1993, S. 168-196.

Schumpeter, J.A. (1912),
Die Theorie der wirtschaftlichen Entwicklung, Leipzig.

Siebert, H. (1992),
Standortwettbewerb - nicht Industriepolitik, in: Die Weltwirtschaft, o.Jg., 4/1992, S. 409-424.

Siebert, H. (1994),
Außenwirtschaft, Stuttgart.

Siebert, H., Koop, M.. (1994),
Institutional Competition - A Concept for Europe?, in: Aussenwirtschaft, 45.Jg., 4/1990, S. 439-459.

SIGMA/OECD (1999a),
Public Management Profiles of Central and Eastern European Countries: Poland, Paris.

SIGMA/OECD (1999b),
Public Management Profiles of Central and Eastern European Countries: Hungary, Paris.

SIGMA/OECD (1999c),
Public Management Profiles of Central and Eastern European Countries: Czech Republic, Paris.

Simpson, P. (1996/1997),
Katowice, in: Business Central Europe, 5.Jg., 37/1996/1997, S. 70.

Soltwedel, R. (1987),
Wettbewerb zwischen Regionen statt zentral koordinierter Regionalpolitik, in: Die Weltwirtschaft, o.Jg., 1/1987, S. 129-149.

Spehl, H., Hembach, K. (1981),
Regionale Wirtschaftspolitik und regionale Entwicklungsplanung in strukturschwachen Regionen, Bonn.

Stadelbauer, J. (1999),
Suche nach Wegen: Stand und Perspektiven bei der Entwicklung räumlicher Infrastrukturnetze im Verkehrs- und Kommunikationswesen des östlichen Europa, in: Osteuropa-Wirtschaft, 44.Jhg., 1/1999, S. 1-25.

Straubhaar, T. (1999),
Glokalisierung – Die Champions League der Agglomerationen, in: Wirtschaftsdienst, 79. Jg., 10/1999, S. 574-575.

Straubhaar, T. (2001),
East-West Migration: Will It Be a Problem?, in: Intereconomics, Vol. 36, 1/2001, S. 1-2.

Straubhaar, T., Wolburg, M.R. (1999)
Brain Drain and Brain Gain in Europe – An Evaluation of the East-European Migration to Germany, in: Jahrbücher für Nationalökonomie und Statistik, Bd. 218, 5,6/1999, S. 574-604.

Swinnen, J. (1993),
The Development of Agricultural Policies in Central and Eastern Europe. An Endogenous Policy Theory Perspective, in: Food Policy, o.Jg., June 1993, S. 187-1991.

Syrett, S. (1995),
Local Development – Restructuring, Locality and Economic Initiative in Portugal, Avebury.

Szaló, P. (1994),
Influence of Structural Changes on Regional Economies in Hungary, in: Hajdú, Z., Horváth, G. (Hrsg.), European Challenges and Hungarian Responses in Regional Policy, Pécs 1994, S. 79-90.

Szczepánsky, M. (1997),
An Old Industrial Region in the Face of Radical Reconstruction (The Case of Upper Silesia, Poland), in: Musil, J., Strubelt, W. (Hrsg.), Räumliche Auswirkungen des Transformationsprozesses in Deutschland und bei den östlichen Nachbarn, Opladen 1997, S. 205-221.

Thomas, I. (1995),
Konvergenz und Divergenz in der Europäischen Union - Theoretischer Überblick, empirische Evidenz und wirtschaftspolitische Implikationen, Kieler Arbeitspapier 682/1995, Kiel.

Thoss, R. (1969),
Einkommenspotential und Multiplikatoranalyse, in: Raumforschung und Raumordnung, 27.Jg., 2/1969, S. 222-225.

Tömmel, I. (1986),
Ökonomische Integration und Regionalpolitik in der EG, in: Prokla, Bd. 16, 3/1986, S. 109-138.

Tömmel, I. (1994),
Staatliche Regulierung und europäische Integration – Die Regionalpolitik der EG und ihre Implementation in Italien, Baden-Baden.

Tuchtfeldt, E. (1970),
Infrastrukturinvestitionen als Mittel der Strukturpolitik, in: Jochimsen, R., Simonis, U. (Hrsg.), Theorie und Praxis der Infrastrukturpolitik, Berlin 1970, S. 125-151.

UNESCO (1998),
World Education Report 1998, Paris.

Ungar, P. (1994),
Potentialfaktoren und räumliche Verteilung privater Investitionen, Frankfurt am Main et al.

von Delhaes, K. (1991),
Wachstum und Struktur der Volkswirtschaft, in: Wöhlke, W. (Hrsg.), Länderbericht Polen, Bundeszentrale für politische Bildung, Schriftenreihe Band 296, Bonn 1991.

von Schuttenbach, J., Matusiak, K.B. (1998),
Gründer- und Technologiezentren in Polen 1997, ZEW Dokumentation Nr. 98-03, Mannheim.

Vrátnik, J. (1997),
BIC Pilsen and Ist Role in the Development of the Region, in: o.V., Innovation Centers in Central Europe, ICECE-FOCUS, Vol. 2, Documentation of an International Workshop held in Berlin November 08-10, 1996, Berlin 1997, S. 35-40.

Waniek, R. (1992),
Ordnungspolitische Elemente und Defizite der europäischen Regionalpolitik, in: Orientierungen zur Wirtschafts- und Gesellschaftspolitik, Bd. 51, 1/1992, S. 19-24.

Waniek, R. (1994),
EG-Regionalpolitik für die Jahre 1994 bis 1999, in: Wirtschaftsdienst, Bd. 74, 1/1994, S. 43-49.

Weber, A. (1909),
Über den Standort der Industrien, Tübingen.

Wellenhofer, T. (1997),
Der Beitrag der EG-Regionalpolitik zur Verringerung der Einkommensdisparitäten in der Europäischen Union - Eine empirische Analyse, Berlin.

Williamson, J.G. (1965),
Regional Inequality and the Process of National Development, in: Economic Development and Cultural Change, Vol. XIII, No. 4, Part II, Chicago 1965, S. 1-87.

World Bank (1993),
World Development Report 1993, Investing in Health, Washington.

Zienkowski, L. (1997),
Why do Regional Gross Products differ?, in: RECESS Research Bulletin of the Central Statistical Office of Poland, Vol.6, 4/1997, S. 7-31.

SCHRIFTEN ZUR WIRTSCHAFTSTHEORIE UND WIRTSCHAFTSPOLITIK

Herausgegeben von Rolf Hasse, Jörn Kruse, Wolf Schäfer,
Thomas Straubhaar, Klaus W. Zimmermann

Band 1 Lars Bünning: Die Konvergenzkriterien des Maastricht-Vertrages unter besonderer Berücksichtigung ihrer Konsistenz. 1997.

Band 2 Andreas Henning: Beveridge-Kurve, Lohnsetzung und Langzeitarbeitslosigkeit. Eine theoretische Untersuchung unter Berücksichtigung des Insider-Outsider-Ansatzes und der Entwertung des Humankapitals. 1997.

Band 3 Iris Henning: Die Reputation einer Zentralbank. Eine theoretische Untersuchung unter besonderer Berücksichtigung der Europäischen Zentralbank. 1997.

Band 4 Rüdiger Hermann: Ein gemeinsamer Markt für Elektrizität in Europa. Optionen einer Wettbewerbsordnung zwischen Anspruch und Wirklichkeit. 1997.

Band 5 Alexander Tiedtke: Japan und der Vorwurf des Trittbrettfahrerverhaltens in der US-amerikanisch-japanischen Allianz. 1997.

Band 6 Wolfgang Grimme: Ordnungspolitisches Konzept der Regionalpolitik. Darstellung der Defizite und des Reformbedarfs der Regionalpolitik am Beispiel Mecklenburg-Vorpommerns. 1997.

Band 7 Christian Ricken: Determinanten der Effektivität der Umweltpolitik. Der nationale Politikstil im Spannungsfeld von Ökonomie, Politik und Kultur. 1997.

Band 8 Christian Schmidt: Real Convergence in the European Union. An Empirical Analysis. 1997.

Band 9 Silvia Marengo: Exchange Rate Policy for MERCOSUR: Lessons from the European Union. 1998.

Band 10 Jens Kleinemeyer: Standardisierung zwischen Kooperation und Wettbewerb. Eine spieltheoretische Betrachtung. 1998.

Band 11 Stefan M. Golder: Migration und Arbeitsmarkt. Eine empirische Analyse der Performance von Ausländern in der Schweiz. 1999.

Band 12 Stefan Kramer: Die Wirkung einer Internationalisierung des Yen auf die japanischen Finanzmärkte, die japanische Geldpolitik und die Usancen der Fakturierung. 1999.

Band 13 Antje Marielle Gerhold: Wirtschaftliche Integration und Kooperation im asiatisch-pazifischen Raum. Die APEC. 1999.

Band 14 Tamim Achim Dawar: Deutsche Direktinvestitionen in Australien. Eine Evaluation der theoretischen Erklärungsansätze und der Standortattraktivität des Produktions- und Investitionsstandortes Australien. 1999.

Band 15 Hans-Markus Johannsen: Die ordnungspolitische Haltung Frankreichs im Prozeß der europäischen Einigung. 1999.

Band 16 Annette Schönherr: Vereinigungsbedingte Dimensionen regionaler Arbeitsmobilität. Wirkungen unter analytisch einfachen Bedingungen und potentielle individuelle Migrationsgewinne in Deutschland nach der Vereinigung. 1999.

Band 17 Henrik Müller: Wechselkurspolitik des Eurolandes. Konfliktstoff für die neue währungspolitische Ära. 1999.

Band 18 Lars H. Wengorz: Die Bedeutung von Unternehmertum und Eigentum für die Existenz von Unternehmen. Eine methodenkritische Analyse der Transformation des Wirtschaftssystems in Russland. 2000.

Band 19 Eckart Bauer: Konzeptionelle Grundfragen eines Kinderleistungsausgleichs im Rahmen einer umlagefinanzierten zwangsweisen Rentenversicherung. 2000.

Band 20 Hubertus Hille: Enlarging the European Union. A Computable General Equilibrium Assessment of Different Integration Scenarios of Central and Eastern Europe. 2001.

Band 21 Tobias Just: Globalisierung und Ideologie. Eine Analyse der Existenz und Persistenz von Partisaneffekten bei zunehmender Internationalisierung der Märkte. 2001.

Band 22 Simone Claber: Großbritannien und die Europäische Integration unter besonderer Berücksichtigung ordnungspolitischer Aspekte. 2002.

Band 23 Silvia Rottenbiller: Essential Facilities als ordnungspolitisches Problem. 2002.

Band 24 Peggy Dreyhaupt-von Speicher: Die Regionen Polens, Ungarns und der Tschechischen Republik vor dem EU-Beitritt. Interregionale Disparitäten, Bestimmungsfaktoren und Lösungsansätze. 2002.

Band 25 Gerhard Rösl: Seigniorage in der EWU. Eine Analyse der Notenbankgewissenstehung und -verwendung des Eurosystems. 2002.

FSC
www.fsc.org
MIX
Papier | Fördert
gute Waldnutzung
FSC® C083411

Kolibri 360 GmbH
Ferdinand-Jühlke-Straße 7
99095 Erfurt, Deutschland
produktsicherheit@kolibri360.de

Druck:
CPI Druckdienstleistungen GmbH
im Auftrag der
Kolibri 360 GmbH
Ferdinand-Jühlke-Str. 7
99095 Erfurt